儒教の歴史

小島毅 著

山川出版社

孔子立像（湯島聖堂）　東京都文京区にある湯島聖堂《ゆしませいどう》（江戸時代の昌平坂学問所《しょうへいざかがくもんじょ》）の参道に立つ，高さ4.5mの孔子《こうし》の銅像。文献が伝える孔子の風貌を再現しており，1975年に台湾から寄贈された。

郊祀の祭場と皇帝の宗廟　儒教の祭祀のなかでもっとも重要とされた，皇帝(天子)による郊祀《こうし》(天地の最高神への祭祀)の祭場と，皇帝の祖先たちの位牌を収めた宗廟《そうびょう》(太廟《たいびょう》)。順に，北京の天壇《てんだん》祈《き》年殿《ねんでん》(右上)，同円丘(右下)，地壇(左下)，太廟(左上)。

儒教の聖人たち　孔子以前に為政者として活躍したとされる伝説上の人たち。
上段右から順に，伏羲《ふっき》・堯《ぎょう》・舜《しゅん》・禹《う》，下段右から湯王《とうおう》・文王《ぶんのう》・武王《ぶおう》・周公《しゅうこう》。

毛詩國風　鄭氏箋

詁訓傳第十

蟋蟀刺晉僖公也儉不中礼故作是詩以閔之欲其及時以禮自虞樂也此晉也而謂之唐本其風俗憂深思遠儉而用禮乃有堯之遺風憂深思遠謂憂其死矣百歳之後之類也

蟋蟀在堂歳聿其暮今我不樂日月其除蟋蟀蛬也九月在堂聿遂也除去也箋云我ゝ僖公也蛬在堂歳時之候也是時農功畢君可以自樂矣今不自樂日月將適去不復暇爲之謂十二月當復命農夫計耦耕事也無已太康職思其居已甚也康樂也職主也箋云君雖當自樂亦無甚大樂欲其用禮爲節也又當主思於所居之事謂國中政令也好樂无荒良士瞿ゝ荒大也瞿ゝ然顧禮義也箋云荒廢亂也良善也君之好樂不當至於廢亂[illegible]義也蟋蟀在堂

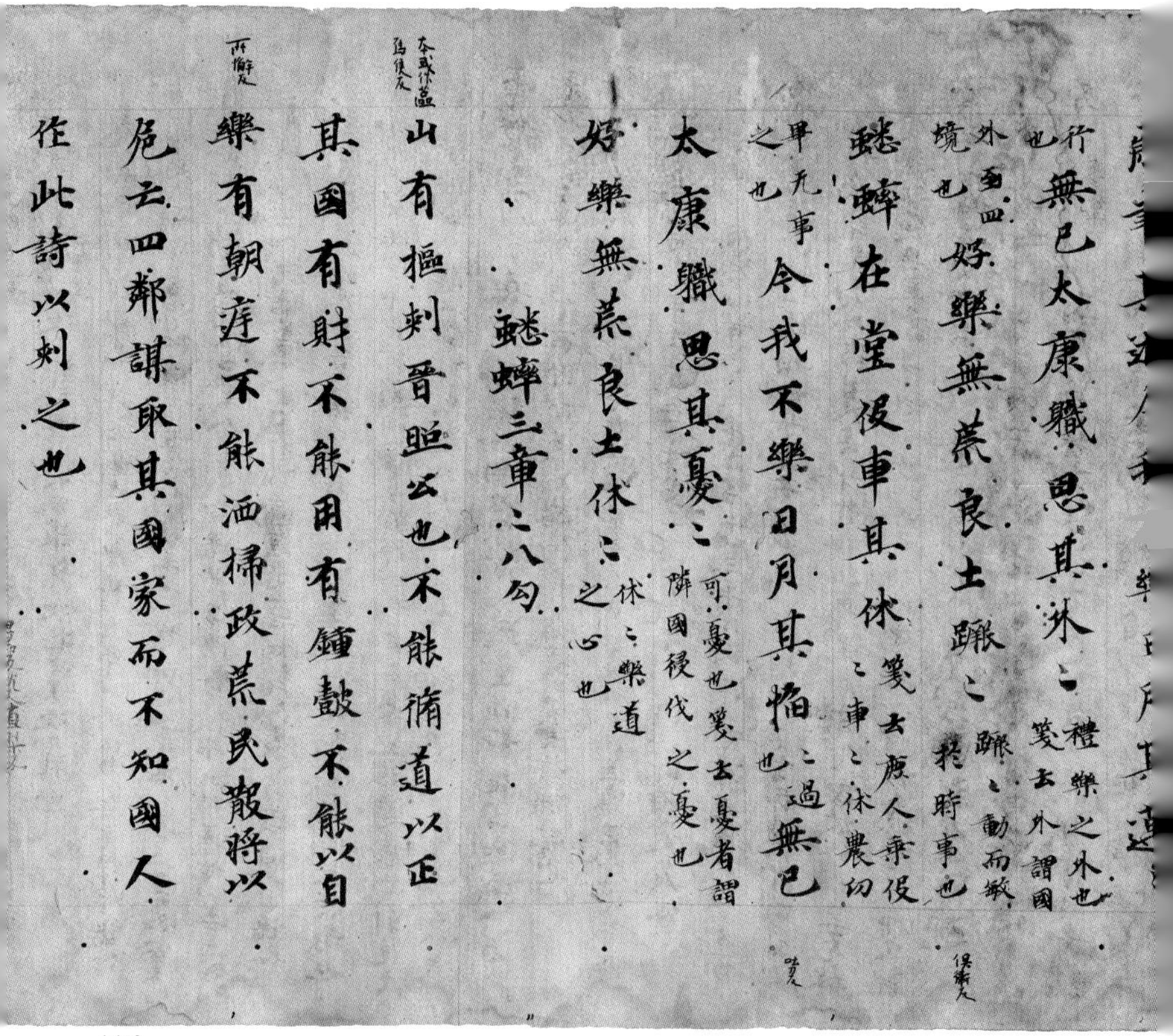
行也無已太康職思其外外禮樂之外也箋云外謂國外至四境也好樂無荒良士蹶蹶蹶蹶動而敏於時事也俱衛反
蟋蟀在堂役車其休箋云庶人乘役車役車休農功畢无事也今我不樂日月其慆慆過也吐刀反無已
太康職思其憂可憂也箋云憂者謂隣國侵伐之憂也
好樂無荒良士休休休休樂道之心也
蟋蟀三章章八句
山有樞本或作蓲烏侯反刺晉昭公也不能脩道以正
其國有財不能用有鍾鼓不能以自
樂有朝廷不能洒所懈反掃政荒民散將以
危亡四鄰謀取其國家而不知國人
作此詩以刺之也

『詩経《しきょう》』の写本　『詩経』は周代の歌謡300篇を集めた書物で，儒教の教義では他の経書と同じく孔子が編纂したとされる。後世多くの注釈書が著された。これはそのなかでも代表的な鄭玄《じょうげん》による注の写本で，中国で7世紀に書かれたもの。日本に伝来後，10世紀初期の訓点（ヲコト点）や字音（反切《はんせつ》）が付けられていて，実際に学習教材に使われていたことがわかる。東洋文庫所蔵。国宝。

大學指掌之圖

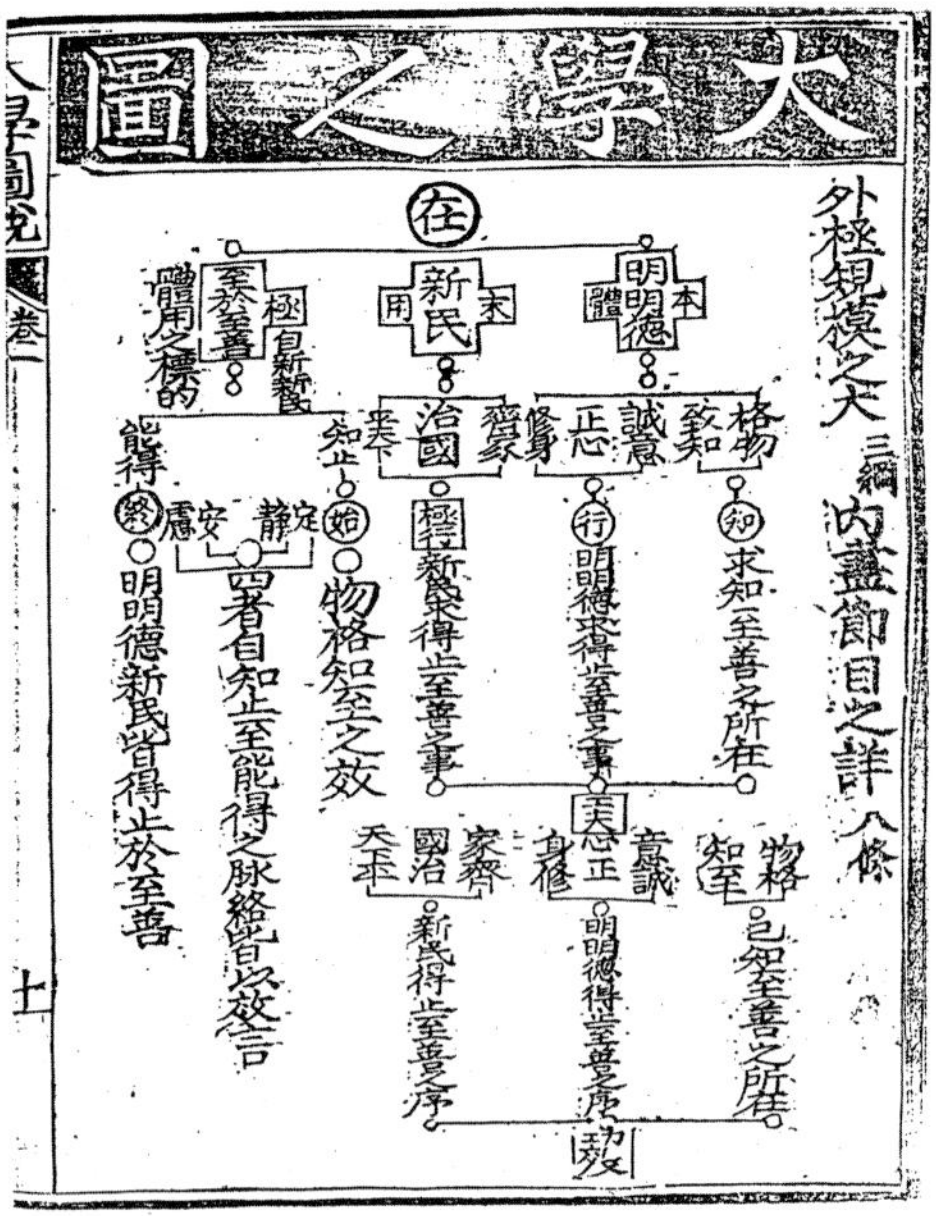

中庸首章分釋之圖

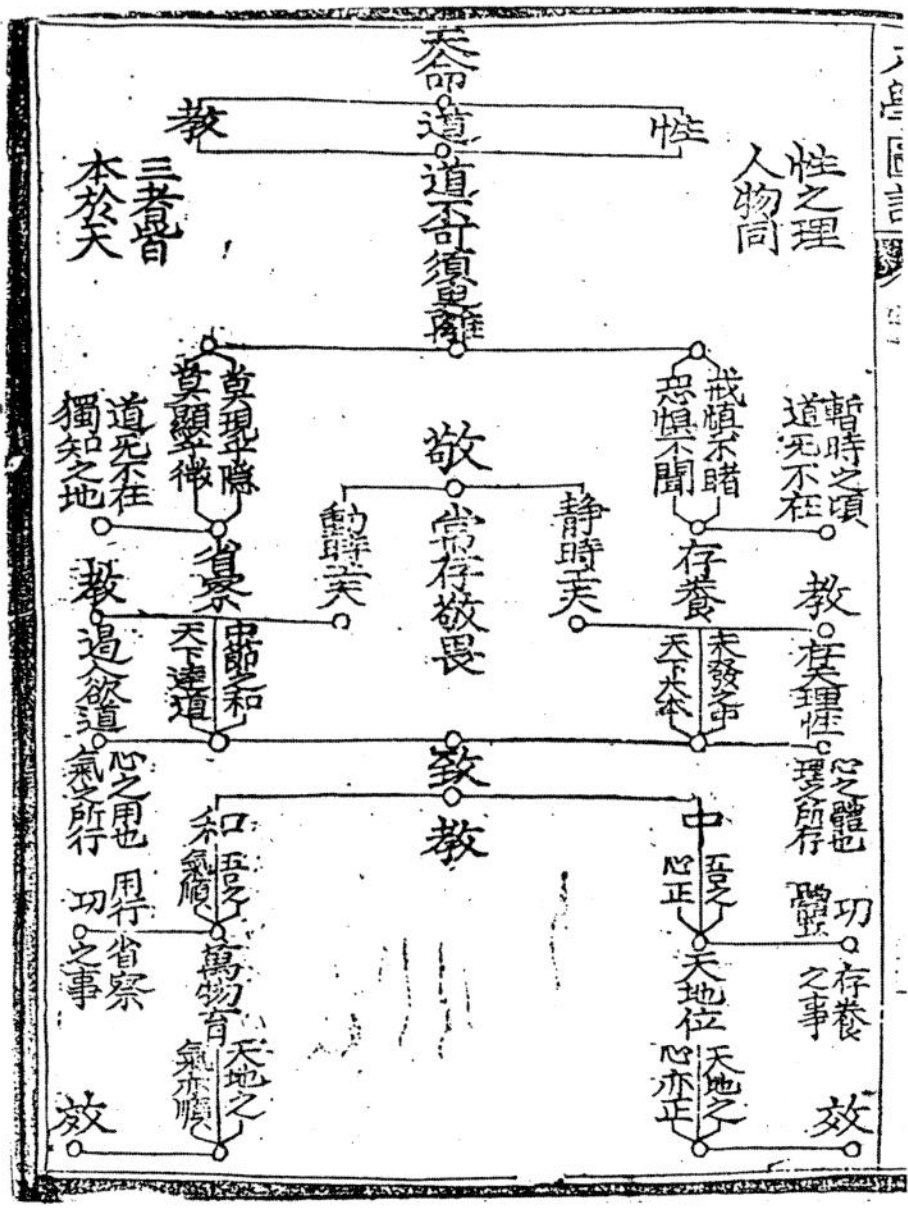

『大学』と『中庸』の図　朝鮮の朱子学者による『大学』と『中庸』の解説図。上図では『大学』の三綱領八条目の相互関係，下図では『中庸』の天命・性・道・教と敬との関係を図示している。

第5巻

儒教の歴史◈目次

序章 儒教をどう描くか 3

▼「教」という用語 ▼儒家・儒学・儒教 ▼儒教の伝承
▼本書の叙述範囲 ▼近代以降の儒教研究

第1章 儒家の巨匠たち 孔子・孟子・荀子 前五世紀〜前三世紀 14

▼時代の概観

1 孔子の虚像と実像 15

▼『史記』孔子世家の伝承 ▼緯書における神格化
▼『論語』のなかの孔子

2 儒家屈指の論争の士 孟子 26

▼対話篇『孟子』 ▼仁義・王道・性善 ▼「春秋を成して乱臣賊子懼る」

3 先秦儒家の殿軍 荀子 34

▼荀子とその時代 ▼性悪・後王・礼義 ▼『呂氏春秋』の時令思想

コラム 出土文献について 35

4 経書の成立 42

▼六藝 ▼伏羲・文王による占術書『易』 ▼聖賢たちの輝ける事績『書』
▼比喩表現による政治批評『詩』 ▼周公が定めた社会規範「礼」

▼経典なき経「楽」　▼微言大義の史書『春秋』
▼経に準ずる書物『論語』『孝経』「小学」

第2章 儒教国家の成立　漢～唐・五代、前二世紀～十世紀　58

▼時代の概観

1 前漢　60

▼少壮儒家官僚の悲劇　賈誼と鼂錯　▼春秋学の勃興　董仲舒と司馬遷
▼塩鉄論争から石渠閣会議まで　桓寛・韋賢・丙吉・劉向
▼易学と律暦　京房・劉歆・揚雄　▼讖緯思想　▼王莽の登場

2 後漢　74

▼緯書に基づく後漢の祭祀整備　▼白虎観会議以後の趨勢
▼後漢の思想家たち　王充・許慎・何休・鄭玄

3 魏晋南北朝　81

▼士大夫の輿論　▼鄭玄説対王粛説　▼玄学の展開
▼春秋学　杜預と范寧　▼義疏の学　▼北朝の国制
コラム　三教論争・三教交渉　91

4 隋唐五代　93

▼祀典の編纂　▼五経正義　▼新羅と日本　▼『通典』

▼古文運動と春秋学の新風　▼経書の印刷

第3章　宋学の諸相　宋、十一世紀〜十二世紀　105

▼時代の概観

1　儒教の変質　106

▼刑昺から欧陽脩へ　▼司馬光　▼蘇軾・蘇轍

コラム　音律論の歴史　111

2　王安石とその後学　115

▼新法政策の理念　▼王安石の自然観と礼学　▼後継者たち
▼孟子の顕彰

3　道学の勃興　127

▼程顥・程頤　▼周惇頤と邵雍　▼張載　▼二程の後学

4　朱熹の思想教説　135

▼朱熹の自己定位　▼十六字心法　▼理気・心性　▼経学
▼社会秩序　▼朱熹の盟友・論敵たち

第4章 朱子学と陽明学の拮抗　元明、十三世紀〜十七世紀前半　149

▼時代の概観

1 朱熹没後の朱子学　南宋後半・元　152

▼朱子学の使徒たち　▼朱子学勝利の原因　▼モンゴル世界帝国のもとで

▼呉澄

コラム　道統の理念と危険性　161

2 心性論と礼教秩序　明代前半　162

▼宋濂と方孝孺　▼郷飲酒礼と六諭　▼永楽の大典と大全

▼理気心性論の新展開　薛瑄・黄潤玉・呉與弼・胡居仁

▼嶺南の儒者たち　丘濬・陳献章・黄佐

3 陽明学と西学　明代後半　175

▼嘉靖の礼制改革　▼王守仁の思想　▼陽明学の展開

▼張居正と東林党　▼西学の流入

4 朱子学の流入　朝鮮王朝と日本　186

▼朝鮮王朝の国制　▼四端七情論争　▼日本への朱子学伝来

▼『太平記』『神皇正統記』『中正子』

第5章 清・朝鮮後期・徳川日本 十七世紀後半〜十八世紀 193

▼時代の概観

1 清初三大師とその周辺 194

▼中国のルソー　黄宗羲　▼考証学の祖　顧炎武
▼忘れられた巨匠　王夫之　▼方以智・朱之瑜・毛奇齢

2 康熙・雍正の学術動向 207

▼独創性なき朱子学者　熊賜履　▼博物の大官　李光地
▼『大義覚迷録』

3 乾嘉の学 213

▼家学としの考証　恵棟　▼西学者にして経学者　戴震
▼文字に魅入られた学人たち　段玉裁と二王
▼在野の史学者　全祖望と章学誠
コラム　清の宗教事情と回儒 217

4 朝鮮と徳川日本 221

▼朝鮮の礼訟　▼人性物性同異論争　▼徳川日本の朱子学
▼朱子学批判の諸相　▼琉球儒学　▼三国の朱子学比較

第6章 近代社会と儒教 十九世紀～現在 234

▼時代の概観

1 中国 236

▼阮元 ▼曾国藩 ▼康有為 ▼章炳麟 ▼新文化運動の儒教批判
▼新儒家の登場

2 日本 250

▼学問所・藩学・私塾 ▼寛政三奇人 ▼頼山陽と大塩中斎
▼後期水戸学 ▼暗殺された先駆者たち ▼尊王攘夷の志士たち
▼国民道徳としての儒教 ▼人類の教師としての孔子
▼日本精神と侵略戦争 ▼三島事件

3 韓国・ベトナム・台湾 271

▼衛正斥邪と大韓帝国 ▼光復後の韓国と北朝鮮 ▼ベトナム
▼台湾

4 儒教の現在 278

▼中国共産党政権による儒教再評価 ▼日本での現状と私たちの道

コラム 儒教の女性観 280

付　録

▼用語解説　▼名言解説　▼経書主要注解一覧表　▼年表　▼『政和五礼新儀』の吉礼歳時表　▼易図

▼五行対応一覧表　▼喪礼図　▼参考文献　▼索引　▼図版出典一覧

儒教の歴史

序章

儒教をどう描くか

「教」という用語

「儒教」という語に、あなたはどんなイメージをもっておられるだろうか。

高校時代に漢文や世界史、あるいは倫理といった科目の授業で教わった、中国の昔の思想。孔子《こうし》とか孟子《もうし》とかいった思想家の名前。「己の欲せざるところ、人に施すことなかれ」という箴言《しんげん》。男尊女卑の封建道徳。……

本書を繙《ひもと》くほどのかたであれば、もう少し詳しく、中国では道教・仏教と並び称される三教の一つ、日本では神道・仏教と並ぶ伝統思想、江戸時代の官学にして、近代では昭和の敗戦までの忠君愛国教育の思想資源、といった知識もすでにおもちであろう。

本シリーズの実質的な旧版である「世界宗教史叢書」、その第一〇巻『儒教史』(一九八七年)は、序章「儒教をどうみるか」で、「なぜこの宗教史シリーズに本冊が加わっているのか」と問い、「ほんらい、儒教とよばれる〝教《おし》え〟は、宗教のそれではない」と述べることから始めている(三頁)。そして、そのあと、明治時代以来の日本の研究者たちによる儒教についての説明を引用列挙し、最後に「儒教そのものは、いかなる教えであるのか。さしあたり、史的展開の中で、叙述してゆくことのほかはない」と結んでいる（傍点原文、二三～二四頁）。

この『儒教史』の刊行後ほどなくして、加地伸行《かじのぶゆき》がその名も『儒教とは何か』という本を上梓《じょうし》した（中公新書、一九九〇年）。加地はそれ以前からの自説を一般読者向けに提示して、儒教とは死の意味を考え、先祖と子孫の世代間の繋がりを大事にする宗教であるとする。この本はかなり評判になり、儒教研究者のあいだからもこの所説を意識した一般書がでたりした。だが、今でも、「神道・仏教・道教などとは違って、儒教は宗教ではない」とする見解は多数派であろう。

中国でも任継愈《じんけいゆ》およびその薫陶《くんとう》を受けた李申《りしん》らが儒教＝宗教説を主張しているものの、ほとんどの研究者はこれに批判的である。そもそも、現在の中国・台湾では普通「儒学」もしくは「儒家思想」という語彙を用い、「儒教」を使わない。李申が二〇〇〇年に出版した自著に『中国儒教史』（上海人民出版社）と命名したのは、その宗教性を重視する観点からのことであり、日本語における「儒教」の語感とはまた異なって、多くの読者にとって違和感をともなうものだったと推察される。

本書は、筆者の学術的見解に基づき、「儒学」ではなく「儒教」でよいとする立場から、「儒教史」を語るものである。前掲『儒教史』は、筆者が大学で親しく教わった三名の研究者（戸川芳郎・蜂屋邦夫・溝口雄三）の共著であり、筆者の儒教理解も彼らの影響下に形成されている。したがって本書の見解はそれとかなりの部分重なるものとなろう。儒教はまず何よりも「教え」として理解されるべきだという視点に、本書も立っている。儒教とはどういうものなのかという点については、やはり「史的展開の中で、叙述してゆく」つもりである。

ただ、「教」を、現在の日常的な日本語としての「おしえ」という語感によって理解してはならない。和語の「おしえ」には「訓」という漢字が当てられることもあるように、（熟語化して）「教訓」の意味が強い。「父のおしえ」などというように。しかし、「儒教」の「教」は、たんに教訓というだけの次元の意味ではない。道教・仏教と並び称されるごとく、理論的体系性と社会的有効性をもった教説の謂《いい》である。儒教を、道教・仏教がそうみなされている「宗教」に加えるか加えないかは、そもそもの「宗教」の定義いかんによって変わってくる二次的な問題である。この点は、同僚の横手裕が本シリーズで先行して出した『道教の歴史』（二〇一五年）の序章で道教について述べているのと同じである。

戸川たちは儒教が「いかなる教えであるのか」という問題の立て方をしたが、筆者は儒教の何をもって教というのかという視点から、本書の叙述を試みてみたい。道教・仏教については自明視されている、その教性について、史的展開にそって語ることにより、なぜ儒教が儒教と呼ばれてきたかを明らかにしてみようというわけである。したがって、本書を朗読したり、あるいは心のなかで音読したりする読者は、「教」を「おしえ」ではなく、ぜひ「きょう」と音読みで読んでいただきたい。

儒家・儒学・儒教

儒教はもともと諸子百家《しょしひゃっか》の一つ、儒家として始まった。諸子百家という名称は、彼らが活躍した戦国時代の同時代用語ではなく、その思想的活況状態が終息したのち、漢代になってから回顧的に使われるようになった語彙である。すでに儒家の流れを汲む儒教の優勢が確定し、他ならぬその儒教を信奉する学者たちによって命名されたもので、そのために諸子百家はすべて本来の儒教から派生したとする歴史認識が語られた（班固《はんこ》『漢書《かんじょ》』藝文志《げいもんし》）。

そのため、諸子百家の活躍は、肯定的に望ましいこととして語られるのではなく、批判的に乱世を象徴する事態として扱われることになった。この扱いは儒教的言説においてはずっと後世にいたるまで続き、諸子百家という多様な流派の並存を思想史上の活性期とみなす史観は近代になってからの新しいものにすぎない。

つまり、諸子百家という語られ方はその当初において、そののちの儒教の勝利を前提として組み込んだ、結果を知っている勝者たちの分類であった。『漢書』以来、儒家を最初に掲げて列記するというやり方もここに由来している。諸子百家の儒家以外の他の流派は、やがては淘汰されるはずの存在として命名・分類された。逆に儒家という名称の思想流派は、漢代に主流派の地位を確立する儒教の前史と位置づけられたのである。

ところが、そうした作業をおこなった当事者たちの認識に即していえば、儒教は戦国時代の儒家よりもずっと昔から存在したことになっている。ここに信仰上の歴史認識と、実際の思想史の展開との重大な齟齬《そご》がある。あらゆる宗教の歴史についてそうであるように、当該宗教の内部で語られている言説と、学術的な実証研究の成果とは一致しない。

筆者の学術的認識では、儒教が誕生したのは漢代のことである。その理由は本書第2章で述べていくが、簡単にいえば、経典の確定とそれをめぐる教学が成立するのが漢代だからである。ただ、ややこしいことに、漢代においてはまだ「儒教」という用語は成立していない。

もう一つ、類義語として「儒学」がある。これは『漢書』藝文志で儒家について解説した文章の末尾にもあらわれる語彙で、「儒の学問」という意味合いであるし、同じ意味での用例は先行する司馬遷《しばせん》『史記《しき》』にも散見する。儒家の学術が儒学なのであり、それはやがて儒教の学術へと発展していく。ただ、教という語をともなう「儒教」は、この段階ではまだ語彙として必要とされていなかった。対抗する「教」が他に存在しなかったからである。

私たちが儒教という語で意味させようとする内容を、漢代の人は「徳教《とくきょう》」と呼んだ。『漢書』の元帝《げんてい》紀にでてくる父の宣帝《せんてい》の発言で、元帝が儒教にのみ肩入れしているのを危ぶんで、漢王朝では覇道《はどう》と王道《おうどう》をともに用いてきたのに、後者だけに頼れば滅亡の道を歩むことになるという主張であった。君主の徳に主眼をおく王道思想が儒家・儒教の特質だったから、そうした「教」のことを「徳」字で形容したものと解釈することができよう。

「儒教」という語彙が史料に登場するのは五世紀、南北朝時代のことである。儒教と並ぶ他の二つの「教」、道教と仏教（釈教ともいわれた）が興隆し、鼎立《ていりつ》状況が生じたためである。三教相互を区別するために、儒教には「儒」の字が冠せられた。したがって、語彙として儒教が登場するのは後世のことになるが、その実態は漢代に定まっていた。

儒教の伝承

儒教を担う学者たちが思念していた「孔子以前」について紹介しておこう。

儒教は宇宙・世界の開闢《かいびゃく》を具体的には語らない。易学《えきがく》の生成論において原理的なところは語っているものの、その実相をだれかが記録したとは考えていないので、他の宗教とは違って、それを見たことであるかのように物語る開闢の叙述は存在しない。優れた人物が太古の時代に交代で登場して君主となって今に繋がる文明社会を築いたと、漠然と伝承するだけである。そうした君主たちを総称して三皇五帝《さんこうごてい》と称するが、だれをそう呼ぶかには異説もあって、当初は一定しなかった。五帝については、五行《ごぎょう》思想との対応関係で同定が進む(巻末付録参照)が、その一人黄帝軒轅《こうていけんえん》氏については道教で崇《あが》めるほどには重視しない。儒教で具体的に過去の偉大な君主としてイメージされるのは、堯《ぎょう》・舜《しゅん》以降である。

堯は臣下であった舜が逸材であることを見抜いて王位を彼に譲った。舜も同様に臣下だった禹《う》に王位を譲った。この王位継承方式を禅譲《ぜんじょう》と呼び、理想的なあり方とする。禹も同じことをしようとしたが、臣下や民衆は禹の実子の啓《けい》を王として推戴《すいたい》し、世襲王朝の夏《か》が始まった。そうして数百年の時が流れ、暴君の桀《けつ》が登場する。そこで諸侯の一人であった殷《いん》の君主が民を救うために武力蜂起し、彼を追放して即位し、湯王《とうおう》となる。こうして今度は殷王朝が数百年続いた末に、暴君紂王《ちゅうおう》が登場する。諸侯の一人周《しゅう》の君主文王《ぶんのう》に人望が集まり、天下の三分の二が彼に従う状態にいたったが、彼は君臣秩序を尊重してあえて紂王を倒すことをしないまま世を去った。後を継いだ子の武王《ぶおう》はついに挙兵して紂王を倒し、周王朝を樹立する。湯王や武王のような軍事蜂起による前王朝の打倒は、放伐《ほうばつ》と呼ばれた。夏・殷・周の三王朝は、まとめて三代《さんだい》と呼ばれ、つねに理想的な時代として回顧されることになる。とくに、周についてはその国制が帰るべき原郷として意識された。

周は武王亡きあと、その弟の周公旦《しゅうこうたん》が幼い甥の成王《せいおう》に代わって国の礎《いしずえ》を定めた。こうして天下はよくおさまっていたが、周も創業から数百年を経て凡庸な君主が続くようになり、諸侯を束ねる権威を喪失する。外からは異族（東夷《とうい》・南蛮《なんばん》・西戎《せいじゅう》・北狄《ほくてき》）の侵入、内には諸侯同士の利害対立による戦争が頻発し、周公が定めた制度は危機に瀕していた。孔子が活躍したのはそうした時期のことであった。

実際の孔子が如上の伝承をどこまですでに知って信じていたかはわからないが、儒教の教義としては、孔子はこうした過去の経緯をすべて把握したうえで、自己の教説を広め、乱世を救おうとしたことになっている。こうして史実としての儒教の歴史が始まる。

本書の叙述範囲

本書は孔子以降を叙述範囲とするが、対象時期だけでなく、儒教として描く内容の範囲もまた問題となろう。

思想教説の紹介だけでは、宗教においてはその教義史にすぎず、宗教の全体像を伝えるものにはならない。儀礼や慣習を含めた信者の生活全体が当該宗教の内容と解せられるからであり、それらをいっさい紹介しない宗教記述は皮相的なものに留まることになろう。従来の儒教史と称するものには、往々にしてこの類《たぐい》が見受けられるように筆者には感じられる。その点で、各時代で最初の章を儀礼・祭祀の紹介に費やした先述の李申『中国儒教史』は、斬新な試みであった。

もちろん、「おしえ」は儒教の重要な要素であり、その流行変化が儒教の歴史を紡いできたのであるから、これを軽視することはできない。思想哲学面での、あるいは道徳倫理説としての儒教の展開を中心にしつつ、それが実際の儀礼や慣習にどのように作用したのか、またはそうした作用を意図してどのような「おしえ」が説かれたのかが、本書の叙述に際して筆者が意を用いたところである。ただ、当たり前のことながら、過去の東アジアの人々の生活慣習のすべてが儒教の「おしえ」によるものではない。どこまでを儒教教説の影響と判断するかは、結局は記述者の主観・恣意になってしまいかねない。「儒教とは何か」という大きな問いへの各人の答案も、この点とかかわっていよう。本書では筆者の専門と能力に応じるかたちで、ある分野に重点をおいてこの方面の叙述を進めていく。

それは具体的には王権にかかわる祭祀の問題である。儒教は孔子の時代から祭祀を重視する教説だった。『論語』のなかには、すでに君主が携わる祭祀についての孔子の発言を伝えている。漢代に実際に君主(皇帝)のあり方を支える「教」として機能するようになると、王権祭祀が儒教式に再編され、その種類や方式をめぐって儒教の学者同士が論争を展開するようになった。

時折、「儒教にも神がいますか」と質問されることがある。質問者が「神」という語にどのような意味を込めているのか次第で回答は違ってくる。たしかにユダヤ・キリスト・イスラーム的な唯一神・宇宙創造神としての神は儒教にはいない。しかし、天地の神々をはじめとして、祖先などの死者もすべて神として祭祀の対象になってきた。孔子もまたこうした神の一人として、文宣王《ぶんせんのう》とか至聖先師《しせいせんし》とかの呼称によって祀《まつ》られたし、今も祀られている。ただし、儒教の創始者としてではない。孔子は経《けい》を編纂することで三皇五帝および夏殷周三代の政治社会秩序を後世に伝える役割をはたした人物として、文教上の功績から神になったのである。本書でとくにこうした問題を大きく扱っているのは、儒教は経という神聖なテクストを奉じていることを強調して、その「教」たるゆえんを明らかにしたいと考えたからである。

儒教は中国で誕生し、漢代以降の中国王権を支える役割をはたしていたが、中国の外にも広がった。それは周辺地域に儒教を受容することで独自の王権が成立していったからである。とくに中国から見て東方・南方においてその現象が顕著だったし、歴史的事由によって東方・南方の新興国が（中国の領域内部に取り込まれることなく）そのまま現在に繋がった。韓国（朝鮮）・日本・ベトナム（越南）である。本書は中国での儒教の展開を中心に扱うが、これら諸国についても若干の記述をおこなって、東アジア全域における儒教の姿を概観できるようにした。章立てとして国別にはせず、時代順を優先して、各国の状況を同時並行的に段階に分けて記述している。

近代以降の儒教研究

儒教内部の言説や、拮抗する他の宗教（道教・仏教、やや遅れてキリスト教）の立場から儒教の歴史を描いた記述は古くからあるが、学術的な視線で儒教を眺めて分析する営みが始まったのは、十九世紀末から二十世紀初頭のことである。

胡適

梁啓超

東アジア諸国のなかで最初に近代西洋の学術を本格的に受容したのは日本である。そのため、儒教に対するこうした研究も日本が先行することになった。従来の伝統である経学《けいがく》とは別の、西洋伝来の枠組である哲学によって儒教の教説内容を整理・分析し、それによって西洋思想との比較をおこなう営為が始まった。「支那哲学」と呼ばれる学問分野の誕生である。ここで詳述することはしないが、そのなかで形成された儒教像が今に繫がっている。

中国では、中華民国《ちゅうかみんこく》の誕生（一九一二年）で二千年間続いた王朝体制が終焉し、それを支えてきた儒教を学術的な視線で見ることができるようになった。その嚆矢《こうし》は米国帰りの胡適《こてき》（一八九一〜一九六二）だった。北京大学で教鞭を執って中国哲学史を講じ、従来の教授たちがしてきたように三皇五帝から始めるのとは異なる授業を展開した。儒教の起源についての彼の学説は、のちに『説儒《せつじゅ》』（一九三四年）としてまとめられている。一方、梁啓超《りょうけいちょう》（一八七三〜一九二九）は日本での学術交流の経験も踏まえて中国儒教の歴史を回顧し、『清代学術概論』(一九二一年)や『中国近三百年学術史』(一九二六年)を著した。このほかにも歴史学の分野で科学的・実証的な取組が始まり、儒教内部で語られてきたことを史実ではなく伝承として捉え直して相対化し、儒教の起源や展開を考察する研究が進められてきた。

ただ、あらゆる宗教がそうであるように、その教説を信奉する者たちにとっては自分たちの信仰こそが真実であるから、こうした学術研究の成果いかんにかかわらず、儒教の伝承は固守されてもいる。近年中国国内で新しくつくられた堯や舜のみごとな立像を写真で見るにつけ、史実と信仰の関係の取り方に難しさを感じる今日この頃である。

ともあれ、『儒教史』の表現をほぼそのまま借りて繰り返すならば、儒教そのものはいかなる「教」であったのか。さしあたり、史的展開のなかで、叙述していくことにしたい。

第1章 儒家の巨匠たち　孔子・孟子・荀子

前五世紀〜前三世紀

時代の概観

紀元前十二世紀、殷《いん》に代わって西方の周《しゅう》が中原《ちゅうげん》に君臨することになった。後世、殷周革命と呼ばれるようになる事件である。周は本拠地の鎬京《こうけい》（陝西省《せんせいしょう》）はそのままに、中原の諸侯を束ねる拠点として洛邑《らくゆう》（河南省《かなんしょう》）を建設する。この統治制度は封建《ほうけん》制といわれ、王から封土《ほうど》を与えられた諸侯はそれぞれに城郭都市を拠点とし、従属する諸氏族に封邑《ほうゆう》を与えて統治を委ねた。王・諸侯・公卿《こうけい》・大夫《たいふ》・士・庶民という世襲身分制が布《し》かれ、諸侯のなかにも等級があって下級諸侯は大国の附庸《ふよう》となった。この政治秩序に参加しない者たちは夷狄《いてき》と呼ばれ、中原諸侯は王もしくは王の名代である伯《は》（覇）に率いられて夷狄たちと武力で対決した。

暗愚な幽王《ゆうおう》のときに犬戎《けんじゅう》によって鎬京が攻略され、後を継いだ平王《へいおう》は紀元前七七〇年、都を全面的に洛邑に移した。これ以前を西周、以後を東周と呼ぶ。年代記『春秋《しゅんじゅう》』の記録が前七二二年から始まるため、その後の諸事件は年代が明確に判明し、これを春秋時代と呼ぶ。周王の権威が弱まって中原諸侯同士のいさかい事が頻発し、これに西方の秦《しん》、南方の楚《そ》・呉《ご》・越《えつ》が干渉するようになる。儒家の開祖孔子《こうし》

（前五五二または五五一〜前四七九）が活躍したのはこうした時期だった。

諸侯のなかでもっとも強大だった晋《しん》が重臣氏族たちによって解体され、前七〇二年、その韓《かん》・魏《ぎ》・趙《ちょう》が周王から正式に諸侯として認められる。これ以後を戦国時代と呼び、諸侯同士の抗争がますます激烈になった。戦法が変化して何万という歩兵部隊の長期遠征が常態化し、生存のためには富国強兵《ふこくきょうへい》が必要だった。有力諸侯たちは王を自称するようになり、国内の封建秩序を中央集権的に再編成していった。とくに秦が商鞅《しょうおう》（？〜前三三八）の変法《へんぽう》によって成果をあげて強大化したため、他の六国《りっこく》が連合して秦に対抗する合従《がっしょう》と個別に秦と同盟を結ぶ連衡《れんこう》とが国際関係での駆引となった。前二七八年に秦は楚の領土の西半を奪い、前二四七年に政《せい》が王位に即くと大軍を派遣して東方諸侯を各個撃破し、前二二一年に天下を統一、新設した皇帝という君主号を名乗ってあらためて即位する。封建をやめて皇帝が派遣する地方官がおさめる郡県制を採用し、暦、度量衡、馬車の車輪の幅、文字の字体や表記、通貨などを統一し、以後二千年間続く皇帝制秩序を定めた。

1 孔子の虚像と実像

『史記』孔子世家の伝承

孔子は儒家・儒教の開祖とされている。しかし、こう考えられるようになったのは、十九世紀の西洋近代文明との本格的遭遇を経てからであり、康有為《こうゆうい》（一八五八〜一九二七）の『孔子改制考』をその嚆矢《こうし》とする。孔子は儒教のなかでは開祖・創始者ではなく、祖述者とみなされていた。それはあたかも釈迦《しゃか》が大乗仏教では諸仏の一人にすぎず、イエスやムハンマドがキリスト教やイスラームではそれぞれの宗教の教祖ではなく神の子や預言者とされているのに似ている。儒教は儒教を信じる者にとっては人類社会の誕生以来一貫して存在しつづけている普遍的な教えであり、孔子はその長い歴史のなかに埋め込まれた一人の聖人《せいじん》にすぎない。

　孔子の伝記として現在でも普通に用いられているのは、司馬遷《しばせん》（前一四五または前一三五〜前八七または八六）の『史記《しき》』の「孔子世家《せいか》」である。『史記』が一般の伝記である列伝の部ではなく、諸侯王の国の歴史を描く世家《せいか》の部に孔子を配しているのは、司馬遷が儒教を特別視していたからだといわれる。儒家でも孔子の弟子たち（仲尼弟子《ちゅうじていし》列伝）や孟子《もうし》（前三七二?〜前二八九?）・荀子《じゅんし》（前三一三?〜前二三八以降）（孟子荀卿《じゅんけい》列伝）は列伝に載っているし、老子《ろうし》（生没年不詳）・荘子《そうし》（前三七〇?〜前二八七?）（道家《どうか》）や商鞅《しょうおう》・韓非《かんぴ》（前二八〇?〜前二三三）（法家）も列伝であるから、この差別化は意図的なものであることは明らかだ。それは司馬遷の頃すでに孔子が「素王《そおう》」（儒教では聖人の域に達しているのに実際の王位には即いていない意で用いられる。もとは『荘子《そうじ》』天道《てんどう》篇に見える語）と認識されていたことに対応している。つまり、孔子世家で描かれているのは、近代的な意味での一人の思想家の生涯ではなく、儒教の伝統を継承した聖人の事績なのであり、その意味では『新約聖書』における四福音書に近い。

　しかも、『史記』が執筆されたのは孔子の死後四〇〇年がたってからだった。司馬遷は彼以前から伝わる史料・口承をもとにこの伝記を組み立てているが、それにしてもその多くは孔子の死後つくられた

孔子弟子図（聖跡図冊「退修詩書図」）

伝説の類《たぐい》である。現在の観点からこれを一次史料とみなせないのはもとより、編纂史料としても信憑性をおくことはできかねる。ただ、現時点でまだこれに代わる史料（出土文物）は発見されていないし、儒教の歴史のなかではこれを定番として孔子について語られてきたという経緯があるので、史実ではなかろうという留意をしたうえでその梗概を紹介しよう。

孔子は宋人《そうひと》の末裔として魯《ろ》の昌平郷鄒邑《しょうへいきょうすうゆう》に生まれた。司馬遷はこれを魯の襄公《じょうこう》二十二年（紀元前五五一年）とするが、『春秋』の注釈書である公羊伝《くようでん》と穀梁伝《こくりょうでん》はともにその前年（紀元前五五二年）とするため、現在も両説併記されることが多い。

父の名は叔梁紇《しゅくりょうこつ》で、顔《がん》氏の娘（後述する緯書《いしょ》において顔徴在《がんちょうざい》という名が与えられる）と「野合《やごう》」して孔子を生んだ。この「野合」については古来議論があるところで、一説には正規の婚姻関係になかったことと解し、一説に屋外で交接したからという。尼丘《じきゅう》というところに祈って生んだので、名を丘《きゅう》、字《あざな》を仲尼《ちゅうじ》とした（仲は次男を示す徴標で、異母兄がいたことになっている）。父は防山《ぼうざん》に葬られたのだが、母はそれを孔子に教えようとしなかったため、母の死後、さる人の教示を得てようやく二人を合葬することができた。また、孔子は幼時から祭礼のまねごとをして遊んでいたともいう。これらを根拠に、孔子の母は巫女《ふじょ》であり、貴族だった父とは非正規婚の関係だったし、儒家思想が儀礼・祭祀を重んずるのも孔子のこの出自に由来するという学説もある（白川静《しらかわしずか》『孔子伝』、加地伸行《かじのぶゆき》『孔子』）。ただし、こうした解釈は『史記』の記述が事実を記しているという前提に基づいており、それ自体を疑わしいと考えるならばその根拠は弱まる。

『史記』はその後、孔子が出仕して昇進していく様子を逸話を交えながら順次描いていくが、本書では省略する。前四九六年、『史記』によれば五十六歳にして魯の大司寇《だいしこう》となり宰相《さいしょう》職を摂行した。大司寇は経学《けいがく》上、『周礼《しゅらい》』の記載などによって法・刑を担当する部署の長とされている。『史記』でもこのときに少正卯《しょうせいぼう》という大夫《たいふ》を誅殺《ちゅうさつ》したとあり、これを裏付けるかのようだ。ただし、諸侯の国にすぎない魯に『周礼』によれば天子の大臣であるはずの大司寇の職がおかれていたのかとか、『論語《ろんご》』為政《いせい》篇にある有名な刑・法批判の文言（「これを導《みちび》くに政を以てし、これを斉《ととの》うるに刑を以てすれば、民免れて恥なし」）と矛盾するなどの点から、疑義を差しはさみうる箇所である。なお、孔子が魯の司寇（大司寇ではなく）になったという記載は、『孟子《もうし》』告子章句下《こくししょうくげ》や『荀子《じゅんし》』宥坐《ゆうざ》篇に見える。

『史記』では、こうした綱紀粛正《こうきしゅくせい》の政治が隣国斉《せい》を懼《おそ》れさせ、その画策によって孔子は自主的に魯を去ったとする。以後、有名な国外流浪の一四年となる。この間の事績を、司馬遷は『論語』諸篇に見える記載を散りばめながら描き出しているが、おそらく彼の創意ではなく、以前からこうしたかたちで伝記編年をする試みがなされていたのであろう。孔子はついに在世中に自分が理想とする政治のおこなわれないことを悟り、魯に戻って詩書礼楽《ししょれいがく》（四二頁、四節以降参照）の整理と易《えき》の探究にいそしむ。そして、愛弟子《まなでし》顔淵《がんえん》（前五二一～前四八一）の死と獲麟《かくりん》（二〇頁参照）を機に『春秋』の筆削《ひっさく》作業を開始し、「後世、自分はこの『春秋』によって知られるであろうし、また『春秋』によって非難されるであろう」と語った。古参の弟子子路《しろ》が衛《えい》の内戦で非業の死を遂げると孔子の体調は急速に衰え、もう一人の愛弟子子貢《しこう》が見舞うと「泰山《たいざん》が崩れ、梁柱《りょうちゅう》が折れ、哲人は萎える」と歌って死期が近いことを知らせた。その七日後に没した。

孔子世家はそのあと、魯の哀公《あいこう》が贈った悼辞、弟子たちが三年の心喪《しんそう》に服したこと、そして子孫代々の事績を記し、十二代の孫の孔安国《こうあんこく》が「今皇帝《きんこうてい》」（漢の武帝《かんのぶてい》）の博士として活躍したとし、さらにその孫の名におよんで終わっている。

緯書における神格化

司馬遷の没後ほどなくして、緯書と呼ばれる一群の文献があらわれる。詳細は次章で扱うが、儒家思想が儒教として漢の国教（元来は西洋史の用語 official religion の翻訳語）になるに際し、ローマ帝国におけるカトリックがそうであったごとく、従来の教説を深化させるために必須とみなされたテクスト群だった。

緯書が描く孔子は、その身体的特徴が常軌を逸している特色がある。『太平御覧《たいへいぎょらん》』が引くところによれば、『孝経鉤命決《こうきょうこうめいけつ》』には「舌理七重《ぜつりしちちょう》（舌の筋が七本あった）」や「斗唇吐教《としんときょう》（巨大な唇から教説を吐いた）」、虎掌《こしょう》・亀背《きはい》という形容が並んでいたらしい。こうした異人性こそが聖人の聖人たる証《あかし》とみなされ、生来の資質として天命を受けて生まれたことが強調された。

たとえば、後漢初期の桓譚《かんたん》『新論《しんろん》』は、「(母の)顔徴は黒帝《こくてい》に感じて孔子を生んだ」とする。『春秋演《しゅんじゅうえん》孔図《こうと》』の輯佚《しゅういつ》文には、この黒帝感生《かんせい》説に加えて「頭のかたちが尼山に似ていたのでそれにちなんだ名をつけた。胸には『制作定世《せいさくていせい》』という字があった」と見える。「制作定世」は、礼楽《れいがく》を制作して天下を安定させるという意味で、孔子が黒帝の子としてこの功績をはたすべき天命を受けた人物であったことをいっている。黒帝は五行《ごぎょう》に対応する五方上帝《ごほうじょうてい》の一つで、水徳《すいとく》にあたる。前漢末には五行相生説《そうせい》(七〇頁参照)によって、王朝への配当で殷《いん》は水徳とされていたから、孔子が殷の王家の血を継いでいることを示す伝承としてこの時期に創作されたのであろう。

獲麟事件も春秋学において強調されるようになる。『春秋』の経文《けいぶん》は哀公十四年(前四八一年)の「西狩《せいしゅ》獲麟(魯の西の郊外で麒麟《きりん》を捕獲した)」という記事で終わっている。この事件は上記『史記』孔子世家にも引かれている話柄で、漢代における孔子像では重要な要素だった。麒麟は天下太平を寿《ことほ》いであらわれる瑞獣とされる。だれもその正体を知る者がいないなか、孔子だけが一見して麒麟だとわかり、その首をいだいて深く嘆いた。それは麒麟が乱世のさなかに魯の西郊で捕獲されたことが、孔子にとって不遇なわが身を重ね合わせて受け取れたからであり、同時に、孔子がこれにより自分の生前には太平の世を望みえないと悟ったとされたからであった。『春秋』の筆削作業も獲麟と結びつけて説かれ、本来は王だけに許される史書編纂を孔子がおこなったことの正統性を、麒麟の登場に帰したのである。また、『論語』子罕《しかん》篇に載る「子曰く、鳳鳥《ほうちょう》至らず、河図《かと》を出さず、吾已《や》んぬるかな」という文言も、瑞鳥たる鳳凰《ほうおう》や瑞祥たる河図（黄河《こうが》からあらわれる龍馬がもたらすとされる図）が訪れないことから、天から与えられた使命たる天下太平の実現を自分がはたせないことを嘆いたものと解された。こうして、孔子は乱世を救うべく生まれたのにそうできなかった人物として造形されていく。

『論語』のなかの孔子

現在の学術研究の立場からは、孔子が黒帝の子として天命を担って生まれてきた人物であったとする解釈に与《くみ》することはできない。後世の偶像化を取り払って孔子の実像に迫るためには、彼の死後に構成されている『史記』の記述も鵜呑《うの》みにすることなく、信頼がおけるものを選り分けていかなければならない。現在のところ、孔子の死から『史記』の成立まで（前五世紀〜前二世紀）の考古資料（出土文物）で孔子の伝記に資するものは発見されていないようなので、やはりまず頼るべき史料は『論語』ということになる。先述のように、孔子世家のなかには現行の『論語』と共通する記述が多く引用されており、司馬遷もしくは彼に先立つ伝記作者がこの書物を活用したことがうかがえる。

『論語』全約五〇〇章の大部分は孔子の言動を記している。ただ、ここにもこの書物成立の過程で後世の創作が多く混入しているとされる。『論語』は二〇篇から成るが、前後一〇篇ずつに分けて後半は新しく書かれたとする説や、いくつかの篇ごとに時期・流派を別にしてつくられたとみなす説などがある。なお、『論語』のなかでの位置関係を明示するため、以下、篇名のあとにその次序を記す。

見やすいところでいえば、季氏《きし》篇第十六では第四章で「益者三友、損者三友（ためになる友人三種類、ためにならない友人三種類）」以下、「益者三楽、損者三楽（ためになる楽しみ三種類、ためにならない楽しみ三種類）」など、数詞によって列挙する格言式の教訓が七章にわたって続いており、孔子の生《なま》の発言とは考えにくい。微子《びし》篇第十八になると、第五章以下四つの章にわたって隠者が登場して孔子を批判するし、篇全体に過去の人物評が並んでいる。最後の堯曰《ぎょうえつ》篇第二十は、太古の聖人王であった堯《ぎょう》が舜《しゅん》に語った政治の要諦《ようてい》と、孔子自身の政治論・天命論で『論語』全体を締めくくるような内容になっている。その前の子張《しちょう》篇第十九には孔子が直接には登場せず、子張・子夏《しか》・子游《しゆう》・曾子《そうし》・子貢《しこう》ら高弟たちの発言だけで構成されている。郷党《きょうとう》篇第十は孔子の語録といえるのは有名な厩火事《うまやかじ》の段（古典落語「厩火事」の題名の由来となった、孔子の留守中に馬小屋が焼失した際に孔子は使用人の安否だけを尋ねて馬のことは聞かなかったという話）の使用人たちを気遣った箇所だけで、この段も含めて全体に彼の行動を記録しており、かつ篇末には古来注釈者たちを悩ませてきた、雌雉《めすきじ》の「三嗅而作《さんきゅうじさく》（においを三回嗅いで〝作《さく》〟した）」という段（諸説あるが文意不明とするのが穏当）がある。このような羅列のなかから真実の孔子を探すのは、結局は探す側の期待や願望の投影になりかねず、あまり生産的ではない。しかも、これに文言の解釈問題が加わる。いくつか例示しよう。

　克己復礼《こっきふくれい》といえば、顔淵篇第十二の冒頭に置かれた「仁《じん》とは何か」という質問への孔子の答えで、今も成句として人口に膾炙《かいしゃ》している。ただ、その成句の意味は「己《おのれ》に克《か》ちて礼に復《かえ》る」という訓を前提にしており、これは諸説あるなかで朱子学における解釈に他ならない。古くは「己を克《つづ》めて礼を復《ふ》む（自分の行為をきちんとして礼を履行する）」と読んでいたし、克は能《できる》だとして自分の潜在能力を充分に発揮することだとする解釈もある。自己の欲望に打ち勝つ（克己心）というのは孔子本人の発言意図ではなく、たんに朱子学の教説にすぎないのである。

また、「川上《せんじょう》の嘆《たん》」として有名な章（子罕篇第七）も、その「子 川の上《ほとり》に在りて曰く、逝《ゆ》くものはかくのごときか、昼夜を舎《お》かず」の意味をどうとるか、流れ去っていく水に無常を感じた詠嘆なのか（漢代に生まれた古注《こちゅう》〈八五頁参照〉の説）、「日々これ新たなり」（『大学《だいがく》』の句）と同じ意味で絶えざる前進を勧めた積極的な激励ととるのか（朱子学・陽明学）で逆の人生観になる。

あるいは、八佾《はちいつ》篇第三にある「太廟《たいびょう》に入りて事ごとに問う」の章も、孔子が本当に知らなかったから質問したのか（陽明学）、わかってはいたのだが質問したのか、後者だとしてそれはさらに知識を深めようとしたからか（古注・朱子学）、たんに質問すること自体が礼式だからそうしたのか（徂徠《そらい》学）、個々の解釈に応じて別様の孔子像が浮かびあがる。このように、孔子の思想といっても一筋縄ではいかない。

そうした制約はありながらも、しかし、孔子という思想家が仁と礼について熱く語った人物であるということは間違いなさそうだ。この二つの鍵概念《キーワード》を結びつけて説いているのが前掲顔淵篇第一章「克己復礼」のくだりであるため、この句の解釈がとりわけ議論を呼び、学派ごとの相違を際立たせることにもなるわけである。孔子のいう仁とは何か、礼とは何かという問題をめぐっては、二千年来の議論の積み重ねがあり、それこそがまさしく儒教教義展開の歴史といって過言ではない。

『論語』冒頭部、学而《がくじ》篇第一の第二章は有子《ゆうし》の発言として、「孝弟《こうてい》なる者はそれ仁の本たるか」と伝える。孔子のものではないかたちで記録されていること、顔淵や曾子のように後世潤色されるようになった人物ではなく、地味でめだたない有子（名は若《じゃく》）のものであることが、かえってこの発言の信憑性を高めている。ここも朱子学では「孝弟なる者はそれ仁をなすの本か」と、文法上かなり窮屈な読み方をして、深い概念である仁と浅い概念である孝弟とを区別するのであるが、古注による先にあげた読みが原文に対して素直であろう。仁の本は孝弟なのである。弟は「おとうと」との区別をしたい場合には悌《てい》と表記される概念で、親に対する孝と対をなして兄に対する心情倫理をいう。親や兄との家族関係の道徳を仁の中核にすえるのが、『論語』の発想だった。ちなみに『論語』には忠《ちゅう》はあまり登場しないし、用例としても「夫子《ふうし》の道は忠恕《ちゅうじょ》のみ」（里仁《りじん》篇第四）という曾子の発言のように「まごころ」の意味である。忠義を重んじたとする理解は、漢代以降の国教としての儒教にはあてはまるけれども、歴史上の人物としての孔子の思想ではない。

この有子の発言に続く学而篇第一の第三章は、孔子の「巧言令色《こうげんれいしょく》、鮮《すくな》し、仁」である。前章と合わせてみるならば、孝弟の実践こそが本質で、口舌や顔色のような取りつくろった態度には仁は存在しないという初期儒家思想の見解があらわれている。続く第四章で曾子が有名な三省《さんせい》について述べ、そのうちの二つで「人のために謀りて忠ならざるか、朋友と交わりて信ならざるか」と、忠（ここでも「まごころ」）と信《しん》とを並列させている。

一方、礼については八佾篇第三に集中してその議論が集まっていると古くから指摘されてきた。たしかに、冒頭にある語で篇名にもなっている八佾自体が、舞楽の編成規模をあらわしている。三桓《さんかん》（桓公《かんこう》の三人の子をそれぞれの初代とする孟孫《もうそん》氏・叔孫《しゅくそん》氏・季孫《きそん》氏のことで、魯の政治を壟断していた。季孫氏は季氏とも呼ばれる）の一つ季氏がこの編成を用いたことに対して、孔子が八佾は天子の礼であるとして季氏の専横振りを責めたという内容である。次の第二章では三桓たちが雍《よう》の歌を自分たちの祖先祭祀で用いたことへの批判で、ここでもまた天子の礼を冒したとする。そして、第三章に「人にして仁ならざれば礼を如何《いかん》、人にして仁ならざれば楽を如何」という孔子の発言が置かれる。八佾が舞楽であり雍が歌であったように、儀式には音楽がともなう。『論語』をはじめとして儒教文献では礼楽と並称されることが多い。右の孔子の発言によって、礼楽とは儀式・演奏そのものの意味であるとともに、それによって保たれるべき秩序をも指すことが示される。内面的に仁の徳を持ち合わせぬ輩がおこなう儀式や演奏は、その本来の意義を達成できないというわけだ。それはまた、三桓に代表される、あるべき身分秩序を逸脱した行為（と、孔子には見えたもの）が礼楽によって成り立っている人間社会の秩序を崩してしまう危険性を指摘したものでもあった。この点で、孔子は保守主義者である。

孔子が保守しようとしたのは周の礼楽制度だった。そして、その制度を定めたのが初代武王《ぶおう》の弟で、幼い甥の成王《せいおう》の摂政を務めた周公《しゅうこう》である。孔子が「最近は周公の夢を見なくなった」と自分の老化を嘆く章（述而《じゅつじ》篇第七）は、若い頃から憧れの人を睡眠時にも意識していたことを示している。『論語』には、より古い殷の賢者たちや、さらに遡って堯・舜も登場するが、それらの箇所は伝承成立年次が遅れるとみなす研究もある（津田左右吉《つだそうきち》『論語と孔子の思想』）。古層においては、孔子が理想としていたのは周公であったようだ。

そして、これが以後も儒教の肝要な教説となる。文言解釈がいかに異なろうと、儒教を奉じる人士《じんし》はみな、周公が定めた周の制度を理想とし、眼前の事態をそこに近づけるべく努力することを自分たちの使命とした。周公は実際に礼楽を制作（互文構造で「制礼作楽《せいれいさくがく》」と表現する）した功績のゆえに聖人なのであり、孔子はその後に失われてしまったあるべき秩序を文献に整理し保存してくれた媒介者として聖人とみなされた。

その文献こそ、「経《けい》」に他ならない。

2　儒家屈指の論争の士　孟子

対話篇『孟子』

『孟子《もうし》』の主人公孟子は孔子より一〇〇年以上後に活躍したとされる。孔子と同じく魯《ろ》の生まれ、しかも魯の附庸《ふよう》の小国だった鄒《すう》の出身ということまで共通する（『史記』では騶《すう》と表記する）。『孟子』に注を施した後漢の趙岐《ちょうぎ》は、孟子の孟という姓は三桓《さんかん》の一つ孟孫《もうそん》氏の後裔だからだと解する。『史記』孟子荀《じゅん》卿《けい》列伝は、彼が子思《しし》の門人から学業を受けたと記す。子思は孔子の孫で、孔子世家《せいか》に「中庸《ちゅうよう》を作る」と紹介されている人物。子思の門人がどういう人物なのか、後世の書物を含めてその名に言及するものはない。むしろ趙岐は「受業子思之門人」の「人」は衍字《えんじ》であるという説に賛成して、子思の直接の弟子であったと解する。朱熹《しゅき》は『孟子集注《もうししっちゅう》』で「どちらが正しいかわからない」と判断を留保している。『漢書』藝文志《げいもんし》には「孟子十一篇」と記載されている。ところが、それに先立つ『史記』の孟子荀卿列伝では、弟子たちと七篇の書をまとめたとある。どうやら、前漢劉向《りゅうきょう》の宮廷図書整理（六八頁参照）に際して彼らの判断で信憑性の低い箇所を外篇《がいへん》四篇とし、内篇《ないへん》を『史記』に揃えて七篇にしていたらしい。後漢の趙岐が注解書を著すにあたって外篇をはずしたために、テクストとしては七篇のみが残った。通常各篇を上下に分けて一四巻構成とする。また、趙岐がそう呼んだのに倣って篇のことを章句と称する。

その冒頭、梁恵王《りょうのけいおう》章句上は、梁（一般には魏《ぎ》と呼ばれる）の恵王に謁見《えっけん》した際の問答から始まる。王が遠来の孟子に自国を利する政策提言を期待したのに対して、孟子はぴしゃりと断じる。「王、なんぞ必ずしも利をいわん。また仁義あるのみ」と。『論語』には仁が単独で用いられる場合がほとんどで、義《ぎ》という語も登場するがこのように連称されることはない。仁に加えて義を重要な術語として用いるのが孟子の特徴とされるゆえんである。

孟子は、ここだけでなく全篇を通じて為政者に向かって経済的な富の追求よりも重要なこととして仁義の確立を説いている。その際に他の学者たちとの直接・間接の論争となる場合もままあり、文章自体、『論語』のような断片的な警句調ではなく、論理的に筋立てをもつ議論になっているものが多い。『論語』には弟子たちとのやり取りは見られるが、結局は孔子の一方的な訓示であり、独白《モノローグ》である。それに対して、『孟子』には対話《ダイアログ》が多い。

孟子

百家争鳴《ひゃっかそうめい》の時代になったことを示している。

仁義・王道・性善

『孟子』は開巻劈頭《かいかんへきとう》、覇者《はしゃ》たらんとする諸侯の一人に向かって仁義を説く章から始まっている。仁義による政治は王道《おうどう》と呼ばれる。

梁恵王章句上の第三章は、先述のこの仁義を説く章と同じく梁恵王との対話であるが、有名な五十歩百歩の譬《たと》え話をしたあとで、王に向かって、民に食事・住居を与えて生活基盤を整え（養生）、葬儀の棺《かん》椁《かく》や祖先の祭祀をつつがなくおこなわせる（喪死）ことが「王道の始め」だと説く。王道という語がそのまま登場するのは『孟子』全篇を通じてこの一箇所にすぎないのだが、孟子の政治理念は王道の実現であると古来解釈されてきた。

王道の対概念《ついがいねん》は覇道《はどう》である。ただし、『孟子』にこの表現は見えない。後世、内容的にそのことを語ったと解釈されるのが、梁恵王章句上第七章の次のやり取りである。斉《せい》の宣王《せんおう》が斉の桓公《かんこう》や晋《しん》の文公《ぶんこう》の事績について話してもらえるかと尋ねた。孟子はきっぱりと断る。「仲尼《ちゅうじ》の徒に彼らの事績を語る者はいないので、それは伝わらず、私めも聞いたことがございません。言えるとしたら王のことでございます」と。以下、どうすれば王たりうるかの問答が続く。斉桓公・晋文公はいわゆる春秋五覇《しゅんじゅうごは》の代表格である（春秋五覇という類型自体、孟子の頃に考案されたと思われる）。ここで孟子は、孔子の流れを汲む者はその名を口にするのも恥じるという趣旨のことを言っている。ただし、実際には『論語』で孔子は彼らに言及しているし、孟子が顕彰する『春秋』にはそれこそ彼らの事績が述べられているわけで、古来、ここの孟子の発言はわざと王に向かっておおげさに言ってのけた、為にする誇張だとされる。とはいえ、それゆえになおさら、孟子が軍事的な力と経済的な利による覇道を斥けて、仁義に基づく王道を推奨していることが際立つ。

もちろん、覇者たらんとする戦国諸侯たちに彼の教説をまともに受け入れようとする者はいなかった。ただ一人の例外は、滕《とう》という小国の君主の文公《ぶんこう》で、孟子は彼に向かって三年喪《さんねんそう》や学校制・井田《せいでん》法の実施を説いている（滕文公《とうのぶんこう》章句上の冒頭数章。「井田」とは、孟子の説明によれば、農耕地を井の字型に九等分し、周囲の八区画を八つの家が耕作して自家用とし、みなで中央の区画を共同耕作してそこの収穫を税として収めるという仕組のこと）。そのきっかけは、文公がまだ世継ぎだった頃に楚へ向かう旅の途中、宋を通り、そこにいた孟子に会ったことだった。そのとき、「孟子は性善《せいぜん》をいい、発言では決まって堯《ぎょう》・舜《しゅん》を称えた」（同、第一章）。文公は孟子に魅了され、帰国後彼を招聘《しょうへい》し、また父が薨《こう》じてその葬儀をおこなうに際し、周囲の反対を押し切って三年喪を実施する。三年喪は『論語』にも見え、弟子の宰我《さいが》が「しなくてもいいでしょうか」と孔子に質問したために、あとで孔子から人格面での陰口を言われる重要な礼であった。

もっとも、これらの記述の先後関係は慎重に考察する必要があり、ここで滕の群臣たちが「魯の昔の君主たちも、わが滕の先君たちも誰一人やっていない」と述べているのは、（儒教内部でそう解釈されてきたように）周公の礼制が廃《すた》れてしまっていたからというわけでは必ずしもなく、実際に史実としてそのようなことがなかったのでみな知らなかったのだという可能性もある。つまり、三年喪は儒家が机上の理論として発明した儀礼で、その早期の実践例が滕文公の場合とも考えられる。

いずれにしても、孟子は王道政治の理論的根拠として性善説を主張した。論敵の名が冠せられている告子《こくし》章句上には、告子の性無善無不善《せいむぜんむふぜん》説（人の本性に善も悪もない）や、「為政者の訓導しだいで善にもなれるし悪にもなりうる」説、「善に生まれついた人もいれば、悪に生まれついた人もいる」説を批判して、性善説を滔々《とうとう》と論じる孟子が描かれる。孟子はその証拠として、人にはだれしも惻隠《そくいん》・羞悪《しゅうお》・恭敬《きょうけい》・是非《ぜひ》の四つの心があらかじめ具わっていることをあげる。公孫丑《こうそんちゅう》章句上では恭敬に代えて辞譲《じじょう》という語が使われ、井戸に落ちそうになっている幼児を見て思わずはっとする心情を根拠に、この四つが生得のものであることが主張される。すなわち右記の順に、仁・義・礼・智の端《めばえ》だというのだ（四端《したん》説）。ここで仁義が登場し、『孟子』全篇冒頭にあった仁義に基づく政治へと還流する。仁義礼智が人為的なものではなく、万人普遍の天性であるからこそ、王がそれらに基づく政治をおこなえば民は感化されて染まり、悪事に走らなくなって社会秩序が保たれるというわけだ。このように、『孟子』には『論語』のような断片の集積とは異なる首尾一貫性がみられ、史実としてすべて孟子自身の発言ではないとしても、その門流のなかで体系化された教説をまとめて提示した書物となっている。もっとも、先述のようにこれは後世の編集作業を経た選りすぐりの章段だからこそかもしれず、『孟子』のこの体系性をつくりあげたのは、先述した劉向ら漢儒《かんじゅ》たちなのかもしれない。

「春秋を成して乱臣賊子懼る」

孟子が諸侯に説く政治の要諦は、すでに彼ら儒家によって理想的な君主として造形されていた堯・舜・禹《う》や殷《いん》の湯王《とうおう》、周《しゅう》の文王《ぶんのう》・武王《ぶおう》だった。

世上一般に孟子の革命思想として喧伝《けんでん》されている梁恵王章句下の次の問答も、湯王と武王を称える趣旨である。

斉宣王「湯が桀《けつ》を放ち、武王が紂王《ちゅうおう》を伐ったと聞くが、本当のことか」

孟子「言い伝えとしてあります。」

斉宣王「臣下が君主を弑逆《しいぎゃく》してよいのか」

孟子「仁を賊する者を賊といい、義を賊する者を残といいます。残賊の人はたんに一人の男だというにすぎません。そういう紂を誅殺したということは聞いておりますが、君主を弑逆したとは聞いておりません。」

ここで孟子は易姓《えきせい》革命（今までの王家とは違う一族が王家になること、すなわち王朝交代）を是認している。ただし、それは先王朝の君主が仁義をそこなったからで、そういう人物は王として認められないとしてそれを正当化している。君臣秩序そのものを崩しているわけでは決してないというのだ。

理想的な王位継承方法として、すでに儒家《じゅか》は禅譲《ぜんじょう》方式を取り込んでいた。出土文献の郭店楚簡《かくてんそかん》『唐虞《とうぐ》之道《のみち》』は、孟子よりあとの儒家系文献ともされるが、唐《とう》堯から虞《ぐ》舜への禅譲説話を理論的に位置づけて説いた史料である（李承律《りしょうりつ》『郭店楚簡儒教の研究——儒系三篇を中心にして』）。弟子の萬章《ばんしょう》から禹以降に世襲王朝が始まったのは徳が衰えたからだとする説に対する見解を求められて、孟子はそれを批判する（萬章章句上）。禹も賢相の益《えき》を後継者にしたかったのだが、彼を任命してからまだ年数があまりたっていなかったため、堯から舜、舜から禹への禅譲のときのようにはうまくいかず、人々はなじみある禹の子であった啓《けい》を王に推戴したし、益もそれを受け容れた。益や伊尹《いいん》（湯王の宰相）・周公が王になれなかったのは、彼らが仕えていた世襲君主が桀や紂ほどには暗愚でなかったからだし、孔子が王になれなかったのは彼を薦《すす》める天子がいなかったからだ。孟子は孔子の発言として、「唐虞の禅譲も夏殷周の世襲も、その義は一つ」という内容の言葉を引いてこの章を結んでいる。

このように、堯に始まる聖王《せいおう》（『孟子』に伏羲《ふっき》や黄帝《こうてい》は登場しない）の事績を、孟子は孔子の口を借りて評することが多い。孔子は彼の時点ですでに過去と現在の媒介者の役割をはたしている。そして、そのもっとも象徴的な事例として孟子が顕彰するのは、『春秋』を完成させたことである。滕文公章句下にいう。

世間の道徳が廃れて邪説暴行がはびこり、臣下が君主を弑逆したり、子が父を弑逆したりする事例があいついだ。孔子は懼《おそ》れ、『春秋』をつくった。『春秋』（のような史書の編纂）は天子の仕事である。そこで孔子は言った。「後世、自分はこの『春秋』によって知られるであろうし、また『春秋』によって非難されるであろう」と。

結びの孔子の発言は『史記』に見えるのと同文である。司馬遷は『孟子』を読んだと自ら述べているので、ここからの引用であろう。そもそも、次章（六四頁）で詳しく述べるように、司馬遷は董仲舒《とうちゅうじょ》から春秋公羊学《くようがく》を伝授されている。

孟子は離婁《りろう》章句下では、こう言う。

王者の偉業が消えて詩が亡び、詩が亡んで春秋が興った。……記録内容は斉桓公や晋文公の事業、文体は史官のもの。孔子は言った。「その義は私がひそかにとってきたものだ」と。

歴史的過去の事実として春秋五覇について扱い、書き方も史書の体裁に倣っている。ただし、そこに込められた「義」（意義の義でもあり、正義の義でもある）は孔子自身の創意工夫だというわけだ。そして、もう一箇所、「春秋に義戦なし」（尽心《じんしん》章句下）。この句の解釈も注釈者間で具体的には分かれるのであるが、要するに、『春秋』が記述対象とした時代には義が廃れていたために、正義の戦がなくなっていたという意味に解せられる。

先述のように、孟子は春秋時代の世相を全否定していた。『論語』の孔子が管仲《かんちゅう》（斉桓公の宰相として彼を覇者にした人物）の功績をかなり認めていた（憲問《けんもん》篇のなかの三つの章）のとは異なり、覇道の価値を否定する。その際に、義という孟子ならではの語彙が用いられるのは印象的である。孔子の功績として『春秋』の筆削が特記され、その筆削に微言大義《びげんたいぎ》が込められているという発想が、こうして生じる。『論語』、なかでも早期に成立したと想像される諸章は、家族の心情倫理である孝弟を主眼にした仁と礼の秩序を説いていた。ところが、孟子や彼の同志たちによって、孔子は歴史を用いて正義を説いた思想家として祀りあげられていく。儒家はしだいに儒教への変貌を遂げていきつつあった。

3　先秦儒家の殿軍　荀子

出土文献の年代比定（コラム「出土文献について」を参照）をめぐって一つの争点になっているのが、郭《かく》店楚簡《てんそかん》に含まれる儒家系文献と荀子《じゅんし》との関係である。事は荀子を鍵人物《キーパーソン》とする儒教発展史にかかわるからだ。

荀子とその時代

荀子は『史記』の時点ですでに孟子と並称され、戦国期を代表するとみなされてきた儒家である。その孟子荀卿《じゅんけい》列伝は、この二人を中心にしながらも、鄒衍《すうえん》（『史記』では騶衍）・淳于髠《じゅんうこん》・慎到《しんとう》・騶奭《すうせき》といったいわゆる稷下《しょっか》の学士たち（中国全土から集まって斉《せい》の都にあった稷門《しょくもん》のそばに居住していた学者たちのこと）も紹介している。そして、趙《ちょう》に生まれ、五十歳を過ぎてから斉にやってきた荀子が、そこの老師として遇されたという記述で巧みに繋げている。彼はみたびその祭酒《さいしゅ》（学長）に就任した。しかし、やがて讒言《ざんげん》に遭い、楚《そ》に遷《うつ》る。当時楚の権力者だった春申君《しゅんしんくん》（?～前二三八）に重用されて蘭陵《らんりょう》という場所の知事となり、春申君の死によって失職してもそのままそこに住み着いた。荀子の没年は不明ながら「前二三八年以降」と記載されるのは、そのためである。

ただ、以上の伝記も、一〇〇年以上のちの司馬遷の記述に信をおけばの話であり、稷下の学士たちの実像を含めて真相はよくわからない。孟子荀卿列伝は、このあと彼の弟子の李斯《りし》が秦の始皇帝《しこうてい》のもとで

コラム　出土文献について

　一九七〇年代以降、紀元前五世紀〜前二世紀の貴人の墓が多く発掘され、そのなかから竹簡《ちっかん》や帛書《はくしょ》（竹製の短冊や絹布に文字を書いたもの）が出土するようになった。早期のものとしては馬王堆《まおうたい》の帛書『老子』が有名であるが、楚《そ》領だった湖北省の郭店《かくてん》からは内容的に儒家系の文献と思われるものが多数見つかり、従来の史料（伝世文献と呼ばれる）にのみ頼ってきたこの時期の思想文化史研究を塗り替えつつある。ただ、出土文献と称するもののなかには後世の（場合によっては現代の）贋作と思われるものも混じっており、その判別は専門家にもなかなか難しい。

　筆者にその当否は判定できないので、以下は方法上の疑念表明にとどめたい。その疑念とは、伝世文献の記載と発掘された出土文献の内容とを安易に対応させてよいのかということである。たとえば、馬王堆と郭店の両方から「五行《ごぎょう》」と命名される篇が見つかり、その内容が『荀子《じゅんし》』非十二子《ひじゅうにし》篇で五行について説く学派が子思《しし》に始まり孟子に受け継がれたと記していることに対応するため、思孟《しもう》学派の実在が証明されたとする説が有力になった（梁濤《りょうとう》『郭店竹簡与《と》思孟学派』）。しかし、「五行」や他の諸篇が子思の教説を伝えているとは即断できない（池田知久編『郭店楚簡儒教研究』）。

　こうした問題ははらみつつも、新出史料として出土文献の利用は今後も積極的に推進していくべきだろう。その際、どのテクストが儒家系なのかの判断基準、裏を返せば『漢書』藝文志《げいもんし》による諸子百家《しょしひゃっか》の枠組（九流《きゅうりゅう》十家《じっか》）自体の妥当性を含めた再検討が期待される。それによって百花斉放《ひゃっかせいほう》状態のなかで儒家という同定《アイデンティティ》が思想史的にどのようにして生まれたのか、その経緯が明らかになることが期待される。

丞相《じょうしょう》となっていたこと（「已《すで》に」という書き方からは、荀子生前のことと思われる）、数万言の書を著して死に、蘭陵に葬られたこと、彼らのほかに公孫龍《こうそんりゅう》・李悝《りかい》・尸子《しし》・長盧《ちょうろ》・吁子《うし》・墨翟《ぼくてき》（墨子《ぼくし》、前四五〇頃？〜前三九〇頃？）らも活躍していたことを伝えて閉じられる。

また、『史記』老子韓非列伝《ろうしかんぴれつでん》には、韓非が李斯とともに荀子に師事したという記述がある。法家《ほうか》である彼らがともに荀子に学んだ仲であることはそのあとの韓非の死にいたる悲劇の記述において両者の古くからの交友をうかがわせるものがあり、その伏線としての記述となっている。ただ、司馬遷は『韓非子』における『老子』注解を重視して、彼の伝記を老子と並べた。したがって、韓非が荀子の門人であった確証は得られないし、現行の『荀子』にも彼の名は登場しない。

李斯については一箇所、議兵《ぎへい》篇に彼が荀子に秦の軍事的な強さについて仁義とは無関係だろうと質《ただ》すくだりに登場する。ただ、そこで「孫卿子《そんけいし》」と三人称が使われていることや、以下延々と続く荀子の発言内容がそもそもの李斯の疑問からずれていくことから、後学による創作かと思われる。したがって、ここをもって荀子と李斯の師弟関係の証拠とするのも難しい。なお、『史記』李斯列伝には彼が荀子から教わった内容を始皇帝に語る場面がある。

後世、荀子に対する儒教内部での評価が辛《から》いのは、性悪説を唱えたという思想内容もさることながら、この二人の弟子を育てたとされることもその一因であった。法家は儒教にとって仇敵であり、法家自体が学派として消滅してからも、儒教側からは絶えず批判対象でありつづけた。王安石《おうあんせき》（一〇二一〜一〇八六）が朱子学《しゅしがく》から悪評をこうむるのも、その施策が法家的だとされたからである。この伝統は二十世紀後半まで続き、その価値尺度を逆転させたものとして、毛沢東《もうたくとう》（一八九三〜一九七六）の儒法闘争史観《じゅほうとうそうしかん》（特権階級の思想である儒家と、人民の味方である法家とが二千年来対立してきたとする歴史観）が考案される。司馬遷が列伝にそう名づけたように、孟子と荀子はのちのちまで対照的な評価を受ける敵手《ライバル》であった。孟子が儒家正統派、荀子は法家に近い立場という位置づけである。法家的だと評される王安石ですら、本人は孟子を顕彰してその衣鉢を継いでいるつもりなのであり、後世の儒者が荀子を称賛する事例は皆無に近い。

しかし、思想史的には荀子はやはり重要人物である。彼の没年は不明だが、秦始皇帝による全国統一（前二二一年）の直前まで生きていたわけで、戦国諸子百家《しょしひゃっか》の殿軍《しんがり》といって差し支えなかろう。たんに時間的にそうだっただけでなく、思想内容上も孔子以来の儒家思想やこれに触発されて生じた他の学派を総合して一つの大系を築いている。しばしば、荀子はその教説内容から古代ギリシャのアリストテレスに比定されるが、歴史的にもアレキサンドロス大王の家庭教師だったこの「万学の祖」と同様の役割をはたしたのであった。

性悪・後王・礼義

荀子についても、孟子同様、三つの術語によって述べていく。ただし、孟子のときにあげた術語と対応するものを逆順で紹介する。

まずは孟子との対照で有名な性悪《せいあく》説から。なお、『荀子』は基調として独白《モノローグ》によって綴られる。この点も孟子＝プラトンの対話篇主義との相対関係が存在する。

その名も性悪篇と題された篇の冒頭は、「人の性は悪なり、その善なるものは偽《ぎ》なり」と始まる。すぐ続けて、人間は生まれつき利を好むので争奪が起こって辞譲《じじょう》は失われるし、生まれつき疾悪《しつお》があるので残賊が生じて忠信は滅び、耳目の欲があり声色《こうちょよさ》を好むので淫乱が生じて礼義・文理は滅ぶとする。社会における悪の起源を、人間本性自体のなかに求める理論である。以上の文言中にも、辞譲・残賊など、孟子が使っていた用語が見え、孟子を意識していたことがうかがえるが、さらに彼は名指しで孟子の性善説を論破し、性と礼義とは別物で、人間の情性は欲にまみれていると説く。では、好利・疾悪・欲望からなるこの人間という存在が社会生活を営み秩序だって生きていられるのはなぜか。それは聖人が礼義を人為的に定めたからである。孟子性善説がいうように聖人が人々に内在する端緒を育ててそうするのではない。まったく外部から礼義を持ち込むのである。人の本性と社会秩序としての礼義は無関係である。これが荀子の人間観だった。法家が政治権力による制定法を重視するのに相通ずるところがある。

礼の起源については礼論《れいろん》篇にも似たような記述がある。そこでも欲という語彙を用いて聖人が礼義を立てた理由が述べられていく。なお、彼は礼義という熟語を愛用するが、この義の字の意味合いは解釈が分かれるところである。私見では、中国語の孤立語たる特性を活用して、あるときは「礼の義」、別の文脈では「礼と義」、場合によっては「礼としての義」のように、融通無碍《ゆうずうむげ》に使われているのではなかろうか。孟子が仁義を高唱したのに対抗して、荀子は礼義をいう。要するに対立点は仁か礼かとなる。もちろん、孟子では礼も人々に内在する辞譲の心に由来するわけだから、荀子の理解とは大きく異なる。

内心から沸々と湧いてくる感情を尊重するのが孟子で、外側から強制的にあるべき行為を刷り込むのが荀子ということになろうか。それが荀子の後王《こうおう》論に繋がる。

正名《せいめい》篇は、名実一致を重視する主張を展開する篇で、ここには名家《めいか》（上掲した公孫龍らの学派で、論理学的思弁を重視したとされる）の影響が看取される。『論語』にも政治の要諦を説く章に「必ずや名を正さんか」（子路《しろ》篇）という孔子の発言を載せているが、これもことによると荀子の思想を受けてあとからつくられた文言かもしれない。そこまで極論しないにしても、『論語』ではまだ単純に名実の一致を説いている（孔子の場合、乱れている実態のほうを本来の名分に合わせようとしている）のに対して、荀子はより精緻《せいち》に、名に従う実をつくりあげる工夫を説いている。その主体が後王なのだ。

正名篇には「後王が名を成就させるには、刑罰は商《しょう》に従い、爵位は周《しゅう》に従い、文は礼に従う」とあり、ここで「文」の語意はとりにくいが、『論語』の「博文約礼《はくぶんやくれい》」「文質彬彬《ぶんしつひんぴん》」や「郁郁乎《いくいくこ》として文なるかな」などと同義の、実質・質実と対をなす文明という意義を帯びた語であろう。過去の歴史に学びつつ、時宜にかなう礼を定めることができるのは、後王が先王たる聖人たちの偉業を継いで社会秩序を維持する使命を賦与《ふよ》されているからである。先王は「礼義を制した」（栄辱《えいじょく》篇・王制《おうせい》篇・礼論《れいろん》篇にいずれもこの句が見える）。後王はそれを模範としながらも、独自の礼を人為的に立てて統治していくべきなのである。

荀子（中国国家博物館蔵）

したがって、荀子の立論は孔子の保守主義とは異なる色合いを帯びる。孟子のほうが孔子の正嫡《せいちゃく》だと評されてきたゆえんであろう。ただし、孟子の場合も読みようによっては制礼の必然性を説いている(このことは宋学の王安石の箇所〈一二五頁参照〉で論じる)。荀子の場合、すでに周の秩序が崩壊してしまった時期に際会して、もはや孔子のように周公を夢に見たり、孟子のように周公が定めた三年喪《さんねんそう》や学校・井田《せいでん》の制度を復活したりすることを提案したりするだけではすまないという現状認識があったのだろう。ここで荀子によって期待された後王が実在の秦始皇帝だったのか否かは、現存史料の語らないところである。

『呂氏春秋』の時令思想

荀子は天人相関説《てんじんそうかんせつ》を批判した人物として知られている。天論《てんろん》篇で、天体の運行は名君の堯によって続くわけでも、暴君の桀によって滅びるわけでもないのであって、「天人の分に明らかなれば、則ち至人《しじん》と謂《い》うべし」とする。これは当時、そしてのちのちまでも、儒教が依拠していた天人相関説に対する異議申し立てと受け取れる。雨乞いをすれば雨が降るが、雨乞いをしなくても雨は降る。「日蝕や月蝕の時に祓《はらえ》を行い、旱魃《かんばつ》で雨乞いし、占ってから政策を決めるのは、いずれも結果を求めてそうするのではなく、文《かざり》なのだ」。荀子は理論としての天人相関説は否定するが、政治的効用としてはその価値を認め、民心慰撫《いぶ》のために活用しようとしている。

関連して、荀子と同時期に編まれた『呂氏春秋《りょししゅんじゅう》』の時令《じれい》思想を紹介しよう。『呂氏春秋』は秦王政《せい》(のちの始皇帝）の宰相呂不韋《りょふい》（前二九〇？～前二三五）が学者たちを動員して編纂させた百科全書で、『漢書《かんじょ》』藝文志《げいもんし》では諸子百家のなかの雑家《ざっか》に分類される。その前半は十二紀《じゅうにき》と総称され、「孟春紀《もうしゅんき》」のように十二カ月それぞれの名称が順次つけられてそれぞれの月にふさわしい（と判断された）内容の文章が続く。「孟春紀」では、「正月紀《しょうがつき》」のあとに「本生《ほんせい》」「重己《じゅうき》」「貴公《きこう》」「去私《きょし》」の諸篇が配されている。「正月紀」は孟春すなわち一月特有の天文・生物界の現象を列挙してから、人間社会で為政者がこの月に何をおこなうべきであるかを述べる。そのなかには「天子すなわち元日をもって穀《こく》を上帝に祈る」のごとく、後世の皇帝たちが実践することになる祭祀も見える。そして、「兵を称すれば必ず天殃《てんおう》あり（軍事動員には天罰が下る）」のように、その月にしてはならないことを注記する。

このように、一年のめぐりのなかで、いつ何をすべきかを歳時記として定めるのが、時令思想である。『呂氏春秋』十二紀の各月の歳時記は、漢《かん》の文帝《ぶんてい》（在位前一八〇～前一五七）のときに博士たちに命じて編纂させた「月令《がつりょう》（げつれい）」に継承された。この文章はのちに『礼記《らいき》』の一篇として収録される。この思想は王権を荘厳する役割を受けもった。実践している当人が心底信じているか否かにかかわりなく、まさしく荀子がいう「文《かざり》」として、儒教の国家祭祀は歳時暦のなかに配当されていった。

4 経書の成立

六藝

『史記《しき》』孔子世家《こうしせいか》は孔子晩年の事業として、詩書礼楽《ししょれいがく》の整理と易《えき》の研究、それに『春秋』の筆削に勤《いそ》しんだことを記している。司馬遷《しばせん》が孔子の伝記をこのようにまとめた紀元前二世紀終りの時点ではそれが孔子の業績中もっとも重視され、こうした経《けい》の述作ゆえに孔子は聖人として崇《あが》められるようになっていたからである。ただ、思想史的にはこれもまたしだいに形成されていった伝承にすぎない。

『孟子』はこのなかでもとくに『春秋』筆削を特記した。加えて、孟子自身の発言を傍証するものとして、『書』や『詩』の文言が頻繁に引用されている。その一方で、「ことごとく書を信ずれば則ち書無きにしかず」(尽心《じんしん》章句下)とも言っていた。これは『尚書《しょうしょ》』武成《ぶせい》篇の殷周《いんしゅう》戦争の記事で多数の戦死者がでた様子の描写が、孟子が主張する王道の軍なら抵抗するものがなく戦わずに勝利するはずだという理屈と合わないからだった。ここからは孟子の、記録された内容よりも自身の理論を優先させようとする姿勢がうかがえる。

道家《どうか》の文献ではあるが、『荘子《そうじ》』にはとくに外篇《がいへん》や雑篇《ざっぺん》に儒家との交流から生まれたと思われる文章が点在する。その一つとして、天運《てんうん》篇に孔子が老子に向かって自分が「詩・書・礼・楽・易・春秋の六《りく》経《けい》」をおさめたと語るくだりがある。伝世文献中、六経という語とそれぞれの書名が見える初出だとされている。天下篇には地の文でより具体的に、「詩は志《こころざし》をいい、書は事をいい、礼は行《おこない》をいい、楽は和をいい、易は陰陽《いんよう》をいい、春秋は名分をいう」と見える。どちらも実在の思想家荘子《そうし》が述べた内容とは考えにくいが、荘子学派が儒家と交流するなかでこうした発想を受容したことをうかがわせる。

『荀子《じゅんし》』はむしろ『荘子』より後退した印象を与える。というのは、六つがそろう記述はなく、易を欠く五経の列記に留まるからだ。勧学《かんがく》篇では礼楽詩書春秋、儒効《じゅこう》篇では詩書礼楽春秋の次序である。大《たい》略《りゃく》篇になると礼・詩・春秋と並んで易が登場するものの、勧学篇のような整然とした配列ではない。経《けい》書《しょ》についての思念が順次深化していったとするならば、『荘子』の記述よりもこちらが先行するとみなさざるをえない。あるいは、別系統の学派のあいだで独立して経が整備され、易はあとから『荀子』に加わったものだろうか。このあたりも出土文献が史料上のこのミッシングリンクを埋めて解決してくれることが望まれる。

いずれにせよ、秦《しん》による天下統一の頃、儒家は六経という考え方を固めて理論武装していたことが想像できる。

授経図　漢代の石に描かれた絵の拓本で，左に坐《ざ》した先生が弟子たちに経を講じている。この頃の中国にはまだ椅子に腰かける習慣はない。

『漢書《かんじょ》』藝文志《げいもんし》はまず六藝略《りくげいりゃく》で六種類の経書、およびこれに準ずる『論語』『孝経《こうきょう》』と小学《しょうがく》の書（字書など文字学の書物）を記載する。その際、易・書・詩・礼・楽・春秋の次序となり、これが今にいたるまで踏襲されている。以下、この順に説明していくが、あわせて当該経書と関係の深い聖人についても紹介する。史実ではないものの、儒教を理解するうえでは儒者たちがどういう歴史認識をもっていたかを知ることが重要だからである（巻頭図版参照）。

伏義・文王による占術書『易』

『易《えき》』は陰陽思想に基づく占術書である。思想史的に易占が先なのか陰陽思想の誕生が先なのかは確定できない。また、易はそもそも儒家思想の外で生まれたもので、戦国時代末までに取り込まれるようになったとする見解もある。

易は二進法で六段構造の計六四通り（二の六乗）のパターンをもとに、その六四卦《か》（け）それぞれのなかの六本の線（爻《こう》と呼ばれる）ごとや、卦自体の変化を勘案して占う。六四という数を時間や空間にあてはめて宇宙の模式として理解したり、文章としてつけられた占断をどう解釈したりするのかが、儒教のなかでの学術、易学である（巻末付録参照）。

伝承では自然界を観察して六四卦を定めたのは太古の聖人伏義《ふっき》だという。一説に、伏義は三本を重ねた八卦をつくるにとどまり、八卦を重ねて六四卦にしたのは周の文王《ぶんのう》だともいう。こうして生まれた卦の図柄は象《しょう》と呼ばれ、自然界を抽象的な線の組み合せによって写している。八卦の場合、三本とも陽爻《ようこう》の場合は純粋に陽である天を象《かたど》っており、乾《けん》と呼ばれる。これを重ねたかたち、六本すべて陽爻でも同じく乾である。その逆にすべて陰爻《いんこう》となる象が坤《こん》で地を表現している。また、三本中、中央の爻が陰爻でこれを陽爻が囲んでいれば火をあらわす離《り》である。その理由は、炎は外側が明るい（陽）が中心部はほの暗い（陰）からだ、と。以下同様にして、乾（天）・坤（地）・離（火）・坎《かん》（水）・巽《そん》（風）・震《しん》（雷）・艮《ごん》（山）・兌《だ》（沢）の八卦が生ずる。この八卦を上下に組み合わせて六四卦となり、個別の名称がついている。たとえば兌下乾上《だかけんしょう》の卦は履《り》と呼ばれるが、この卦を称するときに「天沢履《てんたくり》」のようにその卦の象をいいあらわす。ちなみに履卦の卦辞《かじ》（卦につけられた占いの文言）は「虎の尾を履《ふ》むも人を咥《くら》わず、亨《とお》る」である。

六四卦にはそれぞれこのような卦辞と、彖《たん》伝・象《しょう》伝、それに各爻の爻辞・象伝がある。伝承では卦辞・爻辞は文王のもの（一説に爻辞は周公）、彖伝・象伝は孔子のものとされた。孔子はこのほかに繫辞《けいじ》伝・文言《ぶんげん》伝・説卦《せっか》伝・序卦《じょか》伝・雑卦《ざっか》伝も著した。あわせて十翼《じゅうよく》という（彖伝・象伝・繫辞伝は各々上下に分かれて総計一〇篇になるため）。

これらの著者比定は、伏羲が三皇《さんこう》（太古の聖王三人のこと）の筆頭として自然界を深く観察して人間社会の礎《いしずえ》を築いた聖人であり、文王は紂王に迫害されて軟禁状態にあった際に自然界・人間社会の通則を悟った人物とされたからであった。孔子は以下の諸経でもそうであるように、古聖人たちの文献を後世に正しく伝える媒介者の役回りであり、そうした点から易の奥義を解説する文章としての十翼を著したとみなされたのである。『易』は、周の文王によって定まった周の時代の占術なので『周易《しゅうえき》』ともいわれる。

以下、本書全体を通して時系列にそって記述していくように、易学は今でいうところの自然科学を包含しており、つねに儒者たちによる恰好《かっこう》の議論の場となった。

聖賢たちの輝ける事績 『書』

『書《しょ》』またの名を『尚書《しょうしょ》(尚《とうと》い書)』(別説では尚とは上古の意とする)は堯《ぎょう》・舜《しゅん》・禹《う》に始まる歴代為政者の政治の記録である。始皇帝の焚書《ふんしょ》によりいったん喪《うしな》われたが、漢初に伏生《ふくせい》という儒者によって復元された(今文尚書《きんぶん》)。その後、武帝《ぶてい》(在位前一四一~前八七)のときに魯王の邸宅を改築したところ、もと孔子の子孫の家だった壁のなかから古い字体で書かれた経書が見つかり、そのなかに『尚書』も含まれていた(古文尚書《こぶん》)。これを孔安国《こうあんこく》が整理して注釈を施した。その後、後漢のときに別の古文尚書があらわれ、鄭玄が注釈した。四世紀の西晋《せいしん》末の争乱で古文尚書はまた姿を消したが、すぐに東晋《とうしん》の梅賾《ばいさく》が家蔵していた孔安国のものを献上して復活する。古文は今文の全篇を含み、かつ今文に欠けている二五篇がある。七世紀、唐《とう》の五経正義《ごきょうせいぎ》では古文尚書を正典と認定し、以後定着する。

『尚書』は王朝順に虞《ぐ》書・夏書・商《しょう》書・周書の四部構成を採《と》り、各篇は年代順に編次される。虞とは舜のときの国号であるが、虞書には先だって堯典篇《ぎょうてん》を含む。堯から始まるのは、それ以前の聖人の事跡は後世の為政者が参照するには遠すぎると孔子が考えたからだとされた。文体の形式上、典《てん》・謨《ぼ》・訓《くん》・誥《こう》・誓《せい》・命《めい》の六種に分類される。

堯典篇は堯が大臣たちにそれぞれ職務を与え、最後に舜を娘婿に迎えて王位を継がせようとして終わる。つづく舜典《しゅんてん》篇は、前半は舜が堯から後継者に指名され、摂政として天地の神々に祈り、国内を巡幸しながら各地の名山を祀り、堯が任じた大臣のうち功績のあがらぬ者たちを斥けるなどの功績を記す。後半は堯が崩じて舜が即位し、大臣たちにそれぞれ訓戒を垂れた内容を記し、最後に舜の死を記述して終わる。伏生の今文尚書ではこの二篇は合して一篇となっていた。古文尚書の発見で本来は二つの篇に分かれていたことが判明したわけだが、見方を変えれば古文尚書においてあとから二つの篇に分けたともいえる。つづく大禹謨《だいうぼ》・皐陶謨《こうようぼ》・益稷《えきしょく》の三篇はそれぞれ禹・皐陶・益・后稷《こうしょく》という舜の大臣たちが舜と交わしたやり取りの記録で、古文尚書にのみ存在する。このうち大禹謨篇には平成《へいせい》元号の出典となった「地平天成《ちへいてんせい》（地平《たいら》ぎ天成る）」や、「人心惟危、道心惟微、惟精惟一、允執厥中（人心惟《こ》れ危く、道心惟れ微《かすか》なり、惟れ精《せい》惟れ一《いつ》、允《まこと》に厥《そ》の中《ちゅう》を執《と》れ）」という、宋学《そうがく》で重視されたいわゆる十六字心法が見える（一三六頁参照）。

　ここまでが虞書で、以下、夏・殷（商）・周三代の聖王・賢臣たちの治績を記録する諸篇が続く。孔子は総計一〇〇篇（別説として一二〇篇もしくは一〇二篇）にまとめたのだが、焚書のせいで散佚《さんいつ》し、古文尚書の「発見」をもってしても半数を少し上回る五八篇にとどまったとされたのである。実際のところは、虞書から商書までの諸篇は早く見積もっても戦国時代の作品であり、周書の一部に史実を踏まえた古い時代の文章を遺していると判断される。そのことは、対象にする年代が新しいはずの周書諸篇のほうが文体上難解であり、古文尚書にしか存在しない虞書・夏書・商書の諸篇の文章のほうがかえって読みやすいという逆転現象として、儒教経学のなかで古くから気づかれていた。

伝世文献としての古文尚書は前漢のときに発見されたものと同じ内容なのか、そもそものような「発見」が前漢のときに実際にあったのか等々、『尚書』のテクストは幾重にもなる疑惑に包まれている。最近では、北京の清華大学が収蔵・整理した戦国時代の竹簡に元来は『尚書』の一部をなしたと思われる諸篇が含まれ、現行の古文尚書とは内容が異なるため、伝世文献の古文尚書がずっと後のものであることが実証されたという。ただし、これらの竹簡の真贋《しんがん》自体が疑わしいとも評されており、そうすると議論は堂々巡りになってしまう。古文尚書は偽物だが、それを証明する史料とされる出土文献も偽物かもしれないというわけだ。したがって、最終的な結論はなお今後の検討を俟《ま》つべきであろう。また、たとえこれらの竹簡が戦国時代の墓から出土していた本物だとしても、これについての発表者たちも認めているようにこれらは戦国時代のものなのであって、堯や舜といった聖人たちの史実に関する記録が新たに見つかったわけではない。

錯綜するので整理しておこう。

・孔子が一〇〇篇の『尚書』を編纂……史実かどうか怪しい。

・秦の焚書によって散佚……現在の歴史研究では、焚書の実情は『史記』でいわれているほどひどくないとされており、この伝承も疑わしい。

・伏生による復元(今文尚書)……史実だという証明はできない。

・魯壁から古文尚書を発見……事実として生じた事件なのかどうか、仮に事実だったとしても「発見」されたのが当時の捏造物ではないのかという二重の点で疑惑がもたれる。

・梅賾による古文尚書の献上……このときに彼自身によって偽作された可能性がきわめて大きい。
・清華戦国簡のなかに真の古文尚書を発見……この竹簡の真贋が問題。

『尚書』の本文をめぐる問題はかくも複雑である。本書では『尚書』テクストの真贋問題に決着をつけようなどとは考えずに、経学上この文献がどう取り扱われてきたのか、その入り組んだ歴史を各章で叙していくことに限定する。

比喩表現による政治批評 『詩』

『論語』には「詩」からと明示したうえでの韻文の引用が多い。これは『孟子』や『中庸《ちゅうよう》』などにも見られる儒家文献の特徴である。そこで「詩」と呼ばれているのは、現在使われる韻文全般を指す意味ではなく、古い時代から伝わっている由緒正しい作品群だった。孔子はそこから三〇〇首を選択して編集した。これが経書としての『詩』である。そのため、後世、『論語』などに詩句が引用されているのに『詩』には見えない作品のことを逸詩（孔子の生前には歌われていたのに、伝世文献としての『詩』には伝わらなかった作品）と呼ぶ。

『詩』はおおむね四字一句、四句以上の偶数句で一章をなし、数章で一つの作品（篇）となる。全体は国風《こくふう》（各地の歌謡）・雅《が》（宮廷の宴楽）・頌《しょう》（祭祀での讃歌）の三部構成を採《と》る。雅はさらに小雅と大雅に分かれる。表現技法上、賦《ふ》（直叙）・興《きょう》（別の内容から説き起こす）・比《ひ》（譬喩《ひゆ》）の三つに分かれ、これら内容上の三分類と表現技法上の三分類とを合わせて六義《りくぎ》と呼ぶ。

経書のなかで、儒教内部の教義的説明と文献実証学の見解とがもっとも近いのが『詩』である。国風は実際に各地で歌われていた曲の歌詞だろうし、雅・頌も実際に当時の儀式で歌われていたものを反映していると思われる。ただし、その内容解釈は儒教経学のなかで特殊なものとなっていった。たとえば、国風には文面上は恋愛詩であるものが多いのだが、漢代の経学ではこれを字面どおりには受け取らず、為政者への賛嘆や批判を恋人への感情に喩《たと》えて表現したとみなす。そうすることで、一見無関係な『尚書』の記述と『詩』の作品とが同じ事件を扱っているのだとして結びつけられ、経学全体の有機性が構築される。

たとえば、『詩』冒頭に位置する国風周南《しゅうなん》の関雎《かんしょ》篇は、川の中洲《なかす》で仲睦まじくしているミサゴを描写して夫婦仲のよいことを歌った詩である。経学ではこれを周文王夫妻を称えた詩と解する。それは『尚書』における文王の活躍と連動して捉えられ、周王朝の礎は家庭をよく斉《ととの》えた文王だからこそ築きえたと、儒教の重視する家族道徳に結びつけて説明することになる。

『詩』には今文・古文のテクスト上の相違はあまりない。『漢書』藝文志が伝える魯・斉・韓の三つの今文経学の流派（三家詩《さんかし》）の文献は大部分が滅び、古文経学の毛伝《もうでん》（毛氏に伝承されていた『詩』の本文テクストとその解釈）のみが残った。毛伝が伝えた経文（詩歌作品）だということを明示する場合には『毛詩《もうし》』と呼ぶ。今文系では韓詩の周縁的解説書である『韓詩外伝《かんしがいでん》』のみ、その一部が伝世文献として残った。

周公が定めた社会規範「礼」

『漢書』藝文志六藝略の礼の部は、その書籍リストを「礼古経五十六巻、経七十篇、記百三十一篇」と始めている。『尚書』の場合もそうなのだが、ここでも古文経を前に掲げ、そのあとにたんに「経」と表示しているのが今文経を意味する。ただし、『尚書』では「古文経四十六巻、経二十九巻」で古文経のほうが巻数は多いのに、礼ではこれが逆になっている。『尚書』の場合同様に先行する今文経に対して、より大部な古文経が「発見」されたのだとすればこの数はおかしい。そのため、唐の顔師古《がんしこ》（五八一〜六四五）の『漢書注』以来、ここの「七十」は「十七」の誤記だとされている。

これに従うならば、今文の礼経は十七篇（この場合は巻と同義）で、これには含まれなかった三九巻分が古文経としてあとから登場したことになる。『漢書』儒林伝《じゅりんでん》は藝文志六藝略と同じ順序で各経専門の学者たちを紹介していくが、その礼の部は「漢が興り、魯の高堂生《こうどうせい》が士礼《しれい》十七篇を伝えた」と始まる。藝文志の「七十篇」が「十七篇」の誤りとする根拠はここにある。そして、この『士礼』なるテクストが現在『儀礼《ぎらい》』の名で知られている経書のことであると解されてきた。

『儀礼』という書名は鄭玄《じょうげん》（一二七〜二〇〇）によって与えられたもので、その各篇も鄭玄の注によって現行の呼び名になった。すなわち、「士冠礼《しかんれい》」「士昏礼《しこんれい》」「士相見礼《しそうけんれい》」に始まる一七篇から成り、冠婚喪祭と交際・宴会の諸儀礼の儀注《ぎちゅう》（式次第）を記す。鄭玄は、高堂生の『士礼』とする伝承に従い、篇名に士の字を冠したのである。これは天子（王）・諸侯《しょこう》・卿大夫《けいたいふ》・士・庶民という身分秩序におけるなかでの士の身分の冠礼（成人式）であり昏礼（婚礼）であるとする解釈による。逆にいえば、天子や諸侯や卿大夫の冠婚喪祭については別の儀注があったとみなすのである（「礼は庶人に下らず」という記述が後述する『礼記《らいき》』にあるように、庶民に冠礼・婚礼は必要ないとみなされた）。詳しくは後章の古文経学の説明（七五頁参照）に譲るが、本来は異なるはずの儀注が一通りの『士礼』しか伝えられていなかったことに、古文経学側は今文経学の欠陥をみるのだ。そもそも、班固《はんこ》（三二～九二）が『漢書』儒林伝で「魯の高堂生が士礼十七篇を伝えた」と叙述したのは、彼自身が古文経学者だった立場からそれを『士礼』と貶《へん》して呼んだのであって、今文経学者であった高堂生自身の呼称ではなかったはずである。

つまり、藝文志の「礼古経五十六巻」は、今文では失われてしまった（と古文経学が批判する）天子・諸侯・卿大夫身分の諸儀礼三九巻分を増補したもので、これには天子がおこなう国家祭祀の式典も含まれていたと、顔師古は解する。

ところが、鄭玄はこの古文経ではなく、士礼一七篇の部分のみを古文のテクストも参照しながら注解した。当時の用語では『礼経《れいけい》』と呼ばれている。ただ、鄭玄はこれと並べて、ほかにもう二種のテクストを礼の経書と認定する。一つが先掲藝文志で経のあとにあった「記百三十一篇」である。記という語は、経を補足説明する役割を担うテクストとして孔子以降の学者が書いたものに使われる。したがって厳密な意味では経ではないわけだが、鄭玄はこれを経と同格に扱い『礼記』と呼んだ。そのテクストは一三一篇もあるわけではなく、前漢の戴聖《たいせい》が整理した四九篇のテクストを用いた。戴聖には戴徳《たいとく》という叔父がおり、やはり礼の記を整理して八五篇としていた。そこで戴徳のものを『大戴礼記《だたいれいき》』、戴聖のものを『小戴礼記《しょうたいれいき》』と呼び分ける。『小戴礼記』は鄭玄以降『礼記』と呼ばれることになる。例の中庸篇

（二六頁に既出）も、本来は『小戴礼記』のなかの作者不詳の一つの篇であった。

さらに、鄭玄はこれらとまったく別様の書物を経に認定する。藝文志の礼の部でややあとのほうに「周官経《しゅうかん》六篇」と見える書籍である。これは伝承によると武帝のときに季氏という者（魯の三桓とは別）が五篇構成で献上したが、天・地・春・夏・秋・冬から成る六篇のうち冬官《とうかん》篇を欠いていた。河間献王《かかんけんおう》の劉徳《りゅうとく》（前一七一～前一三〇）が賞金を出して探させたが見つからず、やむなく「考工記《こうこうき》」という類似テクストでそこを補った。久しく埋もれていたが、前漢末期に劉歆《りゅうきん》・王莽《おうもう》が光を当て、彼らの政治改革に利用した。典型的な古文経で、今文経にはこれに該当するテクストがもとから存在しない。鄭玄以降は『周《しゅ》礼《らい》』と呼ばれるようになる。その内容は官僚機構の解説であり、いわば行政法典であった。

鄭玄は以上三つの書物をいずれも礼の経書として扱い、すべてに注解を施した。なかでも『周礼』に重い意義をもたせ、三礼の首位にすえたのみならず、全経書のなかの中核的地位を与えた。それはこの書物が国家の制度を記録しているからである。もともとの「周官」という名称が示すとおり、ここに描かれているのは周王朝創業期のもので、他ならぬ周公が定めた制度だと考えたからである。周公による制作の具体相は、この『周礼』によって明らかとなる。鄭玄は、将来の王朝が創業にあたってこれを参照・復活させることを期待していた。この点で荀子の後王思想に通じるところがあるように思われる。そして、実際、二十世紀初頭に清《シン》がその最末期において新政と称して官制の大変革をおこなうにいたるまで、中国の王朝体制はずっとこの『周礼』型の官僚機構によって支えられていたのである。

経典なき経「楽」

楽《がく》すなわち音楽は、他とは異質な経であった。音楽とは歌唱・演奏されることに意義があり、文章化されたテクストではあらわしえないからである。詩の場合、本来は節《メロディ》をつけて歌われる歌詞だが、それでも文字で伝えることはできた。礼は身体所作であるが、これも『儀礼』のように文字で儀注を記録することは可能だった。ところが、楽についてはそれができない。当時まだ楽譜の技法は発明されていなかったからである。しかし、孔子の思想でもすでに楽は礼と並称される重要なものだった。実際には礼に従属しているし、楽の演奏に際して使われるのが詩の歌詞であるにしても、礼や詩とは別の、独立した経の部立てと認識された。

『漢書』藝文志の楽の部はいきなり「楽記《がっき》二十三篇」から始まっており、他経の部とは異なって「経」と称される文献を欠いている。ただし経学上「楽経《がくけい》」という語は使われていた。これには次の三通りの説明がある。一つは、音楽は文字化できないものなので、文献としての『楽経』を孔子ははじめから編纂しなかったとする説。この説では、楽経は概念としてのみ存在する。第二に、孔子は他経同様『楽経』も編纂したのだが、秦《しん》の焚書によって完全に滅んでしまったとする説。第三に、『礼記』の楽記篇として伝わっているテクストが『楽経』に他ならないとする説。後二者では、楽といえども文献としての経書を孔子は編纂していたとみなす。藝文志の「楽記二十三篇」は現存せずその全容は不明だが、後段の記述によると河間献王が『周礼』の春官大司《しゅんかんだいし》楽《がく》（音楽を掌《つかさど》る組織の長官）の箇所やそのほかの諸書のなかから音楽に関する記載を抜き出してきて編んだものだった。

楽は当初よりこのように経典《けいてん》を欠いていたため、経学史のなかではつねに礼に付随して論じられていくことになる。

微言大義の史書『春秋』

六経のしめくくりは孔子自身が手を入れた『春秋』である。易は伏羲が考案し、書は堯・舜から始まり、詩は文王を称え、礼と楽は周公の制度、と時系列にそって並び、最後に春秋時代を扱う春秋がくる。『春秋』は魯侯十二代二四二年間（前七二二〜前四八一）の年代記である。もともと魯の宮廷で史官が記録していた内容に、孔子が手を加えた。この添削作業を春秋学では筆削《ひっさく》と称し、孔子が微言大義《びげんたいぎ》を籠《こ》めたとみなす。つまり、『春秋』はたんに過去の事件を記録したものではなく、その記録のしかたに思想性がある。東アジアで最初に意図的につくられた史書であり、後続作品の模範となった。司馬遷『史記』もその一つであり、『漢書』藝文志では春秋の部に『太史公《たいしこう》』という書名で記載されている（太史公は司馬遷もしくは彼の父司馬談のこと）。

『春秋』の経文は、たとえば「鄭人《ていひと》、衛《えい》を伐つ」（隠公《いんこう》二年）のように、年代記として無味乾燥な記述が並ぶだけなので、孔子の微言大義を汲み取るには手引書が必要となる。それが三伝《さんでん》と呼ばれる三通りの解釈書で、それぞれ創始者の姓を冠して公羊《くよう》伝・穀梁《こくりょう》伝・左氏《さし》伝という。公羊伝と穀梁伝は経文に即しながら、なぜそこで孔子がそういう表現をしたのかについて解説する。たとえば、『春秋』冒頭は「隠公元年、春、王正月」であるが、元年とは何か、なぜ春と季節名を挿入するか、王と書いたうえで続けて正月とするのはなぜかなどを述べる。また、隠公の場合に他の魯侯と異なり元年冒頭に「即位」と表記しないわけが説明される。さらには、隠公から孔子筆削の『春秋』が始まる理由も論じられていく。隠公賢君説(公羊伝)・隠公暗愚説(穀梁伝)・周王室東遷時説(左氏伝)と分かれ、それぞれの流派が春秋時代をどのように位置づけようとしているかの相違があらわになる。

春秋学は漢代儒教の核となっていた。三伝はそれぞれに異なる秩序のあり方を希求しており、それが前漢後半の時代相とそれぞれ対応して盛衰した。すなわち、武帝期には董仲舒《とうちゅうじょ》に代表される公羊学が興り、「大一統《だいいっとう》」を掲げて漢による膨張主義的国際秩序を是とした。宣帝《せんてい》(在位前七四〜前四八)・元帝《げんてい》(在位前四八〜前三三)のときには穀梁学が主流となり、中華と夷狄《いてき》の弁別を重視する攘夷《じょうい》思想が強くなって斜陽の帝国秩序を維持せんとした。劉向《りゅうきょう》(前七七〜前六)はこの系統に属する。哀帝《あいてい》(前八〜前一)のときには古文経学の左伝学が登場し、劉歆(?〜後二三)の主導で王莽(前四五〜後二三)を宰相とする政権の正当化がはかられた。こうした事情もあり、のちになって、『周礼』と『春秋左氏伝』という二つの古文経学の典籍はともに劉歆による偽作だとみなす見解も生まれる。

経に準ずる書物　『論語』『孝経』「小学」

六藝略は名称どおりに以上の六経と関連書籍とを順次列記したのち、経書に準ずるものとして論語・孝経・小学の三つの部立てを用意している。

『論語』にも今文・古文の相違があり、流布地域をとって斉論《せいろん》・魯論《ろろん》と呼ばれる今文系と古論《ころん》とが鼎《てい》立《りっ》していた。現在の通行本は、三世紀、魏の何晏《かあん》の『論語集解《ろんごしっかい》』が確定させたテクストである。これに対して、敦煌《とんこう》文書のなかに鄭玄注のテクストの断片があったり、最近では河南省《かなん》鄭州《ていしゅう》の漢墓から古い時期の写本が見つかったりしている。

『孝経《こうきょう》』は独立した書物として扱われているが、短編であり、体裁・分量・内容は『礼記』諸篇とよく似ている。漢が孝という概念を重視したことによって、経書に準ずる独立の書物とみなされるようになった。孝はたんに親族内部での徳目ではなく、より広く宇宙論的な広がりをもつ体系化された思想に発展していた。その理論的根拠としてこの文献が用いられる。

最後に字書の類が列挙されて小学と呼ばれている。『隋書《ずいしょ》』経籍志《けいせきし》以下、後世の図書目録では『爾《じ》雅《が》』という字書を小学の部の冒頭にすえる経書として扱うようになるのだが、『漢書』藝文志では『爾雅』は孝経の部に配列されている。理由はわからない。

以上、『漢書』藝文志によりながら諸経を紹介した。儒教はこれら聖なる典籍を具えることによって理論化を進めていく。以下、章を改めて漢代儒教の確立過程と六朝隋唐時代におけるその変容とをみていこう。

第2章 儒教国家の成立
漢〜唐・五代、前二世紀〜十世紀

時代の概観

秦《しん》が中国全土を統一すると、宮廷のお抱え博士たちは儒家《じゅか》の政治理念に基づき始皇帝《しこうてい》（在位前二二一〜前二一〇）に封建制を勧めた。しかし、丞相《じょうしょう》の李斯《りし》は一蹴《いっしゅう》し、議論を封じるため焚書坑儒《ふんしょこうじゅ》を実施する。近年の研究により、『史記《しき》』などの史書が伝えてきたような残虐非道な政策ではなかったとみなされるようになったが、思想統制がおこなわれたことは間違いない。秦が依拠したのは儒家ではなく、李斯が奉じる法家《ほうか》の政治理念だった。

一方で始皇帝は自身の不老長寿に憧れ、神仙《しんせん》説に従って泰山《たいざん》に封禅《ほうぜん》し東方各地を歴遊する巡幸をしばしばおこない、その道中に崩御する。二世皇帝（在位前二一〇〜前二〇七）が即位するが帝国の求心力は一気に弱まり、各地で反乱が勃発、そのなかから劉邦《りゅうほう》が勝利して皇帝に即位して国号を漢《かん》とする（高祖《こうそ》、在位前二〇二〜前一九五）。秦の苛政《かせい》を修正し、黄老《こうろう》思想（黄帝《こうてい》と老子《ろうし》に仮託された政治思想）による無為《むい》の治《ち》が国是《こくぜ》となった。だがしだいに中央集権の度を強め、武帝《ぶてい》（在位前一四一〜前八七）の五〇年を超える治世で最盛期を迎える。彼は始皇帝を模して封禅を挙行したほか、暦を改定し、はじめて元号を建てて時間の

始皇帝

泰山南天門

支配者としても振る舞った。

皇太子との軋轢《あつれき》などで武帝晩年には政治的動揺が生じた。昭《しょう》帝《てい》（前八七～前七四）の次の皇帝は権臣霍光《かくこう》と対立して廃位され、宣帝《せんてい》が擁立される。彼は儒家と法家を両輪とする政治を推進したが、次の元帝《げんてい》は儒家びいきで、儒者官僚たちが政治を担うようになる。彼らは経書《けいしょ》の記載に基づいて国家祭祀を改め、漢は暴政をおこなった秦ではなく、理想的な王朝だった周の直接の後継者であることを示そうとした。やがて外戚王《おう》氏から王莽《おうもう》がでて権力を握り、禅譲《ぜんじょう》形式で帝位に即くと儒教原理主義的な政策を進めた。しかし、社会の実情に合わず、反乱軍に敗れて憤死する。

漢を中興した光武帝《こうぶてい》（在位二五～五七）は儒教国家体制をつくりあげ、以後の諸王朝に継承される制度を確立した。後漢では外戚《がいせき》と宦官《かんがん》による権力壟断《ろうだん》が続き、道教教団による黄巾《こうきん》の乱を契機に群雄《ぐんゆう》が割拠《かっきょ》、魏《ぎ》・呉《ご》・蜀漢《しょっかん》の三国鼎立《ていりつ》の時代を迎える。

西晋《せいしん》による三〇年ほどの統一期間をはさんで四〇〇年近く続いた分裂王朝時代は、北朝の隋《ずい》が南朝の陳《ちん》を制圧して幕を閉じた。隋は実質二代の短命に終わったが、唐は三〇〇年間統一王朝として君臨《くんりん》し、漢に匹敵する勢力を誇示する。思想的には儒教・道教・仏教の三教鼎立だった。八世紀後半、安史《あんし》の乱によって朝廷の権威が揺らぐと、外では異民族の離反・侵入、内では藩鎮《はんちん》（民政の権限ももった将軍たちが各地で自分の軍団を率いて統治していた仕組）が跋扈《ばっこ》横行し、五代十国時代を経て、軍人出身の趙匡胤《ちょうきょういん》が即位して宋《そう》が始まる（九六〇年）。宋は当初は唐の復興をめざし、それまでの経学の集大成をはたした。

本章では、西暦前二世紀から後十世紀にかけての儒教の展開を扱う。この時期は、前半は儒家思想が国教としての儒教に脱皮成長していく過程、後半は三教鼎立状況のなかで王朝権力を支える役割を儒教が担った時期ということができよう。

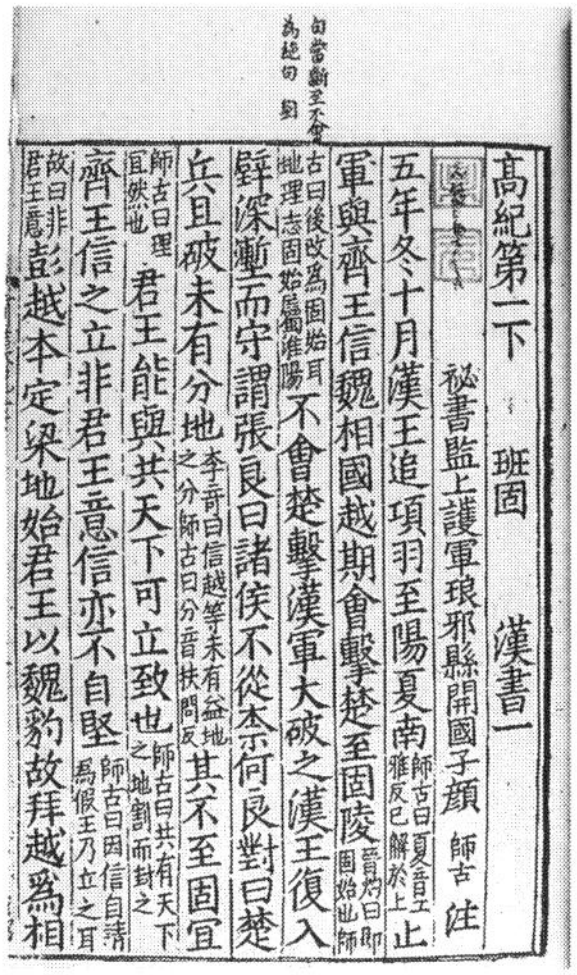
高紀第一下　班固　漢書一
秘書監上護軍琅邪縣開國子顔　師古　注
五年冬十月漢王追項羽至陽夏南 師古曰夏音工雅反已解於上 止
軍與齊王信魏相國越期會擊楚至固陵 晉灼曰即固始也師
古曰後改為固始耳地理志固始屬淮陽 不會楚擊漢軍大破之漢王復入
壁深塹而守謂張良曰諸侯不從柰何良對曰楚
兵且破未有分地 李奇曰信越等未有益地之分師古曰分音扶問反 其不至固宜
師古曰理宜然也 君王能與共天下可立致也 師古曰共有天下之地割而封之
齊王信之立非君王意信亦不自堅 師古曰因信自請為假王乃立之耳
故曰非君王意 彭越本定梁地始君王以魏豹故拜越為相

北宋本『漢書』　11世紀半ばに印刷されたもので，現存する木版印刷物では最初期に属する。

1　前漢

少壮儒家官僚の悲劇　賈誼と鼂錯

高祖が崩じてからしばらく呂太后《りょたいこう》（前二四一～前一八〇）とその一族が権力を握っていたが、文帝《ぶんてい》（在位前一八〇〜前一五七)が即位すると政情は落ち着きを取り戻し、漢の盛期に入った。

賈誼《かぎ》(前二〇〇〜前一六八)は洛陽《らくよう》(河南省)出身で、文帝期に活躍した。若くして才能を認められ博士となるが、讒言《ざんげん》により都を逐《お》われ長沙《ちょうさ》王の太傅《たいふ》(守役)に左遷された。やがて召還されて梁《りょう》王の太傅に任じられるも、梁王の急死で意気消沈し、程なく死去した。その政策論として「過秦論《かしんろん》」が有名であり、まとまった著作として『新書《しんじょ》』がある。

「過秦論」は、秦がなぜ短命王朝に終わったかを考察してその過《あやま》ちを論じたもの。賈誼はこれを他山の石とし、漢は長期政権たるよう務めるべきだと主張する。一言で言えば秦の失政は法に頼りすぎたことである。かといって、始皇帝のときの博士たちのような復古論者とは、賈誼は見解を異にしていた。礼と法との適度な均衡が、広大な漢帝国の統治には必須だというのが彼の主張であった。これはのちに宣帝によって漢の祖法とみなされた考え方でもある。

それを実現すべく、賈誼は、外は北方の匈奴《きょうど》や地方に分立する諸侯王への対応策、内は農業を根幹にすえた民生振興策を提言した。『漢書』賈誼伝は彼の上奏を長文引用して紹介している。

志なかばで賈誼が死ぬと、代わって鼂錯《ちょうそ》(?〜前一五四)が活躍する(『漢書』は晁錯と表記)。彼は潁川《えいせん》(河南省)の人で、若い頃は法家に心酔していたが、勅命により伏生《ふくせい》に学び尚書《しょうしょ》学を授かって、儒教の政治理念実現をめざすようになった。皇太子の家令として信任され、景帝《けいてい》(在位前一五七〜前一四一)の即位後は御史大夫《ぎょしたいふ》(副宰相格の大臣)として中央集権を推進した。しかし、これが諸侯王の反感を招き、前一五四年に呉楚七国《ごそしちこく》の乱(呉や楚などの諸国が朝廷に対して起こした反乱)の原因をつくった政策の責任を問われ、処刑された。

『漢書』爰盎《えんおう》晁錯伝には彼の上奏を長文で引用しているが、官僚統制術や少数民族に対匈奴《きょうど》防衛に当たらせる国防策など、尚書学と法家の思想を融合させた献策をしている。対策《たいさく》（皇帝の諮問に対する建白）の一つの課題として「国家の大いなる体を明らかにせよ」との諮問には、太古の五帝（黄帝や堯《ぎょう》・舜《しゅん》）の時代には彼らが自然界を調和させることで、「河《か》は図《と》を出だし、洛は書を出だし、神龍至り、鳳鳥翔《と》び、徳沢は天下に満ち、霊光は四海に施した（黄河や洛水から神秘的な符号を書いた図柄があらわれ、瑞獣《ずいじゅう》たちもやってきて天下太平を寿《ことほ》いだ）」とする。文飾にみちているが、尚書学をおさめた儒者としての理想を説いていると評せよう。

春秋学の勃興　董仲舒と司馬遷

呉楚七国の乱が平定され、景帝の子の武帝の治世になると、皇帝の権威と権力は揺るぎないものとなった。最初は祖母の太皇太后《たいこうたいごう》が摂政して黄老思想を重んじていたが、武帝が親政するに及んで法家の積極策を採用し、衛青《えいせい》・霍去病《かくきょへい》らが率いる軍団による匈奴遠征や、張騫《ちょうけん》・李広利《りこうり》の西域《せいいき》派遣、南越《なんえつ》国（広東省とベトナム北部）や衛《えい》氏朝鮮《ちょうせん》の併合といった拡張政策が採《と》られた。国内では五銖銭《ごしゅせん》の鋳造、塩・鉄・酒の専売化、均輸《きんゆ》法・平準《へいじゅん》法の施行など、統制経済による国庫の充実がはかられた。

そうしたなか、武帝が官僚に対してではなく在野の知識人を採用するためにおこなった諮問に応じて頭角をあらわしたとされるのが、董仲舒《とうちゅうじょ》である。ただし、『漢書』董仲舒伝のこの記述は、五経博士《ごきょうはかせ》を設置することになったことと合わせて史実ではない可能性が指摘されている（福井重雅『漢代儒教の史的研究』）。

董仲舒は広川《こうせん》（河北省）の出身で、春秋公羊学《しゅんじゅうくよう》を修めた。武帝による諮問への対策（とされる文章）では、天人相関説《てんじんそうかんせつ》を理論化した災異天譴論《さいいてんけんろん》を説いた。すなわち、政府が失政を犯しそうな状況になると未然のうちに天は災害をくだして譴告する。自省することができなければ、次に怪異をくだして警鐘を鳴らす。それでもなお政策変更しない場合には、実害が襲う。これも天が天子を愛顧していればこそである。君主が改制して礼楽により民を教化し、仁義の政治をおこなうことが、天の意向にかなう。『春秋』に説かれているのは、要するにそのことに他ならない。董仲舒は『春秋』の災異記事を人事（人間界の事件）に結びつけて解釈した。『漢書』五行志《ごぎょうし》は、彼の解釈を劉向《りゅうきょう》・劉歆《りゅうきん》のものと並べて列挙している。

漢武帝

『春秋繁露《しゅんじゅうはんろ》』は董仲舒の著とされてきたが、彼の後学の手になるものともいわれる。その楚《そ》の荘王《そうおう》篇には三世説《さんせせつ》が説かれている。三世説とは、『春秋』一二代二四二年間を三つに時期区分し、時代順にそれぞれ、孔子が間接的に聞き得た時期（五代九六年）、直接経験者から聞くことができた時期（四代八五年）、孔子自身が経験した時期（三代六一年）に分ける。三世説は公羊学を特徴づける教説として、後漢の何休《かきゅう》や清《シン》末の康有為《こうゆうい》に引き継がれた。

また、董仲舒は性三品説《せいさんぴんせつ》を提唱したとされる。これは、人は生まれつき上品・中品・下品の三種類に分かれており、後天的な修養では変更できないとする学説で、以後唐《とう》代までの共通認識となった。社会的には出自を重んずる名望家支配を正当化したと評価されている。

彼は『春秋』における「元《げん》」の概念を重視していた。直接の関係はわからないが、武帝《ぶてい》の元号制定はこれと軌《き》を一《いっ》にする政策であった。『史記』や『漢書』の記載では、武帝は即位翌年に建元《けんげん》という元号を建てたことになっているが、これはあとから遡ってそうされたもので、実際には、太古の鼎《かなえ》が山西省の汾水《ふんすい》のほとりで発見された瑞祥《ずいしょう》を寿いで、在位第二六年目の五月に元鼎《げんてい》という年号を建てたのに始まるとされる。この当時の暦では年初を冬十月としていたため、鼎発見から遡って前年十月をこの元号の開始時点とし、さらに遡って即位以来の年次を六年ごとに元号を設けて区切っていたことに、あとからしたのである。元鼎のあとも六年ないし四年ごとに規則的に改元し、時間を更新《リセット》して世界を初期状態に戻すことをはかった。以後、東アジアの諸王権はそれぞれ独自に元号を建てるのが通例となり、中国本土に多くの地方政権が分立した十世紀中葉には、日本を含めて一〇近くの元号が同時に林立していた。

『史記』巻末の太史公自序には、司馬遷が壺遂《こすい》との問答のなかで「董生《とうせい》」から聞いた春秋学の要諦を持論として展開している。この董生が董仲舒を指すことは間違いない。その続きに、「先人」としてでてくる易・書・詩・礼楽・春秋の意義を語ってくれたとされる人物も董仲舒であろう。壺遂が『史記』

の執筆は王者にのみ許される「作」にあたるのではないかと懸念を告げたのに対して、司馬遷は董仲舒の言を引きながらこれはあくまでも「述」であり、「あなたがこれを『春秋』と比べるのは間違っている」と結ぶ。『論語《ろんご》』述而《じゅつじ》篇第一章の「述べて作らず」という孔子の発言を踏まえた問答で、『史記』の著述を弁解する意図で太史公自序に紹介されたものだろう。ただ、司馬遷は、父司馬談《しばだん》の作業を引き継いで『史記』を著すにあたって孔子の春秋筆削の精神を活かしていることは認めており、紀伝体《きでんたい》という新機軸で春秋学を活かし、後世の史書の典範となった。

塩鉄論争から石渠閣会議まで　桓寛・韋賢・丙吉・劉向

前八一年、昭帝は賢良文学たちを召集して政策に関する諮問をおこなった。賢良文学とは在野の士人から官僚を採用するために選ばれた知識人たちで、賢良は徳性、文学は学才によって命名されているが、大きな違いはない。この会議の議事録は桓寛《かんかん》によって一冊の書物にまとめられ、争点が塩と鉄の専売制だったことから『塩鉄論《えんてつろん》』と名づけられた。

時に政治の実務は御史大夫桑弘羊《そうこうよう》が担当しており、大将軍の霍光《かくこう》と対立していた。霍光は政敵を打倒するために賢良文学の輿論を利用しようとしたのである。というのは、桑弘羊の政治路線は武帝期以来の中央集権専制主義で専売制や平準法を財源にしていたのに対して、賢良文学の出身母体は公羊学をおさめた在地の富裕層であって、この政策とは思想的にも経済的にも対立していたからである。記録者の桓寛は汝南《じょなん》（河南省）の人で、彼も公羊学をおさめていた。そのため、『塩鉄論』では賢良文学たちが王《おう》道《どう》を主張し、桑弘羊ら政府側を覇道《はどう》であると批判・論破して終わっている。

両者ともに自説の論拠に『春秋』から引証している。賢良文学側の二一回の使用例中、典拠不明が五例あるほかは、『公羊伝』からが一五例、『穀梁伝《こくりょう》』からが一例、桑弘羊の一二回の使用例中、『公羊伝』からが一一例、『穀梁伝』からが一例で、両者とも公羊学に頼っていたことがわかる（この論争の時点で『左氏伝《さし》』はまだ世にでていない）。また、賢良文学は董仲舒の所説を引用し、その政治的主張を踏襲していた（陳蘇鎮《ちんそちん》『《春秋》與《と》「漢道」――両漢政治與政治文化研究』）。塩鉄会議の翌年、桑弘羊は霍光を除こうとして失敗し、殺される。

昭帝が子なくして崩じると皇族から劉賀《りゅうが》という人物が擁立されたものの、霍光と対立し、廃位される。こうして戻太子《れい》（武帝の皇太子だったが反乱の容疑で殺された）の孫で武帝の曽孫にあたる宣帝が即位した。霍光は外戚としてさらに権勢を極めたが、彼が没するや一族はみな粛清《しゅくせい》される（前六八年）。

この頃から、宣帝の政治を輔《たす》けるのは儒者官僚に代わっていく。その一人韋賢《いけん》は魯《ろ》国の鄒《すう》の人、孔《こう》子《し》・孟子《もうし》の同郷の後輩である。「鄒魯の大儒」と称され、官界で累進して丞相となった。そもそも、公羊学は斉《せい》地方、穀梁学は魯地方で広がっていた。韋賢が穀梁学をおさめたという記述はないが、魯人として公羊学に代わる地位をこれに与えようと画策した。韋賢の子の韋玄成《いげんせい》も、父と同じく経学に詳しいところから丞相に就任する。彼は後述（七三頁参照）する郊祀宗廟《こうしそうびょう》制度改革で活躍した。

韋賢の数代後の丞相丙吉《へいきつ》（邴吉とも書く）も魯の出身である。もともと丙吉は律令に詳しく法務官僚を務めていた。おりから戻太子の事件が起き、生まれてまもない宣帝を匿《かくま》って命を助ける。霍光に宣帝擁立を勧め、やがて丞相に昇りつめる。詩と礼の学をあとからおさめたとされ、儒法併用主義の宣帝とは通じ合うところがあった。あるいは、彼のもともとの持論が宣帝に影響したのかもしれない。丞相として外出時に争闘に遭遇しても興味を示さなかったのに、荷車を曳《ひ》く牛が喘《あえ》いでいるのを見て事情を尋ねた。そのことをある人から咎《とが》められると、「刑事事件には担当官僚がいるが、陰陽を調和させることが丞相の職務なので、牛の健康状態から異常気象を憂慮したのだ」と答えた。法務官僚出身の彼にしてこう発言したことから、天人相関説《てんじんそうかんせつ》による王道の実現が丞相の任務と認識されるようになっていたことを示す象徴的事例といえよう。

前五一年、宣帝は学者たちを召集して会議を開催した。会場から石渠閣《せっきょかく》会議と称される。議題は、経《けい》学《がく》上の討論を通じて礼制を定めていくことだった。明確な結論はでていないものの、これを契機に穀梁学が優勢になったとされる。劉向《りゅうきょう》も会議に参加しており、公的には穀梁学者として振る舞うようになっていく。ただし、もともと彼は古文経学者で、春秋では左氏伝を尊重しており、それが子の劉歆《りゅうきん》に継承されたともいわれる。

劉向は高祖《こうそ》の弟だった楚《そ》の元王《げんおう》の子孫、すなわち皇室の一員である。はじめ更生《こうせい》という名で、のちに向と改名した。元帝《げんてい》のときの政争で蕭望之《しょうぼうし》らを擁護する上奏をおこない、そのなかで『春秋』に記録された天変地異の数を列挙し、現在同様の事態に陥っていると災異説を主張して、人事を正して和気をもたらすべきだと論じた。成帝《せいてい》の代にも上奏し、近二〇年間に日蝕が八回も観察されているのは古来まれな頻度で、憂慮すべきであると説いている(『漢書』楚元王伝)。

彼は宮廷に収蔵された文献整理を担当し、篇巻を合わせて個別の書籍にまとめ、その目録を作成した。「別録《べつろく》」と呼ばれるこのリストは、子の劉歆に引き継がれて「七略《しちりゃく》」となり、班固《はんこ》の『漢書』藝文志のもとになった。

易学と律暦　京房・劉歆・揚雄

尚書学・春秋学に続き、この時期には易学《えき》のうえでも大きな動きがあった。数学・音律学《おんりつ》・暦学との共同《コラボレーション》である。なお、本書でいう数学は儒教経学上のもので、現在の一般用法とは異なる。

その代表的な学者は東郡《とうぐん》（河北省）の人、京房《けいぼう》（前七七〜前三七）である。京房はもと李《り》姓だったのを改めた。焦延寿《しょうえんじゅ》に易学を学ぶ。焦延寿は災異説で易を解釈し、卦《か》（け）を一年に配当して自然界の移りゆきと対応させる学説を樹立した。京房はこれを発展させ、音律とも結びつけて体系化した。音律は楽曲演奏の技術的前提というだけでなく、黄鐘律管《こうしょうりつかん》（基準音を出す管）の長さや体積、それを導き出すために使う穀粒の重さから度量衡の単位を定める機能ももつ。それが正しい音程であれば自然界と調和する（和気）が、誤っていると自然界・人間社会に禍をもたらす。音程が正しいかどうかの判断は「候気《こうき》（気を候《うかが》う）」によっておこなえる。候気とは、律管に灰をつめて地面に埋めておくと、対応する時季が到来した際に気に感応して灰が吹きあがるという理論である。

オクターブ内には一二の音階（西洋の楽典でいえば半音階）を設けるが、これは一年の月の数に対応する。中国では音階の音高を三分損益《さんぶんそんえき》という手法によって決めていた。これは基準音（黄鐘）から始めて、協和音程を奏《かな》でる三対二の比で絶対音階を決めていくため、その管（もしくは絃）の長さを三分の二に短くする作業と三分の四に長くする作業を一一回繰り返して、一二音階を求めていくやり方であった。ただ、これだとそのあと一二回目の作業をおこなってももとの黄鐘の音には戻らない（往而不返《ゆきてかえらず》）。京房はこの作業をさらに延長継続することで六〇の音階を考案する。これは、易の六四卦からしかるべき理屈をつけて四つを除外した数と一致するし、易の各卦は六つの爻《こう》から成るから、一年の日数の概数にも対応する（60×6＝360）。数から世界を説明しようという発想で、現在の視点からは思考遊戯にすぎないけれども、当時は高尚な学術と受け取られていた。

こうして、漢代の易学においては、占辞の意味（義理《ぎり》）にはこだわらずに卦の配列から数的な秩序を読み取ろうとする傾向が主流となった。劉歆もこの系譜に属する。

自然界の時節《リズム》にかなう正しい音律を求めることは、正確な暦を作成する基礎作業でもある。暦は年中行事としての祭祀儀礼を遂行するのに必要だから、こうして楽と礼が自然界の現象を介して統合される。また、律は度量衡の基準でもあったから、政治・経済・社会もすべてここから発生することになる。つまり、劉歆は今の言葉で表現すれば総合科学を樹立した。

劉歆が考案した暦は三統暦《さんとうれき》と呼ばれる。これは夏《か》・殷《いん》・周《しゅう》の三代がそれぞれ自分の色をもったとする尚書学の理論を敷衍《ふえん》して、以後の諸王朝はすべてこの三種を反覆するのが自然界の摂理にかない、漢は夏と同じにすべきだという理論である。ここにおいて、儒教の歴史認識では、秦を王朝交代の歴史からはずすことになった。武帝の頃の暦では十月が歳首だったが、これは四つ目の歳首を立てる理論によっ

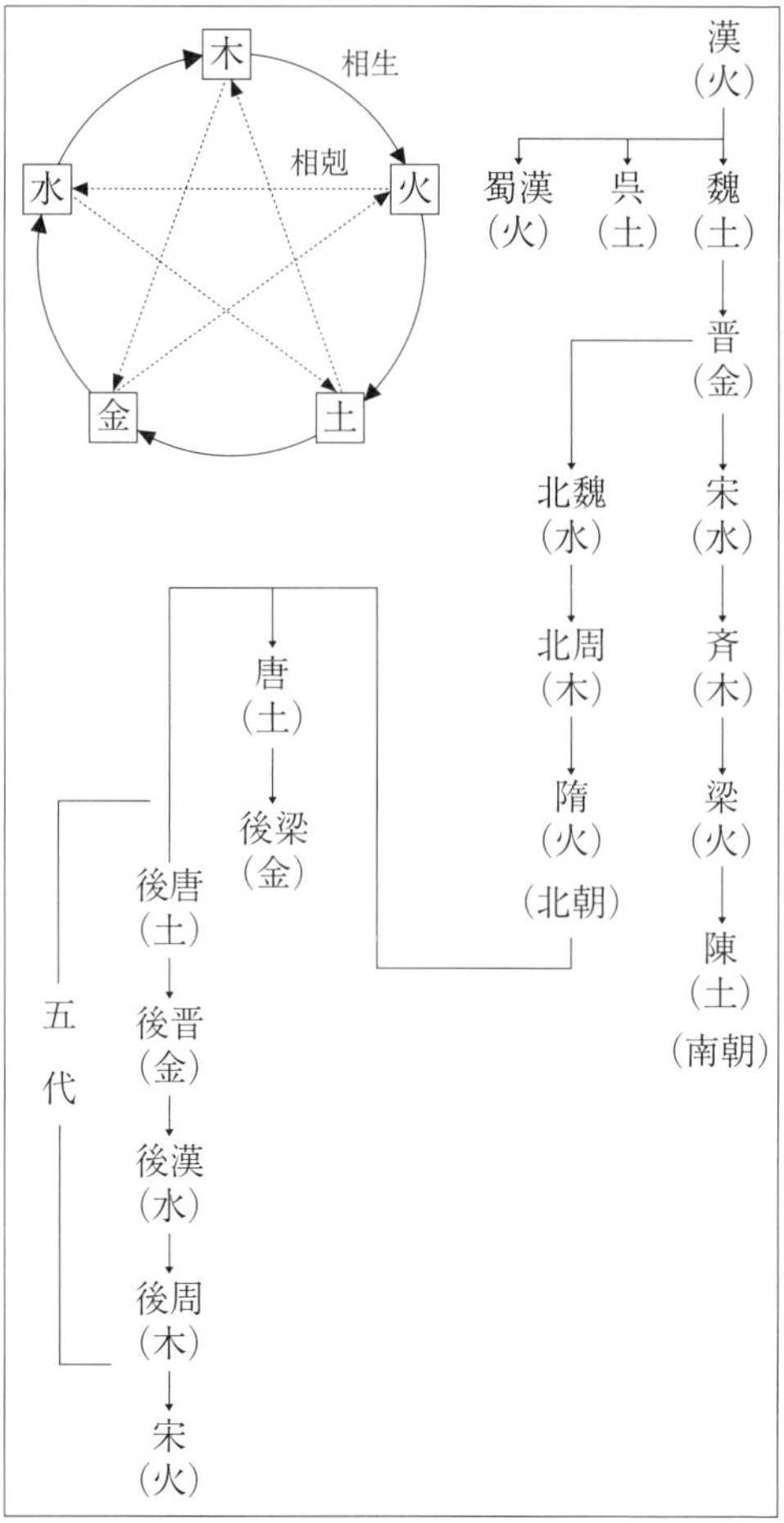

図1　五行連環思想と王朝交代の五徳終始

ていた。劉歆はこれを批判して、夏（一月歳首、天統、黒を尚《とうと》ぶ）・殷（十二月歳首、地統、白を尚ぶ）・周（十一月歳首、人統、赤を尚ぶ）とし、漢は夏暦でよろしいと理論化したのである（実際の夏暦採用はすでになされていた）。

劉歆は五行連環の思想として、従来主流だった相克《そうこく》説（木金火水土の順にめぐるとする）に相生《そうせい》説（木火土金水の順にめぐるとする）が取って代わるのにも貢献した。これにより、漢は周の火徳・秦の水徳を継ぐ土徳だとする武帝期以来の説は、周の木徳を直接受ける火徳説に変化し、それにともなって王朝を象徴《シンボルカラー》する色も黄色から赤に変更された。漢の復興をめざす赤眉《せきび》の乱や、蜀漢《しょっかん》最後の年号が炎興《えんこう》なのはこれによる。王莽や魏《ぎ》以降の王朝交代は、それぞれの時点でこの説（五徳終始《ごとくしゅうし》説）を利用しておこなわれた。

劉歆は三の倍数（三、六、九、一二）を基数とした。これに対して、同世代の揚雄《ようゆう》（前五三〜後一八）は三の乗数（三、九、二七、八一）を基数として『太玄経《たいげんけい》』を著した。『太玄経』は易の二進法に代わる三進法による占術書で、自然界を象徴している点でも漢易学の系譜に属す。揚雄には『論語』を真似て自分を孔子に擬した『法言《ほうげん》』もある。揚雄はまた「劇秦美新論《げきしんびしんろん》（秦を劇《はげ》しいとし、王莽の新を美しいとする議論）」をつくって王莽の新を称えている。

讖緯思想

前漢末には経書《けいしょ》に加えて緯書《いしょ》と呼ばれる文献がつくられ、今文《きんぶん》経学の理論化を助けた。自然界に突如あらわれて未来予言が記されたものを図讖《としん》といい、この頃、政治を風刺するわらべ歌として誕生した童謡《どうよう》とあいまって流行した。実際にはどちらも政治目的をもって意図的につくられたのであろう。緯書は図讖と根底を共有するためまとめて讖緯《しんい》という。

緯書は経書に対応してつくられた。七世紀の『隋書《ずいしょ》』経籍志《けいせきし》ではその起源を説明してこう述べる。

河図《かと》九篇・洛書《らくしょ》六篇があり、黄帝《こうてい》から周文王《しゅうのぶんのう》までの（天から）受けたそのままの文章だという。また、他に三十篇があり、孔子のときにはじめてでたもので、九聖（通説では伏羲《ふっき》・神農《しんのう》・黄帝・堯《ぎょう》・舜《しゅん》・

禹《う》・文王・周公・孔子）が増やして（河図・洛書の）意義を深めたという。他に三十六篇があり、孔子がつくったものという。以上あわせて八十一篇である。

九と六（易の基数）、三〇（一月《ひとつき》の日数で、かつ、ここまでの和の四五は一から九までの総和に同じ）、三六（二の二乗と三の二乗との積）と、四つの数を加えて八一（三の四乗）を導き出しており、劉歆・揚雄とも通じる数学の発想である。この説明自体は後代の理屈づけであろうが、緯書が登場した思想背景に易があったことをうかがわせる。

緯書は経書に対応して、たとえば「易緯通卦験《えきいつうかけん》」のごとく、経書名と三文字の篇名とで呼称される。経書の篇名が原則二文字であるのに対して、緯書の篇名は原則三文字だった。緯書は後世散佚《さんいつ》して滅びたが、「易緯通卦験」などごく少数は鄭玄《じょうげん》らの注解とともに伝わった。清代以降は輯佚《しゅういつ》作業もおこなわれている。

王莽《おうもう》は瑞祥・符命とともに図讖を効果的に用いて王権奪取に成功し、新《しん》という名称の王朝（彼一代で滅亡した）を樹立した。同様にして光武帝《こうぶてい》は漢の王権を取り戻した。このように、図讖は王朝交代の革命を正当化する性質をもっていたため、現王朝の立場からすれば危険思想であったから、三世紀以降、諸王朝はしばしば緯書の禁令を出している。

王莽の登場

石渠閣《せっきょかく》会議では今文諸家を一堂に会して議論がおこなわれた。その結果、公羊学一尊ではなく、諸家の説を折衷するかたちで儒式の礼制が定められていく。元帝《げんてい》・成帝《せいてい》期には郊祀宗廟改革運動が進み、経学に裏付けられた制礼作楽が実施された。

韋玄成《いげんせい》・匡衡《きょうこう》ら儒者官僚の活躍によって、時令《じれい》思想と春秋学に基づく歳時暦がつくられた。漢ではこれ以前にも天地を祀る儀礼があったが、秦《しん》の雍《よう》の祭祀の継承や、武帝のときに汾水《ふんすい》のほとりで鼎が発見されたことを記念するもので、儒教の教義・経学に根拠はなかった。祖先祭祀も、長安《ちょうあん》や諸侯王の首府、巡幸先に置かれた郡国廟《ぐんこくびょう》の計一六七箇所と、陵墓のそばに設けられた一七六箇所とを合わせて膨大な数にのぼっていたが、やはり礼学では説明できない慣行だった。彼らはこれを全面改定し、王権にとってもっとも重要な祭祀を、天子として天地の神々を祀る郊祀《こうし》と、皇帝として祖先の霊魂を祀る宗廟祭祀とに整理した。宗廟は一代ずつ独立した建物とするが、宮城のなかの一箇所にまとめて建て、王朝開祖の高祖と直近四代との計五廟を設けるという今文経学の解釈が採用された。

その仕上げをおこなったのが、王莽であった。王氏は元帝の外戚として栄華を極めたが、王莽はそうしたなかで一人読書にふける書生タイプだった。成帝のもとで三十八歳にして大司馬《だいしば》に就任して政務に携わるや、諸制度を儒教的に改革していく。平帝《へいてい》（在位前一～後五）の元始《げんし》年間、西暦でもちょうど紀元第一年にあたる年から、王莽は郊祀制度を改定する。すなわち、正月の上辛《じょうしん》の日（上旬にある、十干《じっかん》が辛の日）に皇天上帝《こうてんじょうてい》と皇地祇《こうちぎ》を合祀し、『周礼《しゅらい》』春官大司楽《しゅんかんだいしがく》の記述に従って冬至に皇天上帝、夏至に皇地祇をそれぞれ祀り、いずれの場合も天には高祖を、地には呂后《りょこう》を配享《はいきょう》（一緒に祀ること）した。『孝経《こうきょう》』に、周公が郊祀に際して父でありかつ周の天命を受けた文王を配したととれる文があり、また「父天母地

（天を父とし、地を母とす）」という文言もあるからである。なお、皇天上帝は『尚書《しょうしょ》』や『詩』にも見える語で昊天上帝とも書かれるが、皇地祇は緯書独自の語彙である。

王莽自身が禅譲《ぜんじょう》を演出して即位し、新《しん》の皇帝だったときの制度は史料上不明だが、基本的にはこれと同じで配享だけ王氏の祖先に代えたと推察できる。宗廟についても、韋玄成らの案を踏襲しつつ、劉歆の所説を取り入れて古文経学の解釈に沿う七廟制《しちびょうせい》（開祖と直近先祖六代を祀る方式）に代えたと思われる。

王莽を簒奪者とみなすため、新は後世の儒教では無視され、後漢が前漢の継続王朝として扱われた。王莽の儒教的理念による諸政策は現実ばなれしているとしてことごとく旧に復されたが、郊祀制度は以後清末まで枠組として踏襲される。宗廟については、後漢第二代の明帝《めいてい》（在位五七～七五）の遺言で光武帝と同じ建物に祀ることとなったため、以後は一つの建物に位牌を並べる方式がおこなわれた。これを同堂異室《どうどういしつ》という。のちの王朝ではそれが王朝開祖の廟（太廟《たいびょう》）でもあるところから、宗廟と太廟とが同義語として用いられるようになった。

2　後漢

緯書に基づく後漢の祭祀整備

光武帝《こうぶてい》は即位すると都を洛陽《らくよう》に遷《うつ》した。彼の地元南陽《なんよう》（湖北省）に近いこともあるが、いわゆる中原の、しかも「中国」の中央に位置すると考えられていたことが大きい（「中国」という語彙はすでに『詩』に見える）。秦《しん》・前漢《ぜんかん》の都の長安《ちょうあん》は、これに比べると西に偏《かたよ》っていた。そのことは前漢の今文《きんぶん》経学でも気づかれてはいたが、『史記《しき》』が伝えるように、堯《ぎょう》・舜《しゅん》・禹《う》（夏）の都は北に、殷《いん》の都は東に偏しており、また周《しゅう》の二都（長安付近の鎬京《こうけい》＝宗周《そうしゅう》と、洛邑《らくゆう》＝成周《せいしゅう》）のうち、西周時代に王は鎬京にいた。前七七〇年の東遷は夷狄の侵攻によるやむをえざる措置だった。

一方、古文経学は諸聖人たちのなかで周公の功績を特記する傾向があり、彼が造営にかかわった洛邑を神聖な場所とみなす。古文にしかない『周礼《しゅらい》』は周公の制作であり、のちにこの書籍に増入された「考工記《こうこうき》」は王都が天下の中心にあるべきだと説く。経学上、それは天人相関説によって、地上の中心が人間社会の中心と重なることで万物の秩序と調和が得られると説明された。

ただ、光武帝の政府は、王莽《おうもう》が古文経学を用いて帝位を簒奪したことからこれを斥け、表向きは今文経学、とくに緯書を尊重した。緯書で展開されている王都の施設である、明堂《めいどう》・霊台《れいだい》・辟雍《へきよう》を洛陽の南郊に建設する。明堂は『礼記《らいき》』明堂位《めいどうい》篇に登場し、周公が洛邑で諸侯の朝覲《ちょうきん》を受けたとされる施設だった。霊台は天人相関思想に基づいて天文気象を観察するため周の文王が建てた施設、辟雍は『礼記』王《おう》制《せい》篇に見える国立大学の名称である。光武帝はこの三つの施設をそろえ、まとめて三雍《さんよう》と呼んだ（五六年）。また、これも緯書の記述に従って南郊《なんこう》の皇天上帝の祭場と対をなすように、北郊《ほっこう》の皇地祇の祭場を造営した。この年は二月に泰山《たいざん》で封禅《ほうぜん》を実施し、四月には長安郊外の長陵《ちょうりょう》（高祖の墓）に参拝して天下太平を皇天上帝・皇地祇と高祖の霊とに報告もした。なお、封禅も、秦始皇帝や漢武帝のような自分の不老長寿を願う祈願ではなく、緯書によって古来聖王たちが実施してきた儒教儀礼として再定義された。

金印（福岡市博物館蔵）　志賀島で発見された金印には「漢委奴国王」の字が刻まれている。

光武帝は長安から洛陽に戻ると改元をおこない、建武中元《けんむちゅうげん》とする。王権はこのように緯書の思想で荘厳された。翌年の元会朝儀《げんかいちょうぎ》（正月に文武百官と朝貢国の使節が皇帝に謁見《えっけん》する儀式）には、わざわざ海を渡って倭《わ》という新興国からはじめて使節団が訪れた。

光武帝はその翌月崩御し、明帝《めいてい》が即位する。明帝はその翌年（五八年）を永平《えいへい》と改元する。光武帝の建武（武を建てる）から、代替わりで永久平和を意味するこの元号にしたのだ。「正月、帝　公《こう》卿《けい》已下を率いて原陵《げんりょう》（光武帝の墓）に朝《ちょう》すること、元会の儀の如し」（『後漢書』明帝紀）。翌年（五九年）は明帝を君主として宮城で元会がおこなわれ、別の日に明堂での天を祀る儀式をおこなって光武帝を配享し、そのあと霊台に登り、三月と十月には辟雍に行幸した。経学・緯書に基づいて整備された儒教の国家儀礼が、こうして実践されるようになっていく。

白虎観会議以後の趨勢

明帝の後を継いだ章帝《しょうてい》（在位七五〜八八）は、七九年、宮城の白虎観《びゃっこかん》に今文・古文双方の儒者たちを召集して経義について議論させた。その結論を班固《はんこ》がまとめ、現在は完本ではないものの、『白虎通《びゃっこつう》』として伝わっている。章帝は『古文尚書《しょうしょ》』と『春秋左氏伝』を愛好し、班固も古文経学者だが、白虎観会議の結論はおおむね今文緯書系だった。八三年、章帝は優秀な学生には『古文尚書』『毛詩《もうし》』『春秋左氏伝』『春秋穀梁伝《こくりょうでん》』を教育することも許可する詔を出した。従来、国家公認の学術としては今文学のみが認められていた。穀梁学は今文系だが、ここであがっているそのほかはすべて古文経学であり、『後《ご》漢書《かんじょ》』儒林伝《じゅりんでん》は、この措置によって、選抜されて朝廷で活躍する人材がこれらの経学から輩出したとする。班固が父班彪《はんぴょう》の事業を受け継いで『漢書《かんじょ》』を編纂していたのはこの頃であり、その藝文志《げいもんし》が劉歆《りゅうきん》を引き継いで六藝略《りくげい》で古文経を今文経より前にあげていることは、前章の経の紹介のなかで述べた（五一頁以下参照）とおりである。

なお、『白虎通』には「三綱《さんこう》とは何か。君臣・父子・夫婦である」という記述があり、後世、儒教倫理の要《かなめ》とされるにいたった。「礼緯含文嘉《れいいがんぶんか》」にあった文言で、『孟子《もうし》』滕文公《とうのぶんこう》上章句の五倫《ごりん》（父子・君臣・夫婦・長幼・朋友）のなかでもとくに重要な人間関係として取り出されたものである。董仲舒《とうちゅうじょ》がすでに五倫を五常《ごじょう》（仁・義・礼・知・信）に対応させており、こうした整理によって儒教思想が体系化されていった。

後漢の思想家たち　王充・許慎・何休・鄭玄

明帝・章帝期には王権を支える国教として儒教が機能する形態が確立した。経学では、以後古文経学がしだいに勢いを増していく。鄭衆《ていしゅう》・賈逵《かき》・馬融《ばゆう》・服虔《ふくけん》・鄭玄《じょうげん》といった儒者たちが、各自複数の経にわたって注解書をつくり、経学の総合をめざした。これは一経専門を旨とする今文経学にはない、古文経学の特徴とされる。古文系の学者としてはほかに王充《おうじゅう》や許慎《きょしん》がいる。他方、今文経学には鄭玄と同世代に公羊学の何休《かきゅう》がでた。

王充は会稽《かいけい》（浙江省）の人で、その著『論衡《ろんこう》』によって知られる。近代になると、体制的な儒教思想（たとえば天人相関説）を批判した革新的・先進的思想家として再評価される。たしかに、緯書を根拠とする今文経学を論理的に舌鋒鋭く斥けているけれども、これは古文経学の立場からは当然ともいえる。ただし、『春秋左氏伝』が怪異現象を多く記すのは「孔子が怪力を語らなかったのに違反する」（『論衡』案書《あんしょ》篇）。王充は古文経学の特性である合理主義を突き詰めた思想家と評せよう。

許慎は汝南《じょなん》（河南省）の人で、『説文解字《せつもんかいじ》』を著した。漢字の構成と意味を説いた字書で、象形・指事・会意・形声の分類をおこなった。表語文字が世界を象徴していることを理論的・体系的に説明したわけで、易学にも通じる発想である。また、『五経異義《ごきょういぎ》』で古文経学側から今文経学を攻撃した。

このように古文系に優れた学者が輩出する一方で、今文側は師説墨守の特性から新しい思想展開はみられなくなる。何休はそのなかではめだつ存在である。彼は『春秋公羊伝解詁《しゅんじゅうくようでんかいこ》』を著し、董仲舒の説を発展深化させた。テクスト注解ではあるが、そこには独自の理論が多く盛り込まれている。もっとも、何休の独創なのか、先達の著書が滅びたのでそうみえるのかはわからない。なかでも有名なのが三科九旨説《さんかきゅうしせつ》で、三つの分野（三科）について三つずつ、計九つの主旨（九旨）が、孔子の微言大義《びげんたいぎ》だったとする解釈である。董仲舒とその後学の所説に緯書の精神を取り込み、孔子は『春秋』で将来の王朝のために過去の事件記述を借りて歴史の展開を予言したとする。そのため、魯は王を象徴し（第一科）、所見・所聞・所伝聞の時期ごとに記述方法を変え（第二科）、魯国から中国へ、そして夷狄《いてき》を含む全世界へという場の拡大がなされているのだ（第三科）。何休は三世説《さんせせつ》（六三頁参照）を衰乱《すいらん》・升平《しょうへい》・太平の順で移行するという発展主義的に捉えており、復古を根本義とする儒教のなかでは特殊で、そのため後世批判をあびることになるが、逆に康有為《こうゆうい》以降は進歩主義者として高く評価されることになる。何休は「公羊墨守《ぼくしゅ》」「穀梁廃疾《はいしつ》」「左氏膏肓《こうこう》」の三篇を著して公羊学者として他の二家を批判した。また、『周礼《しゅらい》』は戦国時代の陰謀の書だとし、経書と認めない態度を表明している。

鄭玄は経学大師と称される、漢代儒学の殿軍《しんがり》である。青州《せいしゅう》（山東省）の人で、洛陽に学び、党錮《とうこ》の獄《ごく》（宦《かん》官《がん》たち当局者が彼らを批判する太学《たいがく》の学者・学生たちを弾圧した事件）に巻き込まれた。晩年は黄巾《こうきん》の乱でも被害を受けている。『春秋』以外のあらゆる経書（『論語』『孝経《こうきょう》』を含む）に注解を施し、字面《じづら》上の相互矛盾を解消する論理展開をおこなって経学の総合化をはかった。とくに、『礼記《らいき》』を含む三礼《さんらい》の概念化とともに従来の礼経だった『儀礼』よりも『周礼』を重視して諸経の中核にすえた。学統上は古文経学であるにもかかわらず、今文の『尚書』や『孝経』をテクストとして選び、『儀礼』でも古文経書を参照しつつ（藝文志《げいもんし》のいう）礼古経ではなく一七篇に限って注釈した。『詩』でも古文の毛伝とは異なる解釈を随所で展開している。

『尚書』の孔伝や『詩』の毛伝といった古文経学の注釈と鄭玄の説とが根本的に異なるのは、鄭玄が内容的に緯書の思想を活用している点にある。たとえば天帝については、経書の表現でいうところの「天（皇天）」と「上帝」とを場合によって区別し、前者は天の最高神で緯書にでてくる天皇大帝《てんこうたいてい》のこと、後者は五行それぞれを神格化した五つの神（五方上帝）で、五行思想に基づき時間（季節）や空間（方角）や五原色（青・赤・黄・白・黒）などを分担して掌《つかさど》るほか、順次各王朝の守護神である感生帝《かんせいてい》になる神と説いた。結局、天帝が計六柱（北辰耀魄宝《ほくしんようはくほう》・蒼帝霊威仰《そうていれいいぎょう》・赤帝赤熛怒《せきていせきひょうど》・黄帝含枢紐《こうていがんすうちゅう》・白帝白招拒《はくていはくしょうきょ》・玄帝汁光紀《げんていじゅうこうき》）いることになるので、後世、六天説《りくてんせつ》と呼ばれる。周ならば木徳なので感生帝は蒼帝霊威仰であったし、漢の感生帝は赤帝赤熛怒ということになる。

感生帝説話は出土資料の一つ上海《シャンハイ》楚簡《そかん》の『子羔《しこう》』に、殷の始祖契《せつ》の母は燕《つばめ》の卵をのんで、周の始祖后稷《こうしょく》の母は巨人の足跡を踏んで、それぞれ懐妊したとあり、『史記』より一〇〇年以上前の戦国時代にすでに存在した可能性をうかがわせる。司馬遷の段階ではまだ古形のままだったが、緯書作者によって五行相生《そうせい》説に対応する修訂がなされ、鄭玄によって経書注解として定着した。以後、宋までの諸王朝は各自五行の配当でシンボルカラーを定めた。

鄭玄が経書のなかで唯一『春秋』に注解しなかったのは、友人の服虔が左氏伝注解を志していたので彼に委ねたからといわれる（『世説新語《せせつしんご》』文学篇）。また鄭玄は左伝学の立場から、何休を論駁《ろんばく》する「針膏《しんこう》肓《こう》」「発墨守《はつぼくしゅ》」「起廃疾《きはいしつ》」三篇を著した。ただ、許慎の『五経異義』を今文的立場から論駁する『駁《ばく》五経異義』もあり、今文・古文の枠を超えた総合経学を志向している。

3 魏晋南北朝

士大夫の輿論

前漢でも賢良文学《けんりょうぶんがく》は在地有力者の子弟であったが、とりわけ後漢になると地方の豪族が文化的にも儒教の担い手として活躍した。党錮《とうこ》の獄でも太学生たちは出身階層の輿論に支えられて宦官《かんがん》と対立していたのである。

この傾向は王朝交代して魏《ぎ》になってからいっそう強まる。そもそも、魏王朝の権力基盤はこうした在地指導者たちだった。同じことは呉《ご》についてもいえ、新開地である江南の土着勢力が北方から移住してきた文化人たちと協働した連合政権の色彩をもっていた。蜀漢にしても、中核をなす劉備《りゅうび》主従は外来者だったけれども、四川省の有志たちが自立政権を支持していた。

魏晋《ぎしん》革命では輿論の動向がさらにものをいい、司馬氏（司馬懿《しばい》・司馬師《しばし》・司馬昭《しばしょう》・司馬炎《しばえん》＝晋武帝《しんのぶてい》）は、士《し》大夫《たいふ》（儒教的教養をもった有力者）たちの支持を得て政権を握っていった。こうした社会基盤もあって、晋は親族に王としてそれぞれ領土を与えて擬似的な封建制を布《し》いた。漢武帝が進めた法家的な中央集権制とは異なる統治の仕組が模索されていた。

一方で、『周礼』に依拠する統治手法・官僚組織を是とする政治思想が強まってもいた。古文経学が優勢になっていったことと、鄭玄《じょうげん》による今古文両系統の融合とが、何休のような『周礼』への疑念をぬぐい去った。地方分権と官僚組織再編との協調かつ相克がこの時期の課題となる。

士大夫たちはその文化的威信を儒教から得ていた。経学上の知識とそれを活かした実践活動である。実践活動とはすなわち礼の遵守であり、名教《めいきょう》（あるべき社会秩序）の守護者として振る舞うことだった。日常の起居動作のほか、冠婚喪祭における規範どおりの所作が重視される。仲間内でそれを見せることが、自身の人物評を高め、人格的信頼に繋がる。官僚登用制度として魏晋時期に確立する九品官人法《きゅうひんかんじんほう》（現職官僚が官僚候補の人品を九段階で評価して推挙する仕組）は、郷挙里選《きょうきょりせん》という漢代の理想を受け継ぎながら、士大夫社会内部での相互評価に重きをおくようになっている。

こうして礼の実践、とりわけ親の死後におこなわれる喪礼《そうれい》の実施が重視され、そのための心得・手引書が多く作成された。『隋書』経籍志の経部礼類には「喪服《そうふく》」という語を標題に掲げる書籍が八〇種近く列記されている。いずれも『儀礼』の喪礼規定を典範とし、周代とは社会状況が異なるなかで時代に即応した手直しをしたものであったと思われる。そのはじめには馬融・鄭玄・王粛《おうしゅく》三人それぞれの『喪《そう》服経伝《ふくけいいでん》』一巻が見える。これらはもともと単行本ではなく、彼らの『儀礼』全経の注解から喪服の部だけ抜き出したものと思われ、この部分に対する実践的需要がいかに大きかったかをうかがわせる。

鄭玄説対王粛説

二三七年、明帝（在位二二六〜二三九）は暦法を改正する。劉歆《りゅうきん》以来の三統の考え方では、漢の次の魏は殷と同じ地統で、歳首を十二月におくべきだったからだ。これも三統説によって、元会朝儀《げんかいちょうぎ》では白い旗を立てることになった。魏の改制の場合は春秋学の解釈によって、改暦の際には月の序数も変えるべきだとされていたため、改暦を発令した三月を四月に変更した。時令《じれい》思想上の対応関係もすべて一月《ひとつき》ずつずらして調整し、国家祭祀の実施月も変更になった。この説の元になった春秋学での解釈とは、魯は周暦（人統）を使用していたはずだから、『春秋』の正月は夏暦（後漢が用いた天統）では十一月にあたるとする説である。これに関しては、もとの魯の年代記ではそうであったけれども（魯を将来の王朝に擬しているため）孔子が筆削して夏暦になおしているという説、もともと改暦しても月の呼称は変えないのだとする説などがあり、清代にいたるまで経学者たちのあいだで意見が分かれている。

また同年十月には詔を下し、郊祀《こうし》の祭場を増やし、圜丘《えんきゅう》（円丘）に皇皇上帝《こうこうじょうてい》、方丘《ほうきゅう》に皇皇地祇《こうこうちぎ》を祀って、曹氏の祖とされた舜とその妃伊氏《いし》をそれぞれに配し、天郊《てんこう》に皇天之神《こうてんのかみ》を祀って武帝（曹操《そうそう》）を、地郊に皇《こう》地之祇《ちのぎ》を祀って曹操の妻を配し、また明堂では感生帝《かんせいてい》（魏では黄帝含枢紐で、三皇五帝の一人の黄帝とは別）を祀り、父である文帝を配することとした。これは鄭玄の経学を忠実に採用した改制であり、泰州《たいしゅう》（山東省）の人で太史令《たいしれい》の職務を執っていた高堂隆《こうどうりゅう》が、ほうき星の出現を魏の改制がまだなされていないことによる天譴《てんけん》と解する上奏をしたためであった。ここにいたって鄭玄の学説が国家公認のものとなる。

これに対して、当時活躍していたのが王粛《おうしゅく》（一九五〜二五六）である。王粛は徐州《じょしゅう》（山東省）の名家の出身で、司馬懿と縁組して司馬昭の岳父《がくふ》となる。のちの晋の武帝は彼の外孫ということになる。このように司馬氏と親しく、政治的にも司馬派だった。明帝は死期に臨んで司馬懿と曹爽《そうそう》に後事を託したが、この二人は相対立し、最終的には司馬懿がクーデタを起こして曹爽一派を粛清する。王粛はこの過程で曹爽派の何晏《かあん》と感情的に対立しており、司馬氏政権ができると参謀役で活躍した。

王粛は、経学上は古文経学で、鄭玄の今文古文折衷《せっちゅう》を批判、多くの経書に注解を書いた。ただし、それらはみな現存せず、五経正義《ごきょうせいぎ》など後世の書籍に批判的に引用された部分が残っているにすぎない。それらの佚文《いつぶん》から推察できるその特徴は、緯書《いしょ》を排する点にあった。それゆえ彼は感生帝の存在を認めないので、高堂隆の説による明帝の改制に批判的であったらしい。『周礼』春官大司楽の文言が鄭玄の郊祀説（冬至に圜丘《えんきゅう》で天を、夏至に方丘で地を祀る）の論拠となっていたが、王粛の解釈は鄭玄と違ってこれを郊祀を規定した文言とはとらず、『礼記』がいう正月上辛《じょうしん》祀と九月明堂《めいどう》祀に天と地を合祭するのが周の礼制だったと解した。孔子の言行を記して『論語』を補う内容をもつ『孔子家語《こうしけご》』は、彼による贋作《がんさく》とも考えられている。

魏晋革命が起きると、武帝は即位翌年の二六六年にさっそく亡き祖父王粛の所説を採用し、魏明帝の改制を否定して暦や郊祀をそれ以前のものに戻した。

以後、鄭玄説と王粛説が経学の二大流派となった。実際の礼制においては、魏（明帝以降）と北朝の北《ほく》魏《ぎ》・北周《ほくしゅう》・北斉《ほくせい》・隋《ずい》が鄭玄説、晋および南朝の宋《そう》・斉《せい》・梁《りょう》・陳《ちん》が王粛説に基づいていた。ただし、南朝では鄭玄説との折衷方式も工夫された。

玄学の展開

玄学とは三玄（易・老子・荘子）を重んじる思想であり、したがって老荘《ろうそう》思想の流れとみなされたりする。

南朝では四つの学術（玄・儒・文・史）の一つとして儒教と並び称された。その草創期の中心人物だった何晏（一九五？〜二四九）は『論語』に、王弼《おうひつ》（二二六〜二四九）は『易』と『老子』に注解している。

『論語』は後漢の経学者たちによって注解が多く書かれた。伝承では前漢の孔安国著とされるものもある。これらを集成し、自説の観点からまとめたものとして、何晏『論語集解《ろんごしっかい》』が登場し、後世の定番となる。のちに朱子学の注解（新注）が出てからは、古注と呼ばれた。

何晏は南陽（河南省）の人で、後漢末の大将軍何進《かしん》の孫。宦官一派によって何進一族が殺されると、曹操の妾となった母の連れ子として曹操のもとで暮し、その娘を娶《めと》った。曹爽が実権を握ると重用されたが、政変により司馬懿に処刑された。

『論語集解』は後漢経学者たちの所説を基礎にしているので、何晏独自の玄学色はさほどうかがえない。また、敦煌《とんこう》出土の鄭玄注の断片などの出土資料を除いて、伝世文献としては『論語集解』の引用によってのみ後漢経学者たちの所説が伝わることになったため、彼らと何晏とのあいだの相違は検証しにくい。ただ、後漢経学が今文・古文を問わず政治と密接に連関していたのに対し、個人の処世を説く玄学の特徴を反映して、何晏は『論語』を個人道徳の書として再評価していたように思われる。処世術は、政情の転変激しいこの時代の士大夫たちにとって重要なことだった。

王弼は兗州《えんしゅう》（山東省）の人で、後漢末に荊州《けいしゅう》（湖北省）をおさめた劉表《りゅうひょう》の曽孫《そうそん》である。若くして何晏に見出され、曹爽政権に参加した。政変後に免職され、まもなく病死した。『易』のほか、『老子』の注も現存する。

王弼の易学は義理易と呼ばれる。漢易が数学重視だったのを否定して、経書としてその文言の意義を汲み取ろうとする立場であり、処世術を典籍に学ぼうとする姿勢に通じている。『老子』についても黄老思想系の政治理論書としてではなく、処世訓に読み替え、『荘子』と並ぶ書籍として定着させた。なお、彼の『易』の注解は繫辞伝《けいじでん》などにはおよんでおらず、のちに東晋《とうしん》の玄学者韓康伯《かんこうはく》がこれを補ったかたちで完書をなしている。

竹林《ちくりん》の七賢《しちけん》、なかでも嵆康《けいこう》と阮籍《げんせき》は玄学思想に属する。彼らは「自然（おのずから）」という語を愛好し、司馬氏政権が儒教的名分秩序を重んじることを偽善として批判した。東晋では郭象《かくしょう》がでて『荘子注』を著し、南朝士大夫は玄談《げんだん》を好んだ。

春秋学　杜預と范寧

晋の将軍として呉を滅ぼしたのは、茂陵《もりょう》（陝西省）の人、左伝学者の杜預《とよ》（どよ）だった。彼は『春秋左氏伝集解《しゅんじゅうさしでんしっかい》』を著している。杜預は、元来は今文系の特徴だった「例」という概念を左伝学に持ち込み、公羊伝《くようでん》や穀梁伝《こくりょうでん》に比べて散漫な左氏伝を、内在論理によって体系的に捉えることをめざした。周公は史官による歴史記録作成法を定めており、周公の子孫の国である魯ではその伝統が正しく継承されていた。したがって、春秋時代における各国の史書のなかで、魯のものがもっとも正しく規範に従っていた。孔子はこれをほぼ活かし、誤謬や不適切な記述のみを筆削《ひっさく》作業で改めたのだと、杜預は考える。

たとえば、君主弑逆《しいぎゃく》において、犯人が名指《なざ》されていればその人物（権臣など）の叛逆であり、主語がなければ殺された君主に落ち度がある。各国から文書で報告された内容を史官《しかん》が記録した際に、これに合うようにするのが「例」で、そうなっていないと判断したものを孔子は筆削したのだとする。この解釈手法は、時事的には司馬昭が魏の皇帝を殺害したことを正当化するためであったと解する説もある（渡邉義浩『西晋「儒教国家」と貴族制』）。

杜預はこうして、今文経学が孔子の創意工夫を重視するのに対して、古文経学の特性である周公への尊崇から『春秋』を理解しようとした。六経のなかで周公がかかわらない『春秋』は、古文経学における弱点だった。杜預はこれを克服することに成功した。杜預の注は服虔《ふくけん》の注に代わって左伝学の権威となる。

穀梁学は漢宣帝のときに重んじられたものの、公羊学・左伝学に比べると勢いに欠けていた。三国時代に注が書かれてはいるのだが、何休や服虔・杜預のような優れた作品には恵まれず、影の薄い存在となっていた。そこで東晋の范甯《はんねい》（范甯とも表記）は穀梁伝の注解を志す。范甯は南陽（河南省）の人で、必ずしも穀梁学を信奉していたわけではない。ただ、三伝のバランスを考慮して穀梁伝にもきちんとした注解があってしかるべきだと考え、『春秋穀梁伝集解《しゅんじゅうこくりょうでんしっかい》』を著したのだった。

范甯は玄学をきらい、何晏・王弼の罪は桀《けつ》・紂《ちゅう》よりも深いと糾弾している。当時、朝廷では辟雍《へきよう》・明《めい》堂《どう》（七五頁参照）を都の建康《けんこう》（今の南京）に建設する計画を立てていた。范甯は経伝から典拠となる記述を博《はく》捜《そう》して上奏した。その具体的な内容は残っていないけれども、もともと緯書の思想に基づいていたこれらの施設を、緯書そのものではなく、王粛の流れを汲む晋の古文経学の枠のなかで説明したものではあるまいか。彼の博覧強記《はくらんきょうき》ぶりを示す話柄である。『春秋穀梁伝集解』も穀梁学のみに偏《かたよ》ることなく、公羊学・左伝学にも目配りして書かれている。

義疏の学

『春秋』の場合、三伝が経文に対する第一次の注解であったから、何休・杜預・范寧らの作業は第二次の注解作成ということになる。経・伝・注という階層構造だった。南北朝時代に入ると、他の経書についても第二次の注解が文献としてつくられるようになった。それらは学校・私塾でおこなわれた講説を記録した形式を採《と》り、講疏《こうそ》・義疏《ぎそ》などと呼ばれる。疏は注をさらに敷衍《ふえん》する意味とされる。

『隋書』経籍志の経部では各経について、はじめに第一次注を時代順にあげ、次にたとえば易を例にとると、繋辞《けいじ》伝の部分的注解や易学の大意を説いた書物を載せ、最後に第二次注を列挙している。易の場合、そのもっとも古いものは宋の明帝（在位四六六～四七二）が講じたという『周易義疏《しゅうえきぎそ》』で、梁の武帝（在位五〇二～五四九）による『周易講疏《しゅうえきこうそ》』などが続く。繋辞伝の部分的講疏も合わせると全部で一三種をあげている。他の諸経についても同様で、南北朝時代の経学が義疏の学であったことが一目瞭然である。しかし、これら一〇〇を超す書籍のなかで現存するのは、呉郡《ごぐん》（江蘇省）の人皇侃《おうがん》の『礼記義疏《らいきぎそ》』（断片のみ）と『論語義疏《ろんごぎそ》』（こちらは完本）だけである。前者は鄭玄、後者は何晏の第一次注解に対する第二次注解である。

したがって、『論語義疏』は『論語集解義疏』とも呼ばれる。何晏の説を中核にすえているため玄学的と評されることもあるが、のちの学者たちの解釈も交えて敷衍したもので、何晏の解釈よりも、以前の政治的解釈に戻そうとする傾向がうかがえる。たとえば、顔淵篇第一章の「一日克己復礼すれば仁に帰す」について、「君主が一日だけでも克己復礼できれば、天下の民はみなこの仁君に帰服するだろうという意味だ」と解したあと、「范寧が言うには、『乱世の君主は一日でも克己することができないので、それで一日と言う』」と、范寧の説を引いて自説を補強している。克己復礼の主体は何晏が説いているような士大夫個々人ではなく、君主限定だとするのだ。『隋書』経籍志の論語の部に范寧の名は見えないが、この説は何晏以前に主流だった漢代経学風の政治的解釈の趣を残しているのかもしれない。

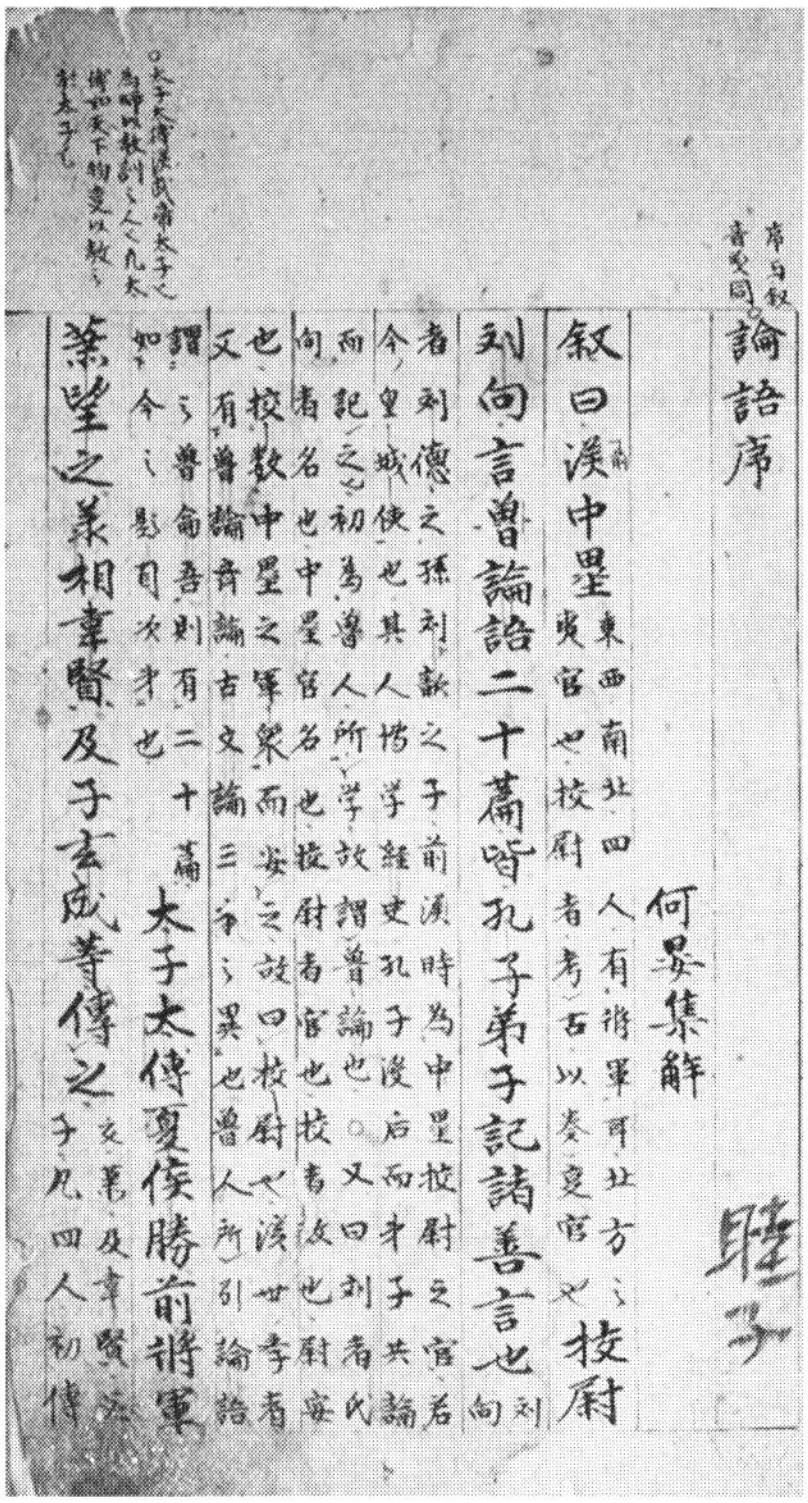

『論語義疏』（足利学校所蔵）

北朝の国制

南朝は晋以降代々禅譲《ぜんじょう》によって王朝交代をおこなった。実際には軍事力による強制だったけれども、王権を支える士大夫層は王朝交代を乗り越えて継続しており、社会制度も比較的平穏に推移した。王粛系古文経学による礼制が踏襲された。

これに対して、北朝の北魏《ほくぎ》王権は五胡十六国《ごこじゅうろっこく》の動乱のなかから誕生した。もともと胡族《こぞく》の連合政権だったが、胡漢融合政策により儒教の王権論を取り入れる。『魏書《ぎしょ》』礼志《れいし》によれば、道武帝《どうぶてい》は三八六年に代王《だいおう》に即位して登国《とうこく》という元号を建てると、「西に向かって祭場を設け、天に即位を告げた」。ついで三九八年に皇帝に即位するとあらためて天地に告祭し、翌年正月には上帝を南郊に祀って自分の祖先を配《はい》享《きょう》したことになっている。また、宗廟を設けて、年に五回の定期祭祀をおこなうことにしたのも儒教経学どおりである。ただし、これらの記載が実態を正確に記したものかどうか、撰者である魏収《ぎしゅう》の潤色が疑われている。

魏収の『魏書』が歴代正史で唯一、釈老志《しゃくろうし》を設けていることからもうかがえるように、北魏王権は仏教・道教に依拠していた。四三六年、崔浩《さいこう》は太武帝《たいぶてい》（在位四二三〜四五二）に祭祀の多くが不経なので整理することを上奏しているが、崔浩は道士寇謙之《こうけんし》とともに、三武一宗《さんぶいっそう》の法難《ほうなん》の最初のものとして知られる廃仏政策を推進した人物でもあった。彼は太武帝に命ぜられて『国記《こくき》』を編纂し、街道沿いに石を建て刻んで碑林《ひりん》として公開したが、そのなかで魏の皇室が鮮卑拓跋部《せんぴたくばつぶ》出身であることを直書したために誅殺された（国史の獄）。要は、華夷《かい》思想から胡族を蔑《さげす》む表現を用いたのであり、北朝のもとにあっても彼ら

コラム　三教論争・三教交渉

儒教・道教・仏教をまとめて三教と呼ぶ。この三つが並称されるようになるのは、南北朝時代、五世紀頃からである。そして、相互に対立・論争しながら教義を磨き、中国の思想文化を彩ってきた。

当初は本文でも紹介したように、新興の道教教団が、先行して信仰を集めていた外来の仏教を排除した。道教は仏教の手法を模倣して教団を成長させ、国家権力の支持を得ていわゆる法難《ほうなん》を起こしている（「法難〈ダルマへの攻撃〉」という語は被害者である仏教側からの視線による）。王朝国家は礼という儒教の教理に基づいて組織されていたから、儒教が政治的に攻撃・弾圧を受けるということはなかったが、個々人の祈願（健康・富貴・来世など）を扱う信仰面では道教・仏教に遅れをとることになった。

唐は三教の調和を図り、朝廷での儀礼で席次問題が生じたりしたものの、道教・仏教が繁栄し、仏式の火葬が普及した。ただ、会昌《かいしょう》の廃仏《はいぶつ》（八四五年）を機に経典に基づく仏教教学には翳《かげ》りが見えはじめ、仏教内部での禅の優越が進む。禅は人々が自分の心に向き合う宗教形態だったことが、唐宋変革という社会変動期に対応する面があったと思われる。道教や儒教でも心への注視という趨勢《すうせい》が生じ、道教では内丹《ないたん》（仙薬の摂取ではなく、身体技法と精神修養による修養法）が、儒教では心性論や静坐《せいざ》（心を敬《けい》の状態に保つ身体技法）が盛んになった。三教は、内容上は異なる教説を説きながら、共通する史的展開を遂げていた。

宋代の儒学者たちは火葬を孝に反すると批判し、明《ミン》代以降、士人層では儒式の喪祭儀礼が浸透する。朱子《しゅし》学《がく》は表向き道教・仏教を批判していたが、教説内容では道教・仏教の影響を受けており、その意味で朱子学自体が三教交渉の産物といえる。

漢族士大夫の本音だったのかもしれない。この碑林には『国記』と並んで彼による五経の注が刻まれていたという（『魏書』崔浩伝）。つまり、崔浩は道教尊崇と合わせて儒教にも造詣が深く、夷狄の宗教である仏教を排斥しようとしたのだ（コラム「三教論争・三教交渉」〈九一頁〉を参照）。

四八五年、孝文帝《こうぶんてい》（在位四七一〜四九九）は均田《きんでん》制を布告する。理念的には『孟子』や『周礼』に見える井田《せいでん》制を復活させる政策で、実情としては当時の華北地方の社会経済状況への対策であるとはいえ、儒教経学、なかでも『周礼』を重視する鄭玄の見解を採用したものといえる。孝文帝のときには鄭玄経学にそった祭祀整備も進んだ。六世紀ともなると、『魏書』礼志に霊太后《れいたいこう》の実家の廟制をめぐる朝廷内での議論が詳細に記録されて『礼記』諸篇や礼緯が論拠として引かれており、論者たちが鄭玄経学を共通の前提にすえて是非を論じていたことがわかる。

六世紀後半、北魏は権臣どうしの争いで東西に分裂し、それぞれ北斉・北周に引き継がれた。このうち西魏・北周系統ではよりいっそう鄭玄説への傾倒が強まり、五五六年には官僚機構を『周礼』に倣った六官《りっかん》制に変更する改革がなされた（王仲犖《おうちゅうろう》『北周六典』）。この改革を発議した蘇綽《そしゃく》は、先立つ五四四年の六条尚書《ろくじょうしょうしょ》発布にあたってこれを起草している。六条尚書は治身心（身心《しんしん》を治む）・敦教化（教化を敦《あつ》くす）・尽地利（地利を尽くす）・擢賢良（賢良《けんりょう》を擢《ぬき》んず）・恤獄訟（獄訟《ごくしょう》を恤《あわれ》む）・均賦役（賦役《ふえき》を均《ひと》しくす）の六箇条からなり、儒教的仁政の理念を説いたものである。

このように、北魏は四世紀の五胡十六国時代の混乱を胡族政権として収拾し、しだいに鄭玄経学に基づく国制の整備を進めていった。五八一年、外戚楊《よう》氏が権力を掌握して北周から隋への禅譲がおこなわれる。

4　隋唐五代

祀典の編纂

五八九年、隋軍が建康《けんこう》を陥落させて陳《ちん》を滅し、南北朝統一が成った。文帝《ぶんてい》(在位五八一〜六〇四)は筆記試験による官僚登用の途《みち》を開き、儒教的素養を具えた士大夫たちを取り込んだ。宮廷への図書収集を進めて文教振興政策も採《と》った。その際、南朝の文化伝統も尊重し、太常卿《たいじょうけい》の牛弘《ぎゅうこう》に命じて南北両朝の儀注を集めた『五礼《ごれい》』一三〇篇を編纂させた。次の煬帝《ようだい》(在位六〇四〜六一八)も南方文化に憧れて、揚州《ようしゅう》(江蘇省)に行幸したまま いついて『江都集礼《ごうとしゅうれい》』を学者たちにつくらせた。結局彼はここで殺されている。

『隋書』礼志には、太廟で祀る先祖の代数について、礼部侍郎《れいぶじろう》の許善心《きょぜんしん》と博士の褚亮《ちょりょう》らの議を載せる。そこでは鄭玄《じょうげん》の五廟《ごびょう》説と劉歆《りゅうきん》・王粛《おうしゅく》の七廟《しちびょう》説それぞれの経学上の根拠と、晋以来南朝では七廟制、北朝では五廟制だったことが紹介され、結論として隋は七廟にすべきだと主張されている。結局財政上の都合もあって実施されなかったのだが、隋は政治的には南朝を併呑《へいどん》したにもかかわらず、王権を支える経学のうえではこの事例のように南朝に従おうとしていた。褚亮は杭州《こうしゅう》(浙江省)の人でもともと陳に仕えていたのでこういう建白を起草したとも考えられるが、高陽郡《こうようぐん》(河北省)出身で生粋《きっすい》の北朝官僚だった許善心が上司として議の筆頭署名者になっていることは、北朝官僚のあいだにも理解があったことを裏付ける。褚亮は唐の太宗《たいそう》（在位六二六～六四九）のときまで御用学者として活躍し、一八人からなる弘文館学士《こうぶんかんがくし》の一人に選ばれている。なお、許善心は後述する許敬宗《きょけいそう》（五九二～六七二）の父である。

六一八年、長安に残っていた煬帝の子の恭帝《きょうてい》から禅譲《ぜんじょう》されて、唐の高祖《こうそ》（在位六一八～六二六）が即位する。次序に従い、唐は土徳で色は黄と定めた。高祖の治世は各地の群雄を平定することに追われたが、子の太宗が即位すると礼制の改定作業が進む。六三五年、上皇となっていた高祖が崩じたのを機に、太宗は廟制について群臣に諮問する。その結果、五廟制から七廟制への変更が決まり、新たに先祖二代の神主《しんしゅ》（木製の位牌）を追加した。

また、太宗は房玄齢《ぼうげんれい》・魏徴《ぎちょう》らに命じて、吉礼（祭祀）六一篇・賓礼《ひんれい》四篇・軍礼二〇篇・嘉礼（慶事）四二篇・凶礼六篇・国恤《こくじゅつ》五篇の計一三八篇からなる礼典を編纂させた。後世、元号を冠して『貞観礼《じょうがんれい》』と呼ぶ。『貞観礼』は鄭玄説をほぼ全面的に採用していた。だが、これに異論がでたため、次の高宗《こうそう》（在位六四九～六八三）は新たに礼典をつくらせた。これも元号により『顕慶礼《けんけいれい》』と呼ばれる。この作業で中心になったのが許敬宗であり、彼は父の意向を引き継いで王粛経学による南朝の制度を採用した。『貞観礼』も『顕慶礼』も現存しないけれども、各種史料が伝える論争からわかることとして、たとえば郊祀について、『貞観礼』は鄭玄の六天説を採っていて三国魏や北魏の制度と同じだが、『顕慶礼』は王粛の見解に従っていて南朝と同じく皇天上帝のみを祀ることとしていた。七三二年、玄宗《げんそう》（在位七一二～七五六）は両者を折衷する内容の『開元礼《かいげんれい》』を編纂した。これは全文が現存し、この時期の国家祭祀の儀注を伝える貴重な史料となっている。

玄宗以後は新たな礼典編纂はおこなわれず、『開元礼』が典範として使われつづけた。七八九年には科挙の一部門として、開元礼挙が三礼挙（礼の経書三つ全体についての専門職試験）と並んで実施され、宋で『開元礼』を踏襲した『開宝通礼《かいほうつうれい》』が編まれると通礼科が設けられた。このように礼典の専門職を科挙試験で採用したのは、唐宋のこの時期だけである（張文昌『制礼以教天下――唐宋礼書與国家社会』）。

唐では学校附設の廟に孔子を祀る制度が確立した。漢以来、太学や曲阜《きょくふ》にある孔子の廟所では釈奠《せきてん》と呼ばれる儀式がおこなわれていた。『礼記』文王世子《ぶんのうせいし》篇に「先聖を釈奠する」とあり、鄭玄は先聖を周公・孔子のことだとした。唐の高祖は国子学《こくしがく》（太学などと並んで長安に設けられていた大学）に周公と孔子を祀る廟を設けた（隋がどうしていたかは明文史料を欠く）。おそらく立体的な偶像を置いて祀ったのだと思われる。これに対して許敬宗が異論を唱え、孔子一人を先聖とすべきだと主張してそのように改定される。その後、孔子の配享として顔淵の像を祀ることとし、また主要な弟子たちを本廟の両脇や回廊の壁に絵で描くかたちで荘厳《しょうごん》するようになる。

隋唐は北魏以来の均田制を引き継ぎ、それらを規定する律令体制を布《し》いていた。律令の根本精神は儒教的社会秩序の確立維持にあり、礼と法の両輪を唱えた漢宣帝《せんてい》以来の中国王朝の伝統でもあった。隋の文帝は『開皇《かいこう》律令』、煬帝は『大業《たいぎょう》律令』、唐の高祖は『武徳《ぶとく》律令』などと、歴代皇帝たちは自分の名義で（名称上、のちに元号を冠して相互に区別されることになる）律令を発布した。玄宗も開元年間に二度にわたって発布している。また、隋唐の官制も北周を受け継ぎ、『周礼』六官に対応する六部《りくぶ》を行政機関とし、これらを束ねる尚書省《しょうしょしょう》と、中書省《ちゅうしょしょう》・門下省《もんかしょう》の三省をおく仕組だった。七三九年、玄宗はこの官僚組

『周礼』の六官		唐制以降の六部	
天官	大宰・小宰	吏部	尚書・侍郎・郎中
			司封郎中
			司勛郎中
			考功郎中
地官	大司徒・小司徒	戸部	尚書・侍郎・郎中
			度支郎中
			金部郎中
			倉部郎中
春官	宗伯・大司楽	礼部	尚書・侍郎・郎中
			祠部郎中
			膳部郎中
			主客郎中
夏官	大司馬・小司馬	兵部	尚書・侍郎・郎中
			職方郎中
			駕部郎中
			庫部郎中
秋官	大司寇・小司寇	刑部	尚書・侍郎・郎中
			都官郎中
			比部郎中
			司門郎中
冬官	大司空・小司空	工部	尚書・侍郎・郎中
			屯田郎中
			虞部郎中
			水部郎中

表1　六官・六部対照表

織を明文化した法典として、宰相《さいしょう》の李林甫《りりんぽ》らに命じて『六典《りくてん》』を編纂させた。鄭玄らが理想とした『周礼』式の国家が、こうして確立する。ただ、実態としてはこの頃すでに均田制は崩壊し、官僚組織も以後、法典にはない部署が財政・軍事を職掌とする必要から設けられ、六官制から乖離していった。

　また、玄宗はやはり李林甫らに命じて『礼記』月令《がつりょう》篇を当世風に改定させる。そして、『礼記』の正規の本文として旧来のものと差し替え、全体の最初（曲礼《きょくらい》篇の前）にすえた。月令篇はそれ以前から漢文帝のときの博士たちが編集したテクストといわれていた。『呂氏春秋《りょししゅんじゅう》』十二紀の内容とほぼ同じであり、周の制度をこうしたかたちで保存していたとみなされていたのである。玄宗はこれを唐の礼制に合わせた歳時暦として組み直し、かつそれを律令のような一般の法典ではなく、経書のなかに挿入することによって、自分の王権が周の儒教的統治を引き継いでいることを示したのであった。

五経正義

唐太宗は科挙試験のために経書解釈を統一する必要から、孔穎達《くようだつ》（五七四〜六四八）らに義疏の編纂を命じた。次の高宗のとき、六五三年になって完成し、勅命で『五経正義《ごきょうせいぎ》』と名づけられた。『周易正義』は王弼《おうひつ》・韓康伯《かんこうはく》の注、『尚書正義』は孔安国の伝、『毛詩正義』は毛亨《もうこう》の伝と鄭玄の箋《せん》、『礼記正義』は鄭玄の注、『春秋正義』は左氏伝とその杜預《とよ》の注を用い、これに孔穎達の名で疏がつけられている。いずれも古文経学を採用しているが、王粛の注は使われず、疏で批判的に引用されるにとどまっている。

たとえば、『礼記』祭法《さいほう》篇冒頭で「有虞氏《ゆうぐ》（舜）は黄帝を禘《てい》して嚳《こく》を郊し、顓頊《せんぎょく》を祖として堯を宗《そう》とす」以下、夏殷周三代について同様の記述が並記されている箇所について、王粛の「聖証論《せいしょうろん》」を長く引用したうえで批判し、鄭玄注の解釈を擁護している。「聖証論」は後に散佚《さんいつ》し、この引用によって逆に王粛説が後世に伝わるという、一見すると皮肉な結果になった。また、鄭玄注に見られる緯書からの引用を、鄭玄の注を使わない三つの経（易・書・春秋）においてもおこない、全体に緯書を多用している。こうした諸処での言及が、緯書の内容や、鄭玄説と王粛説の具体的な相違点を、現在に伝える史料として役立っている。

また、三礼のうち、もともと経ではなかった『礼記』が採用されていることも注目される。憶測だが、科挙試験での出題には、官僚機構を列記した『周礼』や、冠婚喪祭等の儀注である『儀礼』は不向きだったからかもしれない。七世紀後半に活躍した賈公彦《かこうげん》は、これらの鄭玄注に疏を書いて『周礼義疏』『儀礼義疏』をまとめた。このほか、何休《かきゅう》『春秋経伝解詁《しゅんじゅうけいでんかいこ》』に徐彦《じょげん》、范寧《はんねい》『春秋穀梁伝集解《しゅんじゅうこくりょうでんしっかい》』に楊士勛《ようしうん》という、どちらも唐の人と思われる人物が疏を書いており、これら四つの疏も五経正義に準じる扱いを受けるようになっていく。

五経正義の完成によって、漢代以来の経学の発展は一段落を告げた。孔穎達らは経書間の文面上の矛盾を解消し、孔子が統一的な方針で編纂した一大体系であることを実際の作業によって示してみせたからである。これは鄭玄が試みたことでもあった。もちろん、それでも正義内部に自己撞着的な箇所は残り、後世の批判対象となる。

玄宗は『孝経』に自ら(という名目で)注解書をつくった(『御注孝経《ぎょちゅうこうきょう》』)。これには南朝梁の武帝などの先例があるけれども、玄宗の場合は仏教の『金剛経《こんごうきょう》』、道教の『道徳経《どうとくきょう》』(『老子』)と並んでつくられ、自分が三教の上に君臨することを象徴して王権の威信を高めるための事業だった。

新羅と日本

ここで唐の外側に広がった儒教をみておこう。

韓国では伝説上の箕子《きし》朝鮮のあと、史実としては戦国期には燕《えん》国が韓半島北部を領有しており、やがて秦《しん》の領土に編入され、秦末の混乱に乗じて燕の人衛満《えいまん》が独立していたところを漢武帝が軍事制圧した（前一〇八年）。半島南部地域は馬韓《ばかん》・弁韓《べんかん》・辰韓《しんかん》と呼ばれ、小国が叢生していた。四世紀半ばには北の高句麗《こうくり》、西の百済《くだら》、東の新羅《しらぎ》の三国鼎立《ていりつ》となる。これらの諸国は中国の国家体制・王権理論を学んで国づくりを進めたため、漢字の使用にともなって儒教が浸透していく。また、互いを牽制する意味もあって魏晋南北朝の諸王朝に朝貢して王に冊封《さくほう》された。

六七六年までに唐の援助を得て新羅が半島統一に成功すると、より積極的に律令を受容するようになる。高句麗勢力の一部は日本海沿岸地域に国を建て、唐に朝貢して渤海《ぼっかい》という名を与えられる。

日本の朝貢は前述のとおり後漢光武帝の最後の年だった。その後、安帝《あんてい》（在位一〇五～一二五）即位直後の政情不安な時期に、その威信を高めるかのごとく朝貢している。卑弥呼《ひみこ》は魏が遼東《りょうとう》半島の公孫《こうそん》氏政権を滅ぼしたのに呼応して朝貢したが、これは魏による呉の包囲政策とも解せられている。五世紀には南朝の宋《そう》・斉《せい》に倭の五王があいついで朝貢し、韓半島の軍事的支配権を認めさせようとした。日本ではこの時期に百済から『論語』がもたらされたように教えられていたが、これは本来の紀年では三世紀の事件としての記載であったのを、実証研究の結果、該当する大王《おおきみ》（応神《おうじん》天皇）の時代をここにずらしたためそうなったにすぎず、韓半島からの渡来人の子孫たちがつくった自分たちの先祖に関する伝承にすぎない（現在の高校教科書ではそう記述されている）。

遣隋使《けんずいし》を派遣したのは、日本の史書で推古《すいこ》天皇（在位五九二？～六二八？）と記載される女王の政府だった。聖徳太子《しょうとくたいし》という呼称は、仏教教団が彼を仏教の庇護者として尊崇するものであって国家が与えた正式呼称ではなく、またその業績とされる記録も潤色されたものばかりである。遣隋使派遣もその一つで、煬帝が激怒したと『隋書』に記載された国書の文面「日出《い》ずる処の天子、書を日没する処の天子に致す」も対等外交を意図したものではない。ただ、彼の背後にいた蘇我《そが》氏が仏教を積極的に導入して国づくりを進めたことは確かで、付随して儒教の政治理念も伝来した。六四五年の乙巳《いっし》の変、六六三年の白《はく》村江《そんこう》の戦い、六七二年の壬申《じんしん》の乱といった国難を経て、律令《りつりょう》導入や国史編纂による体制強化が進み、七〇一年には大宝《たいほう》という独自元号を制定し、同時に律令が完成した。この頃すでに君主号も天皇《すめらみこと》と表記するようになっていた。七二〇年には中国の史書を模した『日本書紀《にほんしょき》』が完成する。

遣唐使《けんとうし》派遣では留学生を同行して、僧侶には仏教を、俗人の学生《がくしょう》には儒教を学ばせた。八世紀には律令制度の中身を充実させることに重点が移り、吉備真備《きびのまきび》（六九五〜七七五）は一八年間唐にいて礼楽・音律・軍事・囲碁などを広くおさめ、帰国後、政府中枢で活躍した。

『通典』

七五五年に勃発した安史の乱は、唐の統治体制を根幹から揺るがした。節度使《せつどし》（藩鎮《はんちん》）として強大な軍権を握っていた安禄山《あんろくざん》が、突如反乱を起こしたのである。最終的には平定されたものの、一時期唐の朝廷は長安から疎開したし、安禄山は燕《えん》の皇帝を自称、彼を殺した子の安慶緒《あんけいしょ》、彼を殺害した史思明《ししめい》、その子で父殺しをした史朝義《しちょうぎ》と、燕王朝はまがりなりにも四代八年間続いた。唐は軍事的鎮圧だけでなく招安《しょうあん》（調略で慰撫し投降させる策）も重視したため、安史の乱に加わった武将たちが私兵を率いて唐の藩鎮体制のなかに残ることになった。唐は均田制の租庸調《そようちょう》から土地の私有を認める両税法《りょうぜいほう》へと税制を変更するとともに、従来以上に塩の専売制に税収を頼るようになり、九世紀末の黄巣《こうそう》の乱を引き起こす遠因となる。両税法への転換は、従来の周礼的な統治理念を大きく変質させることを意味した。この状況に対応する政策を立案する基礎資料として、『通典《つてん》』が編まれた。

『通典』の編者杜佑《とゆう》は長安の名族杜氏の一員で、科挙ではなく恩蔭《おんいん》（高官の子弟に官職を与える仕組）で出仕し、財務官僚として両税法実施に携わった。八〇一年に完成した『通典』は、太古以来玄宗にいたる国家の諸制度を食貨《しょっか》・選挙・職官・礼・楽・兵・刑・州郡・辺防の各部（典《てん》と呼ぶ）にわたって詳細に記録した作品で、杜佑自身の見解を述べたものではない。ただ、食貨典を冒頭にすえるのは財政を重視する姿勢のあらわれと解されている。旧来の正史の志では、律暦や礼楽が冒頭にすえられ、食貨志が最初に置かれることはなかったし、以後の正史でもそうである。

しかし、その一方で、全二〇〇巻のちょうど半分の一〇〇巻が礼典であり、経の記載や経学上のその解釈、漢代以降の礼に関する諸議論を、項目ごとにまとめて伝えている。杜佑は国政の再建を財政面から志す一方で、古来の礼制も重要だと考え、それをいかに当世風に変えるのが現況にふさわしくかつ経義にもかなうかを模索したと評することができよう。

古文運動と春秋学の新風

安史の乱は文体や経学にも変質を迫った。韓愈《かんゆ》(七八六〜八二四)を中心とする古文運動と、啖助《たんじょ》らによって創始された新たな春秋学である。

韓愈は鄧州《とうしゅう》(河南省)の人で、科挙に合格したものの思うような昇進ができず、その発奮から文章をものしたとされる。後漢以来、散文は四六騈儷体《しろくべんれいたい》と呼ばれる文体(騈文)で綴るのが規範であった。六世紀に編纂された『文選《もんぜん》』はその象徴であり、冒頭に置かれた班固《はんこ》の「両都賦《りょうとふ》」は長安と洛陽を比較して後者の優越性を説く内容で、騈文の典型だった。彼が推進した古文経学の盛行に対応する文体だったといえよう。

これに対して、韓愈が標榜する「古文《こぶん》」はそれ以前の文体、すなわち『孟子』や『史記』を意味した。思想的にも、彼は孟子を尊崇し、性説の面から孟子性善説を孔子の正統な後継者として位置づけた。董《とう》仲舒《ちゅうじょ》も孟子を重んじたとされているが、性説上は性三品説であったから、孟子をこの面から評価したのは韓愈が最初であり、それゆえ宋学の先蹤《せんしょう》と評される。彼と並んで柳宗元《りゅうそうげん》(七七三〜八一九)らも古文運動に参加したが、この時期にはまだ少数派だった。宋代になってようやく古文を顕彰する者が増え、范《はん》仲淹《ちゅうえん》・欧陽脩《おうようしゅう》・周惇頤《しゅうとんい》らはその系譜に属する。

啖助《たんじょ》は趙州《ちょうしゅう》(河北省)の人で、安史の乱に際会して江南で暮すことになった。春秋学をおさめたが三伝の解釈にあきたらず、独自の視点から『春秋集伝集注《しゅんじゅうしゅうでんしっちゅう》』『春秋統辞《しゅんじゅうとうじ》』を著した(ともに散佚)。この学説は弟子の趙匡《ちょうきょう》・陸淳《りくじゅん》によってさらに発展し、柳宗元もこれに賛同している。彼らもこの時代の主流になる

開成石経

ことはできなかったが、宋の孫復《そんふく》・欧陽脩らに受け継がれることになる。

このように、八世紀後半には新しい儒教運動が興って十一世紀後半以降の宋学に繫がっていく。しかし、この間にはおよそ三〇〇年の開きがあり、伝統的な思惟・思潮がこの時点で急に代わったわけではない。

経書の印刷

八世紀は印刷技術の実用化という点でも、中国文化史上、画期的な時期だった。技術自体は七世紀には発明されていたが、長いテクストをいくつかの版木に分けて印刷するようになるのはこの時期であり、仏典が教団の資金力を用いて先行した。

儒教経典のほうは、唐代には、七四五年に玄宗親筆の『御注孝経』や、八三七年に能筆家が十二種の経書を楷書で書きそれを石に刻んで長安にある国子監に建てた開成石経がある程度で、印刷技術の活用はまだなされなかった。五代後唐《こうとう》の九三二年、宰相の馮道《ふうどう》が時の皇帝に請願して全経書の版木作成作業が始まり、九五三年に印刷が完了した。これ以降、儒教も印刷技術を活用して流布・展開する時代に入る。それは時代の位相としては、西欧で宗教改革の前夜にグーテンベルクが登場して聖書の印刷をおこない、ルターがパンフレット類で自説を広めたのに対応している。

中国思想史上の近世が、こうして始まった。

第3章 宋学の諸相 宋、十一世紀〜十二世紀

時代の概観

五代《ごだい》最後の後周《こうしゅう》から禅譲《ぜんじょう》を受けて、九六〇年に宋《そう》が誕生する。この禅譲が史上最後の禅譲であったことが象徴するごとく、宋代は儒教思想の転換期であり、儒教国家の王権も大きく変質した。

安史《あんし》の乱以来二〇〇年におよぶ政治的混乱を収拾して唐《とう》の盛時を取り戻すことが、宋初の課題だった。だが、北方に並び立つ遼《りょう》も唐の後継王朝という自意識をもっており、軍事的対立の時期を経て一〇〇四年に講和条約を結ぶと、宋は遼との平和共存関係のなかで中華王朝としての自尊心《プライド》を満足させていかねばならなくなる。それが真宗《しんそう》（在位九九七〜一〇二二）による天書降臨《てんしょこうりん》（宮殿の屋根に天帝からのお告げが落ちてきたとされる事件）の演出と封禅《ほうぜん》実施などの国家祭祀整備、道教愛好であった。

次の仁宗《じんそう》（在位一〇二二〜六三）は周囲を固める士大夫《したいふ》たちの輿論に従い、こうした真宗の路線を否定・克服していく。ここに新しい儒教の風気が生まれ、緯書《いしょ》が最終的に完全否定されたのをはじめとして、漢代儒教が築きあげた王権理論は大きく組み替えられた。それは儀礼のほか、音律論・政治論・宇宙論などの諸局面にあらわれ、それらを教義上支えたのが経学《けいがく》の変質だった。こうしたなかから王安石《おうあんせき》（一

〇二一～八六）が登場して改革を推進したが、その後継者蔡京《さいけい》（一〇四七～一一二六）は外交政策を誤り、国を滅ぼした。遼に代わった金《きん》が軍事侵攻してきたからである。

南宋《なんそう》では北宋《ほくそう》の失敗をうけてやがて王安石路線は否定され、公式には講和条約を結びながらも対金強硬政策を国是《こくぜ》とし、在地士人層の指導力を尊重する道学《どうがく》が主潮となっていく。朱熹《しゅき》が登場して朱子学《しゅしがく》を確立し、政局によって弾圧をこうむりながらも支持基盤を広げていく。

1 儒教の変質

邢昺から欧陽脩へ

宋《そう》の真宗《しんそう》は邢昺《けいへい》らに命じ、唐《とう》の五経正義《ごきょうせいぎ》を拡大して疏《そ》をつくらせた。邢昺は一〇〇〇年に新たに何晏《かあん》注への疏として『論語義疏《ろんごぎそ》』を完成し、『孝経』の玄宗《げんそう》注と『爾雅《じが》』の郭璞《かくはく》注に疏を付した。このほかは、既述した賈公彦《かこうげん》『周礼義疏《しゅらいぎそ》』『儀礼義疏《ぎらいぎそ》』、『春秋経伝解詁《しゅんじゅうけいでんかいこ》』の徐彦《じょげん》疏、『春秋穀梁伝《こくりょうでん》集解』の楊士勛《ようしくん》疏《そ》を入れて全一二種とした。なお、南宋以降はこれらに『孟子《もうし》』趙岐《ちょうき》注の孫奭《そんせき》疏を加えて十三経注疏《じゅうさんぎょうちゅうそ》として流布したが、孫奭の名を騙《かた》る偽作とするのが妥当である。ただし、これに代わる名称は一般化していないので、本書ではこの呼び名を用いる。

十三経注疏は、唐の復興を掲げる宋の思想文化事業の掉尾《とうび》を飾るものだった。前漢以降発展してきた経学は、これ以降、唐の古文運動や新しい春秋学の流れを踏襲して変質していく。その初期の担い手が欧陽脩《おうようしゅう》や李覯《りこう》だった。

欧陽脩（一〇〇七～七二）は吉州《きっしゅう》（江西省）の人。范仲淹《はんちゅうえん》の慶暦《けいれき》の改革（一〇四三年）で頭角をあらわし、以後官界で活躍した。慶暦の改革は、官制・財政などの面で王朝の基盤を建て直そうとすることを意図していた。改革政治そのものはすぐに立ち消えとなるが、天書降臨と封禅実施に象徴される先代真宗の王権論とは異質な思想背景をもっていた。

仁宗の実子は育たなかったので、欧陽脩は韓琦《かんき》とともに皇室から養子を迎えて英宗《えいそう》（在位一〇六三～六七）を擁立するのに功績をあげる。次の神宗（在位一〇六七～八五）の時の王安石《おうあんせき》の改革には批判的で、中央政界を退いた。

経学《けいがく》上の貢献としては、まず緯書《いしょ》の排斥があげられる。彼は上奏して十三経注疏からそのなかで緯書に言及・引用した箇所をすべて削除するよう求めている。実施にはいたらなかったものの、これ以降、緯書は経学から完全に除かれた。また、『易童子問《えきどうじもん》』と『詩本義《しほんぎ》』を著して、従来の経学の通説に諸処で異論を差しはさみ、新たな枠組からの解釈を提示した。それは人情《にんじょう》という語の重視であり、人情の根源としての理の定置であった。

欧陽脩は、五代を対象とする正史としてすでに存在していた書物（現在『旧五代史《きゅうごだいし》』と呼ばれるもの）のできばえに不満で、個人的に『五代史記《ごだいしき》』を編纂した。これはのちに正史と認定されて『新五代史《しんごだいし》』と呼ばれている。この業績が認められ、当時朝廷がおこなっていた唐の正史の再編作業に加わり、志の部分を担当した。これにより、いわゆる『旧唐書《くとうじょ》』に代わる、『新唐書《しんとうじょ》』が完成する。『新唐書』『新五代史』は欧陽脩の春秋学の観点から、大義名分《たいぎめいぶん》・尊王攘夷《そんのうじょうい》の立場で歴史上の人物や事件を記録した。とくに、五代の頃には、たとえば彼らが思う儒教秩序からすると夷狄《いてき》の風習として唾棄《だき》すべき異姓養子が皇帝にまでおよんでおり、全体に嘆かわしいことばかりだったため、各巻末の論評は必ず「嗚呼《ああ》」という詠嘆の辞で始まっている。

　欧陽脩にはほかに族譜《ぞくふ》作成の功績がある。族譜とは父系血縁系図のこと。経学上、宗《そう》と呼ばれる集団（のちに宗族《そうぞく》と熟語化する）については、大宗と小宗という区別があった。大宗とはある人物を始祖としてその直系子孫全員を含み、嫡流の世代継承者が当該始祖の祭祀を掌《つかさど》ってこの集団を束ねる。一方、小宗は「父を共にする集団（要するに兄弟）」「祖父を共にする集団」「曽祖父を共にする集団」「高祖父を共にする集団」の四つの階層から成り、それぞれの当該祖先の祭祀を集っておこなう。異説もあるが、欧陽脩らが信じていたのは以上の理解だった。

　経学上のこの宗族観は『礼記《らいき》』や『春秋《しゅんじゅう》』の記載をもとに想像・創造されたもので、そもそも実在しなかったのだが、とりわけ唐末以降の社会変革で堕落・喪失したとみなされていた。欧陽脩の場合も、同族は故郷にいたのだがその日常的な結束は弱く、それゆえ族譜を作成して仲間意識を喚起したのである。同じことをやや違った形式で後述の蘇洵《そじゅん》もしている。彼らを嚆矢《こうし》として、宋代には族譜がつくられ始め、清《シン》代ともなると族譜をもつのが士大夫の家とみなされる必要条件になった。これは『周礼《しゅらい》』式の国家主導の礼制ではなく、『儀礼』（古文経学では「士礼」にすぎないとしていたもの）式の士大夫《したいふ》個々の側の礼実践を重視する発想であった。

他方、同じ時期に『周礼』式の秩序構築をめざしたのが李覯である。

李覯（一〇〇九〜五九）は建昌《けんしょう》（江西省）の人。地元で私塾を開いていたところを范仲淹に見出されて太学《たいがく》の助教となる。『礼論《れいろん》』『易論《えきろん》』『周礼致太平論《しゅらいちたいへいろん》』や経世致用《けいせいちよう》の諸論文を著した。礼を重視したが、彼のいう礼は仁義礼智信と礼楽刑政を総称する概念で荀子《じゅんし》に近い（漆侠《しっきょう》『宋学的発展和演変』）。『周礼』を政治思想の根幹にすえるのは鄭玄《じょうげん》以来の伝統とはいえ、彼を王安石の先蹤《せんしょう》と位置づける評価が多い。

このほか、胡瑗《こえん》・孫復《そんふく》・石介《せきかい》の三人は欧陽脩に「三先生」と呼ばれ、十一世紀半ばの太学で教鞭《きょうべん》を執って活躍した。孫復には『春秋尊王発微《しゅんじゅうそんのうはつび》』があり、三伝を継承しつつも独自の視点から尊王攘夷思想を説いた。

司馬光

司馬光

その後、宋学《そうがく》はいくつかの流派に分かれていく。以下、四つの流派について解説していこう。それぞれの開祖は司馬光《しばこう》・蘇《そ》軾《しょく》・王安石・程頤《ていい》である。

司馬光（一〇一九〜八六）というと、政治史的には王安石の政敵、文化史的には『資治通鑑《しじつがん》』の編者として知られている。だが、彼にはほかに『孝経《こうきょう》』の注解という経学上の業績や、数学上の著書『潜虚《せんきょ》』、冠婚喪礼の儀注『司馬氏書儀《しょぎ》』、范鎮《はんちん》との音律論争などがあった。
司馬光は陝州《せんしゅう》（山西省）の名門出身。出身地域（河朔《かさく》）から、政治的党派としては朔党《さくとう》と呼ばれる。濮議《ぼくぎ》（英宗《えいそう》の実父濮王《ぼくおう》を祭祀で父として呼ぶか、伯父として呼ぶかの議論）で欧陽脩と対立した。欧陽脩らは「皇《こう》親《しん》」と呼んでよいとする人情主義であり、司馬光らは「皇伯《こうはく》」と呼ぶべきだとする国家主義だった。王安石の新法政策に反対の姿勢をとって洛陽に引退し『資治通鑑』をつくったが、一〇八五年に都に招喚《しょうかん》されて宰相《さいしょう》となった。旧法に戻す政策の陣頭に立ち、過労により死去する。

邢昺が『御注孝経』に疏をつけたものが十三経注疏に収録されたこともあって、宋でも『孝経』は玄宗注が普及し、今文《きんぶん》の鄭玄注や古文の孔安国注は滅んでいた。司馬光は宮中の図書館で古文の『孝経』を見たが孔安国注のない単経本だったので、自らこれに注をつけて『古文孝経指解《こぶんこうきょうしかい》』と名づけた。門人の范祖禹《はんそう》がこれにさらに疏をつけて『古文孝経説』としている。司馬光にはまた『礼記』大学《だいがく》篇・中庸《ちゅうよう》篇だけの注解もあった。

司馬光は揚雄《ようゆう》を敬愛し、『太玄経注《たいげんけいちゅう》』を著している。『潜虚』は揚雄『太玄経』を模して司馬光独自に考案した数学の著で、易《えき》の二進法、『太玄経』の三進法に対して、五を基数としている。そのため、算木の組み方を利用して図を描いた。

書儀とは手紙の書き方や儀式での所作について記した書物のことで、要するに士大夫の社会生活におけるマナーである。『司馬氏書儀』はもともと司馬光が自分の子孫のために著したようだが、外部にも広まって書儀の代表作となった。冠婚喪祭のうち祭の部分はない。そのためか、范祖禹が『祭儀《さいぎ》』を著

コラム　音律論の歴史

音楽の演奏には基準音の高さ（ピッチ）を定めなければならない。儒教では、聖人《せいじん》は自然界を映して基準音の高さを決めたのだと考え、それによる音階の復興を課題とした。

『呂氏春秋《りょししゅんじゅう》』には、黄帝《こうてい》が伶倫《れいりん》に命じて長さ三寸九分の竹管を吹いた時に鳴る音を基準音にして十二音階を定めたと記載されている。この伝承に基づいて、漢代には（三寸九分ではなく）九寸の竹管（律管《りっかん》）を基準とし、三分損益《さんぶんそんえき》法（六八頁参照）によって音階を定めるやり方が考案された。ただ、その長さをどうやって求めるかが問題で、『漢書《かんじょ》』律暦志《りつれきし》には黍《きび》の粒を使うやり方が記されているものの、その実践にはさまざまな問題が生じていた。一定数の黍の容量をもとに定めるのか、黍一粒の長さを基準単位とするのか、その場合に粒の縦の長さか横の長さかなど、宋代には音律の決め方をめぐる論争が展開した。

また、「往《ゆ》きて返らず」（六九頁参照）の問題は、音階をいくつ用意する必要があるかという演奏上の懸案でもあった。范鎮や陳暘《ちんよう》（一一二頁参照）は十二という数の聖性にこだわった。朱熹《しゅき》の友人の蔡元定《さいげんてい》は、十二音階のほかに四つの特別な音階を設ければ実際の演奏に支障はないとした。

明《ミン》の皇族であった朱載堉《しゅさいいく》（一五三六〜一六一〇）は十二平均律の計算手法を考案してこの問題に理論的な解決を与えた（『律呂精義《りつりょせいぎ》』）。平均律では協和音程（西洋音階でいうドとソ）の比が二対三ではなく二対二・九九六になるため、音が透明には響かず自然界の調和を忠実に映したことにはならない。彼は単に演奏上の便法としてではなく、朱子学的な数理論によってこの難題に解決案を示し平均律の正しさを説いた。なお、西洋の楽典で十二平均律が提唱されるのは彼よりあと、十七世紀のことである。

して師の欠を補うかたちになっている。南北朝時代には喪礼の単行書が多くつくられたが、宋代には『家祭儀《かさいぎ》』などと題するものが盛行した。これは欧陽脩・蘇洵の族譜編纂や范仲淹の義荘《ぎそう》設置とも連動する宗族形成の動きの一環だった（義荘とは一族の共有資産を設けた保険的な互助機能のこと）。『司馬氏書儀』に祭礼の部はないのだが、こうした宗族内部での冠婚喪の儀礼実践に際して参照されたものと思われる。

　范鎮は范祖禹の大叔父にあたり、音律について一家言をもつ人物で、黄鐘《こうしょう》律の高さを定めるのに基準となる音の求め方で房庶《ぼうしょ》という学者の見解を支持した。房庶・范鎮は、劉歆《りゅうきん》の一二を聖数とする見解を展開させていた。司馬光は三分損益法について従来の実用的な立場から反論し、論争となる（コラム「音律論の歴史」〈一一一頁〉を参照）。

　司馬光は王安石の政敵だったのみならず、経学上も対立し、『周礼』の権威を認めず、『孝経』や『春秋』を重んじた。主著『資治通鑑』は『春秋左氏伝』を書き継ぐ形式をとっており、史料を博捜《はくそう》した実事求是の史書ではあったものの、春秋学の大義名分論に依拠していた。たとえば、三国時代や南北朝時代の王朝分裂期は、公平に記述するとともに皇帝に対する呼称上の差などを設けている。

　范祖禹は『資治通鑑』編纂で唐の部を手伝い、その蓄積をもとに『唐鑑《とうかん》』を著した。唐の諸事件について大義名分論の視点から批評を加えるもので、史評というジャンルの草分けとなる。たとえば、彼は武則天《ぶそくてん》（六二四〜七〇五、周の皇帝としては在位六九〇〜七〇五）の皇帝即位を認めず、彼女が統治していた時期をすべて子の中宗《ちゅうそう》（一般には即位した六八四年にいったん廃位され、二度目の在位期間七〇五〜七一〇とされる)の在位期間とみなした。范祖禹には帝王学を説いた『帝学』もある。

范祖禹が晩年程頤に師事したりしたため、司馬光の直接の門流はさかんにならなかった。十二世紀前半の儒教界は、他の三派が牛耳ることになる。

蘇軾・蘇轍

蘇軾《そしょく》(一〇三六~一一〇一)と蘇轍《そてつ》(一〇三九~一一一二)の兄弟は蘇洵《そじゅん》の子で、眉州《びしゅう》(四川省)の出身である。それゆえ政治的党派としては蜀党《しょくとう》と呼ばれ、学術は蜀学《しょくがく》といわれたりする。

蘇洵は欧陽脩に見出されて都の開封《かいほう》で活躍した。兄弟はいずれも一〇五七年、欧陽脩が試験官だったおりの科挙で合格、官界に入る。欧陽脩のもとで少壮改革派として頭角をあらわし、王安石にも気に入

蘇軾

られて最初は新法制定に協力したが、やがてたもとを分かち、二人とも旧法党とみなされるようになる。ただし、神宗《しんそう》（在位一〇六七〜八五）が崩じて司馬光が政権に返り咲いた際、募役法《ぼえきほう》をやめて差役法《さえきほう》に戻そうとしたのに反対した。蘇軾は旧法党政権内部で程頤とそりが合わず、党争に発展した。蘇轍も兄に連座して左遷され、兄没後の蔡京《さいけい》政権下では隠居して過ごした。

兄弟は経学にも通じ、二人で分業したように経注を著している。すなわち、蘇軾に易・書・論語、蘇轍には詩と春秋の注解があった。このうち、蘇軾『易伝』『書伝』が現存している。

蘇軾『易伝』（彼の号により『東坡《とうば》易伝』とも）は経の本文自体を解釈しており、それゆえ「伝」と称している。この時期以降、宋儒《そうじゅ》たちは義疏《ぎそ》の学を排して、それぞれが「経文の正しい解釈」を提示するようになる。師である欧陽脩『易童子問』の問題提起を受け継ぎ、漢易の数学的解釈ではなく、義理易の立場で注解している。そのため、個々の解釈では王弼《おうひつ》注を引用することも多い。とくに繫辞《けいじ》伝の太極の解釈において、王弼・韓康伯の玄学の影響により、かたちがなく見えない「道《みち》」と捉えている。

蘇軾『書伝』も古文尚書本文につけられた注解である。諸処で孔伝とは異なる創意をみせ、宋学の特徴を示している。たとえば、康誥《こうこう》篇冒頭にある四八字はもともと洛誥《らくこう》篇にあったとする。これは周公が洛邑《らくゆう》を建設し終えて諸侯を朝覲《ちょうきん》させたとする記事で、これをうしろの洛誥篇に移すことで時系列上の矛盾を解消した。孔伝が原文のままに解することで康誥篇を洛邑建設後のできごととした結果、登場人物たちの年齢設定が常識と相反するものになっていたのをすっきりと説明し直したのである。このように、経書の内容を合理的に捉え直し、必要に応じて経文の順序や文字を変える（主観的には元に戻す）のが宋学共通の手法となった。

蘇軾・蘇轍は欧陽脩から理の思想を受け継いだが、まだそれを深化させるにはいたっていない。上述の「道」概念についても、これを「理」によって説明することはないし、「自然」との関係も論じられていない。これらの諸概念を関係づけて漢代儒教に代わる新しい体系を構築したのが、王安石であり、程頤であった。以下、節を改めてこの二つの流派それぞれについて述べ、さらに程頤の系譜を引いて登場した朱子学について論じていく。

2　王安石とその後学

新法政策の理念

王安石は撫州《ぶしゅう》（江西省）の人。一〇四二年、すなわち慶暦《けいれき》の改革の前年に科挙《かきょ》に合格、地方官を歴任したのち、神宗によって一〇六九年に参知政事《さんちせいじ》（副宰相《さいしょう》）、翌年宰相に任じられて政治改革に着手した。一〇七六年、期待していた息子の王雱《おうほう》に先立たれて引退、一〇八六年、司馬光《しばこう》による旧法復活政策を嘆きながら死去した。その政策は新法、学術は新学と呼ばれた。本来はたんに『周礼義《しゅらいぎ》』などと称されるべきその経注も、『周礼新義』などといわれ、清《シン》の考証学徒によって王安石にとっては不本意な『周官新義《しゅうかんしんぎ》』と改称される。

王安石が主導した改革は、その政治理念に彼の経学、とくに『周礼』の解釈があった。一般にはその社会経済的政策（市易法《しえき》・青苗法《せいびょう》・保甲法《ほこう》・募役法など）が注目されているが、これ以外にも科挙改革、礼制改革、そして彼の引退後には官制改革もおこなわれ、これらが全体として総合的に国制の再編を構想していた。

このうち科挙改革の要点は出題科目や試験内容の変更であり、清代まで続く経義《けいぎ》（出題当該経文に基づく論文）・論（歴史評論）・策（政策提言）から成る試験の形態が確立した。王安石が提挙《ていきょ》（委員長）となって編纂した書・詩・周礼の三経新義《さんけいしんぎ》は、科挙試験での公定解釈として利用するためにつくられた。

礼制改革は多岐にわたるが、彼自身が提言した事例として太廟の首座をだれにするかがある。宋《そう》ではそれまで太祖（在位九六〇～九七六）の神位《しんい》が受命者・初代皇帝として首座におかれ、それゆえ太祖という廟号《びょうごう》で呼ばれていた。これに対して王安石は、太廟の首座になるべき人物は当該王家の祖先として系譜上遡りうるもっとも遠い人物だとする。経学上は従来から周《しゅう》の宗廟では后稷《こうしょく》が首座だとされてきた。王安石の解釈によれば、それは后稷自身に何らかの功績があってそれを記念したためではなく、そもそも彼が周の最初の祖先だからであった。もし天命を受けた者を祀るのであれば文王《ぶんのう》、王朝初代ならば武王のはずだからだ。周公が定めた周の礼制でそうなってはいないのだから、太祖というのは当人に人徳や功業がある必要はまったくなく、単純に始祖でありさえすればそれでよい。宋の場合、明確に名がわかって同定できる祖先は遡って太祖の四代前の僖祖《きそ》と呼ばれる人物である。したがって、宗廟（太廟）の首座には太祖ではなくこの僖祖を祀るのが経学的に正しい。それがわかった以上、漢《かん》以降の誤った制度をいつまでも踏襲すべきではない、と。この立論には王安石自身の別の経学説として、周では宗廟の首座が郊祀《こうし》の配享《はいきょう》者と一致していた（はずだ）という解釈が前提になっている。

　郊祀については、彼の引退後に改定されているが、その経学上の根拠は王安石の皇天上帝・皇地祇《こうちぎ》に対する解釈にある。すなわち、鄭玄《じょうげん》も王粛《おうしゅく》も天地に対する天子の孝の実践としていたのを、王安石は気の消長《しょうちょう》を象《かたど》り、自然の理を視覚的に実演するものとして位置づけ直した。これによって、郊祀を皇帝自身が執行することよりも、その時期（冬至に天を、夏至に地を祀ること）が最重要とされた。一〇八〇年にこの改定がなされたが、天と地を分祀するか冬至に合祀してかまわないかという点をめぐって、旧法党復権期の一〇九二年には、改革派の王安石門人たちと反対派（復古派）の蘇軾らとが激しい議論の応酬をしている。注意したいのは、程頤《ていい》は前者に与《くみ》していることで、この意見の対立が政治的立場（新法党か旧法党か）ではなく、学術的見解（理と気で天地を捉えるか、天地への孝を重視するか）によって生じたものであるというのが、私の学説である（小島毅『宋学の形成と展開』）。

王安石

　官制改革は『周礼』六官《りっかん》制への復古であった。前章で述べたように、隋唐《ずいとう》の官制がすでに三省六部《さんしょうりくぶ》制であったわけだが、安史《あんし》の乱以後、従来の機構と別に実用的な組織が多くつくられ、むしろそちらが重視されていた。たとえば財政は本来戸部《こぶ》の職掌だったが、支出を管轄する度支使《たくしし》と専売を管轄する塩鉄使《えんてつし》が新設され、その後戸部の戸部曹と合わせた三つを統合して三司使《さんしし》が設けられた。北宋《ほくそう》ではその長は別名計相《けいしょう》と呼ばれて宰相・参知政事・枢密使《すうみつし》（軍事）に次ぐ要職とされてきた。このときの官制改革では三司を廃止し、その職掌をすべて戸部に戻している。また、儀礼関係でも太常礼院《たいじょうれいいん》という機関が実務を担当し、礼部《れいぶ》の役職は官僚の等級を示す徴標に形骸化していたのを、当初の姿に戻した。そもそも、宋の官制は旧来の六部制の職名を寄禄官《きろくかん》と呼んでたんに官僚たちの位階を示す称号とし、実職は差遣《さけん》と呼ばれて上記三司や太常礼院のようにこれと別に組織されて機能していた。さらに一部の上級官僚は館職《かんしょく》と呼ばれる学士号をもっていた。このときの改革は輻湊《ふくそう》・煩雑になっていた職制を整理して単純明快な組織に戻すことを意図しており、その典範として再び『周礼』が持ち出されたのである。官職の名実一致は、孔子《こうし》・荀子《じゅんし》の正名思想（三九頁参照）であるともいえよう。

王安石の改革に対する後世の批判として、周礼藉口論《しゅらいしゃこうろん》（『周礼』はたんなる口実とする論）がある。王安石は市易法や青苗法を提案する際に、「これらは『周礼』にあるこれこれの規定に相当する政策だ」と正当化していた。しかし、その見解は『周礼』の解釈をねじまげて自分の都合に合わせただけであり、王安石には『周礼』を尊重しようという心根《こころね》はなかったとみなす批判のことをいう。二十世紀になるとこれが価値逆転されて、王安石は因襲的な経学に囚われなかった先進的思想家であったという評価を生み出した。しかし、これは事実に反する。市易法や青苗法のような社会経済政策以外の、礼制・官制の諸改革が『周礼』をはじめとする経学によって企画されていることを考えれば、王安石と彼の与党は自分たちの『周礼』解釈に基づいて政策を立案・実施していたとみるべきであろう。それは王安石の『周礼』解釈が正しいかどうかという経学上の評価とはまた別次元の問題である。経学とはこれほどまでに現実政治を規定していたのである。

周公が『周礼』で示した国制こそが、王安石改革がめざす目標であり、究極の政治理念であった。

王安石の自然観と礼学

二十世紀における王安石評価は、彼が天人相関説を批判したことに注目してきた。『宋史《そうし》』王安石伝には、災異説によって彼の政策を批判する言論に対して王安石は「天変《てんぺん》畏《おそ》るるに足らず、祖宗 法《のっと》るに足らず、人言 恤《あわれ》むに足らず」と嘯《うそぶ》いたという話柄を載せる。ただし、この発言は史実ではないとされており、逸話に広く見られる「その人ならいかにもありそうな話」にすぎない。

実際に起きたのは、彼の改革中に旱魃《かんばつ》が起きて批判をあびた際に、「聖人堯《ぎょう》の治世中にも洪水があり、湯王の治世にも旱魃があった」と切り返しただけである。これは彼の創案ではなく、『荀子《じゅんし》』天論篇に見られる見解だった。本書の『荀子』の箇所でふれたように、この文言は近代科学的な自然と社会の分離を説いているのではない（四〇頁参照）。王安石の場合も、聖人がおさめていても天変地異が生じたとする歴史記録を逆手にとって、洪水・旱魃それ自体で騒ぎ立てる愚を戒《いまし》め、こうした天変地異があっても人間社会への実害を最小限にすべく務めたのが聖人の聖人たるゆえんだという趣旨であった。

董仲舒《とうちゅうじょ》以来の事応説、すなわち個々の現象としての天変地異が何らかの天意のあらわれとして人間社会の事象と対応関係にあるとする構図は拒否し、旱魃がただちに失政を意味するわけではないというのが、王安石の理論構成だった。王安石の本心はうかがい知れないが、少なくとも言説上では相関説を否定していない。

彼もまた宋代儒教の一員として、緯書《いしょ》の荒唐無稽《こうとうむけい》さを指摘する。鄭玄《じょうげん》説で王権論の要《かなめ》となってきた感《かん》生帝《せいてい》説に対しても、経学的にはこれを批判する。ただ、宋では国家の礼制としてすでに『開宝通礼』で唐の『開元礼』を踏襲して感生帝祭祀を定めてしまっていた。宋は火徳なので、緯書で赤帝赤熛怒《せきていせきひょうど》と呼ばれる神であり、王安石政権でも祭祀としては存続していた。しかし、王安石にとって経学のうえでは感生帝は荒唐無稽な存在であった。

鄭玄の六天説《りくてんせつ》を歴代諸王朝が取り入れていたのは、易姓《えきせい》革命の原理を説明し、正当化してくれる理論だったからである。二十世紀以降、孟子《もうし》は古代中国で革命を是認した思想家であり、漢代以降の儒教はこれに反して体制側であるから革命思想を否定してきたと捉えられている。しかし、これは正しくない。

そもそも、「革命」という漢字語彙には、フランス大革命以降の用法のような社会制度全体を転覆させる含意はない。天命が革《あらた》まって王朝が交代するだけの意であった。『孟子《もうし》』などの戦国時代の文献には堯舜禹《ぎょうしゅんう》間の禅譲と湯武《とうぶ》がおこなった放伐《ほうばつ》という二通りの革命の手段が述べられており、前者は理想的な譲位形式、後者は暴君を退位させるためのやむをえぬ便法という位置づけがなされていた。王莽《おうもう》や魏文帝は自分が帝位に即く際に禅譲というかたちでの美化をおこない、そのための演出として図讖《としん》をつくらせて利用した。これを正当化するのが緯書に説かれていた五方帝の存在であり、鄭玄が劉歆《りゅうきん》の五徳終始説に基づいて経書の記載と整合させ、六天説として体系的に説明したわけである。王粛《おうしゅく》説に依拠した南朝でも、国家祭祀では鄭玄説を折衷していたのにはそうした事情があった。

欧陽脩による緯書放逐《ほうちく》の主張は、易姓革命という発想自体を儒教から追い出すためでもあった。彼は君臣間・華夷《かい》間の名分秩序を重んじる観点から唐末以降の歴史を断罪し、とりわけ五代乱離の状況を厳しく糾弾《きゅうだん》する。その『新五代史』が「嗚呼《ああ》」という嘆きで彩《いろど》られていたことはすでに述べた。唐から五代の王朝交代は五徳終始説で正当化されていた。唐における安史《あんし》の乱・黄巣《こうそう》の乱も、結局滅亡したとはいえ、これらに基づく王朝を一時期樹立していた。すなわち、土徳の唐に対して、安禄山《あんろくざん》の燕《えん》や黄巣の斉《せい》はその次の金徳を自称し、後梁《こうりょう》（朱全忠《しゅぜんちゅう》）も唐から禅譲されて金徳王朝として誕生した。ここで異例なのは、五代第二の後唐《こうとう》は、突厥《とっくつ》系沙陀族《さだぞく》出身の荘宗《そうそう》（李存勗《りそんきょく》）が建てた王朝で、彼の父李克用《りこくよう》が唐皇室の養子となって李姓を賜っていたことから唐王朝の復活と称して再び土徳に戻したことである（七〇頁所載の図1参照）。形式的には、李克用が唐から皇室の一員として晋王に封《ほう》ぜられていたその二代目が、唐の皇室李氏の傍系から皇位を継いだことになる。後漢《ごかん》の光武帝《こうぶてい》や蜀漢《しょっかん》の昭烈帝《しょうれつてい》（劉備《りゅうび》）と同じ主張をしたわけだ。そのため、後唐では後梁王朝の存在を認めない。以下、後晋《こうしん》（金徳）・後漢《こうかん》（水徳）・後周《こうしゅう》（木徳）・宋《そう》（火徳）と続くことになる。なお、この間、後唐での荘宗と明宗《めいそう》、明宗と末帝《まってい》、後周の太祖と世宗《せそう》との関係は異姓養子であるから、欧陽脩のように儒教の父系血縁原理を墨守《ぼくしゅ》する考え方からすると事実上の易姓革命が生じてしまっていたことにもなる。宋代儒教の一つの課題は、王権理論における易姓革命問題の解決だった。かくして緯書の封印による感生帝の有名無実化がなされる。

　鄭玄の王権神話では、周の后稷《こうしょく》は母姜嫄《きょうげん》が蒼帝霊威仰《そうていれいいぎょう》の精に感じて生んだ子で、この時点で将来彼の子孫が木徳王朝を開くことが予定されていたことになる。根拠となるのは、『詩』大雅生民篇《せいみん》に見える后稷の出生経緯の解釈であった。『史記《しき》』周本紀では単に母親が巨人の足跡に入ってみたら妊娠したと記録している事柄を、鄭玄は緯書を用いてこの巨人が蒼帝霊威仰であって、のちに周の感生帝になるべき神だったとする。王安石はこの解釈を斥けた。代わりに、后稷が周の太祖として宗廟の初代である理由を、彼が姫《き》姓の初代だからという系譜上の理由に求めた。生民篇で称えている彼の功績、すなわち堯《ぎょう》舜《しゅん》に仕えて民に農耕を教えたことは、彼がこの地位で祀られることとは関係ない。たとえ何も功績をあげていなくても、后稷は周の太祖たる資格をもつのだ。それは『礼記《らいき》』祭法《さいほう》篇が夏《か》の場合に、禹《う》の父の鯀《こん》、すなわち職務遂行に失敗して処罰された人物を太祖としていることからもわかる。王安石の経学では、既述のとおり(一一六頁)、后稷が感生帝の子だから太祖であるとするのは儒教の本旨に合わない妄説であり、よって宋の場合も系譜上遡れる最古の祖先である僖祖が太廟首座にいるべきだとする。この原理を、彼は『礼記』郊特牲《こうとくせい》篇にある「報本反始(本に報い始めに反《かえ》る)」で説明した。

災異説は王権が天の愛顧を受けていること、すなわち天命を保持していることを示す反面、現皇室とは別の家の人物が図讖《としん》・瑞祥《ずいしょう》を受けて易姓革命を起こすきっかけになりかねない危険性も帯びていた。王安石による堯《ぎょう》の洪水・湯《とう》の旱魃《かんばつ》の例示は、災異現象それ自体の発生はさして憂慮すべきことではなく、それを招いた原因を追究して取り除くことに目を向けさせるものだった。それは一経学者の私見なのではなく、経書に示された聖人の判断なのだ。天の本意は漢儒たちの機械的な事応説の一覧表ではわからない。天意が推しはかれるのは聖人のみであり、ではだれが聖人なのかというと、堯や湯がしたことをまねて恐懼修省《きょうくしゅうせい》(恐れ謹《つつし》んで反省)することができる名君である。名君が聖人に従っておこなう政治に誤りはないのだから、個々の天変地異にかこつけて政策のあれこれをいちいち批判する輩を相手にする必要はない。このように、王安石の弁解は自信満々の自己弁護で終始一貫する。そうした傲慢《ごうまん》な態度が、後世「天変畏《おそ》るるに足らず」という言い方で伝承されたのであろう。

後継者たち

王安石が改革当初から腹心として用いたのは、呂恵卿《りょけいけい》という人物であった。彼は泉州《せんしゅう》（福建省）の出身で、一〇五七年の欧陽脩を試験官とする科挙に合格した。王雱《おうほう》とともに三経新義作成に参加、一〇七四年に王安石が災異説により一度身を引くと、参知政事として改革続行を担った。ところが、王安石が翌年政界復帰する頃には両者の仲は険悪となり、呂恵卿は朝廷を去ることになる。以後、地方官を転々として一生を終えた。怜悧明晰《れいりめいせき》な頭脳の持ち主だったようで、哲宗（在位一〇八五～一一〇〇）が親政して新法を復活させた時期にも中央に呼び戻されなかったのは、他の新法党の高官たちが彼を懼《おそ》れたためといわれる。『論語』『孝経』への注解があったが、現存しない。

新学は経学面で多くの成果をあげたが、南宋以降の政治環境によってしだいに疎んじられ、ほとんどが散佚《さんいつ》した。現存するものとしては、龔原《きょうげん》『周易新講義《しゅうえきしんこうぎ》』、耿南仲《こうなんちゅう》『周易新講義』、陸佃《りくでん》『埤雅《はいが》』、蔡卞《さいべん》『毛詩名物解《もうしめいぶつかい》』、陳祥道《ちんしょうどう》『論語詳説《ろんごしょうせつ》』『礼書《れいしょ》』、陳暘《ちんよう》『楽書《がくしょ》』がある程度にすぎない。北宋末の六〇年間は新学こそが主流だったことを考えると、今後の研究の深化が俟《ま》たれる。このうち、陳暘『楽書』は先述した范鎮《はんちん》と同じく、一二を自然界の基数とする理論に立っている。楽典は人間の都合で人為的にどうとでも決められるものではなく、「自然之理《り》」によっており、したがって自然界の基数を尊重せねばならないからであった。そうしなければ、天地の和気を得た音楽が演奏できず、人間社会の秩序も乱れてしまう。新学もまた儒教が大事にしてきた自然界と人間社会の調和をめざしており、人間の欲望を無条件に肯定して開発と経済発展を優先するという愚かなことはしていない。

徽宗《きそう》(在位一一〇一~二五)の治世下で長く権勢をふるったのが、『水滸伝《すいこでん》』にも登場する蔡京《さいけい》である。彼は興化《こうか》(福建省)の出身で、蔡卞の兄。蔡京は北宋を滅亡させた首魁《しゅかい》として評判が悪いが、三舎法《さんしゃほう》と呼ばれる学校制度の整備など、王安石の理念を継承して国制改革に務めた。なかでも、一一一三年に制定された『政和五礼新儀《せいわごれいしんぎ》』は、宋代礼学の特徴を色濃くもつ祀典である(巻末付録参照)。ただ、見通しを誤って外交に失敗し、金軍の侵略を招いた責任は否めない。

南方に逃れて成立した南宋政権では、一部人士が中興の過程で蔡京政権失敗の責任を、そもそも王安石新学が持つ本質的欠陥に由来するという理論を組み上げ、政治・学術の両面で追いはらおうとした。その担い手は程頤《ていい》の系譜を引く道学《どうがく》者たちだった。

孟子の顕彰

王安石の科挙改革では、経学に大きな変更があった。従来の五経《ごきょう》中心主義を改めたのである。経義において五経はあらかじめ受験者の希望による選択科目となった。ただし、ここでいう五経とは『春秋』をはずして『周礼』を入れたかたちだった。『春秋』がそもそも三伝ごとに解釈が異なり、宋代には孫《そん》復《ふく》をはじめ一家言をなす学者たちが輩出して解釈を一様に定めにくかったからだと想像されるが、後世このことをもって王安石は春秋学を軽視し、『春秋』を「断爛朝報《だんらんちょうほう》（官報の断片の集積）」と蔑《さげす》んだという伝承が生まれる。これも「天変畏るるに足らず」と同じ類《たぐい》の話柄で、王安石が実際にそう発言したわけではなかろう。ただ、『春秋』が多様な解釈を許してきた経緯を踏まえて、一義的に意味を確定できるように、三礼のなかから『礼記《らいき》』に加えて『周礼《しゅらい》』も科挙の出題科目に入れたことは、鄭玄や王粛が志した礼学の基本に立ち戻った観がある。

一方、全員の必修科目としては『論語』と『孟子』を指定した。『漢書《かんじょ》』藝文志《げいもんし》六藝略《りくげいりゃく》を想起してもらえばよいように、従来は『論語』と『孝経』とが五経に準じる扱いを受けていた。ここで『孝経』が退場して『孟子』と入れ替わったことは、前漢から玄宗まで「孝」に宇宙論的広がりをもたせて王権理論の核にすえていた思考に代わって、孟子の所説が孔子を正しく継承発展させたと評価するようになったことを意味する。この改制と合わせて、文宣王廟《ぶんせんのうびょう》（孔子を祀る廟）に顔淵《がんえん》と並んで孟子を配享させた。唐の一時期、周公と孔子が並んで古文経学の理念たる周孔の教を象徴していたのに対して、これ以降、儒教とは孔孟の教、孔孟の道となる。

王安石が孟子を顕彰した理由は、性善説も一つの理由ではあろうが、より大きくは王道論への評価であろう。あるとき王安石は神宗に向かって、一般に名君と評されてきた漢文帝・唐太宗も模範とすべきではなく、めざすは堯・舜だと発言した。『孟子』冒頭の「王何ぞ必ずしも利をいわん」や、仲尼《ちゅうじ》の徒は春秋五覇の話をしないという主張を連想させる話柄で、彼が意識的に孟子を模していたことを思わせる。『宋史』藝文志には王雱・龔原・陳暘にそれぞれ『孟子注』があったとするが、残念ながら現存するものはない。ただ、以下の二点から、『孟子』のなかで三年喪《さんねんそう》や井田《せいでん》制などの礼制を説いた章段が新学においてとくに重視されていたことが想像される。

一つは朱熹《しゅき》『孟子集注』が当該諸章の最後に、「孟子は戦国時代の人で、当時すでに周初の礼制は崩れていたのだから、『孟子』の片言隻句からあれこれ穿鑿《せんさく》しても意味がない」と述べていること。こうした注記は異例であり、当時何か穿鑿型の注釈が存在していたことを想像させる。朱熹はその流儀を暗に批判したのであろう。

もう一つは、孫奭《そんせき》の名にはなっているが実際には十二世紀前半に書かれたと思われる、十三経注疏収録の『孟子疏』において、『孟子』注解上はまったく必要がない『周礼《しゅらい》』の記述が援用されて長い説明が付されていること。その内容は当該箇所の趙岐《ちょうき》注とはかかわりがない。『孟子疏』は一般に趙岐注の文章をなぞっているだけだとして評価が低い（それゆえ孫奭のものではなかろうと推定される理由の一つにもなっている）のに、その箇所には異様に長い挿入があるのだ。たんなる憶測だが、この『孟子疏』が参照した先行する注解中に、ここにこの記述をしているものがあって転用したのではなかろうか。もしそうだとすれば、そのような注解を書くのは他ならぬ新学系である蓋然性が高い。

このように隔靴掻痒《かっかそうよう》な作業を通じてしか、王安石が『孟子』を経書化した意図はうかがえない。『孟子』経書化の動きを継いだのは、政治的には対立する程頤《ていい》だった。だが、そこでは『孟子』評価のポイントが異なっていた。儒教思想の中核に心性論がすわる時代がやってくる。

3　道学の勃興

程顥・程頤

程顥《ていこう》（一〇三二〜八五）・程頤《ていい》（一〇三三〜一一〇七）の兄弟は洛陽《らくよう》（河南省）の人、程顥は蘇軾《そしょく》兄弟と同じ一〇五七年の進士である。はじめは王安石政権に参加したが意見が合わず、程頤とともに故郷洛陽に戻った。当時の洛陽には司馬光《しばこう》や邵雍《しょうよう》ら、王安石の改革に反対する人士が集まった。程顥は一〇八五年に病没するが、程頤は都の開封《かいほう》に移って旧法党政権に参加、蘇軾とはそりが合わずに険悪な仲となった。一〇九三年に哲宗親政が始まって新法党政権が復活すると、その学術は偽学として弾圧され、洛陽で没した。そのため、彼らの政治党派を洛党《らくとう》、学術を洛学《らくがく》と称する。洛水《らくすい》の支流伊水《いすい》の流域出身だったことから伊洛《いらく》の学ともいい、その内容から道学《どうがく》と呼ばれる。二人を合わせて二程《にてい》ということが多い。

二人の思想は微妙に異なるところもあるが、大筋では一致する。すなわち、天理《てんり》という根本概念を立てて万物のあるべき姿を説明し、人間については天理と対するのが人欲《じんよく》であるとした。『礼記《らいき》』楽記《がっき》篇で対《つい》として使われている語である。程顥は温和な人柄で語彙の概念規定も大まかであったが、程頤は謹厳な人で術語の定義にこだわった。よって、道学の語彙規定は程頤によってなされたものが多い。程頤には『論語』や『春秋』の注解断片があるほか、晩年『易伝《えきでん》』を著して義理易《ぎりえき》を宣揚した。以下、程頤の学説を述べ、必要に応じて程顥との相違を指摘する。

程頤は『易』繋辞伝《けいじ》や『中庸』に見える「性」について、「性即是理也（性とは理のことに他ならない）」と解する。これは孟子性善説の立場によるもので、人はすべて天から賦与された理をあらかじめ内に具えもっているという意味である。『孟子』告子章句上で孟子が言う「水はおのずと低いほうに流れる」ことを、人がだれしもみな善行を志向する、その志向性を本来的に内在している理によるのだと説いた。ところが実際にそうなっていない事例が多いのは、人欲がこの志向性の発現を妨げるからである。そこで『大学』に説かれている「致知《ちち》（知識を究める）」を通じて是非の判断力を養い、人欲を抑制することをめざすべきなのだ。これができれば、心が天地とその働きを同じくし、日月と明るさを同じくするようになって、万物への理解が深まり、この世界が理一分殊《りいちぶんしゅ》（理という統合概念のもとで現実は多様なあらわれをしている）であることを体認する。程顥は世界のこの状態を「万物一体の仁」と呼んだ。

したがって、易が説く世界観は理の顕現として捉えられ、その奥義に通ずるのが聖人だとされた。「聖人学んで至るべし」は程頤が太学で学んでいたときに胡瑗《こえん》の設問に提出した答案「顔子所好何学論（顔子《がんし》の好む所は何の学たるかの論）」の一節である。『論語』に伝わる顔淵の好学振りについて、顔淵はそうすることで聖人の境地に到達することをめざしていたという論旨である。この考え方は、程頤自身がそうであった当時の士大夫たちがだれしも学問を通じて聖人になることをめざせるし、聖人になるのをめざすことが人としての責務・使命であるということ、つまりは天理として与えられた性の命ずるところであることを意味していた。

これによって二程は漢代以来主流だった性三品説《せいさんぴん》と訣別し、人間は本来みな同じであるとする性善説のうえに立つ政治論・社会論を組み立てる。聖人は制礼作楽する為政者ではなく、理を窮めた人格者の意味に変質した。とくに程頤はその過程で心の静謐《せいひつ》さを保つ工夫として、敬という概念に注目する。敬とは、元来は神明や君主など敬意の対象物への感情・行為だったものが、彼によって自己の内面を見つめ直す実践的工夫へと変わった。程頤はこれを主一《しゅいつ》無適《むてき》、すなわち「精神を集中して脇に逸《そ》れることがないようにする」と表現した。

これにより、漢代儒教が説いた、天に何らかの意志をもった主宰者がおり、人間社会で生ずる事象、とくに君主の行為に対して個別に当否の判定を賞罰としてくだす、それが瑞祥・災異だということではなくなる。人間一人ひとりの内面に賦与された天理すなわち性が、天とのあいだで感応することによって天人相関関係はいわば自動的に成立する。経書に見える皇天上帝とは、この天理の働きを神格化した呼称に他ならない。程頤が蘇軾や范《はん》祖《そ》禹《う》らと意見を異にして、郊祀《こうし》制度において王安石の後学たちと同じ見解を表明した（一一七頁参照）のは、こうした理論的背景ゆえであった。つまり、司馬光の学派（范祖禹）や蘇軾学派はまだ漢代儒教の天観念に従っており、王安石の新学と二程の道学は新しい立場を切り開いている。天と人（君主）との関係紐帯を、前者は孝に見ており、後者は理に見ている。この思想史的事件を、天観の転換と称しておきたい（溝口雄三『中国の思想』）。

周惇頤と邵雍

従来、二程の前の周惇《しゅうとん》頤《い》（一〇一七～七三、惇が本来正しいが敦と書くことが多い）を道学の開祖とするのが通説だった。しかし、この見方は朱熹《しゅき》がつくりあげた虚像にすぎず、周惇頤は欧陽脩《おうようしゅう》らと並ぶ古文運動家の一人として位置づけ直すべきである（土田健次郎『道学の形成』）。

周惇頤は道州《どうしゅう》（湖南省）の人で、任地で二程の父程珦《ていきょう》と知り合い、その依頼で少年時代の二程に一年間だけ教えたことがある。これは科挙《かきょ》受験をめざす家庭教師の立場であった。程頤「顔子所好何学論」における聖人可学説は、このときに周惇頤から教わったことと想像される。周惇頤の『通書《つうしょ》』には「聖人可学（聖人学ぶべし）」という文言が見える。

彼の主著はこの『通書』で、『易通《えきつう》』という別称がその本来の名であり、易にでてくる用語を論じた義理易系の書である。一般に主著とみなされている『太極図説《たいきょくずせつ》』も、内容自体は繋辞《けいじ》伝の文言を敷衍《ふえん》した世界生成論の解説文であった。冒頭、「無極而太極」と太極の前に無極《むきょく》という概念を立てているのも、三〜四世紀にさかんだった王弼《おうひつ》・韓康伯《かんこうはく》らの玄学からの遠い影響を看取できる。易の根本にも老荘《ろうそう》思想に通ずる「無」を措定し、そこから宇宙が生成することを説いたのが、本来の周惇頤の意図だった。十二世紀半ば、南宋時代に流布した『太極図説』のテクストには「自無極而至太極（無極よりして太極に至る）」とする版もあった。

ところが、その頃、朱熹が自己流の解釈をこの冒頭の句に持ち込む。朱熹はまず自・至の二文字は周惇頤の意図をねじまげて挿入されたものだとして排除する。そのうえで、無極とはすなわち太極のことであり、この両者は同じ概念の異なる表現にすぎず、繋辞伝に見える太極が理の次元に属する形而上（無形の本体）のものであることを明示すべく、周惇頤は「無」字でこれを形容したと解する。そして、繋辞伝でも『太極図説』でもこれ以下に登場してくる陰陽・万物などは気で形而下（形象をもつ世界）の概念であるとし、この両者を峻別する。朱熹の所説によると、周惇頤は理と気とのこの区別を厳格にするために『太極図説』冒頭を「無極而太極」としたというのだ。だが、周惇頤の原意にこうした区別はなかったと思われる。

朱熹は、周惇頤によって孟子以来一四〇〇年振りに発見・発掘されたこの真理が、愛弟子《まなでし》の二程に伝えられて道学が始まったと説く（一三八頁参照）。しかし、実際の二程は周惇頤の所説を踏襲して先述したような思想を構築したわけではなく、真理についての周程授受がなされたというのは『太極図説』冒頭の一句を右のように解釈したい朱熹が、すでに存在していた伝承を脚色したものにすぎない。号が濂《れん》渓《けい》であるため周惇頤の学術は濂学《れんがく》と称されるが、彼には二程のほかにも名のある弟子がいて門流ができたわけではない。周惇頤は、朱熹および朱子学・陽明学《ようめいがく》のなかで偶像化されたのであり、周惇頤の実像はこれとは別である。

二程と洛陽で交流していた特異な儒者が、范陽《はんよう》（河北省）の人、邵雍《しょうよう》（一〇一一〜七七）である。李之才《りしさい》から河図洛書《かとらくしょ》や伏羲《ふっき》六十四卦図を教わり、自分で工夫を加えた結果、伏羲の易図を先天図《せんてんず》と称し、先天易と呼ばれる易学を樹立した。主著『皇極経世書《こうぎょくけいせいしょ》』はその理論を説いたもので、宇宙の森羅万象を易の二進法だけで説明している。先天易とは、周文王が卦辞《かじ》を書いて整理した後天易《こうてんえき》と対比して邵雍が定めた用語で、六十四卦《か》を二進法に忠実に排列し、それが伏羲段階の易卦の順序だったと邵雍は解釈した。漢代の数学易の原理を発展させて宇宙の生成衰滅を長期の時間論で説く壮大な思想である。

邵雍の象数易学は戦国時代以来の陰陽五行思想から五行の要素を除去した特異な数学であった。のちに朱熹はこれを取り入れて程頤の義理易と融合している。ところが、邵雍と程頤は実際に洛陽で交流していながら、易学上はまったく影響し合わなかった。それは象数易の邵雍と義理易の程頤とでは原理が根本的に違っていたためであろう。

邵雍は李之才から学んだ河図洛書を自説には使わなかったのだが、ここでこの河図洛書についても簡単に説明しておこう。これが緯書の思想・用語だったことは前述した(七一頁参照)。宋代にいたってこれらを図示する試みが始まり、繫辞伝の文言にかこつけて数学的に一から九までを並べた図と、一から十までを並べた図のそれぞれに、河図・洛書のどちらを対応させるかで見解が分かれた。当初は劉牧《りゅうぼく》の九図十書説《きゅうとじっしょ》が有力だったが、李之才らは十図九書説《じっときゅうしょ》だった。それによれば、一から十までの数から成る河図は陰陽五行(2×5＝10)に、一から九までの数から成る洛書は『尚書』洪範《こうはん》篇のいわゆる洪範九疇《こうはんきゅうちゅう》に対応することになる(巻末付録参照)。邵雍は五行思想を斥けたからこの理論を活用しなかったと思われるが、朱熹はこの河図洛書も取り込んで彼の易学を構築した。

張載

二程の周縁にいた人物として、もう一人、張載《ちょうさい》(一〇二〇~七七)をあげておかねばならない。張載は鳳翔《ほうしょう》(陝西省《せんせい》)の人で、二程の外叔(母方のおじ)だった。彼も一〇五七年の進士で、そこで二程と学問を語り合う機会をもった。一説によると、最初は兵学にしか興味がなかったのだが、范仲淹《はんちゅうえん》に「儒者は名教の研鑽を積むべきで、軍事を修《おさ》めるべきではない」と諭《さと》され、勧められて『中庸《ちゅうよう》』を学んだという。王安石新法に反対して帰郷、弟子たちとともに古礼や井田《せいでん》の実践を試みた。著に『易説《えきせつ》』『正蒙《せいもう》』などがある。彼の門流は関学《かんがく》と呼ばれる。

張載の易学の特徴は、気の思想にあった。漢代易学はそもそもからして陰陽の気の理論だったわけだが、彼はそれを『荘子《そうじ》』知北遊《ちほくゆう》篇に見える太虚《たいきょ》という語で解説した。それによって張載は易学を心性論へと変換していく。その要諦が気質変化《きしつへんか》(中国語の語順では変化気質)の説だった。

張載も孟子性善説の人間観をもつ。ただし、人はみな生まれてそのままでは聖人ではない。礼を習得・実践するのは自分の性を完成させるためであり、それによって聖人になることをめざすのが学問の本来の趣旨である。この過程で生まれつきの気質は変化する。易学がもともと具えていた変易《へんえき》の思想を性説に取り込み、心の修養を宇宙的規模で捉える。「心統性情(心は性と情とを統括する)」という語が、張載のものとして伝わっている。「鬼神は二気の良能」(『正蒙』)、すなわち「鬼神というのは陰陽の二つの気が本来的に具えている性質による作用の顕現である」という説明は、祭祀の対象となる存在(鬼神)はこの宇宙にある陰陽二気の働きとして人間にそのように知覚されるものだとし、鬼神が実在するかどうかを問題にするという不毛な議論を超越する言説の場を用意するものだった。鬼神についてあれこれ穿鑿《せんさく》するのは無意味だ、なぜなら(経書を信じる)儒教の徒である以上、それらが気の働きとして活動していることに疑義をいだくことはできないのだから。

太虚として定立されたこの世界は、気によってわれわれの心のなかとも繋がっている。心を浄化することでだれでも聖人になれるのであり、それは天地と一体化することを意味した。張載の語録には「天地のために心を立て、生民のために命《めい》を立て、往聖のために絶学を継ぎ、万世のために太平を開かん」、つまり、宇宙と繋がる自分の心を自覚し、民のため、過去の聖人たちのために活躍して天下太平を実現しようとあり、士大夫たる者の気概を提示した。

二程の後学

二程には多くの弟子があり、それぞれに門戸を構えて次の世代に道学を伝えていった。なかでも楊時《ようじ》（一〇五三～一一三五）は南宋初期に大きな役割をはたした。楊時は南剣州《なんけんしゅう》（福建省）の人で、徽宗《きそう》期から王安石・蔡京《さいけい》を批判、靖康《せいこう》の変《へん》（一一二七年）のあとでは対金徹底抗戦論を説いた。三経新義を批判した『書辨疑《しょべんぎ》』『詩辨疑《しべんぎ》』『周礼辨疑《しゅらいべんぎ》』、二程の教説を継承した『論語解《ろんごかい》』『中庸解《ちゅうようかい》』などの著作があったが、現存しない。

張九成《ちょうきゅうせい》（一〇九二～一一五九）は開封《かいほう》の人で、若くして楊時に師事し、一一三二年の状元《じょうげん》（科挙の首席合格者）となった。秦檜《しんかい》（一〇九〇～一一五五）の対金講和政策を批判して左遷され、官界では昇進しなかった。ほとんどあらゆる経書に注解を施したとされ、このうち『中庸解』と『孟子伝《もうしでん》』が現存する。

張九成と同世代には、建州《けんしゅう》（福建省）の人、胡宏《ここう》（一一〇五～六一）がいる。『春秋伝』を撰した胡安国《こあんこく》の子で、楊時にも学び、概念規定をした『知言《ちげん》』や年代記の『皇王大紀《こうおうだいき》』を著した。張九成・胡宏は道学第三世代の雄《ゆう》で、政治的に秦檜政権が終了すると、道学派が儒教の主流となる基礎を築いていった。彼らが新学を批判し、道学興隆のための基礎をちょうど固め終わったところで朱熹が檜《ひのき》舞台に登場する。

4 朱熹の思想教説

朱熹の自己定位

朱熹《しゅき》（一一三〇～一二〇〇）の本籍は徽州《きしゅう》（安徽《あんき》省）だが、父の代から建州（福建省）に定住し、その生涯のほとんどを建州で過ごしている。一一四八年に十九歳で進士となるも合格順位は低く、官界の昇進ルートからはずれる。そのため閑職暮らしが長く、多くの編著書を世に送り出した。建州は出版業がさかんで、朱熹はこれを武器にして自説を広めていく。

朱熹

当時、道学派の中核にいた張九成《ちょうきゅうせい》・胡宏《ここう》の学説を批判する姿勢を早くから示し、二程本来の所説を唯一正しく理解しているのは自分だと主張する。一一七五年、名門出身の呂祖謙《りょそけん》と組んで『近思録《きんしろく》』を編纂・出版して知名度をあげ、そのなかで周惇《しゅうとん》頤《い》を二程に先行する大学者として位置づけた。『近思録』は道体・為学《いがく》・致知・存養《そんよう》・克己・家道・出処・治体・制度・政事・教学・警戒・異端・聖賢の一四巻から成り、各巻ごとにその内容に関連する周惇頤・程顥《ていこう》・程頤《ていい》・張載《ちょうさい》四人の文章や語録からの抜き書きによって構成されている。致知・存養《そんよう》から始めて天下国家の政治におよぶ構成は、朱熹が力説する修己治人《しゅうこちじん》（自分の修養を成し遂げてから政治に携わる）を象徴するものであり、科挙官僚たる士大夫たちの規範でもあった。

呂祖謙同様やはり名家の御曹司《おんぞうし》の張栻《ちょうしょく》（胡宏門人）とも朱熹は親しくしていた。彼らとの交流を通じて朱熹独自の定論が確立し、『大学』『中庸』『論語』『孟子』の注解を著して四つまとめて出版する（『四書《ししょ》章句集注《しょうくしっちゅう》』）。朱熹自身は当初「四子書《しししょ》」という表現を用いていたが、やがて「四書」と称されるようになり、ここに儒教史上はじめて四書という概念が成立する。朱熹は晩年「『近思録』は四子を理解するための階梯、四子は六経《りくけい》を理解するための階梯」と語っており、学習者がまず『近思録』で周張二程の学説にふれて基礎を固め、次に四子書（孔子・曾子・子思・孟子の思想）を修得し、最後に六経（ここでは五経のほかに楽も数えている）を読むことを勧めている。朱熹は、易の伏羲に始まり、尚書の堯舜禹に引き継がれた真理の教えは、殷《いん》の湯王や周の文王・武王・周公を経て孔子に伝わり、その後、曾子・子思・孟子が継いでいったとする道統《どうとう》説を提唱した。その論拠には、『古文尚書《こぶんしょうしょ》』大禹謨《だいうぼ》篇の道心人心論が舜から禹に教訓として伝えられていること、これを深化させた内容が子思の『中庸』であることをあげる（『中庸章句』序）。

十六字心法

道心人心論は心性論の一部をなし、朱子学の根幹にかかわる理論であった。その経学上の論拠となる文言中、もっとも重要なのが『尚書』大禹謨篇の「人心惟危、道心惟微、惟精惟一、允執厥中（人心惟《こ》れ危く、道心惟れ微《かすか》なり、惟れ精《せい》惟れ一《いつ》、允《まこと》に厥《そ》の中《ちゅう》を執《と》れ）」である。はじめの二句では人心と道心が対《つい》で用いられ、前者は危なっかしいものであり、後者は見えにくいものであることがいわれている。朱熹はこれについての二程の所説も受け継ぎつつ、この一対を『礼記《らいき》』楽記《がっき》篇に見える人欲と天理に対応させる（天理＝道心、人欲＝人心）。そして、絶対善である天理＝道心は通常は可視的ではないものの万事すべてに必ず内在していること、人間は天理を性として具えているにもかかわらず、不可避的に濁った気（正当ではない欲望）によって曇らされ、天理＝道心を顕現できずにいる状態にある、そういうことを説明した文言であると解する。そのうえで、後半では心をつねに精にして一、すなわち敬なる状態に保つように心がけ、感情の発露や行為の実践にあたっては中《ちゅう》の立場を守ることを命じているとみなす。この中とは『中庸』の中である。大禹謨篇の文脈では、この文言は舜が禹に向かって語った、王としての心がけであった。これが朱子学では人間みなにあてはまる心がけの文言として汎用性をもつにいたる。字数から十六字心法と（十六字心伝とも）呼ばれる。『論語』堯曰《ぎょうえつ》篇には、堯の舜に対する言葉として十六字心法末尾の「允執其中」の四文字が見え（其と厥とは同義）、『中庸』は全篇を通じて中《ちゅう》（天理にかなうあり方）・庸《よう》（常なるあり方）を説いている。そこで朱熹は、堯・舜・禹、湯王や文王・武王・周公、そして孔子を経て子思《しし》（『中庸』の著者とされる）にいたるまで、古来の聖人たちは脈々とこの心法を伝えてきたのであり、それが最初は四文字だったのが一六字に増え、子思の段階では一篇の論文にまで展開したのだと解説する。そうすることで、聖人たちは道を伝授してきた。これが朱子学の道統論である。

ところが、道統は孟子にいたって途絶える。これを一四〇〇年振りに復活させたのが周惇頤であり、周程授受を通じて二程に伝わったというのが朱熹の意見だった。すでに程頤《ていい》が兄程顥《ていこう》についての文章で「程顥が孟子以来の絶学を復興した」と書いていたのだが、朱熹はその前にさらに周惇頤という人物を立てた。それは既述したとおり、朱熹の易学が周惇頤『太極図説』を利用しているからで、道学派のなかで自分の所説こそが正しいと主張するためには二程の前に周惇頤を置く必要があったからだった。彼は張載《ちょうさい》・邵雍《しょうよう》にも道統論のうえで二程に準じる地位を与え、既述したように彼らの所説を自説の補強材料として折り込みながら、自己正当化をはかっている。こうして朱熹がつくりあげた儒教展開史の物語が、後世にいたるまで君臨し続けることになる。なお、如上の結果、朱子学・陽明学のなかでは、周惇頤・程顥・程頤・張載を総称して「北宋四子」、これに邵雍を加えて「北宋五子」と呼ぶ。

朱熹はこうして自分を彼らの後継者に定位した。二程の門人たちは必ずしも師説を正確に理解していない。むしろ、禅仏教にまどわされて異端に近づいている。楊時《ようじ》を通じて道学の正嫡《せいちゃく》と評価されていた張九成を、朱熹が「洪水や猛獣よりも大きな害毒を流している」と酷評したのもそのためだった。彼らではなく、自分こそが二程の正しい後継者だという理屈である。

この攻撃は、かつて同志・盟友だった呂祖謙《りょそけん》・張栻《ちょうしょく》に対しても、彼らの死後は容赦なく向けられる。こうして、朱熹こそが二程の正嫡であり、孔子・孟子が説いた儒教の後継者であるとする信仰上の教義《ドグマ》が朱子学の要理《カテキズム》となり、今にいたっている。それは、彼のことを今でもふつうは「朱子」と孔孟なみの敬称で呼ぶことに、もっとも象徴的に示されている。

理気・心性

朱子学は理気心性の学といわれる。理気論こそ、朱熹の創案であり、儒教史上の大きな貢献だった。理という概念は、十一世紀後半以降、広く使われるようになっていた。二程はこれを天理として定式化し、性即理説・性善説の論拠とした。朱熹はこれと張載《ちょうさい》の気の思想を融合させた。そのうえで、太極を旧来のように気として捉えるのではなく、新たに理とみなした。朱熹はここに陰陽＝気、太極＝理という位相の相違を見出す。理とは「所以然の故《こと》、所当然の則《のり》」、つまり、ものごとがそうなる理由・原因であるとともに、ものごとをそうすべき理念・道義でもあるとされた。理は必然性と規範性とをかねている。

理があることによって万物はかくあるようにある。しかし、常に十全にそうであるわけではない。むしろ現実にはその本来性の発現が妨げられている。その理由は、気に清濁があるからだ。宇宙が誕生し天地が分かれたとき、清《す》んだ気は軽くて上に昇り、濁った気は重くて下に沈んだ。この宇宙生成論は感覚的にわかりやすく、古い時代からいわれてきたことであったが、朱熹はこれを用いて人間を含む万物に濁った気が生まれつき具わってしまう理由を説明した。ただ、人間が無生物や他の生物と異なるのは、自覚的に濁った気を清らかにする努力ができる点である。ここで張載の気質変化論が使われる。人間の心は、天賦《てんぷ》の善性と、それが発動する際に濁った気の作用をうけて規範を逸脱してしまいかねない感情とを統《す》べるものである。つまり、これも張載の語である「心は性・情を統ぶ」である。

さらに、二程も話題としてよく取り上げた、未発《みはつ》・已発《いはつ》の理論が重なる。未発・已発とは『中庸』に見える語で、喜怒哀楽が未発の状態を中《ちゅう》といい、それらが発してしかも節度にかなっていることを和《わ》というというものである。つまり、心がまだ動かない静かな状態と、感情としてそれが発動した状態とのことで、未発段階の心の修養がきちんとできていれば、已発段階での感情の発露にも誤りがないという論理であった。それは、本性として心に具わっているのが天理という善なるものだからに他ならない。

ゆえに、心の修養をおこなって情の発動・発現を制御することで、人間は本来の善なる性に立ち返って思惟や行為がおこなえるはずだ。この状態にある人格者のことを聖人という。学問の目的は一人ひとりが聖人になること、すなわち「聖人学んで至るべし」だ。このように、朱熹は周張二程の諸学説を総合して体系化し、宇宙論としての理気論と倫理思想である心性論とを結びつけた。

もちろん、この思想は朱熹の創意であったけれども、朱熹の言い方としては、それは決して彼が思索を深めた結果得られた悟りや哲学といったものではなく、すでに経書《けいしょ》のなかに書かれて存在していた教説なのであった。今までの学者たちが気づかなかっただけで、孔子はすべてそれを経書に盛り込んでいる。多くの宗教者がそう振る舞ったように、彼は真理を発見したのではなく、経典に現前している真理をわかりやすく説教する媒介者だった。そして、媒介の手段は経書への注解だった。

経学

朱熹は生涯に数多くの経書注解を遺した。代表作は『四書章句集注』で、何度も手を加えて改訂し、死の床でもその作業を継続していたという。綿密に考え抜かれた傑作で、彼以降、東アジア全域でこれが読み継がれたのは、たんに政治権力が朱子学を庇護《ひご》したという強制によるものではない。

五経のほうでは、『周易本義《しゅうえきほんぎ》』と『詩集伝《ししゅうでん》』がある。前者は王弼《おうひつ》や程頤の易学（義理易）とは性格を異にして数学の要素を取り入れ、後者は毛伝《もうでん》・鄭箋《ていせん》の政治的解釈を斥けて詩の文面そのままに読むことを提唱した。尚書《しょうしょ》については、弟子の蔡沈《さいちん（さいちょう）》に『書集伝《しょしゅうでん》』をつくらせた。だが『春秋《しゅんじゅう》』には結局手をつけることがなかった。そのため、後世の朱子学では胡安国《こあんこく》『春秋伝』を注解として用いている。

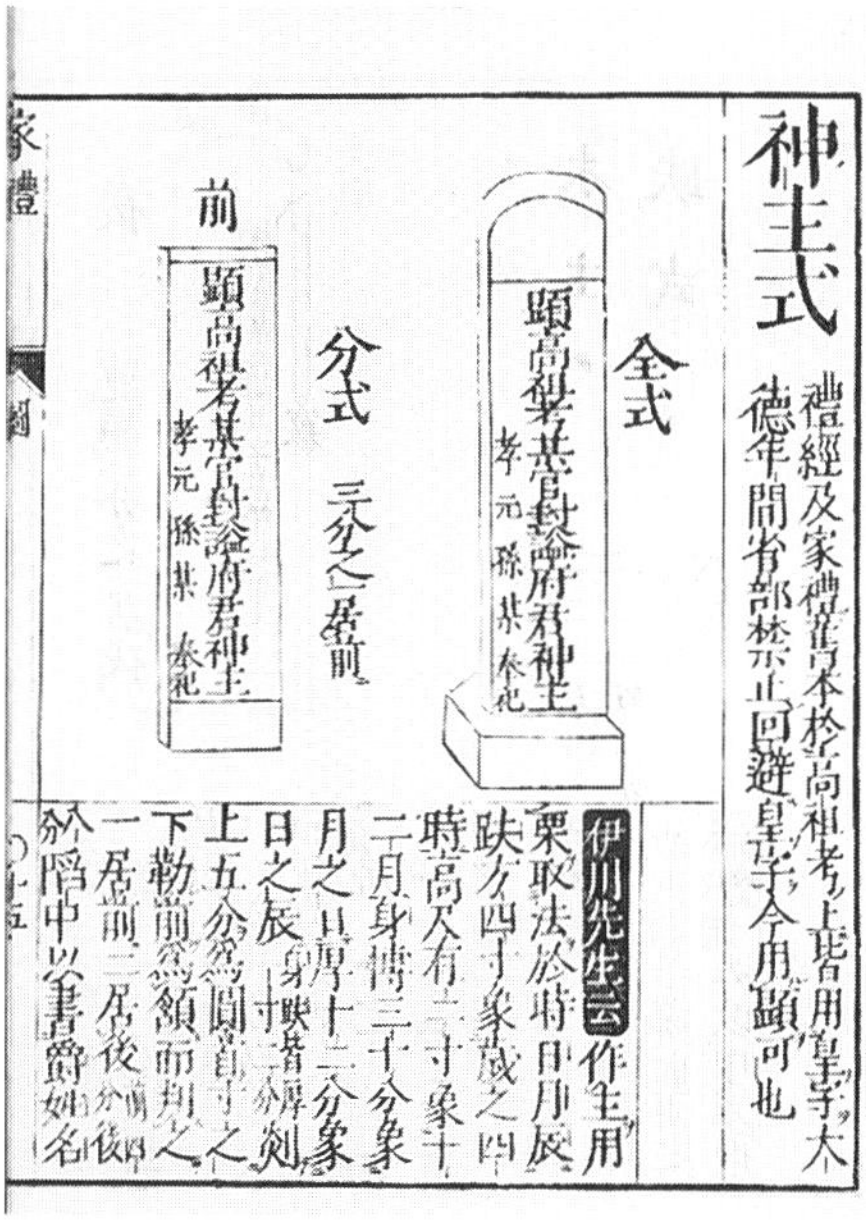

『朱子家礼』神主式

礼については、事情が複雑である。『儀《ぎ》礼《らい》』に準じる実践手引書として、宋代には『司馬氏書儀』などが流布していたことは先述した（一一〇頁参照）。程頤や張載も同様の試みをしていた。朱熹は母の葬儀を機に、自家用に限定されない普及版として『家礼《かれい》』の編纂を思い立つ。ただし、生前に出版されなかったこともあって、現存する『朱子家礼』は弟子による作品とする見方が一時期有力だったけれども、現在では朱熹の真作とみなすのが通説である。これは冠婚喪祭全般にわたる儀注で、十三世紀以降、当時形成途上にあった宗族組織を通じて広まった。とくに喪礼において、それまでは仏教・道教の要素が混入していたが、朱熹は儒式への純粋化をめざしており、この考え方が朱子学を信奉する仏教に批判的な士大夫たちに受容されたのである。

一方、礼の経書それ自体の解釈としてのいわゆる注ではなく、礼のもろもろを体系的・総合的に整理排列した書物を新たに編纂することを、還暦を迎えた一一九〇年頃に志す。朱熹はそれを「礼書」と呼んでいる。そして、三礼のなかで『儀礼』を経として中核にすえ、これに『周礼』や『礼記』諸篇、礼に関する記述を載せた他の経書やそれ以外の諸文献からの抜き書きを項目ごとに整理して並べ、それらの文章についている注釈の文章、たとえば『儀礼』であれば鄭玄《じょうげん》注・賈公彦《かこうげん》疏を抜粋して掲載する形式での編纂に取りかかる。結局、朱熹の生前には完成せず、弟子の黄榦《こうかん》、さらには楊復《ようふく》の手に委ねられる。この書は『儀礼経伝通解《ぎらいけいでんつうかい》』と名づけられた。こういう内容であるから、朱熹の肉声は、『大学』『中庸』がもともと『礼記』に含まれていたためにこの書物でも対象として取り上げられている『大学章句』『中庸章句』の引用箇所など、ごく一部にしか見ることができない。そのため、朱子学者・陽明学者はもとより、現代の朱子学研究者の間でもややもてあまされてきた。ただ、清代の考証学者たちからは、着実な経学作品として深く愛好された。

朱熹は、孔孟の所説を正しく理解した学者として周惇頤と二程・張載の名をあげる。その道統を自分が継承していることの証《あかし》が、四書や易・詩への注解であった。こうして彼は自説を道学の正嫡として位置づけることに成功し、列記して後世「濂洛関閩《れんらくかんびん》の学」と称されるにいたる（閩は朱熹が暮らした福建のこと）。繰り返していえば、宋代儒教の話題を周惇頤から始めて二程・張載へと繋いでいくような、今でも往々にして見受けられる儒教史の語り方は、朱子学における独善的教義にすぎず、宋代儒教の展開を客観的・学術的に捉えたものではない。

社会秩序

朱熹は「修己治人（己を修めてから人を治める）」を力説した。その論拠となるのが『大学』の三綱領八条目である。

『大学』はもと『礼記』の一つの篇で、晩年の孔子が曾子《そうし》に伝授した学問論とされる。学問の目的は三綱領すなわち「明徳《めいとく》を明らかにすること」「民を新たにすること」「至善《しぜん》に止《とど》まること」で、前二者の具体相が八条目すなわち格物《かくぶつ》・致知・誠意・正心・修身・斉家《せいか》・治国・平天下であって、その前半、修身までの五つが明徳を明らかにすること、後半三つが民を新たにすることであり、それぞれ修己と治人に対応するという構図だった。これら全体を通じてつねに至善に止まるよう不断に心がけるべきだとする。ここに本《ほん》と末《まつ》という対概念を持ち込み、明徳を明らかにするのが本で、民を新たにするのが末となる。それは価値的な上下をいうわけではなく、論理的・時間的先後であり、為政者がまずは自ら主体として道徳的確立を遂げることが政治の礎《いしずえ》だという、道学草創期以来の発想を理論化したものだった。これは政治史的には王安石路線を強く意識し、その対抗軸となっていた。

王安石の新法では、住民を世帯単位で地縁組織に編成して税役負担や民兵結成の単位とする保甲《ほこう》法、

岳麓書院

端境期《はざかいき》に国家が低利貸付をおこなう青苗《せいびょう》法、県ごとに学校を整備して教育機関を都（開封《かいほう》）・府《ふ》州《しゅう》・県の階層で序列化するなど、国家主導による政策が実施された。これに対して、朱熹は郷約《きょうやく》・社倉《しゃそう》・書院《しょいん》を推奨し、在地社会の主体性に期待する社会秩序を構築しようとした。そこで主体的な役割を期待されたのが、在地社会に暮らす儒教的教養を具えた人士である。彼らは科挙受験を志した経験があったり、あるいは一族から科挙官僚を出していたりして、しかし自分は官界で活躍することはなく地元で生活している。その意味で、語の本来の意味での士大夫とは区別される。ただ、自己意識としては機会があれば士大夫たらんと自負しており、范仲淹の「先憂後楽」や張載の「万世のために太平を開く」を実践しようという意志をもっていた。朱熹はこうした人々を地域秩序の担い手として期待し、朱子学は実際にこうした人々が信奉することによって広まっていった。以下、この人々を在地士人《ざいちしじん》と呼んでおく。

郷約とは、地縁共同体組織を在地士人が中心になって担う仕組である。張載門人の呂大鈞《りょたいきん》が兄の呂大《りょたい》臨《りん》たちと興したのが初例で、その成約は『呂氏郷約《りょしきょうやく》』（彼らの住地をとって『藍田《らんでん》郷約』とも）と呼ばれる。徳業相勧《とくぎょうそうかん》（善行や家業を励まし合う）・過失相規《かしつそうき》（過誤を指摘し合う）・礼俗相交《れいぞくそうこう》（儒式の正しい礼をもって交際する）・患難相恤《かんなんそうじゅつ》（困窮したら助け合う）の四箇条から成り、それぞれに具体的な内容が規定されていた。とりわけ「礼俗相交」では長幼の序や冠婚喪祭について礼学に基づいた正しい振舞い方が述べられ、礼教を実践することによって在地社会の調和を保とうとしており、張載門下らしい提言である。朱熹はこれを添削して標準的郷約を提示した。

社倉とは、飢饉に備えて地域住民が共同備蓄する施設、およびその仕組を指す。語彙自体は経にあらわれる祭祀施設の社《しゃ》を用いているが、国家主導ではなく在地の自主性に発することに主眼があり、これを主導するのも在地士人の役割とされた。

書院は国家の正式な学校ではない私塾を意味した。北宋のときにすでに広く名が知られた書院がいくつかあり、そのうち南宋の領域内にあった白鹿堂《はくろくどう》書院（江西省）・石鼓《せきこ》書院（湖南省）・岳麓《がくろく》書院（湖南省）については、朱熹はいずれも自身の任地に近かった時期に訪れ、再興事業に携わって記念の文章を遺している。

郷約・社倉・書院は、後世、朱子学が体制教学となるや、朝廷が肩入れする事業となって、王安石の手法とさしたる相違がみえなくなっていくが、あくまでも在地士人が担い手であるという形式は温存された。言い方を変えれば、国家が在地士人の指導性を認めたことになり、これが明清期の社会秩序を維持する礼治システムとして機能していく。

朱熹の盟友・論敵たち

朱熹に関して、最後に彼の周囲にいた思想家たちを紹介しておく。

朱熹と『近思録』を編集した呂祖謙《りょそけん》（一一三七～八一）は、八代前の先祖以来朝廷の高官を輩出してきた名門東萊《とうらい》呂氏の出身で、恩蔭《おんいん》により出仕した。師の林之奇《りんしき》には『尚書全解《しょうしょぜんかい》』の著があり、彼も道学の学統に連なっていた。『左氏博議《さしはくぎ》』や『大事記《だいじき》』など春秋学・史学の著作を遺している。だが、この点が死後は朱熹から「雑学《ざつがく》」と酷評されるゆえんとなった。

張栻《ちょうしょく》（一一三三～八〇）は漢州《かんしゅう》（四川省）の人。対金強硬派の宰相張浚《ちょうしゅん》の子で、胡宏《ここう》に師事した。朱熹の周惇頤尊崇は、胡宏が始めた運動が張栻を通じて伝わったものだった。『論語解《ろんごかい》』『孟子説《もうしせつ》』を遺しており、朱熹と大筋で一致しながらも、個々の細かな点では相違がある。

温州《うんしゅう》（浙江省）には朱熹が功利《こうり》の学とレッテルを貼って批判した一党がいた。温州は明州《めいしゅう》（寧波《ニンポー》）と並んで進士を大量に輩出した地で、官界に大きな勢力を築いていた。その学風は程頤の系譜を引きながらも、朱熹とは異なって現実に即した経済思想をもっていた。功利とは、董仲舒《とうちゅうじょ》が『孟子』を踏まえて漢武帝に進言した文言に由来し、仁義と相反する概念として批判的な意味で用いられるものであった。温州の地名から彼らをまとめて永嘉《えいか》学派と呼ぶ。代表的人物としては陳傅良《ちんふりょう》や葉適《ようてき》がいるが、ここでは鄭伯謙《ていはくけん》を紹介する。

鄭伯謙は一一九〇年の進士。その著『太平経国書《たいへいけいこくしょ》』は、『周礼《しゅらい》』に込められた周公の意図を実現することを説いた経世書である。彼が活躍した頃には朱熹流の道学が流布していたことから、『周礼』は理《り》財《ざい》（経済）の書にすぎないと見くだされていた。鄭伯謙はあえて理財の書であることにいなおる。ただ、周の理財は支出だけで収入にはこだわらず、王の直轄地限定で天下全体にはおよばない。よって、一般にそう思われているような苛斂誅求《かれんちゅうきゅう》の方策を肯定するものではない（理財篇）。『周礼』批判派だった胡宏が周公の政治を礼賛した言を援用して、鄭伯謙は『周礼』を擁護する。胡宏の文意は、「だから『周礼』を周公の書とみなすことはできない」ということにあったのだが、鄭伯謙は胡宏が称えるそうした政治を実現するために『周礼』がつくられたのだと換骨奪胎《かんこつだったい》する。塩や酒の専売制についても、『周礼』における周公の意図は民の生活や健康のためであって、漢以降のような苛斂誅求を意図していたわけではないと弁護する（塩酒《えんしゅ》篇）。漢以降の政策が原意をねじまげてきたという論理で『周礼』を救い、その正しい活用によって民生のための財政政策を立てることを提言している。こうした点で永嘉学派の特質を象徴し、『周礼』に依拠する王安石にも通ずる内容である。朱熹が『儀礼』を重視して在地士人個々の修身に立脚するのとは対照的だった。

陳亮《ちんりょう》（一一四三〜九四）は温州の隣の婺州《ぶしゅう》（浙江省）の人で、永嘉学派とも近しかった。天理と人欲、義と利、王と覇という対概念をめぐって朱熹と論戦した。朱熹が後者を全面否定したのに対して、陳亮は後者の系列にも存在意義を認め、道徳的に断罪するのは儒教の本旨に反すると考えた。朱熹からみれば功利是認の主張そのものであり、それゆえ両者の議論は平行線をたどった。

他方、彼らと反対側の極にあって朱熹と論争したのが陸九淵《りくきゅうえん》（一一三九〜九三）である。陸九淵は撫州（江西省）の人で、兄も朱熹と交流があった。朱熹とは対照的に経書の注解を書物に著すことはなかった。彼の考えでは経書自体が自分たちに具わっている心に対する注解のようなもので、心で真理を把握できることが第一義であるから、経書の解釈にあれこれまどわされるのはむしろ弊害ですらあった。経書のような外物ではなく、心こそが天理だからである。それが陸九淵の心即理説《しんそくりせつ》であった。

朱熹との最大の論争点は、周惇頤『太極図説』の解釈と位置づけにあった。陸九淵によればその冒頭「無極而太極」は「無極が先行し、そこから太極が生じてくる」という意味であり、これは老荘風の無の思想だから、易の解釈として正しくない。よって、孔子を継承する儒教の立場からこれを批判すべきである。したがって、朱熹が勝手な解釈を施して周惇頤を道統の復活者と評するのは大きな間違いだということになる。朱熹にとっては自説の根幹にかかわる点なので必死の抗弁をし、書簡による論争は何往復も繰り返された。結局、陸九淵の死後、その門弟たちの一部は朱熹説に妥協し、やがて朱子学に取り込まれていく。頑強に朱子学に対抗していた者たちもいたが、それも十三世紀後半には先細りとなっていた。つまり、陸九淵の思想は学統として連綿と続いたわけではない。

ところが、こうした朱陸間の論争が朱熹の文集や語録に詳細に記録されたため、世代を超えて絶えず陸九淵の側に共感する者を生み続ける結果となる。この傾向をもつ人たちは性即理よりも心即理を重んじたため、一括して心学《しんがく》と称されることもある。そして、十六世紀初頭、この伏流のなかから陽明学《ようめいがく》が噴出することになる。

第4章 朱子学と陽明学の拮抗

元明、十三世紀～十七世紀前半

時代の概観

一二〇六年、モンゴル（蒙古《もうこ》）諸部族を統合する君主としてテムジン（鉄木真）が即位した。チンギス＝カン（成吉思汗、太祖）である。子のオゴタイ（窩闊台、太宗）が南下して金《きん》を攻めると、南宋《なんそう》は喪《うしな》った黄河《こうが》流域を奪還するためにこれと同盟して金を挟撃する。こうして一二三四年に金は滅亡し、南宋は直接モンゴルと対峙することになった。

モンゴルは一二七一年、『易《えき》』乾卦《けんか》の「大哉乾元（大なるかな、乾元）」（乾の卦は全卦のはじまりで偉大である）から国号をとって国名を中国風に「大元《たいげん》」と称するようになった。それまでの諸王朝は、たとえば宋《そう》は太祖《たいそ》が春秋《しゅんじゅう》時代に宋国があった場所で節度使《せつどし》をしていたというように、すべて地名を王朝名としていた。ところが、大元（通常は略して元と呼ぶ）以降、大明《ミン》・大清《シン》はすべてたんなる美称であり、これを機に王朝名に質的な変化が起きる。

クビライ（忽必烈、世祖）が即位すると元軍は大挙して南下、一二七六年、ついに南宋の都臨安《りんあん》（杭州）を陥落させる。この後、一部の人士《じんし》が宋の皇族を擁して抵抗を続けたが、一二七九年にはそれも終息し、中国全土がモンゴル族を君主にいただく世界帝国の一部に組み込まれた。なお、かつて定説だった民族序列、蒙古・色目《しきもく》・漢人（金朝治下にいた人たち）・南人《なんじん》（南宋治下にいた人たち）の差別は、元朝支配を快く思わない「南人」士大夫《したいふ》による誹謗《ひぼう》にすぎず、実情は異なることが明らかになっている。元朝の統治下、「モンゴルの平和」と呼ばれる繁栄を、中国の人たちの多くは謳歌した。

だが、やがて政争と構造腐敗によってとくに中国南部での統治が弛緩《しかん》し、群雄割拠《ぐんゆうかっきょ》の状況が生まれる。そのなかから頭角をあらわした朱元璋《しゅげんしょう》（太祖洪武帝《たいそこうぶてい》）が、一三六八年、明《ミン》を建国する。明は当初今の南京《ナンキン》を首都としていたが、一四二一年に北京《ペキン》に遷都する。北方のモンゴル族に備えるためだったが、このことが逆に容易に都を襲撃される原因にもなった。一四四九年には英宗《えいそう》（正統帝《せいとうてい》・天順帝《てんじゅんてい》、在位一四三五〜四九および一四五七〜六四）が親征先の前線でモンゴル軍に捕らえられるという事件が起きた（土木の変《どぼくのへん》）。その後も北方国境は明を悩ませ続けたが、南方では倭寇《わこう》と称される多国籍集団が沿岸密貿易をおこない、時に官憲と武力衝突した。

十六世紀末には日本の豊臣秀吉《とよとみひでよし》による朝鮮出兵、女真族《じょしん》（のち満洲族《まんしゅう》と改称）のヌルハチ（努爾哈赤、太祖）の勃興《ぼっこう》で莫大な軍費がかさみ、旱魃《かんばつ》などの自然災害で国内が疲弊したこともあって、社会秩序は大きく動揺する。日本産やメキシコ産の銀が大量に流入し、経済活動の活性化に貢献する一方、貧富の差を拡大して社会不安が増した。一六四四年、李自成《りじせい》の大順国《じゅん》が北京を落として明は滅亡する。

なお、この章では十一世紀以降の韓国と日本の状況も述べる。韓国は九一八年に高麗《こうらい》が建国、やがて半島を統一し、基調としては遼《りょう》に朝貢しながら仏教を中心にすえた統治をおこなっていた。元朝に屈服

図2　明時代の東アジア(15世紀頃)

させられたあと朱子学《しゅしがく》が流入し、明建国以降、親元派と親明派が対立し、一三九二年に親明派の李成桂《りせいけい》が王位に即いた。明から朝鮮《ちょうせん》の国名を認められ、明に倣って朱子学に基づく統治をおこなった。

日本では十二世紀に武家政権が成立し、科挙《かきょ》官僚制をとる中国や韓国とは異質な道を歩み始める。朝貢を拒絶したため蒙古襲来を招きこれを撃退したが、室町幕府は明に朝貢することで国際貿易に参入した。十六世紀に大量の銀を産出するようになって突然富裕国となり、その財力を用いて政治的な海外進出をはかって挫折する。仏教がつねに主流であったが、蒙古襲来を機に神国思想が広まった。十七世紀にいたってようやく朱子学が自立し、主要思潮となっていく。

このように、十三世紀から十七世紀前半にかけては、朱子学が中国の内外で浸透していく時期であった。

1 朱熹没後の朱子学　南宋後半・元

朱子学の使徒たち

一二〇〇年に朱熹《しゅき》が没した時点で、朱子学は偽学《ぎがく》として禁じられていた。ところが四〇年経《た》った一二四一年、朱熹は孔子を祀る文宣王廟《ぶんせんのうびょう》に従祀される。これは朱熹が儒教の正統な教説を継承した人物であると政府が認めたことを意味する。以後、陽明学《ようめいがく》や考証学・公羊学《くようがく》による儒教内部での批判はあったものの、二十世紀になって西洋近代文明に基づく政治組織と社会編成がなされるまでのあいだ、八〇〇年近くにわたって中国思想界の主潮は朱子学であり続けた。そして、中国から韓国・ベトナム・日本へも朱子学は広まり、十五世紀には日本を除く琉球《りゅうきゅう》を含めた諸国で朱子学の教義に基づく国家運営がなされるようになる。それにはどのような人士の活躍があったのか、まずは宋末の状況からみていこう。

朱熹に直接師事した者のうち、後代に与えた影響が大きいのは黄榦《こうかん》・蔡沈《さいちん（さいちょう）》・陳淳《ちんじゅん》の三人である。

黄榦（一一五二〜一二二一）は福州（福建省）の人で、一一七六年から朱熹に師事した。朱熹が彼に寄せた期待は大きく、やがて娘婿となっている。朱熹が長男に先立たれて建州に戻った一一九二年以降はその近くに居住し、塾頭の役割をはたした。朱熹晩年の作業である礼書編纂を手伝い、死に際しては後事を委嘱されている。これが『儀礼経伝通解《ぎらいけいでんつうかい》』として完成するのは黄榦死後であることは前述した（一四二頁参照）。また、朱熹の詳細な伝記である行状《こうじょう》を、門人代表としてまとめたのも彼であった。岳父でもある朱熹のために、孔子の弟子たちがそうしたのを見倣って心喪三年《しんそうさんねん》に服したという。その後、地方官として実地に活躍し、裁判の判決文などが残っている。易や論語に対する朱熹の注解をさらに補う著述

孔廟大成殿にある蔡沈の位牌

をものしたとされるが、現存しない。その門からは朱熹の孫弟子たちが巣立ち、後述する金華《きんか》学派も彼の系譜を引く。

蔡沈（一一六七〜一二三〇）は朱熹の盟友蔡元定《さいげんてい》〈建州〈福建省〉の人〉の子で、少年時代から朱熹のもとで学んだ。師の最期を看取り、その模様を「夢奠記《むてんき》」にまとめた。生前すでに『尚書《しょうしょ》』の注釈を委託されており、その『書伝《しょでん》』は朱子学におけるもっとも権威ある注解として明の五経大全《ごきょうたいぜん》で採《と》られている。建州は朱熹講学の地であり、朱子学の地盤として全国に広がっていく力の源となったが、蔡沈の一族はその後もこれに大きく貢献した。

陳淳（一一五九〜一二二三）は漳州《しょうしゅう》（福建省）の人で、一一八九年に朱熹が知事として赴任してきた際に入門した。その後、主として書簡のやり取りにより学問を深め、朱熹没後の福建南部における領導となる。弟子たちへの講義内容をもとにして陳淳没後に『性理字義《せいりじぎ》』（『北渓字義《ほっけいじぎ》』とも）がまとめられ、朱子学の簡便な術語集として広く読まれた。朱熹の直接の弟子ではないが、泉州の知事として赴任してきた真徳《しんとく》秀《しゅう》とも親しく、北方の黄榦・蔡沈の系統とはやや内容を異にする朱子学教説を広めるのに貢献した。単純化していえば、黄榦・蔡沈は経学《けいがく》のうえで朱子学の権威を確立させていこうとしたのに対して、陳淳・真徳秀は礼教の実践面からその布教をはかっていたという違いがある。

真徳秀（一一七八〜一二三五）は建州（福建省）の人。偽学の禁が始まったこともあって朱熹に直接師事する機会はなかったが、そのさなかの一一九九年に科挙に合格した。史弥遠《しびえん》政権が成立して偽学の禁が解けると、朱子学普及活動に従事する。心性論を簡便に解説した『心経《しんけい》』を著す一方で、浩瀚《こうかん》な『大学衍《だいがくえん》義《ぎ》』を著した。これは大学八条目（格物・致知・誠意・正心・修身・斉家・治国・平天下）のうち前半の六つにそって政治の要諦を説き、理宗《りそう》（在位一二二四〜六四）に献呈された帝王学の書で、諸書を博捜《はくそう》して君主の心構えを説いている。一方、地方官としては任地で、喪中などには地元の建州で、民生に務めて朱子学の理念を実践した。

真徳秀には『四書集編《ししょしゅうへん》』という大部の編纂物もある。これは朱熹『四書章句集注』を本文として、その各段に朱熹が『四書或問《しょわくもん》』や『朱子語類《しゅしごるい》』で述べている内容を付して排列したもので、いわば朱熹の注につけた義疏だが、いわゆる義疏と異なって、他の学者たちや真徳秀自身の見解ではなく、もっぱら朱熹の文章・語録だけで構成されているのが特色である。これ以降、朱熹の文章・語録や朱熹以降の学者の見解も入れて朱熹の注解をより詳細に説明する書物が多くつくられ、そのなかには趙順孫《ちょうじゅんそん》の『四書《ししょ》纂疏《さんそ》』のように疏の字を書名に使うものもあった。かつて漢代経学が南北朝時代に義疏の段階に達したように、こうして朱子学にもいわば義疏の時代がやってくる。

朱子学勝利の原因

このほかにも多くの弟子たちがそれぞれに故郷や赴任地で孫弟子を育て、世代を重ねるごとに朱子学の信者は増大していった。朱熹の同世代の友人・論敵だった学者たちの後代とのこの相違は、一つにはもちろんそれに携わった朱熹後学たちの人格的魅力もあったことであろうが、もう一つ、媒体としての書物がはたした作用が大きい。

朱熹が講学していた建州北部は、麻沙鎮《まさちん》を中心に出版業が栄えた地域だった。麻沙の出版業者は朱子学の書物もその有力な商品としながら成長を続け、両者あいまって繁栄することになる。麻沙の版本は材質も安価で、書誌学的には粗悪品とみなされているけれども、逆にいえば廉価版として他所の士大夫たちが購読しやすい商品でもあった。朱熹自身も執筆活動に熱心だったことは先述したとおりである。

また、朱熹の門人たちはそれぞれに師の折々の発言を書き留めた語録ノートを持っていた。これがあたかも経典結集のごとく一種類に合わせ込まれる作業が進み、その際に記録者ごとの語録ではなく、主題別に編集された語類《ごるい》という体裁になって、一二七〇年、黎靖徳《れいせいとく》という人物によって『朱子語類大全《しゅしごるいたいぜん》』として刊行される。このほかにも各種の簡易版が並存し、まとまった著作や文集とは別に、朱熹の生の声を伝える史料として重宝された。

これを受け入れる在地士人たちの側からみるならば、朱熹が提示した経解《けいかい》の実用性と、彼が提示した地域秩序の模式に魅力を感じたことがあげられる。

朱熹の注釈は鄭玄《じょうげん》や王安石《おうあんせき》を意識し、形式的にはその模擬を意図していた。在地士人が経書を学ぶ外在的な動機はなんといっても科挙《かきょ》受験である。本人というより父兄が当人の少年時代からそれをなかば強制的に刷り込ませようとする。その際、高踏的な陸九淵《りくきゅうえん》や雑駁《ざつばく》な呂祖謙《りょそけん》に比べて、朱熹の着実な注解が好まれたわけである。一二〇七年に史弥遠政権が成立すると偽学の禁も解かれ、朱子学者たちとその教説とは大手を振って地方に広まり、やがて朝廷に進出していく。

史弥遠（一一六四〜一二三三）は父の史浩《しこう》も宰相になった明州《めいしゅう》（浙江省、現在の寧波《ニンボー》）の名門出身で、史浩には『尚書講義《しょうしょこうぎ》』という著作もある道学系の家柄であった。宰相在職二六年間におよび、宋代を通じて最長記録であった。また、仏教教団統制のために、教・律・禅の三部門それぞれに代表的な寺院を指定して五山《ござん》制度を始めたのも彼だとされる(一八九頁参照)。

史弥遠は真徳秀ら朱子学派の官僚を重用し、彼らの協力を得て国家秩序の再建をはかった。真徳秀は地方官として儒教的(内実として朱子学的)秩序の構築に業績をあげており、そうした中央政府の意向を受けて地方各地で地方官と在地士人との協力による礼教化が進む。こうして朱熹が王安石の手法と対極にあるものとして提示していた、郷約《きょうやく》・社倉《しゃそう》・書院《しょいん》の仕組が実践されるようになっていく。

一二四一年、文宣王廟《ぶんせんのうびょう》(孔子廟)に朱熹が従祀され、国家祭祀において朱子学が正統教義であることが視覚化された。

モンゴル世界帝国のもとで

一一二七年の靖康《せいこう》の変《へん》のあと、華北はおよそ一〇〇年間、金の統治下にあった。この間、道教のほうでは全真教《ぜんしんきょう》の成立という重要な展開がみられたが、これに比べて儒教にはめだつ事件は生じていない。

一二三五年、モンゴル軍は宋の荊湖北路《けいこほくろ》(湖北省)を劫掠《ごうりゃく》してまわった。このとき、多くの無辜《むこ》の人命が奪われたが、一芸に秀でた者は北方に拉致《らち》された。趙復《ちょうふく》もその一人である。

彼の故郷徳安《とくあん》を攻略したのは、それまで金に仕えていた漢人の姚枢《ようすう》だった。趙復は多くの弟子をともなって華北に移り、姚枢らに二程・朱熹の注解を伝授し、華北にはじめて朱子学を広めた。のちにクビライが彼を対宋侵略の先導に任用しようとしたが、同朋の殺戮《さつりく》に協力はできないときっぱりと拒絶し、モンゴル朝廷への仕官はしなかった。『伝道図《でんどうず》』をつくって道統《どうとう》説をわかりやすく教えたという。

金履祥《きんりしょう》（一二三二〜一三〇三）は金華《きんか》（浙江省）の人。黄榦の門人何基《かき》に学び、宋末の時勢に国防策を建白したが採《と》り上げられず、山中に戦禍を避けた。司馬光《しばこう》『資治通鑑《しじつがん》』よりも前の、堯舜《ぎょうしゅん》以降春秋《しゅんじゅう》時代までを対象とする編年史として『通鑑前編《つがんぜんぺん》』を編纂した。このほか、四書《ししょ》などについて朱熹の所説を補う著述をおこなった。だが、彼も元朝に出仕していない。

許謙《きょけん》（一二六九〜一三三七）も金華の人。金履祥に師事して朱子学を学び、四〇年間郷里をでず、全国各地から集まってくる弟子たちを教えた。火星が南方の星座に入った現象を観察して、災いが呉楚《ごそ》地方（華中）に生じる前兆として憂慮した。はたして旱魃《かんばつ》が生じたという。彼のように、朱子学者のなかにも天譴《てんけん》説（六三頁参照）を信じる者はまだいたことがわかる。金華出身の彼の門人の一人に、朱震亨《しゅしんこう》がいる。医師としても知られ、朱子学の理論を医学・薬学に応用した『格致餘論《かくちよろん》』を著した。

呉　澄

南宋末期の人と思われる兪庭椿《ゆていちん》『周礼復古編《しゅらいふっこへん》』は、これまでの研究でさほど注目されてこなかったが興味深い作品である。その趣旨は、『周礼』を原型に戻すことだった。『周礼』は天地春夏秋冬の六官といいながら、漢代以降冬官《とうかん》を欠くかたちで伝わり、また一年の日数と同じ全三六〇官といいながら、各官が六〇ずつというのでもない。兪庭椿はこれを秦の焚書《ふんしょ》のあと『周礼』を復元させようとした学者たちの見識が浅かったための誤りとみなす。そして、自身の見解であらためてその作業を試みている。たとえば、地官大司徒《ちかんだいしと》は「教」を掌《つかさど》る官庁のはずなのに、現行のテクストでは泉府《せんぷ》や司市《しし》など税務担当のポストが配属されている。このため、（彼は名指ししていないのだが、王安石のように）勘違いして税務を重視する者がでてしまう。これでは民を倫理的に教え導くという、周公が重視していた政治の要諦が疎《おろそ》かになる、と説いた。焚書後の漢儒の復元間違いを究明してこうした不具合を調整することで、亡失したとされていた冬官の職が他官にまぎれ込んでいたことがわかり、『周礼』本来の姿に戻せると、兪庭椿はその素案を提示している。これは彼にとって机上《きじょう》の思考遊戯なのではなく、官制改革という現実政治への提言なのだった。

元代にはこの冬官未亡説《みぼうせつ》が流行した。呉澄《ごちょう》（呉澂とも表記される）もこの立場から礼経《れいけい》の復元を試みた一人である。

呉澄（一二四九〜一三三三）は撫州（江西省）の人。一二七一年の科挙に落第し、その四年後に郷里は元軍の攻撃を受けて陥落する。以後数年間、戦火を避けて家族を護《まも》りながら研鑽を積み、五経や『孝経《こうきょう》』の校訂作業を進めた。儒者としての名声を得たことで、元朝に仕えて学術教育の役職を歴任、晩年、七十三歳にして翰林学士《かんりんがくし》（皇帝の秘書官）に任じられている。彼は自ら朱熹の正嫡をもって自任し、道統に連なることを主張した（コラム「道統の理念と危険性」〈一六一頁〉を参照）。

また、呉澄にとって、王安石や陸九淵は郷土の先輩にあたる。彼の思想・学術には、このことの強い意識があったようにうかがえる。というのは、まずは冬官未亡説の立場から『周礼』に依拠した社会秩序構築を提唱している点である。彼は『儀礼逸経伝《ぎらいいっけいでん》』を著して、鄭玄が今文《きんぶん》にのみ注をつけたことで亡失した古文の『儀礼』につき、その佚文《いつぶん》と判断するものを現存文献から発見する。『礼記纂言《らいきさんげん》』では『礼記』に古文の『儀礼』が活かされていると論じ、あわせて『周礼』冬官もまたこうした輯佚《しゅういつ》と『周礼』内部の調整でかなり復元できるとする。そのうえで、この周制を模範にした新たな秩序構築を、元朝の課題として提示している。以上は王安石がめざした、国制の側からの統治秩序構築路線の継承者という面である。

その一方で、呉澄は朱陸折衷《しゅりくせっちゅう》の学者としても知られる。心性論における朱陸論争を調停し、両者の一長・短を勘案した。そもそも、朱熹自身、『中庸《ちゅうよう》』の文言によって、「比較するなら自分は『問学《もんがく》に道《よ》る』に、陸九淵は『徳性《とくせい》を尊ぶ』に偏っている」と自己規定しており、以後、この両者（致知《ちち》と力行《りっこう》）のバランスをとることが朱子学者に課せられていた。朱熹のこの発言も自分の主張を冷静に観察して修正しようという趣旨のもので、朱子学が前者に重点をおいていたということでは必ずしもない。すでに真徳秀が前掲『心経』で後者に留意せよと注意喚起していた。つまり、呉澄の「会通朱陸《かいつうしゅりく》（朱熹と陸九淵を折衷する）」は、内容的にはもともと朱熹や朱子学徒たちがめざしていたことであり、陸九淵を同郷の先輩とあおぐ呉澄がそれを陸九淵の思想顕彰のかたちで進めたものにすぎない。

ただし、呉澄のこの二つの問題提起、礼教秩序の構築と朱陸論争の再検討とは、続く明代儒教の重要な思想的課題となっていく。

コラム　道統の理念と危険性

呉澄《ごちょう》は『易』の乾卦《けんか》にみえる「元亨利貞《げんこうりてい》」の四段階を、太古以来（三皇五帝・夏殷周《かいんしゅう》三代の創業者・孔孟・道学）と道学《どうがく》の展開（周惇頤《しゅうとんい》・二程《にてい》・朱熹《しゅき》・彼自身）の二重構造の上で説明している。自らが道学を完成させて元朝全土に広めようという使命感の表明だった。これは朱熹の道統説の継承であり、三皇五帝以来の教の伝授が朱子学のなかで重視されていたことを示している。

だが、そもそも朱熹の道統説は三重の詐術によって成り立っていた。

第一に、孟子《もうし》以降道学の誕生にいたる一四〇〇年間、道統が途絶えていたとする点。これにより、荀子《じゅんし》や漢から唐の儒者たちが無視され、この間は暗黒時代とみなされた。これは世界的に、ある宗教の新興流派が自分たちこそ教祖の教えに忠実だと主張する場合の常套手段でもある。

第二に、宋《そう》代に道統を復活させたのが周惇頤であったとする点。これは道学誕生の史実に反するだけでなく、欧陽脩《おうようしゅう》・司馬光《しばこう》・王安石《おうあんせき》・蘇軾《そしょく》らの功績を軽視・敵視することだった。儒教の概説書に今なおこの類型が多いことは遺憾である。

第三に、道学のなかで朱熹が二程の正嫡《せいちゃく》だとみなす点。程頤の後、楊時《ようじ》・羅従彦《らじゅうげん》・李侗《りとう》を経《へ》て朱熹に至る流れが道学内部の正統とされ、楊時についてはさておき、羅従彦・李侗を張九成《ちょうきゅうせい》・胡宏《ここう》よりも重視する傾向を定着させた。

朱子学が打ち立てた儒教史像は学術的には正しくない。このことを前提にしたうえではじめて、私たちは儒教の歴史的功罪について回顧し、その現代的意義を語り合うことができるのである。

2　心性論と礼教秩序　明代前半

宋濂と方孝孺

一三六八年、呉《ご》王朱元璋《しゅげんしょう》は金陵《きんりょう》（南京《ナンキン》）で帝位に即き、国号を明《ミン》と定めた。だれかから禅譲《ぜんじょう》されたわけでもなく、前の王朝を放伐《ほうばつ》して完全に滅亡させたわけでもなかった。その意味で、孫権《そんけん》（三国《さんごく》時代の呉の初代皇帝）や安禄山《あんろくざん》と同じく自称皇帝にすぎない。このとき、洪武《こうぶ》という元号制定とともに一世一元《いっせいいちげん》制が宣言され、一人の皇帝が在位中に改元することはなくなった。

明は北伐を宣言して元《げん》軍と交戦、元の朝廷はもはや大都《だいと》（北京《ペキン》）を保持できないと判断して故地モンゴルに帰って行き、この後も長らく存続する。こうして中国に再び漢族による統一王朝が出現した。朱元璋（太祖《たいそ》洪武帝、在位一三六八〜九八）は元をすでに滅びた王朝として扱い、その正史編纂を宋濂《そうれん》たちに命じる。『元史《げんし》』はわずか一年半の作業で、一三七〇年に完成した。その儒学《じゅがく》伝の序文には、「従来の正史では経学者を儒林伝、文学者を文苑《ぶんえん》伝と分けて記載してきたけれども、経と文は表裏一体で儒学の道を示すものだ」として、二つを合わせた意図を説明しており、編纂者宋濂の見解を反映している。

宋濂（一三一〇〜八一）は金華（浙江省）の人。朱元璋に請われて幕下に加わり、同郷の劉基《りゅうき》とともに明初の制度・政策の立案にかかわった。金華はかつての婺州《ぶしゅう》で、宋代以来、何基《かき》・金履祥《きんりしょう》・許謙《きょけん》と、朱子学正統を伝える地域だった。宋濂はその代表として朱元璋政権に参加し、明が朱子学を体制教学とするのに貢献した。詩文にも優れ、経学と文学が元来は一致すべきことを『元史』の体例で主張したわけである。彼は道教・仏教にも理解を示した。

仏教については明も南宋・元を引き継いで五山制度を布《し》いたようだが、詳細は史料が少なくよくわからない（南宋の五山制度がかなり詳細にわかるのは、日本の僧侶が記録していたことが大きい）。道教も南の正一《しょういつ》、北の全真《ぜんしん》の両教団を庇護《ひご》して鎮護国家《ちんごこっか》のために使役した。儒教では朱子学を正統教義と認定し、礼制もその教義に従って定めた。すなわち、一三七〇年の『大明集礼』では郊祀《こうし》・宗廟などの制度を朱子学の見解で定め、冠婚喪祭も『家礼』を基礎においた。これは身分ごとの差等秩序に基づくために礼を措定した鄭玄《じょうげん》や王粛《おうしゅく》の経学とは異なり、皇帝も士大夫と同じ礼規範のもとにあるとする立場であった。それがのちに明の嘉靖大礼《かせいたいれい》の議や朝鮮王朝の礼訟《れいしょう》で争点となる。

宋濂の門人の一人に方孝孺《ほうこうじゅ》（一三五七〜一四〇二）がいる。彼は台州《たいしゅう》（浙江省）の人で、恵帝《けいてい》（建文帝《けんぶんてい》、在位一三九八〜一四〇二）に皇太孫時代から仕え翰林《かんりん》学士となる。太祖の子燕《えん》王（成祖《せいそ》永楽帝《えいらくてい》、在位一四〇二〜二四）の軍事権を削ろうとして反発をかい、彼ら恵帝側近集団を「君側の奸《かん》」として排除することを名目にした挙兵（靖難《せいなん》の役《えき》）を誘発した。結局、恵帝は敗死し、方孝孺は捕らえられて一族すべて処刑される。その際、燕王を「成王はどこにおられるというのか」と面詰《めんきつ》したという話が伝わる。これは、燕王が自分を周公になぞらえ、甥の恵帝のために挙兵したとする名目の偽りをあばくものだった。方孝孺の政治思想は『周礼《しゅらい》』への復帰を理念に掲げており、そのための中央集権政策が燕王と衝突したものだった。周公の理想を実現しようとしていたのは自分の側であり、帝位への野心から簒奪をはかって成功した燕王に対する痛烈な厭味《いやみ》である。方孝孺には『周礼考次《しゅらいこうじ》』という冬官未亡《とうかん》説の系譜に属する著作がある。

郷飲酒礼と六諭

太祖は朱子学の秩序理念を制度化すべくいくつかの施策を実施している。ここでは在地社会にかかわる郷飲酒礼《きょういんしゅれい》と六諭《りくゆ》について述べる。

郷飲酒礼とは『儀礼』郷飲酒礼篇にその式次第が規定された宴会のことで、『礼記《らいき》』郷飲酒義篇はその意義を説明した文章であった。『儀礼』にはこれと並んで郷射礼《きょうしゃれい》篇、『礼記』にはこれに対応するものとして射義《しゃぎ》篇がある。射は弓の競技である。『儀礼』燕礼《えんれい》篇と『礼記』燕義《えんぎ》篇に規定された諸侯が主宰する宴会儀礼と同類であり、『礼記』射義篇冒頭には、「昔、諸侯の射では必ずまず燕礼をおこない、卿大夫士の射では必ずまず郷飲酒の礼をおこなった。よって、燕礼は君臣の義を明らかにする手段であり、郷飲酒の礼は長幼の序を明らかにする手段であった」と述べられている。『礼記』郷飲酒義篇でも、高齢者を敬い尊ぶ意義をもつことが述べられている。五常の一つである長幼の序を在地社会で実演し、共同体の融和を実現するという趣旨の儀礼であった。

朱熹《しゅき》『儀礼経伝通解《ぎらいけいでんつうかい》』では、冠婚喪祭の家礼と国家儀礼の王朝礼とのあいだに郷礼という範疇《はんちゅう》を立てて、郷飲酒礼と郷射礼をここに入れていた。一三七二年、明太祖はこれを制度化して、郷飲酒礼の実施細則を発布する。すなわち、毎年二回、正月十五日と十月一日に、習礼読律《しゅうれいどくりつ》（儀礼を実演し法律を確認する）をおこなうことを目的にした集会を全国各地で催し、あわせて宴会を開くことを命じたのである。

県の場合は地方官が県の学校を会場に主催する国家行事であり、県の下位区分である里（一〇〇戸を単位として組織されていた）で実施するものはそこの成員による自主的な集いというかたちを採《と》った。そこでは皇帝の訓示である「大誥《たいこう》」が宣読され、在地社会における礼教秩序の維持を誓い合う仕組であった。

さらに、太祖は一三九八年、「聖諭六言《せいゆりくげん》」（略して六諭《りくゆ》ともいう）を発布して、郷里の老人が毎月六回これを唱えて住民に遵守《じゅんしゅ》するようふれることを命じた。その六箇条とは以下のとおりである。

孝順父母　父母に孝順なれ（両親に孝行せよ）
尊敬長上　長上を尊敬せよ（目上・年上を尊敬せよ）
和睦郷里　郷里に和睦せよ（郷里では仲良く暮せ）
教訓子孫　子孫を教訓せよ（子孫をきちんと訓導せよ）
各安生理　おのおの生理に安んぜよ（各自の生業に精を出せ）
毋作非為　非為《ひい》をなすなかれ（してはならないことをするな）

単純な教訓の辞であるが、反覆して聴《き》かされることによってその内容を身体化し、ここに列記された道徳条項が民衆に浸透することを狙った施策であった。のちに清《シン》では六箇条を一六条に拡張した聖諭が布告されたし、日本にも江戸時代にこの六諭の解説書が伝わって幕府により日本語普及版がつくられた（二三一頁参照）。明治天皇の「教育ニ関スル勅語」（一八九〇年）も、

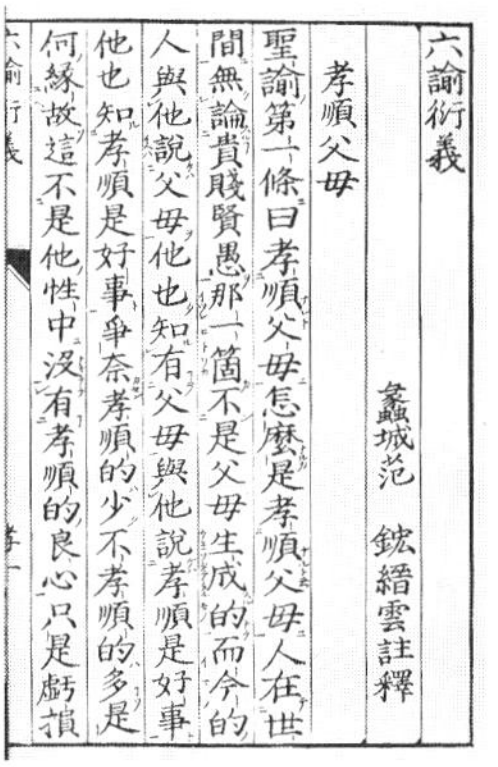
六諭衍義
蠡城范　鋐緍雲註釋
孝順父母
聖諭第一條曰孝順父母怎麼是孝順父母人在世
間無論貴賤賢愚那一箇不是父母生成的而今的
人與他說父母他也知有父母與他說孝順是好事
他也知孝順是好事爭奈孝順的少不孝順的多是
何緣故這不是他性中沒有孝順的良心只是虧損
六諭衍義　孝一

『六諭衍義』

その淵源はここに求めることができ、かつては六諭の説明として「明の教育勅語」という表現が使われていた。

永楽の大典と大全

成祖は父の太祖にも増して朱子学の体制教学化を進め、即位の経緯から士大夫たちが離れていかないようにその求心力を高める努力をした。

そのための壮大な事業が、一四〇八年に完成する『永楽大典《えいらくたいてん》』である。これは古今の図書に載る記事を項目ごとに『洪武正韻《こうぶせいいん》』という字書の音声順によって排列したもので、書籍全文がある項目のところに延々と掲載される場合もあった。すべての知を集める事業であり、現代的な譬喩《ひゆ》でいえば完璧なデータベースの作成であろう。

もう一つが科挙における朱子学一尊の徹底であり、全面的に朱子学の解釈を採用するとして四書五経《ししょごきょう》それぞれに注を指定した。すなわち、四書は朱熹の『四書章句集注』『四書或問《ししょわくもん》』、易は程頤《ていい》『易伝』と朱熹『周易本義』の併用、書は蔡沈《さいちん》の『書集伝』、詩は朱熹『詩集伝』、礼は元人陳澔《ちんこう》の『礼記集説《らいきしゅうせつ》』、春秋は胡安国《こあんこく》の『春秋伝』である。易について併用なのは、『易伝』の義理《ぎり》易と『周易本義』の象数《しょうすう》易的傾向とが異質だからであろう。このうち本書でまだ紹介していなかった『礼記集説』について、ここで簡単に述べておく。

『礼記』は唐代以来、科挙の教材となっていたため、参考書としての関連書籍の需要があった。南宋末の衛湜《えいしょく》という学者は、彼が見ることのできた諸注解すべてから適宜抜き書き引用するかたちで大部の『礼記集説』を編纂した。このなかには朱熹ら道学系の注解はもとより、新学系の陸佃《りくでん》・馬希孟《ばきもう》らの注も引かれており、貴重である。だが、いかんせん、あまりにも大部であったため、元代の陳澔が簡略化したのが同名の『礼記集説』だった。朱子学では本来、『儀礼経伝通解』こそが礼学の精華とみなされていたが、明でも科挙では『礼記』から出題されることになっていたため、ほかに良書もなく陳澔のものが採択されたのである。したがって陳澔編ではあるが、彼自身の見解を述べた注解ではない。

さて、成祖は以上の注について、さらにその解釈を一様にするための疏《そ》の作成を、御用学者の胡広《ここう》たちに命じた。唐太宗の五経正義を意識していたはずである。そして、わずか一年半で完成させたのが五《ご》経四書性理大全《きょうししょせいりたいぜん》だった。『性理大全』とは、朱子学の術語および朱熹『家礼《かれい》』や周惇頤《しゅうとんい》『太極図説《たいきょくずせつ》』『通《つう》書《しょ》』、張載《ちょうさい》『正蒙《せいもう》』、邵雍《しょうよう》『皇極経世書《こうぎょくけいせいしょ》』など朱子学の基本典籍を注解と合わせて収録したもので、朱子学のなかでの統一見解を示している。

しかし、倉卒《そうそつ》な作業工程でつくられた粗悪なものであり、とくに『四書大全』は元人倪士毅《げいしき》『四書輯《ししょしゅう》釈《しゃく》』を丸写ししたにすぎないとされる。思想の深化・発展をとめたという面からも後世の評判はよくない。顧炎武《こえんぶ》は「大全出でて経説亡ぶ」とまでいっている。ただ、朱子学の深化・発展は思想の独創性でのみはかられるべきではない。

科挙を通じた朱子学の浸透は、受験生向けのわかりやすい注釈書の需要を喚起した。批判的に末疏《まっそ》と呼ばれる作品群で、たしかに思想の深化・発展はみられないが、哲学的な頭脳をもたない一般の在地士人たちに向けて朱子学を理解しやすいかたちで提示した功績がある。なかでも、ともに泉州《せんしゅう》（福建省）出身の蔡清《さいせい》・陳琛《ちんちん》・林希元《りんきげん》の三人は、易と四書についてそれぞれ蒙引《もういん》・浅説《せんせつ》・存疑《そんぎ》と名づけた朱熹注への解説を著し、流行した。

理気心性論の新展開　薛瑄・黄潤玉・呉與弼・胡居仁

薛瑄《せっせん》（一三八九〜一四六四）は河津《かしん》（山西省）の人で、一四二一年の進士。若くして朱子学者としての令名が高かったが、老年になってからの一四五七年、礼部右侍郎《れいぶうじろう》・翰林院学士《かんりんいんがくし》として入閣した。思想・学術の雑記として『読書録《どくしょろく》』『続読書録』を遺した。敬の実践に重きをおき、敬軒《けいけん》と号した。

薛瑄は理先気後説《りせんきごせつ》を否定し、あくまでも理は気のなかに存在するということを強調する。理先気後説とは、朱熹生前からその門弟たちが関心をもっていた論題で、朱熹の理気論におけるこの二つのものの先後関係をどう捉えるべきなのかという問題だった。朱熹自身、『朱子語類』でそうした質問にいろいろ答えてはいるが、その回答は必ずしも明確でなく、それゆえ後世まで議論を呼んでいたわけである。一般には陳淳《ちんじゅん》の解釈に基づき、理先気後説が採られていた。しかし、薛瑄は朱熹自身の著述に戻って考察し、理と気を切り離して捉えてはならないと繰り返し述べた。これは、理先気後説が広く根づいていたこと、当時を代表する大学者の薛瑄がそれを理論的に否定しても覆せなかったことを示している。科挙試験の答案を書くには、理先気後説のごとく図式的で整理しやすい平板な解釈が便利であり、大勢としてはこのかたちで朱子学の理気論が受容されていた。

薛瑄の友人黄潤玉《こうじゅんぎょく》（一三九一～一四七九）は寧波《ニンポー》（浙江省）の人で、「聖人に少し学べば、少し好《よ》い人になる」と、致知（読書）と力行（慎独《しんどく》）を両輪とする着実漸進主義の修養を説いた。

天は気にほかならず、地は質にほかならない。天地が万物を生みだすのは、人体から毛髪が生えるようなもので、おのずと気が化する（気化自然《きかしぜん》）のに委ねられている。人は心のなかに気がたまる場所があって、たまたまそこに理が宿って霊妙なので心神という。太虚のなかにもひとかたまりの気があり、霊妙なこと人の心のようなので、それで天神というのだ。（『海涵万象録《かいかんばんしょうろく》』）

彼のこの理気論は朱子学の枠内にはおさまっているが、薛瑄より一歩進めて、理がむしろ気に従属する概念として位置づけられている。天地の神々についても気の働きの次元であることが強調され、気化自然（気のおのずからの働きによる作用）が根幹にすえられた。気を強調し、理よりも上位概念にすえようとするこうした気の思想は、明代の儒教思想を特徴づける性格の一つである。

呉與弼《ごよひつ》（一三九一～一四六九）は撫州（江西省）の人で、科挙受験をせずに生涯を終えた。彼にとっては、朱子学修得と科挙受験とは別のものになっていたのである。彼の理気論は「元気《げんき》」という概念を再評価するところにあった。「三綱五常は天地の元気、一身もそうだし、一家もそうだ」。道徳実践に重点をおく彼の思想は、致知に偏りがちな科挙の受験勉強から遠ざかり、力行に専念する途《みち》を彼に選ばせたのである。その門下からは胡居仁《こきょじん》や陳献章《ちんけんしょう》がでた。

胡居仁（一四三四～八四）は饒州《じょうしゅう》（江西省）の人で呉與弼の門人、彼も終生仕官せず「持敬《じけい》（敬の心がけを常時保つ）」に力点をおき、敬斎《けいさい》と号した。

孔門の教えは(『論語』にある)博文約礼の二事につきる。博文とは読書窮理のことで、こうでなければ心を明らかにすることができない。約礼とは操持《そうじ》力行のことで、こうでなければ自分に保つことができない。(『居業録《きょぎょうろく》』)

読書し見聞を広めていって理を窮めるのも心をみがくためであるという主張は、操持力行(常時道徳実践を続けること)への重心移行を意味している。陳献章については後述する。

薛瑄以下、彼らは経書注解を著していない。『四書蒙引』を書いた蔡清らのように経書の文言に即して朱子学を理解しようというのではなく、朱子学が立てた理気心性論を再考するなかで、それぞれに聖人孔子の意図にそうと考える説を立てていた。明代には心学が興隆したとされるゆえんである。彼らのこうした貢献はやがて朝廷からも評価され、一五七一年に薛瑄、一五八五年には胡居仁・陳献章が王守《おうしゅ》仁《じん》と並んで、文廟《ぶんびょう》の孔子への従祀《じゅうし》の列に追加登録されている。

嶺南の儒者たち　丘濬・陳献章・黄佐

明代中期には、広東省《かんとん》(今の海南省《かいなん》も当時は広東の一部)から、在地社会に礼教を浸透させようと、著作と実践両面で活動をおこなった儒者たちが輩出した。

丘濬《きゅうしゅん》(一四二一〜九五)は瓊州《けいしゅう》(海南省)の人で、一四五四年の進士。官界のエリートコースを歩み、戸部《こぶ》尚書《しょうしょ》・文淵閣大学士《ぶんえんかくだいがくし》にいたった。「当代の通儒にして、およそ六経・諸史、古今の詩文、医卜老釈の説を挙げて、深く究めざるはなし」(『国朝内閣名臣事略《こくちょうないかくめいしんじりゃく》』)と評されており、明を代表する士大夫といってよ

丘濬

かろう。ここでは儒教における功績に絞って二つ紹介する。

一つは、『家礼儀節《かれいぎせつ》』の編纂である。これは朱熹『家礼』の増補版で、図を多用したり、こまごまとした所作の記述を入れたりして儀注を充実させ、より実践的なマニュアル書として整備したものとなっている（巻末付録参照）。彼が活躍した十五世紀後半以降、宗族組織はさらにいっそうの広がりを見せて在地士人たちの標準となっており、そこでおこなわれる冠婚喪祭儀礼においてはこの『家礼儀節』が用いられることが多かった。丘濬は南方辺境の地から北京《ペキン》にでてきたわけだが、その際に『家礼』どおりの諸儀式が中央の士大夫のあいだですらさほど実践されていないことに衝撃を受けて、この書物の編集を思い立ったと述べている。

もう一つは、『大学衍義補《だいがくえんぎほ》』で、真徳秀《しんとくしゅう》『大学衍義』が八条目最後の二つ（治国・平天下）を欠いていたのを増補するという形式で編まれた。真徳秀にとっては君主の心構えが政治の要諦であり、修身・斉家《せいか》までがなされれば充分で、あとはむしろ臣僚たちの仕事だという考え方であった。君主にとって肝要なのは人を見る目で、間違いのない人事任用さえすればよいというのは、欧陽脩《おうようしゅう》以来、宋代儒者全体に共通する考え方であった。

丘濬もまたその考え方をもってはいるのだが、より具体的な政策の次元で古今の沿革・経験を列挙し、そこから明がおかれた状況に対する施策を引き出そうというのがこの書の趣旨である。各事例の最後に「臣按《しんあんずらく》」として自身の見解が提示されており、文面上は真徳秀と同じく皇帝に向かっての提言になっているけれども、それを取り込んで実践していく主体として想定されているのは彼自身もそうである科挙官僚たちだったと思われる。その意味で、『大学衍義』の権威を借りていながら、じつは異質な書物を著したとする見方もある。彼の個々の意見の具体的内容については、経済政策面で王安石《おうあんせき》とも通じるものがみられる程度で、取り立てて注目すべき発想はない。

このように、如上の二つの書物において、丘濬が思想的に何か新しい内容を盛り込んだわけではない。ただ、朱熹の教説を薄めたかたちではあれ、実践倫理や政策提言として浸透させた点で、彼が朱子学発展のうえではたした功績は大きい。

陳献章（一四二八〜一五〇〇）は広州《こうしゅう》（広東省）の人で、一四四七年、二十歳で挙人《きょじん》（郷試《きょうし》の合格者）になったものの北京での会試《かいし》では副榜進士《ふくぼうしんし》（準合格者）にとどまり、江西に呉與弼を訪ねてその門弟となった。以後一〇年間、故郷で読書静坐《せいざ》の日々を過ごしたが、ついに進士にはなれなかった。郷里で多くの門人に教えた。

彼の学風は一言でいえば「端坐澄心《たんざちょうしん》（じっとすわって心を研ぎすます）」だった。彼によれば、経書はたしかに孔子が遺したもので重要だけれども、その文言に囚われてはならない。肝心なのは自分の心の持ち方だからだ。彼の詩には「私に著書がないのを笑ってくれるな、真の儒者は鄭玄《じょうげん》ではない」という句があるように、まとまった著作を遺さなかった。こうしたところから、通常、彼は心学の系譜に入れられ、陽明学《ようめいがく》の先駆と位置づけられる。

しかし、他面では、彼は在地社会への礼教浸透に貢献している。郷里の新会県《しんかいけん》の知事に、四礼《しれい》（冠婚喪祭）の実用的儀注を提案しているのだ。残念ながらその全文は現存しないが、丘濬『家礼儀節』に通ずる内容であったことが想像される。そして、この点で、学風のまったく異なる黄佐《こうさ》からも郷士の先人として顕彰された。

黄佐（一四九〇〜一五六六）も広州（広東省）の人で、一五二一年の進士。翰林院の役職を歴任したエリート官僚である。王守仁と面談したがその教説には納得しなかった。晩年は故郷に戻って孔孟の道の研鑽に励んだ。

広東・広西の各種地方志を編纂したのをはじめ、『詩経通解《しきょうつうかい》』『礼典《れいてん》』『楽典《がくてん》』『続春秋明経《ぞくしゅんじゅうめいけい》』など経学の著作も多い。なかでも『郷礼《きょうれい》』（彼の号を冠して『泰泉《たいせん》郷礼』とも呼ばれる）は、在地社会に礼教を浸透させるための具体策であった。

『郷礼』はまず在地社会の地縁組織として郷約《きょうやく》の結成を促す。郷約は既述（一四四頁参照）のような経緯で朱熹によって典範として顕彰され、明代半ばには実際に各地で結成されるようになっていた。そもそも、太祖の里甲《りこう》制は『周礼』を模範とし、制度史的には王安石の保甲《ほこう》法を継承して定められた国制だった。これは一甲十戸《いっこうじっこ》・十甲一里《じっこういちり》の編成による人為的な共同体を設け、税役負担を課す単位として国家権力が民を掌握する手段であった。あわせて、そこではこれも『周礼』に依拠して儒教的な教化が礼を通じてなされる仕組だった。しかし、王朝創業から一〇〇年が経過した十五世紀後半になると、形骸化していた。国家が上からつくる里甲に代わって、在地社会で自発的に設けるのが郷約であり、その点では王安石型の統治システムに対する朱子学型のシステムだった。そして、郷約結成を呼びかけるのは在地社会のリーダーである儒教的教養の持ち主、すなわち士人層だった。

『郷礼』が描く郷約では、経済的相互扶助の申し合わせとともに、初等教育機関がおかれる。また、その土地の神を祀る社《やしろ》を建てて「社会《しゃかい》(結社の会合)」としての一体感を構成員がもつようにさせ、和合のための宴会がおこなわれた。『儀礼』や『礼記』に基づく郷飲酒礼《きょういんしゅれい》である。このように、経書に記載された周代の理想的社会を再現して秩序を安定させようというプランが練られた。以後、同族組織である宗族とともに、郷約は全国各地で結成されるようになっていく。必ずしも黄佐の『郷礼』がそれらすべての典範として機能したわけではないが、彼が志向したほうへと明清の中国社会は動いていった。彼らが意識・提唱したことによって現実に浮かびあがってきた在地社会の場のことを、郷里空間《きょうりくうかん》と呼んでおきたい(溝口雄三・池田知久・小島毅『中国思想史』)。

このようにして、儒教の担い手である士大夫の主導で、人為的に疑似地縁組織が構成されていく。庶民から在地社会のリーダーと認識される士人を呼ぶ語が、郷紳《きょうしん》であった。郷紳は一面では住民たちの利害を代表して外部の権力(他所の連中や国家)と戦い、内部的には民衆から経済的搾取をおこなう土豪劣紳《どごうれっしん》ともなりうる存在だった。中国近世社会はこうした構図のなかで展開していく。

3　陽明学と西学　明代後半

嘉靖の礼制改革

一五二一年、武宗《ぶそう》（正徳帝《しょうとくてい》、在位一五〇五～二一）は子なくして崩じ、いとこにあたる世宗《せそう》（嘉靖帝《かせいてい》、在位一五二一～六七）が即位する。中国や韓国では親族内での継承に際してもともとの世代関係を重視するため、世宗は伯父（武宗の父）の孝宗《こうそう》（弘治帝《こうちてい》、在位一四八七～一五〇五）の継嗣として皇位（宗族用語では大統《たいとう》）を受け継いだこととされた。すると、世宗の実父に対する呼びかけの表現が問題になる。系譜上は叔《しゅく》とすべきなのか、それとも考《こう》（亡父を指す）でよいのか。宋《そう》の濮議《ぼくぎ》と似た事態が出来《しゅったい》した。

武宗以来の大臣たちは濮議の時の司馬光《しばこう》の見解、すなわち皇叔説を採《と》った（濮議では濮王は仁宗より上なので皇伯だった）。世宗自身はこれに不満で、その意を察して新進の張璁《ちょうそう》らがかつての欧陽脩《おうようしゅう》側の論陣を形成、三年間にわたって紛糾した。これを嘉靖大礼の議という。結局は世宗の意向どおり、孝宗を皇伯考、実父には興献《こうけん》皇帝という追号を贈って皇考と称することになった。

この一件で礼制に興味をもつにいたったのか、世宗はその後、祭祀の大幅な改訂に乗り出す。太廟《たいびょう》（後漢以来の同堂異室、七四頁参照）を経書どおりに一代一廟の宗廟に戻したり、孔子の称号を大成至聖文宣王《たいせいしせいぶんせんのう》から至聖先師《しせいせんし》に変え、これに連動して孔子の弟子や歴代儒者たちの称号もいっせいに変更したり、彼らの偶像を木主《ぼくしゅ》（位牌）に改めたりした。なかでも、郊祀《こうし》の改革が王権儀礼上、もっとも重要であった。

明では太祖がはじめ朱子学の教義に基づき、冬至に天、夏至に地という分祭と、正月の祈穀祀《きこくし》を立てていたが、太祖自身、のちに露天壇上の祭祀を廃して正月の殿中での天地合祭の儀礼に一本化した。成祖による北京遷都後もこれが踏襲されていたのだが、世宗は教義どおり、露天壇上での分離祭祀方式を復活させることを命じた。こうして北京の郊外に、南に天壇、北に地壇が築かれ、また天壇内には正月祈穀祀用の祈年殿《きねんでん》が建設され、皇帝自身が司祭となること（親祀《しんし》）を原則とした。ただ、実際には代理の派遣（有司摂事《ゆうしせつじ》）が多い。経学どおり天壇は円丘、地壇は方丘であり、祈年殿は天をかたどる円柱三層構造であった。以後、清が滅亡するまでこれらの祭場で郊祀がなされることになる。なお、あわせて東に日壇、西に月壇が造営され、春分と秋分を祭日としたが、こちらには皇帝が自身訪れることはなかった。

世宗はその後、道教を篤く信仰するようになっていくが、嘉靖初期のこれら一連の礼制改革は、朱子学の教義がようやく王権儀礼に徹底して根づいたという点で、朱子学の絶頂期を象徴するといえよう。嘉靖年間は、北ではアルタン・ハーン（俺答汗）がモンゴル諸部族をまとめて勢力を拡大し、南では後期倭寇《わこう》が猖獗《しょうけつ》を極めていた（北虜南倭《ほくりょなんわ》）。一方で、南方沿海部は未曾有の経済発展に潤いつつあった。陽明学が登場するのはこうした時期である。

王守仁の思想

王守仁《おうしゅじん》（一四七二〜一五二八）は紹興《しょうこう》府（浙江省）の人、父は科挙に首席で合格したエリート官僚だった。号の陽明《ようめい》で呼ばれることが多い。若いときに庭に生える竹を見てその理を窮めようとし、七日七晩挑んだが挫折する。はじめは修辞の学に溺れ、次に道教・仏教にひたり、最後に儒教に目覚めた（学三変《がくさんぺん》）。一四九九年に進士となる。武宗に寵愛されていた宦官劉瑾《かんがんりゅうきん》に不当に逮捕された官僚を擁護して劉瑾の逆《げき》鱗《りん》にふれ、四〇回の杖刑を受けたうえで貴州《きしゅう》の龍場駅《りゅうじょうえき》という辺鄙《へんぴ》な場所に送致された。彼がなじんできた北京《ペキン》や紹興の言語が通じない環境のなかで、次のような悟りにいたる。「聖人の道は自分の性のなかに具わっている。それを外物の理に求めようとするのは間違いだ」と。これを龍場大悟《たいご》と称する。劉瑾一派が粛清《しゅくせい》されると北京に戻り、官界で順調に昇進した。江西省南部の民衆一揆や皇族寧《ねい》王の反乱を鎮圧する武勲をあげる。世宗即位の翌年に父が没し、服喪のため帰郷して地元での講学活動を展開した。一五二七年、再び民衆一揆鎮圧に召し出され、成功をおさめたその帰路に没した。嘉靖七年十一月二十九日のことで、ユリウス暦では年が明けた一五二九年の一月九日となるため、彼の没年の西暦表記は一五二八年とするものと一五二九年とするものの二通りがある。

王守仁

王守仁の思想は次の三つの標語で語られている。曰く、知行合一《ちこうごういつ》、心即理《しんそくり》、致良知《ちりょうち》。

知行合一とは、彼以前から話題になっていた致知と力行の関係についての教説である。王守仁はたんに両者どちらも重要だというのではなく、一歩進めて両者は一体不可分だとした。見聞知は真の意味での知ではない。それを実践してはじめてわかったことになる。したがって、行動することが知識を獲得するという意味になる。王守仁の意図としては、あいかわらずの知識偏重だった当時の朱子学の大勢を批判するところにあっただろうが、この説が極端に解釈されると過激な行動主義となり、読書を通じた見聞知の修得を疎《おろそ》かにする傾向に繋がる危険性をはらんでいた。実際、日本における陽明学ではこのように受け取る向きが強い。

心即理はもともと陸九淵《りくきゅうえん》が主張していたことである。ただ、陸九淵においてはさほど強調されてはいなかった。この文言が朱子学の性即理と対《つい》になるため、王守仁によって再発掘された。江西省に在任していた時期、あらためて同地出身の陸九淵の思想に親近感をいだいて顕彰を始めたのである。したがって、陸九淵の思想が呉澄《ごちょう》や陳献章《ちんけんしょう》を通して王守仁に伝わったという学統的な捉え方は事実に反する。ただ、すでに縷々述べたように、致知と力行の二項対立図式のもと、後者を強調する学者たちのあいだで同じような内容がいわれ続けてきており、その思想系譜を時系列にそって王守仁にいたるまでたどることはできる。つまり、王守仁がしたことは、朱子学では性即理としたうえで性と心を概念上明確に区別し、「心は性・情を統ぶ」とみなしてきたのに対して、理が性として宿る心の働きそのものも理と呼ぶべきだという、心という語の意味内容の解釈変更であった。これは知行合一説とも響き合うもので、理を心に宿していてもそれだけではだめなのであり、心が動いて働かねばならないということでもあった。

致良知説は王守仁が紹興に戻ってから力説されるようになった、晩年の教説である。『大学』の致知と『孟子』の良知《りょうち》とを結合させ、人間一人ひとりに生まれつき具わっている良知(天理)を発揮することが肝心だとする。ここで「致」は朱子学のように学習成果として学びとるという意味ではなく、自身の内面にある天理を外界に向け発信することであり、それが人間本来の生き方であるとした。前の二つ（知行合一・心即理）と表現こそ違え、それらを思想的に深化して工夫された教説であった。

陽明学の展開

王守仁最後の出征時、銭徳洪《せんとくこう》と王畿《おうき》（ともに紹興府の人）という二人の高弟が天泉橋《てんせんきょう》での別れ際に師にある質問をした。それは『大学』八条目前半の四つ（格物・致知・誠意・正心）を善悪概念でどのように理解したらよいかというものだった。銭徳洪（一四九六～一五七四）の提案は、

無善無悪《むぜんむあく》は心の体《たい》　有善有悪《ゆうぜんゆうあく》は意の動《どう》
善を知り悪を知るのはこれ良知　善を為《な》し悪を去るのはこれ格物

だった。これに対して王畿（一四九八～一五八三）の提案は、

無善無悪は心の体　無善無悪は意の動
無善無悪はこれ良知　無善無悪はこれ格物

というもので、徹底的な無善無悪説だった。無善無悪とは通常の善悪の次元を超越した究極の善のことで、性善説をこのように捉えることで善と悪が二元論的になるのをきらった解釈である。銭徳洪はあくまでそれは心の本体における問題で、実践段階では善悪の区別をしていく必要を説いた。王畿のほうは無善無悪を徹底させることで日常の通俗道徳を超える深みをこの学説に与えようとした。

二人の話を聞いた王守仁は、どちらにも一理あるとしたうえで、王畿の説は上根《じょうこん》（生まれつき優秀な人）向け、銭徳洪の説は中根《ちゅうこん》以下の人向けだと評した。つまり、方便として相手により使い分けることが必要だと諭《さと》したのである。この二人は師の没後に喪に服したうえで一五三二年に同時に進士となっている。陽明学というと在野の人たちが担った思想のように思われがちだが、彼らもそうであるように進士になって官界で活躍した為政者が教説を展開させている場合が多く、この点で朱子学と本質的な相違はない。

この二人はそれぞれ陽明学を次の世代に伝えていくが、彼らのほかにも、泰州府《たいしゅう》（江蘇省）の人王艮《おうごん》（一四八三〜一五四〇）は泰州学派と呼ばれる一派をつくりあげた。王艮の思想の根幹は、一般民衆の日常生活こそが道であり学であるというもので、士人階層に閉ざされていた儒教を開放したと評される。たしかにこの一派は王艮自身そうであるように一般民衆に信者が多く、思想内容もしだいに身分秩序を批判して矯激化《きょうげき》していく。ただし、王艮には『礼記《らいき》』の規定どおりの服装（明代の人から見たら異様な服装）をしてみたり、一介の庶民でも天下国家のために行動すべきだと言ってみたり、儒教の理想を原理主義的に追究する姿勢があった。もともとの出身階層が庶民であったがゆえに、より忠実に士大夫として求められる生き方を、外形を含めて求めていたと心理的に分析することもできよう。この原理主義的思考は泰州学派の特徴で、形式に囚われる礼教重視の学者たちを批判し、あえてそこから逸脱する行動に走ることにもなる。なかでも有名なのが李贄《りし》（卓吾《たくご》）である。

李贄（一五二七〜一六〇二）は泉州府（福建省）の人で、はじめは林載贄《りんさいし》と称しており、ムスリムの家柄という説もある。号で李卓吾と呼ばれることが多い。一五五一年に挙人となり、学校の教官や雲南省《うんなん》の姚《よう》安《あん》府の知事を務めた。一五八〇年、五十四歳で官を辞して以後は諸国を遊歴し、髪を剃《そ》って仏僧になったりして過ごした。マテオ・リッチと会ってキリスト教についても話を聞いている。『焚書《ふんしょ》』『蔵書《ぞうしょ》』などの著作がある。講話説教の仕方が公序良俗に反すると告発されて逮捕され、獄中で自刃した。

李贄は泰州学派に傾倒し、他の陽明学者と交流・論争することが多かったが、道教・仏教・キリスト教にも関心を示す一方で、特定の教説に固執することなくすべての既成教説に対して批判的であった。そして、彼独自の心性論として童心説《どうしんせつ》を提起し、それが危険思想とみなされる理由ともなった。性善説の立場を採る点で、朱子学者や一般の陽明学者と変わらない。ただ、彼は、孟子のいう赤子《せきし》の心とは純粋無垢の汚れなき心の謂《いい》であり、人は成長するに従ってそれを喪失して世俗の垢《あか》に染まっていく。人間は後天的に修得した見聞知やそれに基づく常識的通念の桎梏《しっこく》から自由になり、各自の童心に立ち返って本性をそのまま発露させるようにすべきである、と説いた。礼教という縛りによって社会秩序を維持安定させようとする朱子学者や他の陽明学者たちにとって、この見解は矯激な謬説《びゅうせつ》にみえた。彼らは自分の利権擁護という狭い了見《りょうけん》から迫害したというよりは、李贄の思想に反社会性を感じたのである。

李贄

というのは、李贄のこの童心説は、人間性を礼賛する楽天主義ではないからである。彼がいう童心はたしかに純粋無垢であるが、それは野獣性の純粋無垢でもあって、欲望の奔流を自然かつ自由に肯定する面があった。それこそが闘争本能をもつ人間の本来の姿であり、すました顔で仲良く調和的に振る舞うのは偽善的行為ということになる。この意味では、李贄は荀子《じゅんし》の性悪説にじつはかなり近い人間観の持ち主だった。実際、彼は法家《ほうか》思想や秦始皇帝《しんしこうてい》の再評価を提起していて、儒教の伝統的な歴史認識を大きく逸脱《いつだつ》している。ただし、こうした捉え方は儒家思想の原点に立ち戻って論理的に思索を突き詰めていった場合の一つのあり方ともいえ、その原理主義的な態度は、たしかに異端でありながらも正論ではあった(溝口雄三『李卓吾――正道を歩む異端』)。

李贄を含む泰州学派は、陽明学のなかでも過激な思想を説いた。他方で、穏健な立場から礼教社会を維持していく提案をする陽明学者たちもいた。近代になると、フランス革命議会の用語を流用して、前者を左派、後者を右派と呼ぶようになる(嵇文甫《けいぶんぽ》『左派王学』)。また、主義主張から現成《げんじょう》(左派)・修証《しゅうしょう》(正統派)・帰寂《きじゃく》(右派)の三派に分ける説もある(岡田武彦『王陽明と明末の儒学』)。

張居正と東林党

張居正《ちょうきょせい》(一五二五〜八二)は荊州府《けいしゅう》(湖北省)出身で、一五四七年の進士。陽明学者の高官徐階《じょかい》に認められて昇進するが、のちには彼の政敵と組んで首輔《しゅほ》(首席の内閣大学士のことで、事実上の宰相)となる。財政改革のために全国的な丈量《じょうりょう》(検地)を実施し、一条鞭法《いちじょうべんぽう》(税の銀納化)を推進した。ただ、この中央集権策は地方の郷紳たちと利害が対立し、郷紳＝士大夫の輿論からは批判をあびる。

幼くして即位した神宗《しんそう》（万暦《ばんれき》帝、在位一五七二～一六二〇）を政治面だけでなく教育面でも輔弼《ほひつ》し、経学面では一五七三年に『詩』と四書の注解として、かっちりした文語体ではなくわかりやすくくだけた表現で説いた『詩経直解《しきょうちょっかい》』『四書直解《ししょちょっかい》』を著した。また、『歴代帝鑑図説《れきだいていかんずせつ》』の文章を撰し、宮廷絵師に図を描かせて神宗の教科書とした。この本は、故事のなかから善行の君主八一例と悪行三六例をあげたもので、八一は九の二乗、三六は六の二乗、それぞれ易の陽爻《こう》・陰爻の数に合わせている。陰＝悪ではなく陽＝善に神宗が向かうようにという意図だった。ほかにも『資治通鑑』を四年間にわたって自ら御前進講し、『資治通鑑直解《しじつがんちょっかい》』を著しており、張居正は神宗に対して徹底した帝王学教育を施している（黄文樹《こうぶんじゅ》『張居正的教学思想與教育改革』）。

しかしながら、もしくはそれゆえに、張居正の死後、神宗は朱子学的な理想の君主になることを拒絶し、勝手な行動をとり始める。なかでも科挙官僚たちと鋭く対立したのが、寵妃が生んだ三男の朱常洵《しゅじょうじゅん》の処遇をめぐる問題であった。当初、神宗は皇太子にしようと考えたが、長幼の序から長男を推す官僚たちの反対に遭《あ》い、断念した。ついで、常洵を福《ふく》王に封じたうえで広い土地を王領として与えようとし、またも官僚たちから猛反対に遭う。神宗は科挙官僚と疎遠になり、宦官《かんがん》たちを重用して政務を委ねた。なかでも魏忠賢《ぎちゅうけん》が神宗治世後半から、次の在位わずか一箇月の光宗《こうそう》（泰昌《たいしょう》帝、一六二〇年に在位）を経て熹《き》宗《そう》（天啓《てんけい》帝、在位一六二〇～二七）の代まで専横を極めた。これと対立したのは顧憲成《こけんせい》をはじめとする清議派の士大夫たちだった。

顧憲成（一五五〇～一六一二）は常州《じょうしゅう》府（江蘇省）の出身で、一五八〇年の進士。立太子問題で神宗と対立して帰郷。朱子学を奉じ、無錫《むしゃく》に南宋の楊時《ようじ》が建てた東林書院《とうりんしょいん》を再興して講学したことから、彼を中心とするグループを東林党と呼ぶ。彼は神宗在位中に死去するが、その後も魏忠賢らを批判弾劾する運動が続き、弾圧を受けて一六二六年に獄死者を出す事態にいたる。一六二七年に毅宗《きそう》（清が与えた廟号は懐宗《かいそう》、崇禎帝《すうていてい》、在位一六二七〜四四）が即位すると魏忠賢は失脚、東林党は名誉回復した。

東林党という呼称は狭義には無錫の書院に集った士人たちを指すが、広義には江南の郷紳たちによる学術・実践活動を意味する。朱子学を奉じる者が多かったが、陽明学者も含まれ、儒教教義上の区分よりも彼らの社会的階層性とそれに基づく礼教思想によるグループであった。名教の護持が眼目で、そのため李贄をはじめとする泰州学派は批判対象となる。一方で、張居正のような中央集権主義にも反対し、郷里空間での自分たちの指導性を主張した。清初の儒教を担う黄宗羲《こうそうぎ》や顧炎武《こえんぶ》は、この環境から登場することになる。

西学の流入

一五八二年、たまたまユリウス暦からグレゴリオ暦への改正がおこなわれた年、イエズス会士マテオ・リッチがインドのゴアからマカオに到着した。マカオはポルトガルの管轄する港湾都市となっており、すでに同地にはイエズス会東インド管区巡察師のアレッサンドロ・ヴァリニャーノが拠点を築いていた。ヴァリニャーノは日本の天正遣欧使節《てんしょうけんおうしせつ》派遣の立役者として知られる。インド・日本に続き、いよいよアジア最大の国家であった中国における布教のため、天正遣欧使節に同行して日本からゴアに戻った際、有能なリッチをマカオに派遣したのである。リッチはマカオで中国語を修得したうえで北京に乗り込む。

リッチはヴァリニャーノが採った適応政策を実践し、利瑪竇《りまとう》という漢字名を名乗ったうえで、洋服ではなく儒服を着用し中国語を操ることで士大夫文化に参入した。祖先祭祀はキリスト教徒の信仰義務に違反しないとして認めることで、彼らの習俗・心情を尊重するかのごとき姿勢をみせた。こうして明の高官たちから信頼を獲得し、士大夫官僚のあいだからも李之藻《りしそう》・徐光啓《じょこうけい》のような入信者がでた。キリスト教の教義を解説した『天主実義《てんしゅじつぎ》』やユークリッド幾何学を訳した『幾何原本《きかげんぽん》』をきちんとした文語文で著し、また世界地図である『坤輿万国全図《こんよばんこくぜんず》』を描いた。リッチと彼の後継者たちカトリック宣教師によって、キリスト教のみならず、同時期の西洋の科学技術や世界観が中国に紹介されていく。こうした学術のことを西学《せいがく》と称する。

たとえば、ヨハン・アダム・シャール・フォン・ベル（湯若望《とうじゃくぼう》）は天文学の知識を買われて欽天監《きんてんかん》（宮廷天文台）で改暦作業をおこない、西洋暦学の手法と成果を東アジアの太陰太陽暦に応用して崇禎暦《すうていれき》（時憲暦《じけん》）を作成した。この作業には徐光啓もかかわっている。暦は古来中国王権が重視してきた権威の源泉であり、儒教の伝統にとってはここに夷狄《いてき》の発想が入り込むのは由々《ゆゆ》しき事態だった。そのため時憲暦は誹謗をあびることもあったが、清代に日蝕予報の正確さを伝統的な暦法による計算と競って最終的に勝利し、西学の地位は確固たるものとなった。

清では聖祖《せいそ》（康熙帝《こうき》）による庇護もあって、西学はさらに浸透し、のちにキリスト教布教が禁止されても学術としての西学は学ばれ続けた。考証学の成立・展開にも西学の知識が大きく作用している。

4 朱子学の流入 朝鮮王朝と日本

朝鮮王朝の国制

新羅《しらぎ》は唐の衰亡と軌を一にして九世紀末には解体し、後三国時代(新羅・後百済《ごくだら》・泰封《たいほう》)の分裂期を経て、半島は泰封からでた高麗国によって九三六年に統一された。まもなく科挙《かきょ》制を導入して宋《そう》と同様の文臣官僚制度を採ったが、儒教よりも仏教が篤く信仰されていた。十二世紀末からしばらく軍人が権力を握る武臣政権期があり、続いてモンゴル軍の侵入をこうむって属国化された。この時期、王の世継ぎ(世《せい》子《し》)は大都(北京)に人質となり、代々モンゴル族から妃を迎えてモンゴルの習俗が宮廷に浸透した。ただ、一方で、この朝貢関係を通じて朱子学も伝わった。

一三九二年、朝鮮が建国されると仏教に代わって朱子学が国教となり、一三九八年創設の成均館《せいきんかん》(かつての国子監《こくしかん》)を拠点に朱子学の教育がおこなわれた。太宗《たいそう》(在位一四〇〇〜一八)の時期に中央集権化が進んだが、その制度の多くは明を模したものだった。また、引退した官僚たちは故郷に書院を開いて朱子学を教授し、『家礼《かれい》』式の冠婚喪祭を実践して朱子学を在地社会に広めた。

世宗《せそう》(在位一四一八〜五〇)は韓国語の音を表記するための独自文字を集賢院学士《しゅうけんいんがくし》の鄭麟趾《ていりんし》たちに考案させ、その解説書として『訓民正音《くんみんせいおん》』を刊行した(一四四六年)。いわゆるハングルであるが、その構造は中国伝来の音韻学を応用して一音節を三つの要素に分けて記号化し、子音（初声）の符号を口や舌のかたちをもとに定めている。きわめて合理的・体系的な表音文字であり、『訓民正音』自体の説明によればその発想は朱子学の教義から得ていた。ただ、一説によればモンゴル帝国のパスパ文字の影響がみられるという。

世宗は廃仏政策をとって仏教寺院を整理縮小し、逆に『三綱行実図《さんこうこうじつず》』を刊行して儒教道徳の浸透に務めた。曽孫の成宗《せいそう》（在位一四六九～九四）のときには、五礼《ごれい》について規定した『国朝五礼儀《こくちょうごれいぎ》』や、世宗が官制をあらためて定めた『経国大典《けいこくたいてん》』が完成し、朝鮮の国家制度が固まった。

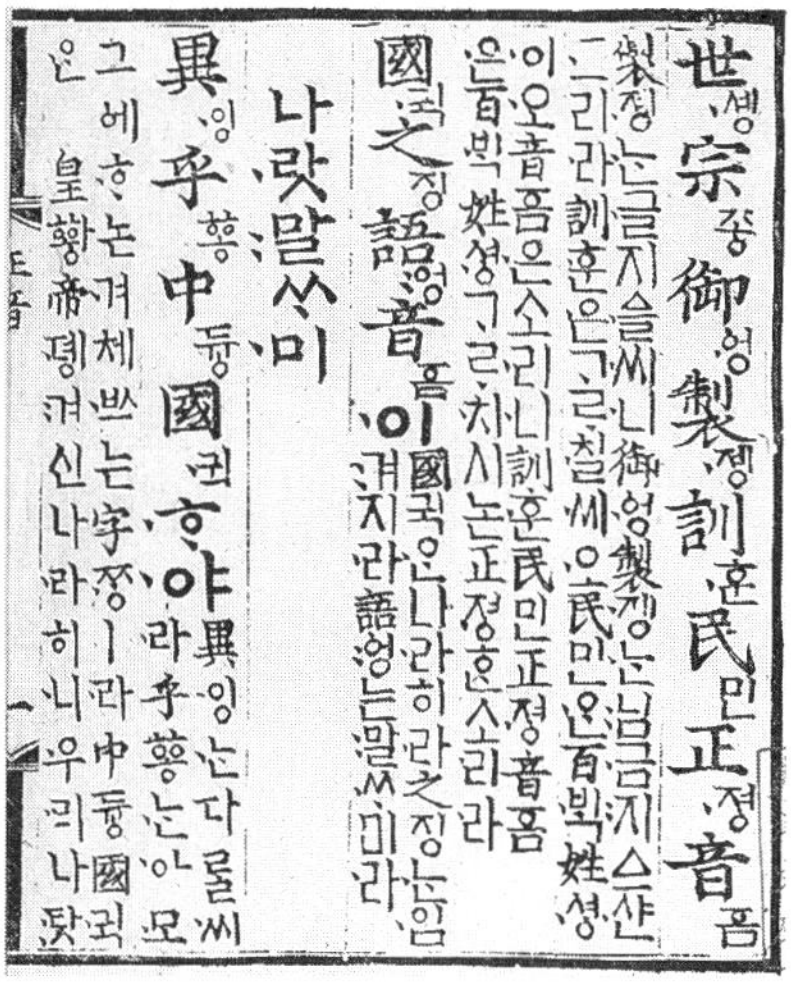

訓民正音

四端七情論争

十六世紀には朝鮮朱子学は独自の展開をみせ始める。

李滉《りこう》（一五〇〇～六九）は慶尚北道《けいしょうほくどう》の出身で、のちに嶺南《れいなん》学派と呼ばれる学派の開祖となる。陶山書院《とうざんしょいん》で講学し、仏教と陽明学を批判して朱子学を守るために天理と人欲の対概念を厳格化する理気互発論《りきごはつろん》を説いた。すなわち、四端《したん》（『孟子』の仁義礼知）は天理で「理之発」だが、七情《しちじょう》（『礼記《らいき》』楽記《がっき》篇にある喜・

韓国の紙幣にみられる李滉(上)と李珥(下)

怒・哀・懼《く》・愛・悪《お》・欲）は「気之発」で人欲を免《まぬか》れず、後者を修養することが重要であることをあらためて強調した。弟子の奇大升《きたいしょう》がこれを批判すると、四端は理が発して気が随い、七情は気が発して理が乗ると修正した。

これに対抗する説を確立したのが李珥《りじ》（一五三六〜八四）である。李珥は江原道《こうげんどう》の出身で、陶山書院で李滉に師事したこともあったが、理気兼発論《りきけんぱつろん》を唱えた。すなわち、四端・七情はいずれも気が発して理が乗るもので、両者を相互独立に捉える李滉説は誤りだとした。彼の後学は畿湖《きこ》学派と呼ばれる。

両者の論争は朱子学の理気論における解釈学上の些細《ささい》な相違にみえる。だが、この学説上の相違が郷土意識と結合し、李滉の系譜を引く党派は南人《なんじん》、李珥の系譜を引く党派は西人《せいじん》と呼ばれ、政治上の党争のきっかけとなった。

日本への朱子学伝来

平安時代、京の都では公家文化が栄え、『文選《もんぜん》』（一〇二頁参照）や唐の白居易《はくきょい》を典範とする漢詩文が愛好された。経学《けいがく》面では律令《りつりょう》導入期のものがそのまま維持され、事実上世襲となった博士《はかせ》家によって家職的に五経正義《ごきょうせいぎ》の解釈が伝承されていた。

十二世紀後半、平氏政権のもとで日宋《にっそう》交易が盛んになり、十三世紀にかけて留学した天台僧たちによって禅仏教がもたらされる。おりから鎌倉幕府が成立、京都・奈良に拠点をおく顕密《けんみつ》仏教に対抗する政治的意図もあって新来の禅仏教を庇護《ひご》し、建仁寺《けんにんじ》（京都）や建長寺《けんちょうじ》・円覚寺《えんがくじ》（鎌倉）を建立した。また、九《く》条道家《じょうみちいえ》や亀山法皇《かめやまほうおう》のように公家・天皇家のなかにも禅を好む人物がでて、京都に東福寺《とうふくじ》・南禅寺《なんぜんじ》ができた。十四世紀はじめ、鎌倉幕府は宋の史弥遠《しびえん》が始めた五山《ござん》制度を模して、これらの禅寺院を統括する目的で五山を定めた。この制度は室町幕府の足利義満《あしかがよしみつ》によって完成する。

五山では、生活から文芸にいたるまで、唐文化を継承する顕密仏教とは異質な宋文化の諸要素を持ち込んで日本化していき、十四世紀から十六世紀にかけて文化史的に大きな役割をはたした。多方面にわたる総合文化として、これを五山文化と称する。夢窓疎石《むそうそせき》は、北条高時《ほうじょうたかとき》・後醍醐《ごだいご》天皇・足利尊氏《あしかがたかうじ》と歴代施政者の寵愛を受け、門弟たちとともに五山文化の確立に貢献した。

帰国僧・渡来僧たちは中国の禅林《ぜんりん》で朱子学にふれており、それを五山文化のなかに持ち込んだ。儒者である博士家が漢唐訓詁学を墨守《ぼくしゅ》するなか、これと対照的に新鮮な教説として為政者たちに受け容れられ、浸透していく。日本への朱子学伝来は、禅僧が担い手だったという点において、律令時代の儒教伝来とも、同時期の韓国（高麗）とも異質であった。

十五世紀には琉球《りゅうきゅう》でも国家建設が進み、明に朝貢して琉球国中山王《りゅうきゅうこくちゅうざんおう》に冊封《さくほう》され、国家教学としての朱子学が伝わった。これによる科挙もおこなわれている。一方鎌倉文化が薩摩《さつま》経由で伝わり、禅仏教もそこから流入した。五山文化のなかの朱子学がこうして琉球に定着し、漢文訓読技法も導入される。

『太平記』『神皇正統記』『中正子』

十四世紀、南北朝時代には、宮中で朱子学が好まれたことを示す記録が遺されている。持明院《じみょういん》統の花園《はなぞの》上皇が記した『花園天皇宸記《はなぞのてんのうしんき》』に、皇統上対立する大覚寺《だいかくじ》統の後醍醐天皇が玄恵《げんえ》から宋学の講義を受けたというものだ。その信憑性《しんぴょうせい》を疑う見解もあるが、玄恵は天台僧ながら禅の学僧虎関師錬《こかんしれん》の弟ともいわれ、朱子学について知っていた可能性は考えられる。玄恵は『太平記《たいへいき》』の第一部（巻一一まで）の著者に擬せられることもあり、そうだとすれば『太平記』第一部に見える王道思想は朱子学の影響とも解釈できる。

同時代に『神皇正統記《じんのうしょうとうき》』の著者北畠親房《きたばたけちかふさ》がいる。彼は一三三〇年には出家して宗玄《しゅうげん》（のちに覚空《かっくう》）という法名をもっており、南朝の謀臣として活躍した時期には実際は僧形《そうぎょう》なのであるが、明治時代の神仏分離と皇国史観のなかでは俗体で描かれた。それは南朝を正統とみなす皇国史観の根拠が『神皇正統記』だったからである。しかし、ここでいう「正統《しょうとう》」は朱子学的な正統《せいとう》論とは別物であることが指摘されている。ただ、彼の編著とされる神道書『元元集《げんげんしゅう》』には、周惇頤《しゅうとんい》『通書』からの引用と思《おぼ》しき記載があり、宋学に対する認識があったことがうかがえる。

とはいえ、『太平記』にせよ『神皇正統記』にせよ、明確に理気論・心性論を取り込んだ箇所はなく、著者たちの宋学受容はまだ希薄なものだった。

同時期の中巌円月《ちゅうがんえんげつ》は、元朝に七年間留学して現地で朱子学にふれており、帰国後に書かれた後醍醐天皇宛の政治建白書や、思想書『中正子《ちゅうせいし》』には、はっきりと朱子学の理論が引かれている。ただ、ここでも朱熹《しゅき》の思想そのものとはややずれる理解がみられ、研究者からは彼ら日本禅僧の朱子学理解の深度には疑念が表明されてきた。しかし、当時の中国禅院内部での朱子学理解は、朱子学の展開にともなって朱熹自身の思想とは齟齬《そご》するものだったから、中巌はそれを学んで持ち帰ったと考えられる。なお、『神皇正統記』と対象的に、中巌は当時五山僧のあいだでは一般的だった天皇系譜の起源を説いている。すなわち、『史記《しき》』呉太伯世家《ごたいはくせいか》や『魏志《ぎし》』倭人伝《わじんでん》の記載に依拠して、呉太伯の子孫が日本に渡って天皇になったというもので、江戸時代初期までは流布していた。

五山文化を確立した夢窓疎石の『夢中問答集《むちゅうもんどうしゅう》』には朱子学と特定できる記述はない。彼の弟子の絶海《ぜっかい》中津《ちゅうしん》は一〇年にわたって明に留学して太祖にも謁見《えっけん》し、夢窓疎石の墓誌を宋濂《そうれん》に書いてもらっている。帰国後、足利義満に学問を講じるなかで、『孟子《もうし》』の趙岐《ちょうき》注と朱熹注との区別について語っている。

一方、公家の博士家はおおむね新来の朱子学には無関心だった。そのなかで、清原宣賢《きよはらのぶかた》は禅僧と交流してこれを取り入れ、その『論語抄《ろんごしょう》』はおよそ三割が朱熹注の説であるとされるほか、五経《ごきょう》についても朱子学系の注からの影響が散見されるという。江戸時代の藤原惺窩《ふじわらせいか》や林羅山《はやしらざん》は清原家の経学をも学んでおり、五山文化も合わせたその間の連続性に注目する必要があると指摘されている研究現況である。なお、学僧や博士たちの講義録は口語体で記され「抄物《しょうもの》」と呼ばれており、この時期の思想・文学研究を進めるための史料として活用されつつある。

この頃、禅僧が教師となって儒教経学を教授した足利学校《あしかががっこう》には、教科書への教師の書き込み以外に朱子学系の注解書はあまりなく、伝統的な古注による授業がおこなわれていたらしい。逆にそれが皇侃《おうがん》の『論語義疏《ろんごぎそ》』（八八頁参照）など古来の良書をここが保存することになった。

第5章 清・朝鮮後期・徳川日本

十七世紀後半〜十八世紀

時代の概観

一六四四年、反乱軍の指導者だった李自成《りじせい》は西安《せいあん》(かつての長安)に入り、順《じゅん》の建国を宣言した。同年、彼の軍隊は北京《ペキン》を陥落させる。明《ミン》の毅宗《きそう》(崇禎帝《すうていてい》)は宮城裏手の景山に逃れたうえで縊死《いし》した。清《シン》との国境万里《ばんり》の長城《ちょうじょう》にある山海関《さんかいかん》にいた明の守備隊将軍の呉三桂《ごさんけい》は、配下の兵もろとも清に投降する。こうして清軍が北京に進み、李自成を追いはらった。明に与《くみ》する勢力による四〇年に及ぶ抵抗運動を制圧して、満洲《まんしゅう》族王朝の清が新たな中国支配者として君臨《くんりん》する。

満洲族は女真《じょしん》の末裔で、チベット仏教を信仰して自分たちの王を文殊菩薩《もんじゅぼさつ》の化身《けしん》だと称しマンジュと改名した。そのため宗教を共にするモンゴルやチベットからも君主として推戴《すいたい》されており、十八世紀半ばにはムスリムが多く居住する西域《せいいき》を統合して新疆《しんきょう》(新領域の意)と名づけ、宗教(儒教・道教・東アジア仏教・チベット仏教・イスラーム)も主要民族(満・漢・蒙・蔵《ぞう》・回《かい》)も多様な、世界帝国に成長した。

明清交代は朝鮮王朝や江戸幕府、琉球《りゅうきゅう》王国にとっても重大事だった。この状況は「華夷変態《かいへんたい》」と表現され、満洲族よりは自分たちのほうが文明的だと思い込んだうえで、朝鮮の小中華《しょうちゅうか》主義や日本の神国《しんこく》思想のようなエスノセントリズム的な言説が生まれてくる。

1 清初三大師とその周辺

中国のルソー　黄宗羲

漢族の一部には、清を夷狄《いてき》の占領者で仇敵《きゅうてき》とみなす者たちがおり、統治の正統性をすぐには認めずに明を復興させるための反清抵抗運動が興った。なかでも儒者としても高名なのが、黄宗羲《こうそうぎ》・顧炎武《こえんぶ》・王《おう》夫之《ふうし》の三名で、清初三大師（清初三大家・清初三大儒とも）と呼ばれる。

黄宗羲（一六一〇～九五）は王守仁《おうしゅじん》と同じく、当時の行政区分では浙江省紹興《しょうこう》府に属していた余姚《よよう》県（今は寧波《ニンポー》市）の出身である。父の黄尊素《こうそんそ》は一六一六年に進士となった東林党《とうりんとう》の一員で、宦官《かんがん》魏忠賢《ぎちゅうけん》の専横を弾劾《だんがい》して一六二六年に獄死している。黄宗羲は劉宗周《りゅうそうしゅう》に師事して陽明学《ようめいがく》の学風を受け継いだ。劉宗周は紹興府の人で、一六〇一年の進士。中央政府の要職を務め、一六四四年に北京が順・清によってあいついで陥落すると南京《ナンキン》にいた福《ふく》王の政権に参加し、翌年、南京陥落を知って絶食して命を絶った。黄宗羲の父も師も明のために非業《ひごう》の死を遂げているわけである。

黄宗羲は劉宗周に倣って学術上の結社を活動の舞台とし、浙江省の士大夫《したいふ》たちと交流していた。一時期反清運動に参加するが、大勢は覆らないとみて帰郷し、学術に専念していた。清の聖祖《せいそ》（康熙《こうき》帝、在位一六六一～一七二二）は彼の令名を聞き北京に招聘《しょうへい》するが、黄宗羲はそれを断り、代わりに弟子の万斯同《ばんしどう》らを推薦する。万斯同は寧波府の人。北京の宮廷で明史編纂に従事し、彼らの作業が現行の『明史《ミンし》』（張《ちょう》廷玉《ていぎょく》を総裁として一七三九年に完成）のもとになっている。その編纂作業には黄宗羲の見解が活かされており、この系統の史学はのちに浙東史学《せっとうしがく》という名称で一つの流派として扱われるようになる。

黄宗羲自身は地元で著述活動に専念した。代表作として、『明夷待訪録』『明儒学案』がある。

『明夷待訪録』が完成したのは一六六三年。すでに聖祖が即位していた。『明夷待訪録』という書名は、易《えき》の明夷《めいい》の卦《か（け）》に由来する。明夷の第五爻《こう》（陰爻《いんこう》）の爻辞《こうじ》に「箕子《きし》の明夷《めいやぶ》る、貞《ただ》しきに利《よろ》し（箕子の明徳はやぶられても正しさを失わないのがよろしい）」とある卦である。箕子は殷の紂王《ちゅうおう》の叔父で、紂王からひどい目に遭わされた。殷周《いんしゅう》革命後、周の武王《ぶおう》の要望に応えて政治の要諦を説いた。それが『尚書《しょうしょ》』洪範《こうはん》篇である。のち、朝鮮の地に渡って王朝を築いたとされる。箕子が暗君のもとで不遇でありながらも将来理想的な君主の登場を期待している、「明夷待訪」にはそうした意味がある。黄宗羲が明の滅亡を受け容れ、自らを箕子になぞらえ、『尚書』洪範篇に倣って書かれたのが『明夷待訪録』ということになる。

黄宗羲

その最初の章は「原君《げんくん》（君主とは何か）」と題されている。黄宗羲はここで王朝国家の成り立ちを歴史哲学的に考察する。それによると、人類が誕生した当初、人々は個々ばらばらで公利・公害というものを顧慮しなかった。するとそこに傑出《けっしゅつ》した人物があらわれ、自分の私利を捨てて公利のためにつくした。その労力は凡人の万倍におよぶものだから、君主に進んでなろうと思う者などいなかった。堯《ぎょう》・舜《しゅん》・禹《う》はその点で奇特《きとく》な人たちだった。ところが、後世の君主はこの本来のあり方をはずれ、天下を自分たちの財産であるかのごとく扱うようになる。そのため、みなが君主になって王朝を打ち立てたがり、権力争奪の歴史が始まる。王朝が滅びるときには悲惨なありさまで、明の毅宗《きそう》は娘の命を奪わざるをえなくなった際、彼女に向かって「お前はなぜ王家に生まれてきたのか」と嘆いたほどである、と。

以下、「原臣《げんしん》(臣下とは何か)」「原法《げんぽう》(法とは何か)」「置相《ちしょう》(宰相を設ける)」「学校」「取士《しゅし》(官僚の採用)」などが続き、国家の諸制度について歴史を踏まえた考察と提言が綴られていく。彼のこの書は清代を通じて禁書扱いを受けた。激越な調子で明の政治体制を批判しているからであるが、それがたんなる批判ではなく、儒教の根本教義に立ち返って君主のあり方や国制の規準を示していたからであろう。いわば正論だったのであり、建前としてはその言説を受け容れざるをえない。その意味では儒教の原理主義的主張と評することができよう。

なお、二十世紀になると王朝体制そのものの打倒をめざす共和革命派の人士がこの書物を再発掘した。現在これをもって黄宗羲を「中国のルソー」と称している。たしかに、ジャン・ジャック・ルソーの『社会契約論』に似ているといえなくもないが、原始状態を万人の万人に対する闘争とみなし、それを調停するものとして君主が登場するという筋書きは、むしろトマス・ホッブスの『リヴァイアサン』に近い。ルソーが主張した人民主権の発想は、黄宗羲にはない。彼はあくまでも君主をいただく政体を是認している。

黄宗羲の発想に歴史的な前例を求めれば、『荀子《じゅんし》』であろう。通常、朱子学・陽明学は孟子《もうし》系統の思想として理解されているが、表向きはさておき、その思想内実に立ち入ってみた場合には、荀子的伝統が根強く生き残っている。

『明夷待訪録』は禁書だったから、清代に黄宗羲の代表作とみなされていたのは『明儒学案』のほうだった。明代儒学史を研究する際には、現在でも必須の参考書籍となっている作品である。明代に一家をなした儒者の呼び名をつけた「〇〇学案」の複合体という構成を採《と》り、その儒者の弟子や孫弟子たちをそこに分属させていく。もっとも、これではおさまらない人たちをまとめた「諸儒《しょじゅ》学案」を巻末に配さざるをえなかった。

黄宗羲の描く明代儒学史は、陽明学の誕生発展史であった。中核にすえられているのは巻一〇「姚江《ようこう》学案」すなわち王守仁で、彼については特例的におもだった弟子たちをそれぞれ地域別編成にして、たとえば巻一一「浙中王門《せっちゅうおうもん》学案一」(浙江省の陽明学者たちを集めた篇)のように命名している。『明儒学案』は全六三巻から成るが、巻一〇から巻三六まで、全体の約半分が陽明学者たちに宛てられている。このほか、彼の父黄尊素をその一員とする東林党を扱う「東林学案」(巻五八〜六一)、師の劉宗周を扱う「蕺《しゅう》山《ざん》学案」(巻六二)が陽明学に近い立場の儒者たちであることを合わせ考えれば、明代は陽明学の時代であり、陽明学のことを「明学《ミンがく》」と呼ぶことが是認されるようにみえる。「だれもかも朱子学を祖述するだけ」（巻一〇「姚江学案」）として黄宗羲が批判した明初の学風は、陽明学の誕生発展によって正されていく過程が描かれているのである。

しかし、これがあくまでも「黄宗羲の描く明代儒学史」であることは注意されねばならない。以下、簡潔に問題点を二つ指摘する。

一つは、「明儒」と称しておきながら、国初六〇年間に活躍した人物はほとんど登場しない点である。巻一「崇仁学案《すうじん》」の主人公呉與弼《ごよひつ》は一三九一年生まれで、すでに明建国後二〇年以上を経ており、彼が活躍するのは十五世紀も半ば近くになってからである。国初に太祖洪武帝《こうぶてい》を支えた学者たちは全巻通じて姿を見せず、恵帝《けいてい》（建文帝《けんぶん》）に仕えた方孝孺《ほうこうじゅ》は巻四三「諸儒学案上三」で登場する。なお、版本によっては一三八九年生まれで呉與弼より二歳だけ年長の薛瑄《せっせん》「河東学案《かとう》」を冒頭にすえるものもあって、そのほうが時系列的にはふさわしい。しかし、薛瑄は前章で紹介したように明を代表する朱子学者の一人であり、呉與弼のようにのちの陽明学に繋がる思想内容の持ち主ではない。黄宗羲は、陽明学誕生発展史としてはあえて呉與弼を巻頭にすえたものだろう。

もう一点は、あえて「諸儒学案」というひとくくりのなかに、いわゆる朱子学者たちを押し込めている点である。上記方孝孺もそうだし、十六世紀、すなわち陽明学がさかんになった時期にその論敵として活躍していた朱子学者たちはみなここに入れられている。たとえば、前章で明の礼教秩序にかかわる重要人物として紹介した黄佐《こうさ》もそういう扱いになっている（巻五一「諸儒学案中五」）。さらに、丘濬《きゅうしゅん》にいたっては、全巻通じて取り上げられてすらいない。そもそも、諸儒学案の全一五巻分は、上四巻、中六巻、下五巻に三区分されているが、この区分の指標はそれぞれ陽明学勃興以前、王守仁と同時期、王守仁没後になっている。このように『明儒学案』はすべてを陽明学中心に語る内容になっていて、朱子学系の学者たちも活躍していた明代の状況を正確に伝えているとはいいがたい。

黄宗羲には『易学象数論《えきがくしょうすうろん》』のような著作もあって経学《けいがく》者としても活躍した。弟の黄宗炎《こうそうえん》には『周易尋《しゅうえきじん》問餘論《もんよろん》』『図学辯惑《とがくべんわく》』があり、朱熹《しゅき》の易学を批判している。

考証学の祖　顧炎武

顧炎武

顧炎武《こえんぶ》（一六一三〜八二）は蘇州《そしゅう》府（江蘇省）の出身、若い頃は絳《こう》という名で、明の滅亡後に炎武と改名した。反清運動で各地を転戦し、清から指名手配もされていたが、やがて蘇州に戻って著述活動に専念する。『日知録《にっちろく》』は古今の人物・制度への批評を列記した書物で、明がなぜ滅亡するにいたったかを考察している。

「大全出《い》でて経学亡ぶ」という判断は有名で、のちの考証学者たちがよりどころとしている。顧炎武によれば、永楽《えいらく》年間の五経四書性理大全編纂事業が諸悪の根源であり、その内容の杜撰《ずさん》さとこれによる経学の硬直化が儒教の衰退をもたらして明の滅亡にいたったのだとする。したがって、彼は朱子学そのもの、もしくは朱熹本人を全面的に批判しているわけではない。顧炎武は、明代朱子学が経書の語義解明を使命とする経学をなおざりにして、いたずらに心や性についての高踏的な議論をするようになってしまい、そうしたなかから陽明学が生まれてこの傾向をさらに押し進めたことに、学術上の欠陥をみている。この点に、陽明学の正統をもって自認した黄宗羲との相違がある。

また、『天下郡国利病書《てんかぐんこくりへいしょ》』は、明代の地方志や上奏文の類《たぐい》を再編して中国全土の状況を綿密に記録・考察したもので、未整理ながら顧炎武の経世家としての見識を示している。この書は、顧祖禹《こそう》の『読史方輿紀要《とくしほうよきよう》』へと繋がり、実証的な地方記録の風はこの頃から地方志の編集体裁も変えていく効果をもたらした。

黄宗羲と同じく、顧炎武も清朝に出仕することは断りつづけた。代わりに甥の徐乾学《じょけんがく》(一六三二〜九四)が朝廷において活躍した。徐乾学は一六八二年には明史編纂の総裁職に就任、その後、刑部尚書《けいぶしょうしょ》や内閣学士も務めていて、康熙年間前半の代表的御用学者の一人となった。また、『大清一統志《だいしんいっとうし》』の編纂を命ぜられ、上述の顧祖禹のほか、胡渭《こい》・閻若璩《えんじゃっきょ》らをその作業に従事させた。『読礼通考《とくれいつうこう》』を編纂して朱熹の礼学を継承してもいる。

徐乾学は満洲貴族の納蘭性徳《のうらんせいとく》と組んで、『通志堂経解《つうしどうけいかい》』を編集した。これは徐乾学が伝是楼《でんぜろう》に収蔵していた宋元時代の経学著作を、納蘭性徳が自身の書斎通志堂の名で刊行したものである。朱熹自身の著述はいっさい除外し、宋末から明初の朱子学系のものを含みながらも、むしろ朱子学とは立場を異にする道学系の注解（たとえば孫復《そんふく》『春秋尊王発微《しゅんじゅうそんのうはつび》』や林之奇《りんしき》『尚書全解』など）を多くおさめる点に特徴がある。王安石《おうあんせき》や蘇軾《そしょく》の系統は含まれず、また当時完本として残っていた作品しか収録されていないという限界はあるが、宋元時代の経学の精華を広く集めて示すことで、宋元時代は黄宗羲や顧炎武が批判したような明の経学とは様相が異なったことを実証する資料集であった。

胡渭（一六三三〜一七一四）は湖州府《こしゅう》（浙江省）の人で、『易図明辨《えきとめいべん》』で知られる。『易図明辨』の序文は万斯同が書いている。そのなかで万斯同は、朱熹『周易本義』がその冒頭に邵雍《しょうよう》の説に従って象数《しょうすう》易の立場から九つの図を掲げていることを批判する。『周易本義』の見解は邵雍の一家の学にすぎず、伏羲《ふっき》・文王《ぶんのう》の易の本意とは異質だというのだ。以下、現行の河図洛書《かとらくしょ》は後世の学者が思い描いたもので昔のものとは異なること、邵雍の易学の要《かなめ》であった先天易という考え方が根拠のないものであること、繫辞《けいじ》伝に述べられている太極・両儀《りょうぎ》・四象・八卦の順序は易の卦が生じたさまを述べたものではないこと、卦《か》変《へん》についての朱熹の説が自己撞着《どうちゃく》していることを列挙して、朱熹の易学を徹底的に批判する内容であった。太極から八卦への展開は、周惇頤《しゅうとんい》『太極図説《たいきょくずせつ》』の朱熹の解釈によって理気論の根拠となっていた学説であり、これが否定されることは朱子学の世界観を揺るがすものだった。万斯同の師の黄宗羲は陽明学者として朱陸《しゅりく》論争で陸九淵《りくきゅうえん》の側に加担していたが、これを継承するかたちで朱熹『太極図説解』を全面否定するものであり、体制教学たる朱子学にとっては看過できない所説である。

胡渭『易図明辯』の本文は、巻一「河図洛書」から巻一〇「象数流弊《しょうすうりゅうへい》」にいたるまで、主題とする事項に関する先儒の文章・発言を列記・引用したのち、「按ずるに」として胡渭自身の見解を述べる構成をとる。「象数流弊」では宋代易学の重鎮、陳希夷《ちんきい》・邵雍らを老荘の徒と斬《き》って捨て、隠者で易に造詣《ぞうけい》の深かった宋代の人たちも批判したのち、結びの「学易正宗《がくえきせいそう》」において易学の本来の姿を提示する。その資料のなかに、顧炎武『日知録』や黄宗羲『易学象数論』も引かれている。すなわち、『日知録』によれば「聖人が易を学んだ理由は、日常の言行の次元にすぎず、河図洛書や象数にあったわけではない。それらを穿鑿《せんさく》して得意になるのはそれに背くことだ」と言われているし、『易学象数論』の序では「易は広い範囲を覆《おお》っているので、諸子百家の学が紛れ込みやすい。それらの学が易の文言を借りて自説を展開しているけれども、易の本意にはかえって暗い」と言っている。胡渭は顧炎武・黄宗羲両者の見解を踏襲して、朱子学の易学に痛棒《つうぼう》を与えたわけである。

一方、閻若璩は朱子学の尚書学を根幹から揺るがす見解を提示したことで知られる。閻若璩（一六三六～一七〇四）は太原府（山西省）の人で、以上にあげてきた人たちがみな江南出身であるのとは異なる環境で育った。その『尚書古文疏証《しょうしょこぶんそしょう》』は、歴代の経学者たちが議論してきた古文尚書真贋《しんがん》論争に綿密な考証によって決着をつけたものと評価されている。すなわち、古文尚書としてのみ伝わる二五篇は東晋時代、四世紀の偽作であり、経学上の権威をもたないと断じたのである。これによって、朱子学が金科玉《きんかぎょく》条《じょう》としてきた大禹謨《だいうぼ》篇の十六字心法（一三六頁参照）は偽書に基づく理論にすぎないことになった。

朱子学では舜が禹に伝えたこの教訓が、聖人間の道統伝授を示す重要な論拠とされており、またその心性論の基礎にもなっていた。しかし、閻若璩によれば、（厳密にはすでに彼以前からその指摘はなされていたのだが）これと似た文言、「人心之危、道心之微（人心はあぶなっかしく、道心は見えにくい）」が『荀子』

解弊篇《かいへい》にあり、古文尚書の偽作者はこれを利用して、『論語《ろんご》』堯曰篇《ぎょうえつ》の「允執其中」を繋げたりすることで、朱子学のいわゆる十六字心法を創作した。朱子学の心性論で重要な人心道心論が、舜の言葉ではなく、荀子が考案した語彙だとすると、その教説の正統性は脅かされる。朱子学では、『荀子』が『尚書』からこの語彙を引用したという関係で捉えていた。それが、荀子という一介の思想家、しかも孟子性善説と相対立する、儒教史上悪評を浴びせられてきた人物の思想言説であったということになると、朱子学は儒教の正統教義どころか異端思想ということになる。閻若璩自身はたんに真正の尚書学を樹立しようという意図でおこなった実証研究であったようだが、その結論は政治的にきわめて危険なものとなった。思想史的には人心道心論は閻若璩が指摘したとおりの経緯で朱子学の教説となったのであろう。問題は、そもそも漢代の時点で荀子の系譜を引いていた経学という学的営為が、孟子を孔子の継承者だと位置づける道学のなかで朱熹によって再編成されたという捻れ構造に根ざしており、その矛盾がこうしてあらわになったというところにあった。

顧炎武本人には朱熹を誹謗《ひぼう》する意図はまだなく、朱熹の後学たちが朱子学を堕落させたという認識だった。ところが、彼の薫陶を受けた徐乾学・胡渭・閻若璩らによって、朱子学そのものが経学として問題をかかえていたことが発掘される。この系譜を継ぐ次の世代によって乾嘉《けんか》の学（清朝考証学）が花開き、顧炎武はその開祖として評価されることになる。

王夫之

忘れられた巨匠　王夫之

王夫之（一六一九〜九二）は湖広省衡州府《こうしゅうふ》（今は湖南省）の人。黄宗羲・顧炎武がその門下生たちの活躍もあって清代を通じて有名でありつづけたのとは対照的に、彼は生前も没後も知名度が低い人物だった。彼が再評価され、二人と並べて清初三大師とまでいわれるようになるのは、十九世紀半ばに同郷の曾国藩《そうこくはん》が顕彰したことによる。

黄宗羲や顧炎武も自意識としては経学者であり、実際に注解を著しているけれども、その分量からは明らかに、そして質的にもおそらく、王夫之のほうが大経学者であった。鄭玄《じょうげん》・朱熹に並ぶと評しても過言ではない。ただ、彼特有の難解な文体や入り組んだ論理構成によって理解しにくい箇所が多く、野に埋もれていたのである。

一六四二年に挙人《きょじん》となった直後に清軍の侵入があり、彼は故郷において抵抗運動を担った。黄宗羲・顧炎武と同じく、やがて明の復興実現を諦めて著述活動に専念、多くの著作を遺した。なかでも『四書《ししょ》大全説《たいぜんせつ》』『宋論《そうろん》』『張子正蒙注《ちょうしせいもうちゅう》』が彼の独自性を顕著に示している。そこで主張されているのは、基本的には朱熹の見解に敬意を表しながらも、朱子学が禅仏教に影響されて高踏的になりすぎている点に対しては孔孟の本意にはずれると批判し、それに代わって張載《ちょうさい》の易学が強調する太虚論を儒教本来の発想として尊重することで、儒教の純粋性を回復しようとすることだった。

王夫之の立場はあくまでも朱子学の枠内にとどまるものだった。ただ、正しい学術としての朱子学と朱熹自身の教説とは分けて考えられており、そうした立場からの朱熹批判がままみられるのである。そして、これは彼に孤立的にみられる現象ではなく、やや遅れて登場する次の世代の朱子学者たちの共有する傾向でもあった。

二十世紀になってから登場する、王夫之を朱子学批判者として描こうとする立場は、彼を黄宗羲・顧炎武と並べることで、体制教学としての朱子学、ひいては清朝の統治を否定しようという共和革命派の政治的動機に根ざしていた。それは清朝の体制内改革派（洋務派《ようむは》）だった曾国藩の王夫之顕彰意図とも、また異なるものだった。

方以智・朱之瑜・毛奇齢

近代中国の学術を樹立した重要人物の一人である梁啓超《りょうけいちょう》に『清初五大師学術梗概《しんしょごだいしがくじゅつこうがい》』があり、以上の三大師に加えて方以智《ほういち》と朱之瑜《しゅしゅ》を並べている。

方以智（一六一一〜七一）は安慶府《あんけいふ》（安徽省《あんきしょう》）の人で一六四〇年の進士。毅宗の非業《ひごう》の死に際して北京にあってその霊前で痛哭《つうこく》し、李自成軍に捕らえられたが、清軍入城の混乱で逃亡できた。その後、南明《なんミン》の隆《りゅう》武《ぶ》帝政府（一六四五〜四六年に福建にあった反清政権）に出仕《しゅっし》し、清軍の南下にあたって出家して弘智《こうち》と号し反清運動に携わりつづけた。一六七一年に捕らえられて護送の途中で病没したことになっているが、文《ぶん》

朱舜水碑（東京大学）

天祥《てんしょう》の故事（南宋末の宰相文天祥が夷狄のクビライに仕えるのを拒絶して刑死した故事）に倣って自殺したとする説もある（余英時《よえいじ》『方以智晩節考』）。彼は西学《せいがく》を受容し、易学を展開させて自然科学に関する著作を遺した人物として評価されている。

朱之瑜（一六〇〇～八二）は余姚《よよう》の人で、号の舜水《しゅんすい》で知られる。南明諸政権が林立するなか、彼は魯王監国《ろおうかんこく》政権（魯王の朱以海《しゅいかい》が一六四五年から一六六二年まで福建沿海部で展開した反清運動）から辞令を受け、日本からの軍事援助を得るべく尽力した。鄭成功《ていせいこう》を厦門《アモイ》に訪ねてもいる。最終的には日本に定住し、はじめは柳川《やながわ》藩士の安東省菴《あんどうせいあん》、のちに水戸藩主徳川光圀《とくがわみつくに》の庇護《ひご》を受けて余生を過ごした。東京大学構内（旧水戸藩駒込屋敷）には一九一二年建立の「朱舜水先生終焉之地」碑がある。水戸藩ではすでに『大日本史』編纂事業が始まっており、彼は江戸儒学の尊王攘夷《そんのうじょうい》思想形成に影響を与えた。他の四人に比べて儒者としての格や中国本土での知名度は低かったが、梁啓超は日本での経験から彼を入れて「五大師」としたものだろう。

ここでもう一人、毛奇齢《もうきれい》（一六二三～一七一六）を紹介しておく。毛奇齢は杭州府（浙江省）の人で、やはり反清運動に加わったのち、一六七九年には博学鴻儒科《はくがくこうじゅか》（通常の科挙と別枠で士人を採用する途《ルート》）に推挙されて北京に行き、一時期明史編纂に従事した。のち帰郷して経学・史学の著述を幅広くおこない、朱熹が経文を改竄《かいざん》したことなどを批判する『四書改錯《ししょかいさく》』や、太極図は儒教とは合わないと斥ける『仲氏易《ちゅうしえき》』

など多くの書物を遺し、四庫全書には全二八作品が収録されている。経歴・業績ともに三大師に何ら遜《そん》色《しょく》ない大儒だが、人品につきとかくの紛議をかもした人なので、近代の再評価運動のなかでも如上の学者たちとは異なって、評価されなかったのだろうか。

2　康熙・雍正の学術動向

独創性なき朱子学者　熊賜履

近代になって「清初三大師」と称されるようになった黄宗羲《こうそうぎ》・顧炎武《こえんぶ》・王夫之《おうふうし》の三人は、いずれも反清運動に参加した経験をもっていた。彼らが高く評価されているのも、この政治的立場という面が大きく作用しており、反侵略・反専制という点が好感をもって迎えられたのである。だが、儒教は漢代以来、体制教学として機能してきたのであり、清朝の中国統治においてもこの役割は減じていない。それどころか、明《ミン》代からの趨勢に棹《さお》さして、朱子学の社会秩序構想が国家権力の後押しを得て実現したのが清という時代だった。そこには、朝廷の御用学者として朱子学の礼教路線を担った人物たちの活躍があった。ここではそのなかから、康熙年間に活躍した二人を紹介する。

熊賜履《ゆうしり》(一六三五〜一七〇九)は湖北省孝感《こうかん》の人、一六五八年の進士合格後すぐに翰林院庶吉士《かんりんいんしょきっし》に任じられて以来、聖祖《せいそ》の秘書役側近として各種の学士を歴任、ついには東閣大学士《とうかくだいがくし》兼吏部尚書《りぶしょうしょ》にいたった。

彼の功績は、朱子学を奉じる士大夫として、聖祖に対し王道政治論を説いたことにある。これによって、清朝の中国統治は異民族による占領政策から中華王朝の礼治主義へと転換した。その主張に何らかの独創性があるわけではなく、実務に多忙だったからか、熊賜履には経学《けいがく》上の著述もない。そうした意味で、近代的な学術としての思想史の対象として扱いにくい人物である。ただ、儒教を学ぶ士大夫の理想は、本来は彼のように君主のそばにあって政治に携わることであって、朱熹《しゅき》や王夫之のように在野で経学研究に専念することではなかった。

そんな熊賜履だが、一六七六年からの一〇年余、朝廷を離れて江寧《こうねい》(今の南京《ナンキン》)郊外に隠棲《いんせい》し、『学統《がくとう》』などの著作をものしている。『学統』は、先秦《しん》から明代にいたる儒者たちを正統・翼統・附統・雑統・異統の五つの範疇《はんちゅう》に区分した評伝である。そこではとくに明代における李贄《りし》の所説が批判され、朱子学正統の復興が主張されている。かつての研究評価では、熊賜履のこうした見解は体制側からする陽明学への反動であり、また彼のあとに栄える考証学に繋がるような要素もみられないとして、思想史上は軽視・無視してかまわないものであるかのごとくに扱われてきた。しかし、清朝の礼教秩序構築という視点からみる場合には、彼のこの書のような儒教史の歴史認識が主流となっていった思想的背景を考慮する必要があろう。黄宗羲の『明儒学案』だけが儒教史ではなかったのである。

博学の大官　李光地

一七〇六年に熊賜履が引退したのと入れ替わって聖祖の側近儒者として活躍したのが、李光地《りこうち》である。李光地(一六四二～一七一八)は泉州府(福建省)の人。一六七〇年に進士となって官途に就いたが、一六七三年に老親をみまうために許可を得て帰郷する。おりしも三藩《さんぱん》の乱（呉三桂《ごさんけい》ら、清に従っていた三人の漢人将軍による反乱）が勃発《ぼっぱつ》、その一人耿精忠《こうせいちゅう》が泉州を支配する。李光地は耿精忠陣営からも台湾の鄭経《ていけい》（鄭成功の子）陣営からも招聘《しょうへい》されるが拒絶、逆に秘策を北京《ペキン》の聖祖に密奏して反乱平定に貢献し、一六八二年の清軍による台湾侵攻にもかかわった。一七〇五年に文淵閣大学士《ぶんえんかくだいがくし》に任じられ、以後はおおむね北京にあって聖祖を輔《たす》けた。

彼には易・詩・楽・四書に対する注解書があり、いずれも康熙年間を代表する経学著述とみなされている。とりわけ、易学では聖祖の名で編纂された『御纂周易折中《ぎょさんしゅうえきせっちゅう》』の事実上の著者を務め、清朝にとっての正統解釈を定めた。弟の李光坡《りこうは》も経学者として知られ、孫の李清馥《りせいふく》は福建地方の儒教史として『閩《びん》中理学淵源考《ちゅうりがくえんげんこう》』を著して朱子学誕生の地たる福建を顕彰した。

李光地については、徐乾学《じょけんがく》との権力闘争で悪名が高い。悪役という評価になったのは、主として徐乾学側がのちの学術主流派を構成し、その立場から李光地を描いた史料が多いからで、近年ようやく公正に両者の対立を分析する研究がなされるようになった（滝野邦雄『李光地と徐乾学――康熙朝前期における党争』）。

李光地は西学《せいがく》の導入に積極的で暦学・数学にも詳しく、この点で同好の志である聖祖と馬が合ったものと思われる。梅文鼎《ばいぶんてい》は彼の推挙で聖祖に謁見《えっけん》を賜り、やがて孫の梅瑴成《ばいこくせい》が今度は聖祖から暦学を授けられた。梅氏の学を受け継いだのが後述する江永《こうえい》で、戴震《たいしん》は江永の門下生である。また、陳厚耀《ちんこうよう》も李光地の推薦で聖祖に仕え、数学を伝授されて杜預《とよ》の『春秋長暦《しゅんじゅうちょうれき》』を改訂した。陳厚耀は揚州府（江蘇省）の出身で、そのためこの地に数学の伝統が開けた。恵氏三代（恵周惕《けいしゅうてき》・恵士奇《けいしき》・恵棟《けいとう》）も李光地による数学奨励によって学界に登場することになったといわれる（内藤湖南《ないとうこなん》『支那史学史』）。つまり、あとで述べる乾嘉の学の戴震《たいしん》も恵棟《けいとう》も李光地の流れを汲んでいるということになる。

李光地は朱子学者としての立場を堅持したが、それは朱熹の教説を墨守《ぼくしゅ》するという意味ではなかった。朱子学は普遍的な真理なので、朱熹個人の思想という次元を超えている。朱熹の著述にも個別の間違いはあり、それを西学などの知識で正せるのであればそうすべきだというのが李光地の持論だった。明代に硬直化しかけていた朱子学を再び活性化したのが彼の大きな功績である。

このようにして、朱子学は清朝の中国統治を担う体制教学として機能し、学術的にも新たな展開を見せ始めた。しかし、漢族士人層のあいだには華夷思想に基づく攘夷《じょうい》観念が根強く残存し、表立った反清運動が頓挫《とんざ》したあともくすぶっていた。曾静《そうせい》事件はそうしたなかで起こった。

『大義覚迷録』

嘉興《かこう》府（浙江省）に呂留良《りょりゅうりょう》（一六二九～八三）という儒者がいた。反清運動に参加、追われて身を隠した時期を経て、医業で生計を立てて黄宗羲らと交遊した。清朝から博学鴻儒《はくがくこうじゅ》として召し出されると、さしさわりなく拒絶するために出家して僧形《そうぎょう》となり耐可《たいか》と名乗る。春秋学の尊王攘夷思想を重んじ、満洲族の中国統治を認めない姿勢を終生貫いた。

時は移って世宗《せそう》（雍正《ようせい》帝、在位一七二二～三五）の治世となり、一七二八年、四川総督岳鍾琪《がくしょうき》が曾静という学者に清朝への謀反《むほん》をそそのかされたと上奏してきた。岳鍾琪は南宋初期の対金交戦派岳飛《がくひ》の子孫であり、満洲族が女真《じょしん》族の後裔であるため、曾静は彼を選んで誘ったとされている。曾静は捕らえられて北京に送られ、世宗の尋問に対して自説が呂留良の影響を受けていると供述した。世宗はその攘夷思想が朱子学の大義からはずれた邪説にすぎないとして、呂留良の墓をあばいて子を処刑する一方、曾静については改悛《かいしゅん》したとして助命した。そして、曾静を説諭した記録を『大義覚迷録《たいぎかくめいろく》』として刊行させる。そのなかで曾静は、迷誤から覚めたとして世宗の治世を太古の聖人に並べて称え、次のように言う。

以前は『春秋』に中華と夷狄の区別があるのを、経文の意味を取り違えて間違ったでたらめな説を公表してしまいました。今、経文が述べていることがやっと理解できまして、（夷狄の）楚《そ》が周王を尊ばなかったので攘《はら》っただけなのであり、本朝（清）の興隆と経文が言っていること（攘夷）とは天地の隔たりがあるとわかりました。

世宗も上諭のなかでこう宣言する。

逆賊どもは本朝が満洲から中国に入って君主となったことを誹《そし》るが、これは彼我に境界を設ける勝手な考えから誹謗《ひぼう》の言を立てているだけである。本朝が満洲人なのは中国人に本籍があるようなものので、舜は東夷の人だったし周文王は西夷の人だったが聖人としての徳には何ら障碍《しょうがい》にならなかったではないか。

そして、『論語』八佾《はちいつ》篇の「夷狄之有君、不如諸夏之亡也」が論拠として引かれる。この孔子の発言は、朱子学の解釈では「夷狄の君有るは、諸夏《しょか》の亡《な》きが如《ごと》からざるなり」と訓じ、「孔子が、夷狄にすらきちんと君臣秩序があるのに、中国で尊王思想が廃れていることを嘆いたもの」という意味に解釈していて、世宗の引証で問題はない。

『大義覚迷録』は、曾静事件をいわば奇貨として、漢族に向けてあらためて清朝統治の正統性を儒教教義に基づいて公示することを目的としていた。しかし、世宗が崩じて高宗《こうそう》（乾隆《けんりゅう》帝、在位一七三五〜九五）が即位すると、曾静を極刑に処し、『大義覚迷録』を禁書に指定した。その理由はいろいろ推測されているけれども、よくわからない。

清朝はその後も攘夷の矢面にさらされながら中国統治を続けた。そのため、華夷思想に言及する多くの書物を禁書にしたり、それにかかわる記述を改竄《かいざん》したりすることで、できるだけ人々の目にふれさせないように務めた。高宗による四庫全書編纂の目的の一つもここにあり、たとえば、その直前に日本から伝わった皇侃《おうがん》『論語義疏』は右掲「夷狄之有君、不如諸夏之亡也」を「夷狄にはたとえ君主がいたところで、諸夏に君主がいない（という極端な）状態にすら及ばない」と解し、何晏《かあん》の『論語集解』をさらに進めて強い夷狄蔑視を説いていたため、それを別の無難な文に置き換えて収録している。もしこの皇侃本来の解釈に立てば、『大義覚迷録』での世宗の誇らしげな引用はまったく意味をなさない。経学は権力の正統性を保障するとともに、その根幹を揺るがす危険性ももつ諸刃《もろは》の剣であった。

読み手が自分の政治的主張にとって都合のよい解釈を、経書という既存の権威あるテクストに対して与えてしまう可能性をいかにして排除するか。権力者や御用学者が自分勝手に恣意的に文意をねじまげてきた誤謬《ごびゅう》を糾し、聖人たちの言葉を彼らが伝えたかった意図どおりに読むことはどうやったらできるようになるのか。乾隆《けんりゅう》年間の考証学はその方法を探索していくことになる。

3　乾嘉の学

家学としての考証　恵棟

乾隆《けんりゅう》・嘉慶《かけい》年間（一七三六〜一八二〇）は清の全盛期だった。とくに江南《こうなん》は経済的な繁栄のもと、絢爛豪《けんらんごう》華《か》な文化が花開いていた。士人たちのあいだに相互の交流を通した学術共同体が誕生して活性化し、経学に対する研鑽《けんさん》が進んだ。考証学はこうした時代背景と場の環境から生じた思想運動であった（ベンジャミン・A・エルマン『哲学から文献学へ――後期帝政中国における社会と知の変動』）。

恵棟《けいとう》（一六九七〜一七五八）は蘇州府（江蘇省）の人で、祖父恵周惕《けいしゅうてき》以来三代にわたる学者の家柄だった。恵周惕は『易伝《えきでん》』『詩説《しせつ》』を、父の恵士奇《けいしき》は『易説《えきせつ》』『礼説《れいせつ》』『春秋説《しゅんじゅうせつ》』を著している。この父子二人に易学が重なっているのは、恵氏の家学が易だったからだろう。恵棟も易学によって後世に名を遺すこととなる。恵士奇は「経学では服虔《ふっけん》・鄭玄《じょうげん》を尊び、実践では二程・朱子に法《のっと》る」を座右の銘としていた（江藩《こうはん》『宋学淵源記《そうがくえんげんき》』。ただし、銭大昕《せんたいきん》『潜研堂文集《せんけんどうぶんしゅう》』では恵棟自身の話柄とする）。日常生活はあくまでも朱子学の教義に従いながら、学術研究としては後漢《ごかん》の古文経学《こぶんけいがく》を基軸として経書に向かうのが恵氏の家訓であったことがわかる。

祖父・父は進士となっていたが、恵棟は科挙受験をせず経学研究に専念した。「宋学の禍は秦始皇よ

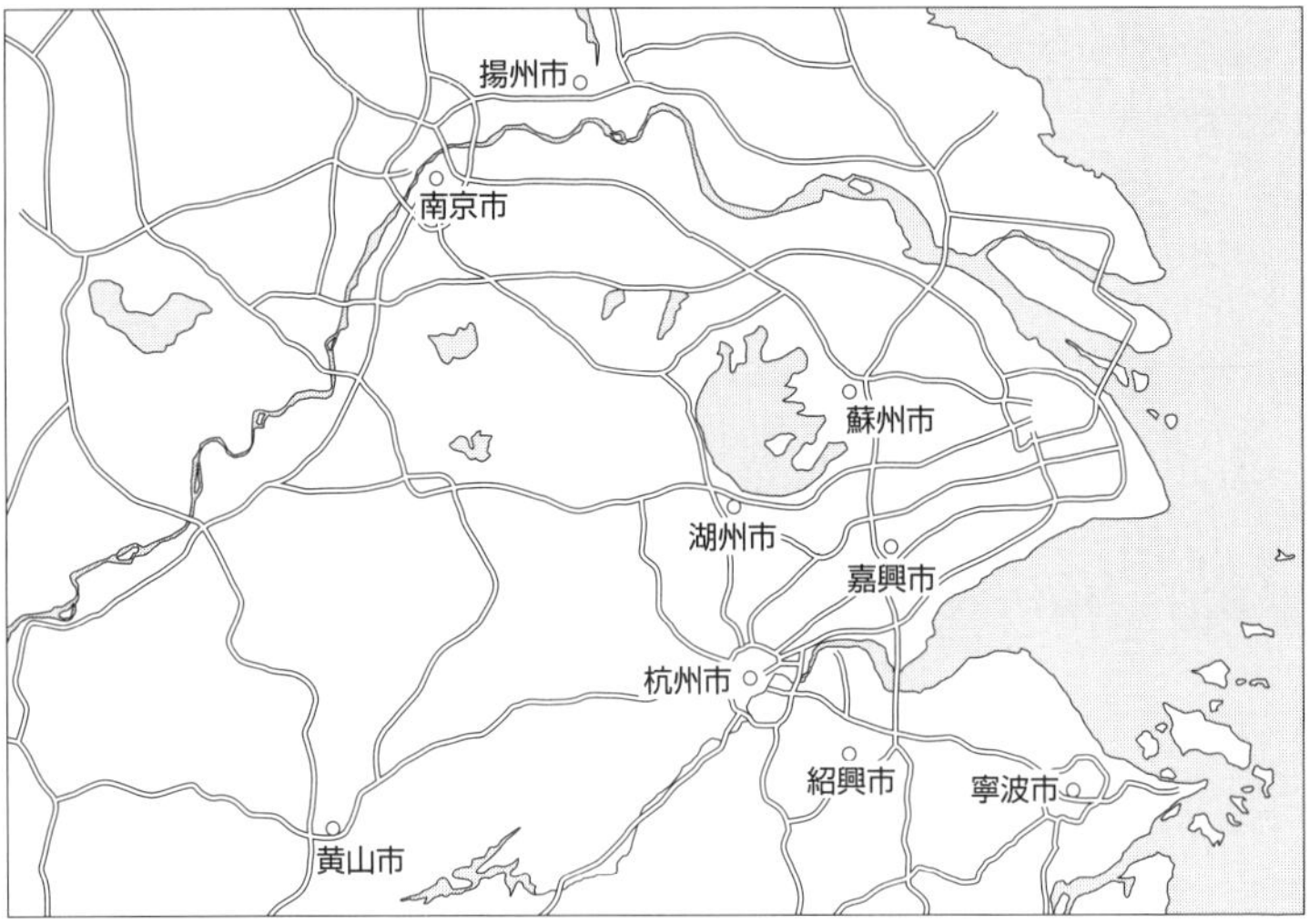

図3　江南地図

りも甚だしい」とまで極論して朱子学を排斥し、漢代の経学を「漢学」と呼んで顕彰、自身をその後継者に位置づけた。『易漢学《えきかんがく》』では鄭玄ら漢代の易注の佚文《いつぶん》を輯《あつ》め、『周易述《しゅうえきじゅつ》』で易についての自身の見解を述べた。『古文尚書考《こぶんしょうしょこう》』では閻若璩《えんじゃっきょ》の所説をいっそう精緻に実証しており、この尚書学によって恵氏三代で五経すべてに対する論著がそろった。

恵棟の門からは王鳴盛《おうめいせい》（『十七史商榷《じゅうしちししょうかく》』の著者）・江声《こうせい》（『尚書集注音疏《しょうしょしっちゅうおんそ》』の著者）・銭大昕《せんたいきん》（『二十二史考異《にじゅうにしこうい》』や『十駕斎養新録《じゅうがさいようしんろく》』の著者）らが輩出し、恵氏の出身地から呉派《ごは》と呼ばれる。呉派は地道に経書に沈潜することでその正しい語義・文意を把握することを主眼にしており、思想集団として特定の教説を唱えたわけではない。ただ、恵棟は漢儒の書いたものなら慎重に検討することなく鵜呑《うの》みにしたと批判されることもあるように、漢学の再興と宋学への対抗心から、学術的な公平性には欠ける憾《うら》みがある。

漢学復興志向は、漢代の経学著作を現存文献から復元する輯佚作業を推進させることにもなった。すでに明代の一五九二年に程栄《ていえい》による『漢魏叢書《かんぎそうしょ》』が刊行され、董仲舒《とうちゅうじょ》『春秋繁露《しゅんじゅうはんろ》』や班固《はんこ》『白虎通《びゃっこつう》』など三八種の書籍の佚文集成がつくられていた。清代後半になると、王謨《おうぼ》の『漢魏遺書鈔《かんぎいしょしょう》』、馬国翰《ばこくかん》の『玉函山房輯佚書《ぎょっかんさんぼうしゅういっしょ》』、黄奭《こうせき》の『漢学堂叢書《かんがくどうそうしょ》』がつくられ、鄭玄以前の経学者たちの所説の断片が、十三経注疏《ちゅうそ》そのほかの伝世文献における引用記述から集められた。

西学者にして経学者　戴震

戴震

戴震《たいしん》(一七二三~七七)は徽州《きしゅう》府(安徽省)の人で、呉派と並ぶ皖派《かんぱ》の総師である。同郷の江永《こうえい》に学んだ。江永は『礼書綱目《れいしょこうもく》』で朱熹《しゅき》『儀礼経伝通解』を継ぐ礼関係記述の拾集をおこなったほか、『近思録集解《きんしろくしっかい》』や『律呂闡微《りつりょせんび》』を著している。

戴震は『勾股割圜記《こうこかつえんき》』『考工記図注《こうこうきずちゅう》』などの数学書を著して頭角をあらわし、秦蕙田《しんけいでん》・紀昀《きいん》といった朝廷の高官になっている学者たちの知遇を得た。四庫全書編纂作業に従事し、永楽大典に引用されていた経学上の佚書《いっしょ》を復元して収録するのに貢献した。思想上の主著は『孟子《もうし》字義疏証《じぎそしょう》』で、孟子は朱子学が力説するようには理について説いてなどいない点を突いた。その理論篇が『原《げん》善《ぜん》』で、日常倫理の次元そのものが善行の場であり、朱子学は人心道心説を立てることで人間の自然な情欲を排除する弊害があると説く。

戴震の自然学が西学《せいがく》の影響下にあることはつとに指摘されてきたが、たんに自然学の所説にとどまらず、その学術手法自体が西学に倣っており、彼の朱子学批判もまたその文脈から理解すべきだとされるようになってきている。戴震はかつて人間論で朱子学を批判する近代性が過剰に評価されて清代考証学の最高峰と評されていたが、現在はこのように別の観点からその実像に対する見直しが進んでいる（石井剛『戴震と中国近代哲学――漢学から哲学へ』）。

文字に魅入られた学人たち　段玉裁と二王

戴震門下からは段玉裁《だんぎょくさい》と王念孫《おうねんそん》・王引之《おういんし》父子らが輩出した。

段玉裁（一七三五～一八一五）は常州府《じょうしゅうふ》（江蘇省）の人、『説文解字注《せつもんかいじちゅう》』で知られる。挙人《きょじん》にはなったものの会試《かいし》に合格できずに北京で職を得た際に、顧炎武《こえんぶ》『音学五書《おんがくごしょ》』を読む機会を得た。そして、戴震に師事して音韻学を学び、『六書音均表《りくしょおんいんひょう》』を著し、顧炎武以来の蓄積を踏まえて、漢字に対する昔の字音（古《こ》韻《いん》）の六類一七部への分類を成し遂げた。王念孫・王引之との交遊を通じてさらに音韻学を究め、一八一五年に『説文解字注』を刊行する。後漢の許慎《きょしん》『説文解字』に対する注解というかたちを採《と》り、個々の漢字について古今の文献を博捜《はくそう》してその字音と字義を解説した字書である。

王念孫（一七四四～一八三二）は揚州府《ようしゅうふ》（江蘇省）の人で、一七七五年の進士。従来、字義を考察する際に

コラム　清の宗教事情と回儒

儒教史という視点からは、清《シン》は明《ミン》代を承《う》けて朱子学による礼治システムが浸透した時代で、学術的には考証学が栄えたと語ることができる。しかし、清は、漢族が古来信仰してきた儒・道・仏の三教以外の諸宗教も共存する帝国だった。清が満洲族による征服王朝であるとともに、むしろそれゆえに多様な文化伝統と宗教信仰を認め、漢族中心主義を振りかざしてきた明よりも寛大な統治を行ったことに通じるといえよう。

清の支配民族である満洲族は、漢訳仏典による東アジア仏教とは異なるチベット仏教を信仰していた。モンゴル族やチベット族も同じ信仰をもつ。キリスト教ではカトリック宣教師たちの活動が一定の成果をあげた。古くから居住するユダヤ教徒（すなわちユダヤ人）の活躍も伝えられている。また、帝国西半を中心に多くのイスラーム教徒（ムスリム）が存在し、首都北京《ペキン》にもモスクがあった。

ムスリムはイスラームが誕生した七世紀にすでに唐に渡来し、一部は定住するようになっていた。交易の担い手として東南沿海部で活躍し、李贄《りし》（一八〇頁参照）にはムスリム出自説があるほどである。十七世紀にはイスラームの教義を中国語によって著す学者があらわれた。王岱與《おうたいよ》『正教真詮《しょうきょうしんせん》』（一六四二年刊）や劉智《りゅうち》『天《てん》方性理《ぽうせいり》』（一七一〇年刊）などが知られている。彼らのことを、二十世紀になってから「回儒《かいじゅ》」という語で呼ぶようになった。イスラームの哲学的概念を漢字表記する際に朱子学の概念を用いたため「回教（イスラームをかつて漢字でこう表記した）」の「儒」と表現したとされる（堀池信夫『中国イスラーム哲学の形成――王岱與研究』）。回儒の著作は儒教のみならず道教や中国仏教の用語も採り入れてイスラームの教義を解説した、比較思想史的に興味深い史料である。

字形を偏重してきた弊害を矯《た》めて字音の重要性を提起し、『広雅疏証《こうがそしょう》』を著した。『広雅』は三世紀、三国魏の張揖《ちょうゆう》の撰で、『爾雅《じが》』の体例に倣ってこれを増訂した文字訓詁の書である。王念孫は音韻学の知見を盛り込んで、『広雅』の注解という形式で古字音を解説した。また、『読書雑志《どくしょざっし》』を著して『史記』『漢書』などの文字の校勘《こうかん》をおこなった。子の王引之（一七六六〜一八三四）は一七九九年の進士で、六部《りくぶ》の尚書を歴任する政府高官となった。父の文字学研究の成果を受け継ぎ、経書中の誤字などを考証した『経義述聞《けいぎじゅつぶん》』や、古文献の虚字の用例を解説した『経伝釈詞《けいでんせきし》』を著した。この父子は二王と並称され、以上四種の書物は「王氏四書」と総称されて、考証学における小学（文字学）の精華とされる。

このように、戴震門下からは小学の大家がでて文字研究が格段に進捗《しんちょく》した。それらは今も経書を読み解く際に参照される現役の字書として通用している。

在野の史学者　全祖望と章学誠

恵棟らの呉派と戴震らの皖派《かんぱ》は、経書の文字に対する精緻《せいち》な研究を進めて朱子学の独善性をあばく役割をはたした。これと同時期に浙江省東部では史学の分野で新たな潮流が生じていた。黄宗羲《こうそうぎ》の所説を引き継いで史学を経世致用《けいせいちよう》の学とする動きで、後世「浙東史学《せっとう》」とひとくくりにされるが、その内実はかなり異質である。一つは史料を博捜して綿密な考証をおこない実証的な歴史を提示する立場、もう一方は史学を経学の中核にすえて古今の変遷を探究して現実問題に取り組む立場である。それぞれの代表格である全祖望《ぜんそぼう》と章学誠《しょうがくせい》とを紹介しよう。

全祖望（一七〇五～五五）は寧波府《ニンポー》（浙江省）の人。黄宗羲・万斯同《ばんしどう》に心酔《しんすい》し、『宋元学案《そうげんがくあん》』を修補して完成させた。これは『明儒学案』に続いて黄宗羲が編纂に着手し、子の黄百家《こうひゃっか》が継承しながらその後は放置されていたものである。宋元時代の儒教史を道学発展史として捉え、とくに南宋半ばにおける朱陸の論争を中核にすえて、黄宗羲の立場から陸九淵《りくきゅうえん》寄りの記述になっていた。全祖望はより広範に儒者たちを収録し、陳亮《ちんりょう》・葉適《ようてき》ら功利学派とされる人たちにも応分の分量を割いて公正な見方を提示している。『明儒学案』と比較した場合に、『宋元学案』が現在でも学術研究の資料集たりうるのは、彼の功績といえよう。

全祖望は、学者たちが門戸の見に囚われて広く諸流派の知見に学ぼうとしない風潮を批判し、同郷の先輩である明の黄潤玉《こうじゅんぎょく》（一六九頁参照）を顕彰して博学によって自得の見解を立てることを推奨した。ただし、自得を称していても、ひとりよがりの臆見や、他人の意見を獺祭《だっさい》のように並べて飾り立てたものは真の自得ではない（「獺祭」とは、カワウソが捕らえてきた魚をあたかも祭の供物を並べるように置くこと。ここは散らかしているさまを指す成語）。先人の多くの業績を尊重しながら「去短集長《きょたんしゅうちょう》（短所を取り去って長所を集めること）」を主張した。朱子学に往々にしてみられる思弁先行の独断的な歴史認識を斥け、確実な史料に基づいて史実を確定させ、それを記録していくことが、彼の史学の特徴だった。

他方、章学誠（一七三八～一八〇一）は紹興府《しょうこうふ》（浙江省）の人。一七七八年に進士となり、湖広総督の畢沅《ひつげん》の幕僚となって『続資治通鑑《ぞくしじつがん》』編纂に携わった。多くの地方志編纂にかかわり、地方志を地域史として位置づけ、その編纂上の理論を提出した。地方志（史料上は「方志《ほうし》」と呼ばれることが多い）は古くから編まれてきた地誌で、中央から派遣された地方官が任地の状況を学習する手引書としての性格ももっていた。宋代以降は在地士人層が郷土の記録として編纂に従事するのが一般的だった。朝廷が編む全国版の「一統志《いっとうし》」の資料として活用されることも多く、顧炎武『天下郡国利病書《てんかぐんこくりへいしょ》』もその材料を多くの地方志に依拠していた。章学誠も、個人・宗族・地方・国家の階層性に対応してそれぞれの史書があるとして、地方志を史書の一種と位置づけ、その編纂体例を具体的に提示した。

地方志のみならず、章学誠は「六経皆史《りっけいかいし》(経書はすべて史書だ)」と言う。彼の主著『文史通義《ぶんしつうぎ》』では、史書には史事(史実)・史文(文体)・史義(社会的意義)の三つがそろっていることが必要だと説く。根拠とされているのは、『孟子』に見える孔子の『春秋』についての発言、「その事は則ち斉桓・晋文、その文は則ち史(史官が使う文体)、その義は則ち丘みずから取る」(三三頁参照)であった。つまり、彼もまた春秋学の理念で史書を編纂することを強調しているのである。ただし、それは朱子学のように定見を先に立て、それに合わせて史実をゆがめて記録することではなかった。唐の劉知幾《りゅうちき》『史通《しつう》』を再評価し、王朝一代の立場に囚われざるをえない断代史よりも、歴代にまたがる通史がもちうる客観性に注目した。この点で、全祖望が明末清初の抵抗運動の志士たちを、彼の明への追慕から高く顕彰するのとは対照をなす、冷静で外部視点による史観であるといえよう。

彼らのように、考証学における方法的反省をおこなうことによって、儒教のなかでの歴史認識の持ち方も再検討されるようになっていく。十九世紀に入ると、春秋学に新しい展開が起こることになる。

4　朝鮮と徳川日本

朝鮮の礼訟

朝鮮は十六世紀末から十七世紀前半にかけて、日本と後金《こうきん》（清《シン》）からそれぞれ二回ずつ、計四回におよぶ侵略を受けた。前者は明《ミン》の援軍を得て撃退したものの、後者にはやむをえずに屈服し、清への朝貢を誓いあらためて朝鮮国王として冊封《さくほう》される。領土は劫掠《ごうりゃく》されて多くの文化財が喪《うしな》われ、拉致《らち》を含めて人的被害も大きかった。こうした事態を経てようやく小康状態に達した宮廷を、儀礼問題に端を発する政争がおそう。仁祖《じんそ》（在位一六二三〜四九）の二番目の妃であった慈懿大妃《じいだいひ》が王室内でどういう喪に服すべきかをめぐる三次にわたる礼訟《れいしょう》で、それぞれ発生した干支を冠して呼ばれている。

第一次の己亥《きがい》礼訟（一六五九年）では、孝宗《こうそう》（在位一六四九〜五九）の薨去《こうきょ》に際して慈懿大妃がどの種類の喪に服すべきかが争われた。慈懿大妃は先代仁祖の妃で、孝宗からみて継母である。『国朝五礼儀』『経国大典』にはこうした事態を想定する服喪規定がなかったため、経学上・礼制上どの規定を適用すべきかで説が分かれたのである。そして、その際に前章で紹介した南人《なんじん》（李滉《りこう》の系譜）と西人《せいじん》（李珥《りじ》の系譜）とが対立する構図になった。南人の尹鑴《いんけい》は三年喪説を主張した。その論拠は、孝宗は仁祖を継いだ嫡長子とみなすべきなので、母は嫡長子に対して斬衰《ざんさい》三年の喪に服する規定を適用すべきだとするにあった。これに対して、宋時烈《そうじれつ》ら西人たちは期年（一年）の服喪説を主張した。その論拠は、『経国大典』にある、子には斉衰《しさい》期年とする規定を用いればよいというにあった。また、南人の許穆《きょぼく》は斉衰三年を提言した。斬衰・斉衰はもともと『儀礼《ぎらい》』喪服《そうふく》篇にある語で、死者との関係から服喪者の差などを五段階に分ける服制のうち重いほうの二つで、以下、大功《たいこう》・小功《しょうこう》・緦麻《しま》と続く。斬衰と斉衰は喪服の裾《すそ》をそろえない（斬）かそろえる（斉）かで、悲嘆の深さの違いを表現している。許穆説では、孝宗は嫡長子だから、宋時烈らが引く『経国大典』の規定を準用するのは不適切だという。南人の尹善道《いんぜんどう》も長幼の序と君臣の義を区別すべきだとして、宋時烈を批判し許穆を支持した。だが、結局このときは宋時烈説が採用される。

第二次の甲寅《こういん》礼訟（一六七四年）は孝宗の正妃の仁宣王后《じんせんおうこう》の薨去に際して、慈懿大妃がどうするかの問題だった。当初礼官が期年服説を上奏したのに対して、朴世堂《ぼくせどう》が己亥礼訟で宋時烈が述べていた所説（四種説）と矛盾すると批判し、格を落として大功服にすべきだと上奏、礼官たちもこれに従った。ところが、そうすると孝宗を庶子とみなしていることになるとする批判が都慎徴《としんちょう》から提出され、顕宗《けんそう》（在位一六五九〜七四）は心を動かされて再三大臣たちに審議を命じた。ところが、西人で固められた大臣たちは大功服でよいとして一貫して見解を変えなかったため、顕宗は自身の判断で期年服と決定する。この年、顕宗が薨じて粛宗《しゅくそう》（在位一六七四〜一七二〇）が即位すると西人を粛清《しゅくせい》して南人を登用した。

第三次の乙卯《いつぼう》礼訟（一六七五年）は、甲寅礼訟に続いて顕宗の喪に慈懿大妃がどうすべきかが争われた。慈懿大妃にとっては嫡孫だから期年服とすることが決まっていたが、尹鑴は君臣関係の斬衰三年に訂正すべきだと主張する。許穆は反論して、二人には君臣間の尊卑はなく、あくまで祖母と孫の関係で処理すべきだと述べた。西人が放逐されていたこともあり、これは南人内部での論争だった。粛宗は両者のあいだで揺れて何度も決定変更をしたのち、結局は期年服とした。

以上の論争を通じて、西人と南人の対立が政治党争化しただけでなく、南人内部の分裂も出来《しゅったい》した。思想的には、西人が朱子学に忠実に喪祭礼で君主と一般士大夫とを質的に分けない立場、南人が鄭玄《じょうげん》・賈公彦《かこうげん》の古礼説を論拠に君主は宗法上士大夫とは別の枠組になるとみなす立場だったとされる。また、単純な地域閥の争いではなく、親親主義と尊尊主義（個別の血縁関係を重視するか、社会的な身分関係を重視するかの、礼学上の立場の相違）の対立構図を見て取る解釈もある（李元彦《イウォンオン》「十七世紀朝鮮の服制礼訟とその含意」『都留文科大学研究紀要』七九集所載の日本語訳）。

礼訟で西人の領袖《りょうしゅう》として活躍した宋時烈（一六〇七〜八九）は、一六三六年に清軍が侵攻してきた際、仁祖に随行して避難した体験をもつ。一六四九年には孝宗の呼びかけに応じて清に対する北伐《ほくばつ》の計画に加わった。粛宗の即位で甲寅礼訟に敗北すると遠流となり、一六八〇年に西人が政権を奪還すると赦《ゆる》されて漢陽（ソウル）に戻る。だが、南人への処分をめぐって強硬な立場（老論《ろうろん》）を採《と》り、穏健現実派（少論《しょうろん》）と分裂する。そして、一六八九年に王子の処遇問題でやはり経学の観点から意見を上申して粛宗の逆鱗《げきりん》にふれ、南人の報復により、毒薬を賜るかたちで死刑となった。

彼は政治的に第一線を退いていた粛宗朝初期に多くの朱子学関係書籍を編纂した。なかでも『朱子大《しゅしたい》全箚疑《ぜんさつぎ》』は朱熹《しゅき》の文集に対する注解書で、李滉の『朱子書節要《しゅししょせつよう》』とその注解として李滉の門人たちが編んだ『朱子書節要記疑《しゅししょせつようきぎ》』を収載したうえで、自身の見解を付加する形式を採っている。また、明の程敏《ていびん》政《せい》『心経附注《しんけいふちゅう》』の注解『心経附注釈疑《しんけいふちゅうしゃくぎ》』も著した。『心経附注』は宋の真徳秀《しんとくしゅう》『心経』の注解で、李滉が尊重していた書物である。宋時烈はこれらの作業を通じて、敵対派の学祖であるはずの李滉をも継承して朱子一尊主義を標榜《ひょうぼう》し、自身が属する李珥の学説と総合折衷して集大成をはかっていた（川原秀城「宋時烈の朱子学――朝鮮朝前中期学術の集大成」『朝鮮朝後期の社会と思想』）。

人性物性同異論争

朱熹は『中庸或問《ちゅうようわくもん》』で、天賦の性を人間と分有する存在として鳥獣草木も仲間に加えていた。ただ、人間が彼らと異なるのは、こうした仕組を理解して自らの本性を取り戻そうと努力できる点にある。逆にいえば、人間以外の動植物は気質の偏りが甚だしいために、そこまでの知恵をもっていない。そこで、聖人は彼らにもしかるべき生を遂げることができるような仕組を用意してやった。朱熹は『周礼《しゅらい》』に山野を掌《つかさど》る官が設けられ、野生動植物がそれぞれのあるべき生を遂げられるようにしてやっていることを、『中庸』にいう「教」にあたると語っている。

朱子学では本然之性《ほんぜんのせい》と気質之性《きしつのせい》を区別し、前者は純粋に清《す》んだ天理、後者は人欲の濁りが混じった気質であるという説明をして、経書に登場する「性」字の意味が文脈により一様に処理できない困難を回避した。しかし、性という以上、その意味は一つのはずではないのか。聖人がそのようにまわりくどい概念操作をするはずがない。朱子学にはつねにこの疑問がつきまとっていた。心性《しんせい》論におけるこの議論は、やがて陽明学という離脱組を生み出すほどの教義上の大問題だった。したがって、中国でも明清を通じて絶えず論点として意識されてきたのであるが、朝鮮ではとくに人間と動物の性は本質としては同じなのか、それともすでにそこが違うのかが争点となった。

朴世堂は『思弁録《しべんろく》』において、朱熹『中庸章句』が「人物」という語を用いることで、人間と動植物を並称したことを批判する。『中庸』本文の後段では「人」とだけ言っており、「人物」という表現は見えない。そもそも、『中庸』の趣旨でもある「教」は、人間にしか理解できない。よって、ここの経文《けいぶん》の叙述は人間に限定して捉えるべきだというのである。

時代がくだって丁若鏞《ていじゃくよう》(一七六二～一八三六)によれば、人間は自分で善悪を判断する力を賦与されているが、動物にはこれがない。「自主之権」「心之権」と彼は呼び、これは性とは別の範疇だとする。彼の解釈では、天は上帝のことであり、天が人間に賦与する性は上帝の意向として動物とは質的に異なっている。人間の心の側に「自主(みずからつかさどる)」という主体性が具わっているとするこの構図は、朱子学の枠内にとどまっているものではあるけれども、キリスト教・西学《せいがく》の影響が看取されることがすでに指摘されている。物性論は東アジアの伝統的な斉物論《せいぶつろん》・万物一体観とは異質な西洋思想と接触することで展開し、それが朝鮮において発現したともいえよう。

じつは似たような議論は清の戴震《たいしん》にもあった。彼によれば、人間のみが性の全体を賦与されており、一部しか与えられていない動物とは異なる(『原善《げんぜん》』)。戴震の思想は西学抜きでは理解できないことは先述したとおりであり、ここにも東西思想の邂逅《かいこう》が垣間見えるのかもしれない。

丁若鏞のように、朱子学墨守《ぼくしゅ》ではなく現実に即した議論を立てた一群の学者たちを「実学《じつがく》」と呼んでまとめる見解がある。思想史理解としてたしかに一つの見識だが、彼ら自身がそう認識していたわけではないし、実学という語は朱熹も好んで用いた自称で仏教の空論批判の文脈で使われた。外側から先に思想家にラベルを貼り付けてみるよりは、彼ら自身の思惟に寄りそうことのほうが、とりあえずは大事であろう。

徳川日本の朱子学

朝鮮王朝では国初から科挙官僚制のもと、儒教を国教としたうえで朱子学がその正統教義と認定されていた。そして、十六世紀からその教義解釈論争が始まり、四端七情《したんしちじょう》論争・礼訟・人性物性同異《じんせいぶっせいどうい》論争と主題は順次変化したが、その背景には地域閥による政治党争があった。王権によって正統教義だと認められることが政権獲得と同義であり、相手方を時に死刑に処することもあった。

これと比べると、日本の場合は儒教教義の論争はぬるま湯であった。有名な寛政異学《かんせいいがく》の禁《きん》も、それで切腹を命じられた反朱子学者はいない。

そもそも、日本は江戸時代を通じて仏教を国教としていた。天皇や将軍の葬儀は仏僧が取り仕切ったし、キリスト教禁圧のため寺請《てらうけ》制度が布《し》かれ、すべて家ごとに菩提寺《ぼだいじ》がある仕組になっていた。宗派は個人のものではなく家のもので、婚家や養子先の宗旨に合わせる。つまり、信仰は個人の内面的欲求に根ざすのではなく、家を単位とする社会秩序のためにあり、それを担うのが仏教教団だった。社会のありようが同時代の中国や韓国とは異質であった。

それでも、江戸時代になると、ようやく朱子学が仏教から分離独立の動きを見せる。なお、以下、江戸時代の儒者についてのみ、諱《いみな》(本名)ではなく号で呼んでいく。

藤原惺窩《ふじわらせいか》(一五六一〜一六一九)は公家の冷泉家《れいぜいけ》出身で、家の跡取りでない男子の通例として出家し、相《しょう》国寺《こくじ》の僧となった。ここで朱子学を学び、深い関心をもって渡明を志すがままならず、たまたま朝鮮から俘虜《ふりょ》として連行されていた姜沆《きょうこう》からさらに朱子学について教えを受けた。明における朱王《しゅおう》折衷的な思潮の影響を受けて陽明学的な傾向がうかがえるが、彼の段階ではまだ強くそれを意識していたわけではなかろう。彼は仏教寺院の外で儒教専門のかたちでの朱子学摂取がしたかったのである。多くの門人を育て、彼の系譜を京学《きょうがく》と称する。

林氏墓地

惺窩は徳川家康から招聘《しょうへい》されると、代わりに林羅山《はやしらざん》(一五八三〜一六五七)を推薦した。羅山は下級武士の出身で、建仁寺《けんにんじ》に入るも出家を拒否、一六〇四年に惺窩に入門した。そして翌年には家康の御用学者として江戸にくだる。鎌倉時代以来、学識で大名に仕えるのは僧侶であったため、彼も僧形《そうぎょう》を求められ、法名を道春《どうしゅん》といった。一六三〇年、江戸の忍岡《しのぶがおか》に私塾を開く土地を拝領する。神道は儒教の教義と一致するとして理当心地神道《りとうしんちしんとう》を説き、伊勢神道の所説を受けて『論語』で並称されている智・仁・勇の三徳を象徴するのが三種の神器(勾玉・鏡・剣)だと述べた。彼の子孫は江戸幕府の教学を世襲で担当して林家《りんけ》と称され、孫の鳳岡《ほうこう》(一六四四〜一七三二)からは僧形でなく俗人としての出仕を許された。

他方、室町時代の土佐南学《とさなんがく》の系譜から山崎闇斎《やまざきあんさい》(一六一九〜八二)が登場する。闇斎は京都の出身で、妙心寺《みょうしんじ》で僧として学び、土佐の吸江寺《ぎゅうこうじ》で南学派の谷時中《たにじちゅう》に学んだ。また土佐藩執政の野中兼山《のなかけんざん》と交流して朱子学に傾倒し、還俗《げんぞく》を決意する。京都に戻って塾を開き、また江戸で幕閣の保科正之《ほしなまさゆき》の知遇を得た。吉川神道《よしかわしんとう》を学んで神儒一致を確信し、垂加神道《すいかしんとう》を創始した。君臣秩序に厳格な大義名分論を説き、江戸時代の尊王思想の嚆矢《こうし》となった。

この頃、好学大名と呼ばれる、朱子学を愛好して藩内の仏教寺院の力を削ごうとする者たちがいた。岡山の池田光政《いけだみつまさ》、会津の保科正之、水戸の徳川光圀《とくがわみつくに》、加賀の前田綱紀《まえだつなのり》である。五代将軍となる徳川綱吉《とくがわつなよし》も、館林藩《たてばやし》主時代から朱子学に心酔していた。

徳川光圀は、天皇が呉太伯《ごたいはく》の後裔だとする説を批判し、『日本書紀』に書かれた天皇中心の歴史認識を再確認するために『大日本史《だいにほんし》』の編纂を開始した。この流派を水戸学《みとがく》と呼ぶ。

十八世紀になると新井白石《あらいはくせき》が幕閣中枢で朱子学的政治理念の実現に務めようとする。白石は江戸で下級武士の子として生まれ、藤原惺窩の孫弟子木下順庵《きのしたじゅんあん》に学んだ。仕官した甲府《こうふ》藩主徳川綱豊《とくがわつなとよ》が六代将軍(家宣《いえのぶ》と改名)となったために幕府に入ったのである。カトリック宣教師ジョヴァンニ・バティスタ・シドッチが捕縛され、獄中で彼を尋問するなかで西学についての知見を得て『西洋紀聞《せいようきぶん》』を著す。元号によって正徳《しょうとく》の治と呼ばれる幕政改革をおこない、朝鮮通信使との応接で将軍に「日本国王」の名義を使ったり、武家諸法度《ぶけしょはっと》を和文体でわかりやすいものに改訂したりした。

朱子学は幕府の御用学問としてしだいに諸大名や一般武士にも浸透し、日本人の倫理規範として共有されていく。いわゆる武士道《ぶしどう》もこうして江戸時代後半になってから新しく形成された。とかく「日本古来の価値観」と言いなされているものは、神儒一致の教説とあいまって創られた伝統であり、思想史・精神史の学術的見解ではなく、神道の宗教的教義にすぎない。

朱子学批判の諸相

十七世紀中葉以降になると仏教とはかかわりなく、普通の武士・町人のあいだから日本独自の学説を提唱する儒者も登場するようになった。

中江藤樹《なかえとうじゅ》（一六〇八〜四八）は通説では陽明学に属する学者とされる。だが陽明学の影響は成説後のことで、独自の藤樹学《とうじゅがく》と捉えるべきであろう。孝とは愛し敬《うやま》うことであるとして、この徳目に深い意義を見出し、それによって天と繫がる宇宙論を説く点で漢代儒教に通ずるものがあるが、朱子学から心に宿る天理の概念を取り入れて自説を組み立てた。

山鹿素行《やまがそこう》（一六二二〜八五）は甲州流の兵学者で儒仏道三教を広く学んだが、やがて朱子学の理気論《りき》を強く批判するようになった。朱子学の窮理《きゅうり》は日常生活から乖離するのでよろしくない。彼は孔孟の原義に戻ることを提唱した（古学《こがく》）。条理はごく自然な心情に由来すべきで、情欲もこの面から肯定された。やむをえざる心情を「誠《まこと》」として積極的に評価することが、日本独自の思惟《しい》として展開していく。

伊藤仁斎《いとうじんさい》（一六二七〜一七〇五）は京都の町衆の出身。朱子学に開眼して読書にふけり、聖人《せいじん》になろうとして精神を病むにいたる。その結果、朱子学の修養論には根本的な欠陥があることに気づく。このあたり、王守仁《おうしゅじん》とよく似ている。道とは朱子学が説くような高踏《こうとう》なものではなく、日常道徳たる五常の行為そのものである。そのなかで核になるのが仁であって、これを実践するには忠信の心構えが必須なので、後世の雑音を排して『論語』『孟子』からそれを学びとるべきだと説く（古義学《こぎがく》）。

他方、荻生徂徠《おぎゅうそらい》（一六六六～一七二八）は経書《けいしょ》の文言を当時の語彙用法にそって解釈すべきだとし、その文章に習熟する必要を説いた（古文辞学《こぶんじがく》）。彼によれば、朱子学や古義学の解釈は恣意的であって孔子の意図に反している。道とは観念的なものではなく、孔子の時代までかろうじて存続していた聖人の礼楽刑政に他ならない。人間の内面に善性があって道徳規範を受容するのではない。規範は聖人が人為的に定め、礼楽刑政を通じて人々に外から刷り込んでいったのだ。徂徠にいたって、朱子学の心性論はその基盤を無化されることになる。

このように、朱子学系の京学・林家学・闇斎学・水戸学と、反朱子学の藤樹学・古学・仁斎学（古義学）・徂徠学があいまって十八世紀後半以降の儒学史が紡がれていく。一七九一年の寛政異学の禁により、幕府は朱子学を体制教学と正式に認定したが、思想の多様性が喪われることはなかった。

琉球儒学

琉球国は一六〇九年に薩摩の島津家による軍事侵攻を受けた。薩摩側はこれを「琉球国御征伐《ごせいばつ》」と称した（「肝付兼篤書状《きもつきかねひろ》」）。以後、琉球国は名目上独立国家として明・清と朝貢冊封関係を保ったが、実際には薩摩藩の間接統治下におかれた。琉球を経由する国際交易路を薩摩藩ひいては江戸幕府が押さえる目的だった。

　これによって、以前にもまして薩摩から和風文化が流入し、学術面でも漢文文献は訓読により講読された。一方、中国との外交関係を担う久米《くめ》三十六姓《さんじゅうろくせい》のなかから福建に職務で渡ったり留学したりして本格的に朱子学を修得してくる者もあった。その一人蔡温《さいおん》は一七二八年に三司官（宰相）に就任し、三〇年間にわたって琉球の国政を担当して農業振興政策などに実績をあげた。多くの著作を遺したものの、一九四五年の米軍の侵攻で大半が焼失した。

亀甲墓（沖縄，護佐丸墓）

　蔡温にやや先だって、程順則《ていじゅんそく》は明倫堂《めいりんどう》（国立大学）の設置を建白して実現したり、清の范鋐《はんこう》の『六諭衍義《りくゆえんぎ》』（太祖の『六諭』を平易な文体で解説したもの）を持ち帰ったりして、国内での朱子学の浸透に務めた。『六諭衍義』は江戸の徳川吉宗《とくがわよしむね》にも献上され、吉宗の命令で室鳩巣《むろきゅうそう》が和文の『六諭衍義大意』を著している。

　沖縄には今でもいわゆる本土とは異なる形で中国文化の影響が大きくみられる。たとえば十七世紀末に出現した亀甲墓《きっこうばか》は、福建・広東・台湾に分布する墓制（中国では亀殻墓《きこくぼ》と呼ぶ）とよく似ており、風水思想に基づいて立地されていて、思想文化的な受容がなされたことは明らかである。また、十七世紀後半からは家譜《かふ》の編纂が始まって、父系血縁組織である門中《もんちゅう》の意識が定着した。中国・韓国の宗族と同じ原理による組織で、本土のイエとは異なる（イエは世襲の家業が本質で、生物学的血縁は不要）。元来個人墓である亀甲墓が沖縄の場合は一族墓になっているのは、門中と亀甲墓が同時期に緊密な内在的関係をもって始まったことを示している。ただし、これらを儒教文化として理解してよいかどうかは慎重になる必要があろう。中国において、そもそも儒教が社会に浸透するにあたって民間の土着習俗を取り入れており、宗族の実態や墓の形状にも地方性がみられ、沖縄に影響したのは東南沿海部の習俗だからである。

三国の朱子学比較

中国では明が朱子学を体制教学として以来、清末の科挙廃止にいたるまで、朱子学は士人層の必須の教養として君臨していた。陽明学や考証学が興った時期もあったが、ともに江南《こうなん》地方で流行したにとどまり、たしかに思想史的には大きな役割をはたしたものの、制度自体にはあまりかかわらなかった。むしろ、西学の影響を受けて朱子学内部で朱熹《しゅき》自身の教説への反省が深まった。李光地《りこうち》のように、西学の方が自然界の仕組を正しく把握していると判断すれば、朱熹の誤りを訂正する動きがみられた。合理的・体系的な思索への共感はもともと朱子学が具えていたものなので、このような修正も可能だったのである。

韓国の朝鮮王朝においては、明を模して朱子学の体制教学化が深く浸透し、朱子学を批判するのではなく、朱子学の正確な教義理解をめぐって学術論争がおこなわれ、それが政争に発展するという動きをみせた。主要な論点は、四端七情の捉え方に始まり、王妃の服喪という礼の実践をめぐる解釈、そして人間と動物の異同という変遷をたどった。四端七情や人性物性はまったく朱子学教義内部の神学論争だったけれども、礼訟《れいしょう》においては、朱熹の教説を額面通り墨守《ぼくしゅ》しようとする一派と、朱熹も参照した古文経学の観点を組み込もうとする一派の対立となり、礼学《れいがく》に古来通底して流れている親親主義と尊尊主義との対立となって現れ、これが朝鮮の嫡庶《ちゃくしょ》を厳格に区別する特徴と絡んで展開している。

日本の江戸儒学は、まず体制教学ではなかったというところに他の二国との本質的な相違がある。林羅山は本意に反して仏僧の姿でしか君主の側近に侍れなかった。山崎闇斎らは朱熹への原点回帰を唱え、仏式を排除して『家礼《かれい》』の普及を試みた。しかし、一部の好学大名を除いて儒式の喪祭制度は浸透せず、朱子学は礼を伴わないかたちで広まった。

琉球では本土とは異なり、中国東南沿海部との交易を通じて地方文化が伝わった。そのなかには儒教教義と親和的な喪祭の風習も含まれていた。学術面では朱子学が本土と中国から、二つの経路で学ばれつづけた。

このように、十八世紀までに、各国それぞれの社会状況を背景に、朱子学について異なるかたちでの流布浸透がみられた。このことが、十九世紀の近代化の過程で儒教がそれぞれの国で果たす役割の相違となってあらわれることになる。

第6章 近代社会と儒教 十九世紀〜現在

時代の概観

一七八九年七月、フランスでは民衆暴動に端を発する革命が起こった。以後、ヨーロッパの政治秩序は動揺し、その影響は世界各地に波及する。東アジアも例外ではなかった。

一七九二年、熱河《ねっか》（河北省）にある避暑山荘で、清《シン》の高宗《こうそう》（乾隆帝《けんりゅう》）はイギリス使節団を謁見《えっけん》した。大使ジョージ・マカートニーは西洋式に立ったままで拝礼することを求め、清側は中国における朝貢儀礼の式次第どおり三跪九叩頭《さんききゅうこうとう》（三回ひざまずき、各三回地に頭を垂れる挨拶《あいさつ》の作法）を要求した。使節団の目的は貿易拡大だったが、王権儀礼をめぐるこの文化摩擦も一因となって、交渉は不調に終わった。その後、一八一六年にやってきたウィリアム・アマーストは三跪九叩頭をはっきりと拒絶し、そのため仁宗《じんそう》（嘉《か》慶《けい》帝、在位一七九六〜一八二〇）に謁見することさえできなかった。しかし、この段階ではまだ、イギリスは軍艦を派遣して戦争をしかけるなどという暴挙にはでられなかった。アマーストはその後、インド総督を務め、イギリスが清から茶を購入する代価としてインドに綿織物を売り、インドで栽培するアヘンを清に売りつける三角貿易の仕組をつくりあげていった。世界でもっとも繁栄を謳歌していた大清帝国は、ヨーロッパの新興交易国家によるこの狡猾《こうかつ》な利己主義によってしだいに蝕《むしば》まれていく。

日本の根室《ねむろ》にも、一七九二年にロシアの使節アダム・ラクスマンがやってきた。日本はそれまで長らく西洋諸国では唯一オランダとのみ交易していたわけだが、ラクスマンの目的は日露貿易の開始だった。このときの交渉を受けて、一八〇四年にはニコライ・レザノフが長崎に来航したものの、江戸幕府の対応に怒り、その腹いせに日本領の樺太《からふと》・択捉《えとろふ》を攻撃してから帰国した。一八〇八年にはイギリス軍艦が長崎港内で、当時ナポレオン一世の弟を国王にいただいていたオランダの商館員を襲う事件が起きた。ナポレオン戦争の余波が、極東にまでおよんだ事件だった。

中国の近代はアヘン戦争(一八四〇年開戦)から、日本の近代は黒船来航《くろふね》(一八五三年)からだとよくいわれる。しかし、じつはその前からそうなる環境が生まれつつあったのである。

アヘン戦争やアロー戦争(一八五六年開戦)で、清はイギリスやフランスなどと敗戦条約を結び、一方的な貿易優遇措置を彼らに認めざるをえなかった。これが不平等であることを知っていた江戸幕府は、「いま戦争しても勝ち目がない」ことを冷静に判断し、貿易開始に踏み切る(一八五八年)。だが、事情を解《かい》せぬ有象無象《うぞうむぞう》の連中は尊王攘夷《そんのうじょうい》を旗印にテロリズムに走り、多くの有為な人材を殺した末に、明治維新という革命を成就《じょうじゅ》させる(一八六八年)。

すでにこの頃には朝鮮に対してもヨーロッパ諸国の開国要求がなされていたが、実権を握っていた大《たい》院君《いんくん》(一八二〇~九八)は攘夷を国是《こくぜ》に掲げて抵抗した。すると日本が先鞭《せんべん》を切って朝鮮に対する武力行使を開始し、不平等条約を締結する(一八七六年)。日本政府は一八七九年には琉球《りゅうきゅう》処分をおこなって琉球藩・琉球王国を廃止し、直轄の沖縄県とした。一八九五年に日清戦争に勝利すると清から台湾を割譲《かつじょう》させて台湾総督府を設置し、島民が台湾民主国を建てて抵抗すると軍事力で鎮圧した。このように、明治維新を契機に日本が西洋風の帝国主義国家に変貌《へんぼう》することで、東アジアの不幸な歴史が始まった。

一八九七年、ロシアの支援を受けて朝鮮国王は大韓帝国皇帝に即位し、有史以来の対中朝貢外交を終《しゅう》焉《えん》させた。だが、日露戦争を経て、一九一〇年、大日本帝国に併合されてしまう。清は戊戌変法《ぼじゅつへんぽう》（一八九八年）や光緒新政《こうしょしんせい》（一九〇五年）で近代国家への変貌をはかったが、一九一二年には中華民国の成立を認め、秦始皇帝《しんしこうてい》以来二一〇〇年あまり続いた帝政に幕をおろす。しかし、さまざまな勢力が覇《は》を競い合い、蔣介石《しょうかいせき》（一八八七〜一九七五）の国民党と毛沢東《もうたくとう》（一八九三〜一九七六）の共産党との対立、日本の本格的侵略があったのち、一九四九年に大陸には中華人民共和国が成立する。韓国も日本の敗戦により独立したものの、アメリカ合衆国とソビエト連邦の対立から南北に分断された。今なお中国と韓国にはそれぞれ「二つの政権」が並存している。そして、あたかもかつての南北朝《なんぼくちょう》時代（中国と日本）や三国《さんごく》時代（中国と韓国）のごとく、それぞれが「自分こそが自国の正統かつ唯一の政府」と称している。

1 中国

阮元

漢学流の考証学者たちは、新たな手法で経書《けいしょ》の文言解釈を進めるとともに、文献批判《テクストクリティーク》にも意を用いた。

その精華が阮元《げんげん》による十三経注疏《じゅうさんぎょうちゅうそ》校勘《こうかん》作業である。

阮元（一七六四〜一八四九）は揚州《ようしゅう》府（江蘇省）の人で、一七八九年の進士。朝廷の大官として活躍し、各地の巡撫《じゅんぶ》（省の長官）・総督《そうとく》（数省を束ねる長官）を歴任して地方志編纂事業をおこなった。彼は幕僚として多くの学者たちを使役し、十三経注疏の諸本を調査して相互に比較し、もっとも信頼できる版本を作成したうえ、諸本の異同を逐次《ちくじ》注記する校勘記をつくった。このほかにも彼が編纂事業を主宰した書物として次のものがある。『経籍籑詁《けいせきせんこ》』は経書をはじめとする古書の訓詁《くんこ》をまとめた字書、『皇清経解《こうせいけいかい》』は清の学者たちの経学《けいがく》著作の叢書、『宛委別蔵《えんいべつぞう》』は四庫全書《しこぜんしょ》に収録されなかったために散佚《さんいつ》が懸念される稀《き》覯《こう》書を集めた叢書である。また、書院《しょいん》を創建・復興して不遇な学者を教員に招き、漢学流の経学が広く普及するのを支援した。

彼自身の著述としては、『疇人伝《ちゅうじんでん》』という歴代数学者たちの列伝がある。『尚書《しょうしょ》』洪範《こうはん》篇を伝えた箕子《きし》や、『史記《しき》』の司馬遷《しばせん》、何休《かきゅう》・鄭玄《じょうげん》ら経学者たち、清では李光地《りこうち》・恵士奇《けいしき》・戴震《たいしん》らが採録されている。注目すべきは、最後に「西洋」の部が立てられていることで、リッチ以来の来華宣教師たちはもとより、それに先だって歌白尼（ニコラウス・コペルニクス）や第谷（チコ・ブラーエ）ら、中国にきたことのない西洋人も紹介している。宣教師たちによる漢訳文献を通じての知識ではあるが、阮元が西洋の自然科学に対する関心を強くもっていたこと、そしてそれを彼の同朋たちにも共通の常識として広めようとしていたことがうかがわれる。

このように、阮元は自身が独創的で卓越した研究者であるというよりも、政府高官として文化事業を推進する組織者《オーガナイザー》の役割をはたしたことに特色がある。両広総督《りょうこうそうとく》時代、アマーストの拝礼拒否事件を知ってイギリスが将来侵攻してくることを予想し、海防を強化するための具体策をしきりに上奏しており、たんに経書の文言に埋没するだけの学究肌ではなかった。彼は乾嘉《けんか》の学の嫡流《ちゃくりゅう》であり、かつ、次世代の洋務派《ようむは》の先駆という面を持ち合わせていたといえよう。

曾国藩

広東省嘉応州《かおうしゅう》に洪秀全《こうしゅうぜん》という士人がいた。士人層の大多数がそうであったごとく、彼もまた何度受験しても科挙に合格できなかった。そのうち彼は精神を病み、自分が上帝の子でイエスの弟だと言い始める。その教説は社会不安もあいまって地元で広まり、一八五一年、ついに武装蜂起して「太平天国《たいへいてんごく》」という宗教国家をつくるにいたる。南京《ナンキン》を天京《てんけい》と改称して首都とし、中国南部にその領域を拡大していった。

清の正規軍だけでは鎮圧できない状況のなか、西洋人の傭兵《ようへい》部隊と地方の自衛組織（郷勇《きょうゆう》）とが活躍し、ついに南京を陥落させて太平天国を滅ぼすのに貢献した。郷勇のなかでも中核にあったのが、曾国藩《そうこくはん》の湘軍《しょうぐん》と李鴻章《りこうしょう》の淮軍《わいぐん》だった。

曾国藩（一八一一～七二）は長沙府《ちょうさふ》（湖南省）の人で一八三八年の進士。湘軍の湘は湘江を意味し、この地方の雅名として用いられていた。洪秀全が挙兵した頃、彼は郷里で母の喪に服していた。親類縁者を糾合して団練《だんれん》（地方の治安維持にあたる軍隊）を結成し、広州の西洋商人から銃を購入して太平天国軍の鎮圧にあたった。これが湘軍であり、もともと彼の部下であった李鴻章（一八二三〜一九〇一）がこれを模して自分の郷里で組織したのが淮軍だった。李鴻章は廬州府《ろしゅうふ》（安徽省）の出身なので淮河にちなんで命名したのである。彼も一八四七年に進士となった科挙官僚だった。

つまり、二人はいずれもれっきとした士大夫《したいふ》であって、退役軍人でもなければ無頼《ぶらい》の徒でもなかった。とくに曾国藩のほうは昔から南方の中心都市だった長沙で育っており、正統な文化資本の継承者だった。古文（文章のスタイルとしての）の名手としても知られていたが、その才は郷里の先輩たちに基礎があるとして「天下の文章は桐城《とうじょう》に集まる」と称えたため、彼を含むこの系譜は桐城派と呼ばれる。彼らが守ろうとしたのは朱子学的な郷里空間秩序であり、そのために郷里の農民たちを動員して軍隊組織を立ち上げたのである。その発想は個々の具体的なところでは独創的で時代の刻印を帯びていたが、発想それ自体は朱子学の郷約《きょうやく》のうち保甲《ほこう》の機能を拡大したものというべきだろう。彼らが思想信条面で朱子学の枠組をでることは終生なかった。

曾国藩

朝廷からの信頼を得て、曾国藩・李鴻章らは軍備増強政策を推し進める。アヘン戦争などでの敗北は、堅艦利砲《けんかんりほう》（丈夫な艦船と高性能の火器）のせいであり、この欠を補えば二度と西洋諸国からあなどられることはなくなるだろう。彼らはそう考えていわゆる洋務運動を担っていく。彼らに中国伝統文化への疑念は微塵《みじん》もなかった。のちに「中体西用《ちゅうたいせいよう》」ということばがその精神を象徴的にあらわしており、張之洞《ちょうしどう》（一八三七〜一九〇九）らに受け継がれている。

　中は体、すなわち中国文明こそ自分たちの規範であり、西洋はあくまでも実用にすぎず、役立つものだけ使えばよいのである。三綱《さんこう》五常《ごじょう》の儒教道徳を見直す必要はまったくない。この路線はかなりの成功をおさめ、太平天国など各地の騒乱で揺らぎかけていた清朝の統治構造は立ち直っていった。しかし、西洋列強のアジア侵略は激しさを増すばかりで、ベトナム（フランスが実質的に植民地化）・ビルマ（イギリスが支配）など古くからの朝貢国が清朝から引きはがされていった。唯一、律儀に朝貢冊封《さくほう》関係を続けてくれた相手が朝鮮だったが、ここにも日本の毒牙が迫った。一八九四年、日清戦争が勃発する。そしてその敗戦が洋務派の没落を引き起こす。

　軍制だけでなく、もっと深い次元での国制改革を唱える士人たちが登場する。

康有為

　清の学術は、時間を経るとともに敬仰対象とする学術を順次遡らせていった。第一期（十七世紀後半〜十八世紀初頭）の顧炎武《こえんぶ》・李光地・徐乾学《じょけんがく》らは明《ミン》の学術は批判するものの宋《そう》については高い評価を与えていた。第二期の乾嘉の学（十八世紀中葉〜十九世紀初頭）になると宋学を批判して漢唐訓詁学が尊重された。そして第三期の十九世紀中葉には、前漢の学術を復興させようとする動きが生じる。前漢を代表する学術とは、今文経学《きんぶんけいがく》、なかんずく春秋《しゅんじゅう》公羊学《くようがく》に他ならない。

その先駆が常州府（江蘇省）の荘存与《そうそんよ》（一七一九〜八八）である。彼は世代的には戴震と同じだが、『尚書』を研究するなかで今文経学に目覚め、公羊学を再評価するようになる。外孫で同郷の劉逢禄《りゅうほうろく》（一七七六〜一八二九）はこれを受け継ぎ、『公羊春秋何氏釈例《くようしゅんじゅうかししゃくれい》』を著した。彼の門からは、龔自珍《きょうじちん》（一七九二〜一八四一）や魏源《ぎげん》（一七九四〜一八五七。幕末期の日本で読まれた『海国図志《かいこくずし》』の著者）ら、憂国経世の志士たちが輩出した。龔自珍は段玉裁《だんぎょくさい》の外孫で、若いときはその小学の後継者と目されていたほどだったのだが、国難を目《ま》の当たりにして発奮《はっぷん》し、乾嘉の学風とは訣別《けつべつ》している。

こうした流れのなかから康有為《こうゆうい》（一八五八〜一九二七）が登場する。彼が主導したいわゆる戊戌変法《ぼじゅつへんぽう》は、日清戦争での敗北を受け、明治維新をモデルにして清朝の政策や政治組織を改変し、西洋列強や日本に伍《ご》して自立自彊《じりつじきょう》の近代国家を築くことをめざしていた。ただし、その理由は「西洋文明が中国文明より優れているから」ではない。むしろ逆に、西洋の現在の繁栄富強は太古の中国の国ぶりを移植したからであるとし、正しい伝統文化を復興することこそがすなわち近代化であるという論理を立てた。それが彼の本心だったのか、それとも守旧派を納得させるための方便《ほうべん》だったのかはここでは問わない。少なくとも言説上は、彼が復古主義者であったことを強調しておくにとどめる。ただし、復古の内容が朱子学や考証学とは異なる。

康有為

康有為によれば、『周礼《しゅらい》』は周公が定めた法典ではなく、古文学者劉歆《りゅうきん》らによる贋作《がんさく》である。これは後漢以来、今文学派が『周礼』の内容を批判する際の常套句《じょうとうく》であった。『周礼』およびそれに依拠した官僚制度の経学的権威を剝奪し、そこから離れた国制構想を立てる自由を康有為は手に入れた。彼はさらに一歩を進めて、そもそも経書に書かれている内容は史実ではなく、孔子が後世のために創作した架空の理想物語であると説く。この論理は『新学偽経考《しんがくぎけいこう》』『孔子改制考《こうしかいせいこう》』で展開され、前漢以来営々と積み上げられてきた経学という学術全体を、孔子の思想教説のたんなる解説に読み替えてしまった。それまでの経学者たちは太古の史実を理想としてあおぎ、そこに帰る(復古する)ことで現下の諸問題を解決しようとしていた。これに対して康有為は孔子による創意を汲み取り、それを現下の情勢に適合させて新たな国制を定めることこそ孔子の遺志にかなうやり方だとする。したがって、彼の託古改制《たっこかいせい》(昔にかこつけて制度を変える)は厳密には復古ではなく、孔子の志に戻るという意味にすぎない。

ただ、ここで考えてみれば、前漢の経学草創期にもじつは同じことがおこなわれていた。古文の経書は漢の既存の秩序を正当化すべくこの時期に新しく登場したものだし、経書を補完する緯書《いしょ》も当時の現実を踏まえて創作された文献群だった。康有為が唾棄《だき》するのはこうした行為そのものではなく、それらの文献の内容にしがみつき墨守《ぼくしゅ》しようとしてきた歴代の経学者たちであった。孔子に経書編纂者としての栄誉を認めてその教説に絶対服従するという点では、彼はまぎれもない経学者であった。

康有為は二十世紀初頭の革命運動に反対し、中華民国が成立すると保守派の重鎮として活躍を始める。中国弱体化の原因は西洋のキリスト教に相当する宗教が欠如しているためであると考え、儒教の宗教化とその国教化を企てた。これが孔教運動《こうきょううんどう》で、孔子を教祖として崇め、今文経書を孔子の教説として扱った。これには古文経学の立場にある章炳麟《しょうへいりん》らが痛烈な批判をあびせ、漢代の今文古文論争の再燃を思わせる論争となる。

章炳麟

日清戦争のあと、日本が近代化に早々と成功したことを知って、中国の有為な青年たちが大挙して日本に留学するようになった。地理的な要因もあって、そのなかには浙江省出身者が多く、二五〇年前の反清運動の歴史記憶を発掘して革命運動に邁進する者たちがあらわれた。一九〇三年、彼らは東京で『浙江潮《せっこうちょう》』という中国語雑誌を創刊し、時事問題としての革命思想の鼓吹《こすい》と並んで、中国文化、とくに浙江省の歴史を紹介していた。当時、日本では陽明《ようめい》学《がく》ブームが興っていたため、清代には批判対象とされてきた王守仁《おうしゅじん》が彼らのあいだで郷土の先人として再評価されることになる。

章炳麟

革命運動の一翼を担った章炳麟も、杭州府（浙江省）の人で日本に亡命して活躍していた。彼は家学《かがく》として皖派《かんぱ》の考証学を修得、最初は変法派の結社である強学会《きょうがっかい》に加入していた。日本へ亡命して民族主義に目覚め、滅満興漢《めっまんこうかん》の種族革命を主張するようになり、清朝への忠誠の象徴である辮髪《べんぱつ》を切った。一九〇四年に上海《シャンハイ》で革命派の青年たちで光復会《こうふくかい》を結成、翌年、孫文《そんぶん》たちのグループと統合して中国同盟会に改編した。その後、孫文・袁世凱《えんせいがい》という両雄のあいだにあって去就《きょしゅう》が何度も揺らぐが、新文化運動(次頁参照)には明確に反対の意思表示をして国粋保存を主張し、満洲事変《まんしゅうじへん》後は抗日運動を鼓舞《こぶ》した。中華民国という国号の創案者でもある。

章炳麟の文章はその晦渋《かいじゅう》難解さで知られており、革命運動の扇動者《せんどうしゃ》というよりは理論家肌であった。政治的立場や党派を転々とするのは時代の変化が早すぎたためで、彼自身は一貫して古文経学の信奉者であった。攘夷の立場から日本や西洋列強だけでなく満清政府をも斥け、康有為の今文経学は学術上認めることができなかった。時に孫文、時に袁世凱と昵懇《じっこん》になりながらも、彼らのように時局をみるに敏な政治家とは気質を異にし、同じ浙江省出身の蔣介石とも結局は合わなかった。彼の究極の目標は漢族の文化伝統を守ることであり、後世、革命家としての過大評価がなされてはいるが、それは彼の実像とは程遠いものであろう。

なお、革命派は清朝の元号使用をきらい、かといってキリスト教の教義による西暦紀元も好ましくないと考えて、独自の黄帝紀元《こうていきげん》を用いる者が多かった。ただし、黄帝の在位年代に関する見解が統一されていなかったため、人によって年次表記が異なり、実用的意義をもつことはなかった。中華民国が誕生するとその年を元年とする民国紀元が正式に定められ、現在も台湾で使われている。

新文化運動の儒教批判

当初、中華民国の実権は袁世凱が握っていた。彼は北京に拠点をおいて帝政復活運動を進め、一九一五年十二月には自身が帝位に即くことを宣言した。ただ、多くの批判をあびて翌年これを撤回し、まもなく死去する。

陳独秀《ちんどくしゅう》（一八七九～一九四二）は上海で刊行されていた『新青年《しんせいねん》』誌上で孔教運動や帝政復活運動を批判した。一九一八年には魯迅《ろじん》が同誌に「狂人日記《きょうじんにっき》」を発表する。この小説では主人公が『孟子《もうし》』にでてくる「食人《しょくじん》」という表現などを念頭に、儒教が人を食らうことを勧める思想であると告発した。これを受けて、呉虞《ごぐ》は一九一九年十一月に『新青年』に「喫人与《きつじんと》礼教」という文章を書いて、より直截に礼教の本質が人間を喫《きっ》する（食らう）ことを論じた。

十二月には胡適《こてき》が『新青年』に「〝新思潮〟的《の》意義」という文章を寄せ、「問題を研究し、学理（学問方法）を輸入し、国故《こっこ》（文化遺産）を整理し、文明を再造する」ことを提唱した。彼は康有為や章炳麟らにみられる国粋保存の主張に対抗して、科学精神によって文化遺産を学術的に分析する必要性を説いたのである。こうした一連の動きを新文化運動と呼び、同年五月に生じた五四《ごし》運動とあいまって、儒教が支えてきた旧体制を批判する風潮がさかんになった。一九二一年には陳独秀らを中心に中国共産党が成立する。

胡適は終生共産主義には反対の立場を取りつづけるが、彼が北京大学でおこなった講義は中国哲学史を標榜して旧来の経学的講義を批判した。一九一八年に上梓《じょうし》された『中国哲学史大綱《ちゅうごくてつがくしたいこう》』は周から漢にいたる古代哲学を概観したもので、儒家・道家を特権化することなく、墨家《ぼっか》や法家《ほうか》にも相応の字数を割いて諸子百家《しょしひゃっか》の全体像を示すことを意図していた。なお、これに先だって謝无量《しゃむりょう》が『中国哲学史』を出版しているが、これは日本の高瀬武次郎《たかせたけじろう》が一九一〇年に出版した『支那哲学史《しなてつがくし》』と同じ構成・内容のものである。

新文化運動のなかで儒教は批判対象であり、学術的な研究によってその歴史的功罪が評価されるようになった。そのスローガンは「徳先生與賽先生《とさい》」(徳はデモクラシー＝民主主義、賽はサイエンス＝科学)であり、「打孔家店《だこうかてん》」(孔子の家すなわち儒家思想を打て)だった(のちに「打倒孔家店《だとうこうかてん》」と、倒す意味が加わる)。

新儒家の登場

胡適に代表される西欧・米国式の民主主義を賛美する立場や、陳独秀ら共産党がめざす社会主義革命路線によって、儒教の思想的使命は終わったかにみえた。ところが、こうした二つの動きに対抗し、第三の道として、儒教思想を活かして近代国家を建設できるとする議論が生まれる。従来の儒教と区別し、彼らを総称して新儒家《しんじゅか》と呼ぶ。

ただし、新儒家の範囲は明確ではない。銭穆《せんぼく》のように、自分はいわゆる新儒家ではないという自己認識をもっていた者もいる。以下に列記紹介するのは、諸説の公約数的なものにすぎないが、これによって彼らの共通の傾向がうかがえよう(小島毅『朱子学と陽明学』一五章)。

まず、最初の新儒家とされる梁漱溟《りょうそうめい》は、アンリ・ベルクソンの生命哲学や仏教思想を経由したすえに陽明学を顕彰し、郷約の理念を継承して郷村自治運動を興して実践家として活躍した。人民共和国成立後も大陸に残り、毛沢東との軋轢《あつれき》から弾圧を受けたりしながらも信念を貫いて、文化大革命終了後に再び脚光をあびた。

彼に学んだ熊十力《ゆうじゅうりき》にも仏教の影響が強いが、孔子の仁、陸九淵《りくきゅうえん》の心、王守仁の良知を本体とする体用《たいよう》論を説いた。儒家哲学で体を明らかにすることで民主と科学という用を実現することをめざせるという論理である。哲学は教、民主は政だが、両者は表裏一体だとする意味での政教一致論者だった。

賀麟《がりん》はフリードリヒ・ヘーゲルの唯心論哲学を活用した体用論を説く。ヘーゲルのいう絶対精神こそが、孔子の仁、朱熹《しゅき》の太極《たいきょく》、陸九淵の心、王守仁の良知に他ならないとし、自称「新心学」を構築した。

馮友蘭《ふうゆうらん》はアリストテレス哲学に基づいて朱子学を再構成し、「新理学」を名乗った。梁漱溟とは異なり、激動の波にもまれながらも北京大学で教鞭《きょうべん》を執る地位を確保しつづけ、大陸の学界に大きな影響を遺した。

銭穆

以上は、一九四九年以降も大陸にとどまった人々である。これに対して、共産党政権をきらって台湾・香港にでた新儒家もいる。

牟宗三《ぼうそうさん》は熊十力の体用論を発展させ、イマニュエル・カントの哲学をこれと結合させて独自の道徳形而上学を構築した。内聖外王を強調し、道統（内）と政統（外）に加えて学統もこれらと一体であると主張した。彼によれば正統な儒教教義の流れは、孔子・孟子に始まって、周惇頤《しゅうとんい》・程顥《ていこう》・張載《ちょうさい》・胡宏《ここう》・陸九淵・王守仁・王畿《おうき》・劉宗周《りゅうそうしゅう》・熊十力と伝承されてきたという。この独創的な道統論は、実際の思想史上の学統にそったものではない。程頤と朱熹をはずし、清人を一人も数えないことによって、体制教学としての朱子学や、陽明学を批判する考証学への軽侮《けいぶ》の念を表明して、彼自身の理想を語ったものである。

唐君毅《とうくんき》はカントとヘーゲル双方に理解を示し、ドイツ観念論哲学を総合するかたちで儒教の思想内容を整理した。陽明学の万物一体観を高く評価し、あえて唯心主義者であると表明することによって、毛沢東らによる唯物主義顕彰に対抗した。

一九五八年の年頭、牟宗三と唐君毅、それに徐復観《じょふくかん》・張君勱《ちょうくんばい》の四名は連名で「為中国文化敬告世界人士宣言（中国文化のためにつつしんで世界の人士に告げる宣言）」を発表し、自分たちこそが中国文化の正統な継承者であって、大陸で進んでいる思想文化の破壊を憂える旨の主張を展開した。中心になってまとめたのは唐君毅とされ、彼の全集に収録されている。その強調点は、「心性の学こそが中国学術思想の核心である」というにあった。

銭穆はこの宣言の署名に加わることを求められて断ったとされている。彼本人に新儒家という意識はなく、朱子学を中心とする中国思想史研究者という認識だった。彼の所説はその実証性に特徴があり、

1968年に香港でおこなわれた熊十力の追悼会における唐君毅（右から２人目）

如上の思想家たちとは逕庭《けいてい》の差がある。

以上はおおむね一九七〇年代まで活躍していた思想家たちで、今はすべて鬼籍《きせき》に入っている。その後、一九八〇年代からの大陸での改革開放政策によって両岸の交流が進み、かつてのような「大陸＝共産党支持」対「台湾・香港＝自由主義陣営」という構図は崩壊した。その先鞭《せんべん》をつけたのが、杜維明《といめい》だった。

杜維明は大陸に生まれ、台湾で学業を修め、米国で学者として名をなし、台湾で評価されていた。一九八〇年代初頭の「文化熱（文化ブーム）」の時期に北京大学などで招待講演をおこなって人気となり、二十一世紀になると大陸の儒教復興（後述二七九頁）の風潮のなかで「国学」の大家として尊崇されている。彼の魅力は明解平易な語り口にあり、その点で熊十力や牟宗三の対極にあるともいえよう。ただし、その学説（教説）の内容はこの二人の系譜《けいふ》に属しており、陽明学こそが儒教の神髄だとする。

銭穆高弟の余英時《よえいじ》は思想史研究者として活躍し、杜維明とは立場を異にしている。彼は宋以降の近世儒教を中心におびただしい学術的論著を著し、儒教の展開を客観的に描いた。ここで客観的というのは、たとえば牟宗三の独自の道統説や、賀麟の「新心学」、馮友蘭の「新理学」などのように自らの哲学を語るのではなく、あくまでも思想史研究者として儒教を扱う態度を指す。彼は新儒家たちによる道統意識が独善的だと批判して、牟宗三門下生たちの反感をかった。しかし、余英時もまた「正しい儒家思想」は普遍的な真理であるという信念を堅持している。余英時の牟宗三批判は、ある宗教を信仰する者同士の正統教義争いであって、当該宗教を外側から見つめる視線をもつ者の発言ではない。

2　日本

学問所・藩学・私塾

一七八七年、松平定信《まつだいらさだのぶ》が老中《ろうじゅう》に就任し、寛政《かんせい》の改革が始まった。幕府財政の再建が主目的だったが、そのためにも綱紀粛正《こうきしゅくせい》と風俗取締りが必要と判断され、翌年いわゆる寛政異学《いがく》の禁《きん》を通達した。朱熹《しゅき》の『四書集注《ししょしっちゅう》』に基づく訓読での素読吟味《そどくぎんみ》（暗誦《あんしょう》試験）がおこなわれたため、教育上、他の流派の訓読を許容するわけにいかなかったのである。したがって、これはかつていわれていたような思想弾圧ではなく、その後幕府の正式な学校として認定される昌平坂学問所《しょうへいざかがくもんじょ》において、朱子学以外の授業を禁じたものにすぎない。この禁令の全国的な波及は、諸藩の右へ倣え主義によるものだった。

昌平坂学問所の教官を務めた柴野栗山《しばのりつざん》・尾藤二洲《びとうじしゅう》・岡田寒泉《おかだかんせん》の三人、のちに寒泉に代わった古賀精里《こがせいり》を寛政の三博士《さんはかせ》と呼ぶ。これに頼春水《らいしゅんすい》らを加えた一派は正学派《せいがくは》とも呼ばれる。彼らは公序良俗《こうじょりょうぞく》・安寧秩《あんねいちつ》序《じょ》を守るべく、朱子学《しゅしがく》を社会に普及徹底させることを自分たちの使命としていた。栗山・二洲・精里の三人およびその親族は、仏教寺院に埋葬されるのを潔《いさぎよ》しとせず、すでに木下順庵《きのしたじゅんあん》・室鳩巣《むろきゅうそう》らが埋葬されていた場所に儒式墓を設営した。現在は大塚先儒墓所《おおつかせんじゅぼしょ》として史跡に指定されているけれども、江戸時代には庶民から「儒者棄《す》て場」と陰口《かげぐち》をたたかれたほどで、彼ら正学派の努力もむなしく、江戸時代の日本社会に儒式の葬祭は根づかなかった。

弘道館

咸宜園

一七二四年、大坂の町人たちが出資して儒学を教授する場が設けられ、懐徳堂《かいとくどう》と名づけられた。寛政改革期には中井竹山《なかいちくざん》が中心になって朱子学を尊重し、徂徠《そらい》学を排斥するようになり、幕府からの援助も受けるようになっていた。その後、竹山の子孫が世襲でこの私塾を運営して明治維新にいたった。同じ大坂には一八三〇年代に大塩中《おおしおちゅう》斎《さい》の洗心堂《せんしんどう》や緒方洪庵《おがたこうあん》の適塾《てきじゅく》も存在していた。このほか、広瀬淡窓《ひろせたんそう》が豊後日田《ぶんごひた》（大分県）の咸宜園《かんぎえん》で敬天を旨とする教育を施したように、十九世紀には各地に私塾がつくられ、高名な学者のもとには全国から門人が集まった。

諸藩が設ける藩学（藩校）も寛政期以降に増加した。一七五五年創設の肥後《ひご》熊本の時《じ》習館《しゅうかん》、一七七三年創設の薩摩《さつま》鹿児島の造士《ぞうし》館《かん》、一七九九年創設の陸奥会津《むつあいづ》（福島県）の日新館《にっしんかん》、一八四一年開館の常陸水戸《ひたちみと》（茨城県）の弘道館《こうどうかん》などは、幕末期に人材を輩出することになる。これらの藩学の多くでは昌平坂学問所に倣って朱子学による素読吟味が実践された。また、蘭学《らんがく》（洋学）を学習する課程を併置する場合もあった。

筑前《ちくぜん》福岡藩の場合、一七八四年にわずか五日違いで朱子学の修猷館《しゅうゆうかん》と徂徠学の甘棠館《かんとうかん》の二つを開学した。その後、異学の禁を適用して甘棠館は取り潰《つぶ》しとなり、館長の亀井南溟《かめいなんめい》は息子の昭陽《しょうよう》が開いた私塾で教授を続けた。なお、「漢委奴国王《かんのわのなのこくおう》」と彫られた金印（七六頁写真）が藩領の志賀島《しかのしま》から出土発見されたのは、なんと偶然にもこの一七八四年であった。日本が中国との外交関係を最初に結んだ記念の実物が、儒教教育のための藩学を設置するのと符節を合してあらわれ、さながら図讖《としん》のごとき役割をはたしたのである。

寛政三奇人

その頃、寛政の三奇人《さんきじん》といわれる人たちがいた。林子平《はやししへい》・高山彦九郎《たかやまひこくろう》・蒲生君平《がもうくんぺい》である。

林子平（一七三八〜九三）は陸奥仙台藩士で、『海国兵談《かいこくへいだん》』（一七九一年）を著した国防論者として知られる。ロシアの南下政策に懸念を示し、海軍を創設したり沿岸防禦《ぼうぎょ》施設を整備したりすることが急務であると説いた。彼は長崎でオランダ人から当時の海外情勢について聞き、危機意識をいだくにいたったのである。しかし、幕閣の松平定信から危険思想とみなされて発禁処分を受け、彼は蟄居《ちっきょ》を命ぜられる。『三《さん》国通覧図説《ごくつうらんずせつ》』（一七八五年）は朝鮮・琉球《りゅうきゅう》・蝦夷《えぞ》の地図に地理や風俗を記した書物で、『海国兵談』と合わせて発禁になった。

林子平の問題関心は「日本をいかにして守るか」だった。華夷変態《かいへんたい》から一五〇年、清とは平和的な交易関係のみであったし、切支丹《きりしたん》の恐怖も実感をともなうものではなくなっていた。幕藩体制と海禁政策のもと、日本が外国から攻撃されるかもしれないという想念をもつ者などいなかった。国学に代表されるように一国内部で自足的にものごとを考えるのに慣れ、国際情勢に対する関心が欠如していた。そうしたなか、彼は大槻玄沢《おおつきげんたく》ら蘭学《らんがく》者と交遊して西洋近代文明に注目し、迫りくる脅威に備えてその軍事技術を導入し、防衛体制を固めることを提言したのである。

高山彦九郎(一七四七~九三)もまた大槻玄沢らと交わり、林子平に会って蝦夷地に自ら行ってみようと考えている。上野新田《こうずけにった》(群馬県)の出身で、郷士の先人に新田義貞《にったよしさだ》(一三〇〇頃~三八、南朝の忠臣)がいたこともあって『太平記《たいへいき》』に傾倒し、尊王思想をもつようになった。一七六四年、十八歳のときに京都の三条大橋のたもとで御所を拝し「草莽《そうもう》の臣高山彦九郎」と名乗って泣いたことは有名で、現在は銅像にもなっている。そのため国学・神道系の思想を鼓吹《こすい》した人物として扱われているが、祖母の喪に三年間服しているなど、その思想資源は儒教由来だったことがうかがえる。水戸《みと》で藤田幽谷《ふじたゆうこく》に会ったこともあった。

蒲生君平(一七六八~一八一三)は『山陵志《さんりょうし》』で天皇陵の調査と場所比定、現状描写をおこなった人物。下野宇都宮《しもつけうつのみや》(栃木県)の出身で、地元の儒者の私塾で学ぶなかで彼もまた『太平記』の世界に惹かれていく。高山彦九郎のことを聞き知って、同じように林子平に会いに仙台に赴いた。ラクスマン来航の報を耳にして、一七九五年には蝦夷を旅している。一八〇七年、『不恤緯《ふじゅつい》』を著してやはり海防問題を論じ、幕閣に建白したが、これまた蟄居を命ぜられた。若い頃から藤田幽谷と親しく交わり、『大日本史』編纂事業に関心をもった。後述するように、志《し》の作成がこの頃の課題であり（二五六頁参照）、彼はそれに助力しようと志す。一八〇一年に完成した『山陵志』はその成果だった。陵墓の形状を「前方後円《ぜんぽうこうえん》」と表現するのは彼の創案である。

このように、寛政の三奇人は互いに接しながら日本という国のありようについて発信していた。儒教（朱子学）の素養が社会に広範に普及したことで、彼らのような在野の人士、高山彦九郎の表現を借りれば「草莽の臣」たちが国事を語る状況が現出したのである。幕閣《ばっかく》はこうした処士横議《しょしおうぎ》を危険視して弾圧を加えるが、その趨勢は押さえ込むことができなかった。黒船《くろふね》来航はさらにこれに火をつけ、尊王攘夷《そんのうじょうい》運動を招くこととなる。

頼山陽と大塩中斎

頼山陽《らいさんよう》（一七八〇～一八三二）は春水《しゅんすい》の子、叔父の杏坪《きょうへい》も安芸《あき》広島藩儒だった。彼は史論家・文学者であって儒学者ではないとする評価もあるが、史論や詩文を通して孔孟の道を示すのも儒者の職分であり、また、その思想内容は紛《まが》うかたなき朱子学であった。

彼は父のつてで『大日本史』に親しむ機会があり、尊王攘夷思想に傾倒して自身の著述活動を歴史の分野でおこなうことを使命と定めた。とりわけ、南朝正統論の鼓吹（尊王）と神国日本の優秀性の賛美（攘夷）とが彼の特色である。また、和文や和漢混淆文《わかんこんこうぶん》ではやや冗長《じょうちょう》に感じられる記述を、漢文特有の、しかもこの時期に誕生した新しい訓読法を前提にした引き締まった表現をとることで、音楽的快感を伴う文章を読者に提供した。その代表例が、平重盛《たいらのしげもり》が後白河法皇《ごしらかわほうおう》（天皇在位一一五五～五八）と平清盛《たいらのきよもり》との板ばさみになって苦悩する、「忠ならんと欲すれば則ち孝ならず、孝ならんと欲すれば則ち忠ならず」（『日本外史』）であろう。元話の『平家物語《へいけものがたり》』ではこのように整然とした対句《ついく》仕立てにはなっていない。

実在の豊臣秀吉《とよとみひでよし》は明《ミン》の使者が持参した明の官服が気に入り、講和条件の皇帝勅書《ちょくしょ》もそのまま保存した。しかし、頼山陽が詩のなかで描く秀吉は日本人としての誇りを高唱し、使者の面前で官服を脱ぎ捨て書簡を引き裂いてみせる。詩だから虚構があって何ら問題はないのだが、彼の筆力はこれを史実と思い込ませてしまう臨場感があるため、今なおこれを史実と信じて彼の呪縛《じゅばく》から逃れられないままに、日本史の本と称するものを著す人がいたりする。だが、それらは尊王攘夷思想という儒教信仰の教義書であって、現代社会における歴史書とみなすことはできない。

大塩中斎《おおしおちゅうさい》（一七九三～一八三七）はむしろ平八郎《へいはちろう》という呼称のほうが、通りがよかろう。大坂町奉行所の元与力《よりき》でありながら、幕政を批判する武装蜂起を起こした反逆者であり、江戸時代には「塩賊《えんぞく》」と呼ばれた。中斎は号で、「中」は適正さを意味し、彼が陽明学の教説に従って、一人ひとりの内面の道徳的確立を求め、また、そうなるべきものとして各自に良知《りょうち》が具わっているとする思想を象徴している。朱《しゅ》熹《き》への敬意や孔子の説く倫理規範ではなく、自身の心の持ち方を号に選んだところに、陽明学者中斎の面目躍如《めんもくやくじょ》たるものがある。

私塾の名「洗心（心を洗う）」は『易《えき》』繋辞《けいじ》伝の語で、やはり内面をみがくことを意味する。中斎にとって、学問とは書物をひたすら読むことではなく、日々の生活のなかで私欲にまみれない清《す》んだ心で適正な行動をとるための修養だった。為政者が私利私欲から不正を働いて民を苦しめるのを目睹《もくと》したら、事の成否を問うことなくそれを正そうとするのが儒者の務めであった。客観的には成功すべくもない蜂起は、彼のやむをえざる至誠《しせい》の心情の発露だった。

後期水戸学

水戸藩の修史事業は十八世紀のおよそ一〇〇年間は開店休業状態だった。一七八六年、立原翠軒《たちはらすいけん》が彰《しょう》考館総裁《こうかんそうさい》に就任し、再び動きだす。一七九九年、徳川光圀《とくがわみつくに》の百回忌にはその廟《びょう》に本紀《ほんぎ》・列伝《れつでん》の写本を供え、残り部分の完成を誓った。翠軒は早期完成を期して、志《し》の部分はもうつくらないという提案をしたが、藤田幽谷《ふじたゆうこく》（一七七四〜一八二六）はこれに反対し、別の事情もあってやがて両者の対立は深刻化し、絶交状態にいたる。この党争は結局幽谷が勝利して終わった。なお、翠軒は寛政の改革に際してロシアに対する国境防備の重要性を説いてもいる。

幽谷は一八〇七年に総裁に就任、それまでの経緯をまとめた『修史始末《しゅうししまつ》』を著し、志の部を撰述する事業を再開するかたわら、朱子学の立場から日本の国制についていろいろと論じた。その代表格が一七九一年の「建元論《けんげんろん》（元号を建てることについて）」である。

「建元論」は一世一元制の採用を主張する。彼は言う。元号制度は漢武帝に始まるから太古の聖人の制度というわけではないが、聖人の意図を踏まえてはいる。ただ、君主が即位することが「元《はじめ》」なのであるから、同じ君主の在位中にしばしば改めるのは改元の濫用だ。明では建国以来、新しい皇帝が即位した翌年のはじめに一度だけ改元するようにした。日本でも今後はこれに遵《したが》って一世一元制度に改めるべきである、と。宋《そう》代の学者たちによる緯書《いしょ》批判を継承し、従来改元に期待されてきた呪術的功能を否定したのである。

日本が唐制を継受したときに改元には世界を更新する役割が賦与され、代替わりのほか、政変や災害・不祥事に際しても頻繁に改元がなされてきた。また、緯書の三革説《さんかくせつ》、「甲子革令《かっしかくれい》、戊辰革運《ぼしんかくうん》、辛酉革命《しんゆうかくめい》」によって、たとえ何事もなくてもこの三つの干支では改元がなされた（ただし、戊辰革運はやがて消滅する）。九六一年（辛酉）の応和《おうわ》改元以降、一五〇四年（甲子）の永正《えいしょう》改元にいたるまで、二〇回の辛酉・甲子はすべて、途中一三八一年（辛酉）と一三八四年（甲子）の二回については南北両朝ともそろって改元している。一五六一年（辛酉）と一五六四年（甲子）、および一六二一年（辛酉）は三度続けて改元せずにそのまま旧元号が使用されつづけたのだが、一六二四年（甲子）の寛永《かんえい》改元以降は、藤田幽谷の時代までずっと必ず改元していた。これ以外にも、天変地異などに際しては時間を更新して禍《わざわい》を祓《はら》うべく、改元がなされた。たとえば、一七八九年に相当する天明《てんめい》九年一月二十五日、年の途中で寛政と改元されたのも、数年前からの飢饉に加えて内裏《だいり》が炎上するという災害ゆえであった。

幽谷は、中国ではすでに五〇〇年前に消滅したこの時代遅れの慣行をやめることが、天地の道理にかなっていると主張したのである。彼の提案は同時代的にはまったく無視された。幕末の一八六一年（辛酉）の文久《ぶんきゅう》、一八六四年（甲子）の元治《がんじ》にいたるまで、甲子・辛酉の年には必ず改元されたし、一八六五年に政情不安を鎮《しず》める呪術として慶応《けいおう》元号が選ばれるまで、この慣行は続いた。彼の「建元論」が想起されて一世一元に変更する詔《みことのり》が布告されたのは、一八六八年の明治改元に際してのことである。

ところで、江戸時代初期の後水尾《ごみずのお》天皇（在位一六一一〜二九）と江戸時代最後の孝明《こうめい》天皇（在位一八四六〜六六）とには、儒教王権論上の相違が四点あるが、それらは幽谷ら水戸学の主張と関係がある。

一つは天皇という呼称の問題で、十七世紀の言い方では通常「後水尾院」と院号を用いていた。天皇号の復活は一八四〇年に崩御した光格《こうかく》天皇（在位一七七九〜一八一七）からである。「院」とは仏教寺院を意味する語彙にすぎないため、中国皇帝を模した律令上の正規呼称たる天皇に戻したのであった。二つ目に、後水尾というのは御所や陵墓の場所にちなんだ追号である。清和《せいわ》天皇（在位八五六〜八七六）の別称がその陵墓地にちなんで水尾帝《みずのおのみかど》であったのを承《う》けていた。清和のような漢風諡号《しごう》に戻ったのも光格天皇からである。漢風諡号は八世紀に中国の皇帝を模《も》して初代神武《じんむ》天皇に遡って定められ、九世紀まで続いていた。三つ目は陵墓で、後水尾院は洛南泉涌寺《せんにゅうじ》の月輪《つきのわ》陵に仏式に葬られた。遺体は火葬（仏教用語で荼毘《だび》）された。一方、孝明天皇が一八六六年に崩じると葬制を変更し、新たに陵墓を築いて古制さながらに土葬され、その警護のために伊東甲子太郎《いとうかしたろう》を隊長とする御陵衛士《ごりょうえじ》が設けられた。天皇の葬儀が仏式から神式に変わった（主観的には復古した）のである。そして、四つ目が譲位の慣行で、後水尾院もそうであるように歴代天皇の過半数が生前譲位していた。しかし、孝明天皇もその父仁孝《にんこう》天皇（在位一八一七〜四〇）も在位のまま崩御し、一八八九年に制定された皇室典範《こうしつてんぱん》では生前譲位が否定されたため、結果的に光格天皇以降この慣行は中断した。このように、この頃、天皇のあり方が律令《りつりょう》時代の古制に戻りつつあった。律令自体が儒教の理念に基づいていたわけだが、幽谷はさらに朱子学の教説に従い、意味のない改元をやめることを提案したのだった。

幽谷の門人・部下の一人に会沢正志斎《あいざわせいしさい》(一七八二〜一八六三)がいる。彼が一八二五年に著した『新論《しんろん》』は、国体という語によって日本国のあり方を歴史的に考察した思想書である。国体・形勢・虜情《りょじょう》・守禦《しゅぎょ》・長計《ちょうけい》の五部構成をとるが、国体が上中下に分かれていて全体の半分程の分量を占めている。国体上篇は三種の神器や大嘗祭《だいじょうさい》を題材に天皇の意義から説き起こし、仏教・キリスト教が邪悪な宗教であることを摘発する。中篇では武士の登場と幕府成立にともなう軍制の変遷を歴史的に叙述し、下篇は経済政策を説く。以下、形勢篇は国際情勢、虜情篇は仮想敵である西洋諸国について、守禦篇は国防策、長計篇は国家安泰のために天皇を君主としていただく祭・政・教の一致する体制を固めることの主張である。そのまとめの箇所には、『春秋左氏伝《しゅんじゅうさしでん》』の「国の大事は祭祀と戦争」の句を引き、海防問題の奥に天皇を祭司とする国制を再興する悲願を語って結ばれている。彼は軍事組織として幕府の存在意義を認めており、そのうえで祭祀王としての天皇の役割を綿々と語った。民政など具体的政策については、天皇が幕府に権限を委譲しているという大政委任論《たいせいいにんろん》に立っていた。正志斎は晩年、藩内の過激な尊王攘夷派から守旧派とレッテルを貼られて糾弾された。

藤田東湖《ふじたとうこ》(一八〇六〜五五)は幽谷の子で、藩主徳川斉昭《とくがわなりあき》の参謀として黒船来航前後の政局で活躍した。その知名度は全国的で、吉田松陰《よしだしょういん》や西郷隆盛《さいごうたかもり》も彼のもとに来訪している。「春秋の義は一つではないが、尊王攘夷の義を明らかにするのが最も肝要である」（『東湖随筆《とうこずいひつ》』）。彼は中国の正史について、元《げん》が遼《りょう》・金《きん》を宋と同格に扱ったのはいずれ将来自分たちにも正史を立ててもらうためであり、明がその策略にはまって『元史《げんし》』を編纂してしまったのは遺憾だとする。さらに、清朝《シン》に仕えた者たちが「これら三つの夷《い》狄《てき》王朝もそう扱われているのだから、清だけ差別するのは不当だ」と自己弁護してきたことを批判し、史書を通じて正しい歴史認識を涵養《かんよう》することの重大さを指摘する。この強烈な華夷意識は、日本人のほうが満洲《まんしゅう》人よりも上等だという確信に由来している。さらには、そうした満洲人に媚《こ》び諂《へつら》って恥じない漢族士大夫たちも突き放し、神国日本の卓越性を自画自賛《じがじさん》する論調に展開している。

宋に殉《じゅん》じて元に仕えなかった文天祥《ぶんてんしょう》への敬意から、江戸時代にはその「正気歌《せいきのうた》」の追随作が多く詠《よ》まれたが、東湖もまた「和文天祥正気歌（文天祥の正気の歌に和す）」をつくっている。そのなかで、文天祥が古来の中国の偉人たちを並べてその事績を称えるのに相当する箇所では、日本からのみ事例をとって楠木正成《くすのきまさしげ》や赤穂浪士《あこうろうし》らを称え、彼らのことを「英霊《えいれい》」と表現した。天地の正気である英霊は不滅であり、自分も文天祥のように死を厭《いと》うことなく尊王攘夷のために働きたいというのだ。この発想には、もちろん神国思想や国学など日本独自の教説の要素も含み込んでいるけれども、骨格となる概念や論理は紛《まが》うかたなく朱子学に由来していた。

暗殺された先駆者たち

幕末維新期には、儒教の素養をもとに西洋の学問にふれて知見を広め、日本の近代化について具体的提言や大きな構想を語った学者が輩出した。ここでは、そのなかから、愚かなテロリストたちによって殺されてしまった人物たちを紹介する。

一人は佐久間象山《さくましょうざん》（一八一一〜六四）、信濃松代《しなのまつしろ》（長野県）の藩士である。朱子学者としての立場を堅持しながらも、西洋の優れた軍事技術を学ばねば日本が危《あや》ういと感じ、オランダ語を修得して洋書原典を読みながら武器の試作をおこなった。アヘン戦争での中国の敗北は、清が相手の技術力をあなどってイギリスと事を構えたからであると考え、体用論により、道徳という体を維持するためにこそ技術という用が存在するとして「東洋道徳、西洋藝術」（ここの藝術は技術の意）と説いた。清の洋務派《ようむは》の中体西用論《ちゅうたいせいようろん》と類似する発想である。そのために当面は富国強兵を実現すべく開国交易することが必要だと主張したが、攘夷派の志士に国賊扱いされて、白昼、京都の街中で斬殺された。

次に横井小楠《よこいしょうなん》（一八〇九〜六九）。肥後熊本藩士で藩学時習館《じしゅうかん》に学び、学政一致（学問は政治の役に立てるためのもの）の実学を唱えた。彼も朱子学を信奉し、国や時代を超えて共通する「天地公共之理《てんちこうきょうのり》」があると考える普遍主義者だった。そこで、西洋の政治制度を儒教の論理で解釈し、米国の大統領制を堯舜《ぎょうしゅん》間の禅譲《ぜんじょう》と同じ現象と捉えて、世襲政治に反省を促した。彼の場合、開国交易は実利を求める便宜的なものではなく、理を共有する全世界が平和友好関係を結ぶために必須のことだとみなしていた。明治維新のあと、一八六九年に攘夷思想の持ち主によって殺される。

もう一人、土佐《とさ》高知藩士吉田東洋《よしだとうよう》（一八一六〜六二）を紹介したい。奉行として民政に携わって実績をあげ、社倉《しゃそう》に倣って食糧備蓄政策を推進したりした。一八四五年には海防問題を含む「時事五箇条」を藩主に建白している。遊学して各地の儒学者と交流し、帰郷後、少林塾《しょうりんじゅく》を開いて藩士の子弟に教授した。一八五八年以降は藩の参政として富国強兵《ふこくきょうへい》をめざした開国路線を推進していたが、武市半平太《たけちはんぺいた》率いる土《と》佐勤皇党《さきんのうとう》のテロリストたちに帰宅途上で殺害された。甥の後藤象二郎《ごとうしょうじろう》を手元に引き取って育てた人物でもある。

象山・小楠・東洋はいずれも儒者として研鑽《けんさん》を積み、そのうえで時勢に対応した軍事・国制・政策を立案・実践した。彼らの開明性は、清の洋務派同様、朱子学の理念である居敬窮理・格物致知・修己治人の賜物である。朱子学の教説を金科玉条《きんかぎょくじょう》にして頑迷固陋《がんめいころう》な偏見に囚われた人たちもたしかに多かったが、他方、朱子学は蘭学・洋学の培養基として日本の近代化に貢献した。その両面をバランスよくみることこそ、歴史をみる曇りなき目というものであろう。

尊王攘夷の志士たち

春秋《しゅんじゅう》学の尊王攘夷思想が幕末日本に与えた影響は絶大だった。書物にある観念としてではなく、当時の人たちにとって切実な課題にかかわっていたからこそ、この思想が注目され、政治運動化したのであった。

十八世紀末以降のロシア使節やイギリス船の来航は、幕閣《ばっかく》や一部人士の興味しか惹《ひ》かなかった。しかし、一八五三年、江戸湾の浦賀にあらわれたマシュー・ペリー率いる四艘の艦隊は、江戸近辺にいた多くの人の目にふれ、蒸気船というものの偉容を脳裏に印象づけた。一八五四年の和親条約締結はまだし

桜田門外の変（茨城県立図書館蔵）

も、次の通商条約となると社会的・経済的に重大事と受け取られて政治問題となる。水戸藩前藩主徳川斉昭は強硬な即時攘夷論者だったから、幕閣は彼を納得させるためその尊王思想を利用しようと考えて孝明天皇に勅許を求めてしまった。二五〇年来の朝幕関係の慣例から、勅許がでるだろうという甘い判断だった。勅許が得られなかったことで、たんに攘夷の面からだけではなく、尊王の面からも、幕府が誤っているという印象を広げてしまう。幕府は強硬突破をはかって大老に井《い》伊《い》直弼《なおすけ》を迎え、安政《あんせい》の大獄《たいごく》に踏み切った。

長門《ながと》萩藩の元藩士吉田松陰《よしだしょういん》（一八三〇〜五九）は、安政の大獄で処刑された人物の一人である。彼は養子として山鹿流《やまがりゅう》兵学指南の家を継ぎながら、藩の許可なく水戸と奥州に旅してすでに士分剝奪《はくだつ》の処分を受けていた。これに懲《こ》りずにペリーの船に乗り込んで米国への密航を企て、囚人として故郷の獄に繋がれる。ここでも藩主の特段の厚意によって実家に帰され、松下村塾《しょうかそんじゅく》を開いて塾生を教導していたところ、西洋諸国との通商条約締結を耳にして激怒し、老中《ろうじゅう》暗殺計画を立てた。さすがに弟子たちがとめたこともあって実現はしなかったが、別の容疑で幕府に捕らえられて尋問を受けた際、自分のほうから得々と暗殺計画について語り、それが義挙《ぎきょ》だという信念を陳述する。かくして彼はいわばテロ等準備罪によって斬首刑に処せられた。

彼は大義名分上、江戸幕府は存在意義を喪失したとし、草莽《そうもう》の臣たちが蹶起《けっき》して幕府を倒したうえで、天皇をいただく一君万民の秩序を構築することを夢見ていた。国学や水戸学の影響を強く受けていたが、獄中で出会った李贄《りし》の書物に心酔《しんすい》し、陽明学の万物一体之仁と知行合一《ちこうごういつ》の思想に共鳴する。そして、『孟子《もうし》』離婁《りろう》上章句に見える「至誠《しせい》にして動かざる者は未《いま》だこれあらざるなり（誠を心からつくせば必ず他者を動かして仲間にすることができる）」を座右《ざゆう》の銘《めい》とし、真摯《しんし》に語りかければわかってもらえるという楽観主義を信条とした。尋問で暗殺計画を告白したのはそのためかもしれない。死後、松下村塾の塾生たちや、高弟高杉晋作《たかすぎしんさく》がつくった奇兵隊《きへいたい》の隊員たちが活躍して明治維新が成就《じょうじゅ》した。

薩摩藩士西郷隆盛（一八二八～一八七七）は、権謀術数《けんぼうじゅっすう》に長じた軍略家で、儒学者ではない。一八六七年、徳川慶喜《とくがわよしのぶ》を朝敵と指定して武力追討しようとはかっていた際には、明治《めいじ》天皇（在位一八六六～一九一二）のことを「玉《ぎょく》」と隠語で呼んでおり、その尊王振りも見せかけの偽りではないかとも疑われる。しかし、少なくとも言説上は尊王攘夷の志士として振る舞い、そのため安政の大獄で追われる友人と一緒に入水自殺を試みてもいる。

彼の座右の銘は「敬天愛人《けいてんあいじん》（天をうやまい、人をいつくしむ）」だとされる。ただし、この語を揮毫《きごう》するのは一八七五年以降であり、中村正直《なかむらまさなお》『敬天愛人説』を読んで知ったらしい。敬と愛とが並んで記されることは、『孟子』などいくつかの例があるけれども、この四字熟語の初出は、一六七一年に清《シン》の聖祖《せいそ》がキリスト教の教会堂に与えた扁額《へんがく》であった。中村正直は昌平坂《しょうへいざか》学問所の教授として留学生の引率役で渡英し、二年間の現地生活を経て帰国後キリスト教に入信した。ただし、儒教への信頼をなくしたわけではなく、両者を一致する教えとして奉じていた。西郷隆盛は尊王思想の行動主義者として陽明学に傾倒していたからこの語にひかれたものであろう。

こうした点から、内村鑑三《うちむらかんぞう》はその『代表的日本人《だいひょうてきにほんじん》』（原著は英語）で、日蓮《にちれん》や中江藤樹と並べて西郷隆盛を採《と》り上げた。そして、明治維新を成就させた精神文化の土壌に陽明学の流布があったことを、英語により、外国人の読者向けに述べた。高杉晋作は上海に渡航してキリスト教にふれた際に、陽明学と似ているという感慨をもらした。彼の師吉田松陰は、その晩年とはいえ陽明学に心酔していたのだから、高杉のこの発言はキリスト教に対する貶称《へんしょう》ではないはずである。西郷隆盛が「敬天愛人」の語を好んだのも彼がなじんでいた陽明学の教説がこの語で言いあらわしうると判断したからだし、それは聖祖が中華皇帝としてキリスト教を庇護《ひご》したときや、中村正直が東西の精神文化に共通する標語としてこの語を選択したのと同じ解釈だったと思われる。

国民道徳としての儒教

江戸幕府が滅亡したとき、幕府は朱子学の牙城《がじょう》昌平坂学問所のほかにも、二つの研究教育機関を擁《よう》していた。開成所《かいせいじょ》と種痘所《しゅとうじょ》である。開成所は一六八四年に暦学を研究するために設けられた天文方《てんもんかた》を前身とし、その一部局を拡大再編して一八五六年に蕃書調所《ばんしょしらべしょ》とし、西洋語学を修得した者たちによる洋学書籍の訳出を業務としていた。種痘所は西洋医学の技術を導入して、とくに天然痘《てんねんとう》の予防方法を実践的に研究していた。明治政府はこの三つをそれぞれ、大学・大学南校・大学東校としたが、やがて大学本体を廃止し、南校と東校を統合して東京大学を設けた。律令制下の大学寮設置以来、儒教は実勢として仏教に遠く及ばないにせよ、国家の庇護を受けてその学術の再生産がなされてきた。明治政府は公式にこの伝統と訣別《けつべつ》し、西洋の学術のみを保護推奨する政策を採ったのである。

これに対して、私学のなかには儒教道徳を建学精神にすえて漢学を伝授するものもあった。一八七七年創立の三島中洲《みしまちゅうしゅう》の漢学塾《かんがくじゅく》（現在の二松学舎《にしょうがくしゃ》）は「己ヲ修メ人ヲ治メ一世ニ有用ナル人物ヲ養成ス」という趣旨を掲げていたし、一八八九年に棚橋一郎《たなはしいちろう》がつくった郁文館《いくぶんかん》は『論語』八佾《はちいつ》篇の「郁郁乎《いくいくこ》として文《ぶん》なるかな（のびのびとして文明的）」を元来の教育方針としていた。

一八八九年の大日本帝国憲法発布にともなって翌年帝国議会が創設される一方で、国民道徳の確立を重視する論調も生まれる。一八九〇年の教育勅語（教育ニ関スル勅語）はその象徴であり、文言中で儒教の家族道徳が強調されているのみならず、そもそもこの発布自体が明の六諭《りくゆ》を範としていた。

最初にこの問題提起をしたのはもと下総佐倉《しもうささくら》藩士だった西村茂樹《にしむらしげき》である。彼は当初、明六社《めいろくしゃ》（福沢諭吉《ふくざわゆきち》ら啓蒙思想家が集った結社）にも加わり、漢字全廃論を説いたりして啓蒙思想家として活躍していた。しかしやがて修身《しゅうしん》教育の必要性を訴えるようになり、一八八七年に『日本道徳論《にほんどうとくろん》』を刊行して儒教道徳を国民道徳の核とすることを力説した。西村は道徳教説を、道理を主とする世教《せきょう》と、信仰を主とする世《せ》外教《がいきょう》とに分ける。前者は「支那の儒道」と「欧州の哲学」、後者は仏教やキリスト教である。つまり、現在の語感でいうと、後者が宗教であるのに対して、前者は哲学・倫理ということになろう。儒教は仏教とは異質で、西洋でこれに相当するのはキリスト教の神学ではなく、哲学のほうにあたるとされているのだ。水戸学の会沢正志斎が儒教のもつ祭政教三者一致の性格がキリスト教浸透に対する防波堤となりうると説いたり、清の康有為《こうゆうい》が西洋のキリスト教に代わるものとして孔教《こうきょう》を提唱したりしたのとは対照的に、西村は「欧州の哲学」にあたる役割を儒教に期待した。現在の一般的な儒教観に繋がるものといえよう。

『武士道』英語版

なお、西村が武士道にはとくに意義を見出していない点で、新渡戸稲造《にとべいなぞう》の『武士道』（原著は英語版で一九〇〇年刊）と認識を異にするという指摘がある（清水正之『日本思想全史』）。西村は儒教を国民道徳の基礎にすえようとしたが、江戸時代に特殊日本的な武士道が作用して独自の展開を遂げたという歴史認識はない。逆に儒教の普遍性を強調することで、中国や韓国と連帯する可能性を示唆していた。これに対して、新渡戸は大陸伝来の禅仏教・陽明学と日本古来の神道とが結合して武士道が生まれたという構図を描き、東アジアのなかでの日本の独自性を強調することになる。

現実の植民地統治政策においても、日本政府は儒教を持ち出して韓国や台湾の人々に共通の基盤を意識させる場合と、神国思想を前面に立てて国家神道の強制や皇民化教育に力点をおく場合と、この両面を使い分けていた。

人類の教師としての孔子

それとは別に、普遍主義の観点から、中国や韓国において歴史的に機能してきた儒教とは切り離して、孔子を過去の偉大な思想家として捉え直し、再評価する動きが生じる。孔子はソクラテス・ゴータマ（釈迦）・イエスと並ぶ世界四聖の一人とされ、『論語《ろんご》』に見られる彼の生き方と教説が近代人にとっても意義ある倫理的規範として位置づけられた。

和辻哲郎《わつじてつろう》の『孔子』はその代表であり、大きな影響をもたらした。この本が出版されたのは一九三八年であるが、その手法は彼が一九二六年に刊行した『日本精神史研究《にほんせいしんしけんきゅう》』において道元《どうげん》を扱ったのと同じだった。人間孔子がいかなる時代環境のなかで思索を深めていったのか、時代や国を超えた「人類の教師」としての孔子が描かれる。和辻は武内義雄《たけうちよしお》や津田左右吉《つだそうきち》らによる実証研究の成果を踏まえ、『春秋《しゅんじゅう》』筆削《ひっさく》の件をはじめとする、儒教の伝承で孔子に帰せられてきた事績を歴史上の人物としての孔子とは切り離し、『論語』の文献批判に依拠してそのなかから信頼できるものだけを史実として選択していく。その結果、「孔子の教説に神秘主義的な色彩が全然欠けている」との結論に達する。『論語』は孔子の語録として、一人の先哲《せんてつ》が生きた証《あかし》として読まれ学ばれるべきだというのだ。

この見解は同時代中国の新儒家《しんじゅか》と共通するところが多い。ただし、新儒家が朱子学・陽明学の観点を用いて孔子を近代に蘇らせようとしたのと異なり、和辻は徹底して『論語』の言説それ自体にこだわる。ここには彼も名をあげて言及する伊藤仁斎《いとうじんさい》の見解が影響しているのかもしれない。

日本精神と侵略戦争

内村鑑三の『代表的日本人』と新渡戸稲造の『武士道』は、岡倉天心《おかくらてんしん》の『茶の本』(一九〇六年)と並んで、日本人が英語で日本文化を紹介した本として外国で広く読まれた。内村と新渡戸は日本が近代化に成功しつつある精神基盤に、その伝統的心性の一つの要素として陽明学をあげる。国内でも三宅雪嶺《みやけせつれい》や三島中洲《みしまちゅうしゅう》が陽明学を鼓吹し、井上哲次郎《いのうえてつじろう》『日本陽明学派之哲学』(一九〇〇年)は江戸時代を通じて体制批判の思想として陽明学が存続したことが、結果として明治維新をもたらすことに貢献したと評価した。井上は朱子学が体制教学、古学《こがく》(山鹿素行《やまがそこう》・伊藤仁斎・荻生徂徠《おぎゅうそらい》)は日本独自の儒教とし、陽明学と合わせてこの三者が鼎立《ていりつ》していたことが日本の儒教の特徴であるとみていた(『日本朱子学派之哲学』『日本古学派之哲学』)。大川周明《おおかわしゅうめい》『日本精神研究』(一九二〇年)や安岡正篤《やすおかまさひろ》『日本精神の研究』(一九二四年)も、陽明学の知行合一こそ日本精神の神髄であると説き、それに基づく東アジア諸国の連帯が近代西洋の物質文明に対抗する手段になりうるとした。こうして、陽明学の精神主義が「聖戦」という名の侵略戦争を正当化する論理に用いられていく。

彼らにとって、中国の蔣介石《しょうかいせき》がやはり陽明学を賛美しながら日本に協力しないのは不可解なことだった。「暴支膺懲《ぼうしようちょう》」という語が一九三七年の支那事変《しなじへん》に際してスローガンとなる。膺懲の出典は『詩』魯《ろ》頌閟宮篇《しょうひっきゅうへん》「戎狄是膺、荊舒是懲（戎狄《じゅうてき》をここに膺《こら》し、荊舒《けいじょ》をここに懲《こら》す）」で、夷狄《いてき》やそれに従う荊《けい》（楚《そ》）や舒《じょ》のような国々を、周王の意向で懲《こ》らしめるという意味である。つまりは尊王攘夷であった。大日本帝国天皇とその政府・軍隊は、暴虐な支配者に苦しめられている中国の人たちを救うために正義の戦いを進めているのであり、それは侵略ではなく解放戦争だった。春秋学において、甲が乙の領土に進軍することは、甲に正義があれば「征」、乙に正義があるなら「寇」と呼ばれる。当時の日本では、十三世紀の中国の行為は「元寇《げんこう》」で、十六世紀の豊臣秀吉は「朝鮮征伐《せいばつ》」をおこなったとされていた。大日本帝国の行為は秀吉の場合と同じく正義の戦争とみなされた。「暴支」を援助する「鬼畜米英《きちくべいえい》」も懲らしめなければならない。一九四一年十二月八日の開戦の詔勅は、蔣介石を支援する米英両国が「東亜ノ禍乱ヲ助長」するので「帝国ハ今ヤ自存自衛ノ為」に宣戦布告するという論理構成になっている（小島毅『増補靖国史観』）。

三島事件

日本は一九四五年にポツダム宣言を受諾し降伏した。多くの日本国民はそれまでの戦争遂行が誤りであると認めて反省し、日本国憲法の平和主義を奉じて今にいたっている。しかし、これを心底受け容れることはせず、「東亜ノ禍乱ヲ助長」していたのはやはり米英のほうだったとする歴史認識をいだきつづけた者も少なくない。儒教とのかかわりから、ここでは三島由紀夫《みしまゆきお》を取り上げる。

三島由紀夫は小説家としてのペンネームで、本名は平岡公威《ひらおかきみたけ》である。父方の祖母は水戸徳川家の遠縁であった。一九七〇年に東京市ヶ谷の自衛隊東部方面総監部において割腹自殺を遂げる。その蹶起《けっき》に先立ち、「革命哲学としての陽明学」という文章を発表して大塩中斎の行為を激賞し、西郷隆盛・吉田松陰に言及したのち王守仁の生涯を紹介して、「陽明学がその中にもつてゐる論理性と思想的骨格は、これから先の革新思想の一つの新しい芽生えを用意するかもしれない」と結論づける。彼は安岡正篤の著作に親しんでおり、日本国憲法の平和主義を唾棄《だき》してとくに憲法九条の改正を強く訴えていた。自衛隊員たちに向けてクーデターに立ち上がるように演説をしたあと、切腹をしている。三島は、井上哲次郎の所説に従って日本における陽明学が体制批判の思想として機能してきたと受け止め、知行合一の教説に導かれてその系譜を自覚的に継承したのであった。

3 韓国・ベトナム・台湾

衛正斥邪と大韓帝国

韓国と台湾はともに大日本帝国の植民地支配を受け、皇民化教育の対象とされた。また、ベトナムには古くから儒教が伝わっていたが、本書ではここまで言及してこなかった。ベトナムは十九世紀末にフランスの保護国にされて清の朝貢国の列を離れ、一九四〇年代には日本の占領統治を経験している。そこで、この三箇国の近代化と儒教の関係についてここでまとめて記述しておく。

朝鮮王朝では党争の激化が国民生活にも負の影響をおよぼし、一八一一年には洪景来《こうけいらい》の反乱が生じるなど、国内秩序は不安定になっていた。この頃、朝鮮の王統も不安定で、哲宗《てっそう》（在位一八四九～六三）が薨じると八代前の仁祖《じんそ》にまで遡って遠い血筋の高宗《こうそう》（在位一八六三～一九〇七、このうち一八九七年以降は皇帝）が王位に即き、その実父興宣君《こうせんくん》が摂政として実権を握った。国王の父を大院君《たいいんくん》と称するので、一般に興宣君を固有名詞的に大院君と呼ぶ。大院君は当初、権勢を壟断《ろうだん》していた有力士族の排除や、党争を調停して各派から公正な人材登用をするなど、政治改革を進めた。『六典条例《りくてんじょうれい》』『五礼通考《ごれいつうこう》』などを編纂し、社倉制を再興するなどの政策は、国是《こくぜ》である朱子学の政治理念だった。一方で民生と財政のために膨大な書院《しょいん》の数を整理して、在地有力者である士人《ソンビ》層の反感をかった。

一八六六年にロシアが通商を求める使節を派遣してきたことから発展してフランス人宣教師たちを処刑し、その報復に江華島《こうかとう》が攻撃される事件（丙寅洋擾《へいいんようじょう》）を招いた。また、この年米国商船の乗員を民衆が虐殺した事件に端を発して、一八七一年には米国海兵隊から江華島の攻撃を受けた（辛未洋擾《しんびようじょう》）。一八六八年にはドイツ商人による王族陵墓の盗掘未遂事件を機によりいっそうのキリスト教弾圧を進め、大院君は「斥和碑《せきわひ》」を各地に建立して攘夷を鼓吹《こすい》した。その眼目となるのは「洋夷侵犯、非戦則和、主和売国（洋夷が侵犯してくるので、抗戦しないなら講和しかないが、講和を主張するのは売国行為である）」の一二字で、西洋諸国を生理的にきらい、国益を顧慮することなく理念を優先させて徹底的な攘夷を命じた点で、同時期の日本の孝明《こうめい》天皇とよく似ている。こうした彼の攘夷政策は「衛正斥邪《えいせいせきじゃ》（正道を衛《まも》り、邪道を斥ける）」と呼ばれた。やがて高宗の妻閔妃《びんひ》と対立し、清や日本を巻き込んで政争を繰り返していく。

この状況を利用して日本は徐々に勢力を拡大し、改革派の金玉均《きんぎょくきん》を支援して日本の権益拡大をはかったが、一八八四年の政変で清軍の支援を受けた閔妃一派に敗れた。朝鮮をめぐる両国の角逐《かくちく》が日清戦争の主因だったため、朝鮮は清との長年の朝貢関係を断って近代的な独立国家になるはずだった。高宗はロシアの支援を受けて皇帝を自称し、国号を大韓帝国と改める(一八九七年)。そして、儒教の王権理論によりそれまではできなかった郊祀《こうし》をソウル市街地に人工の築山を設けて実施して、王国から帝国への変貌を儀礼的に視覚化した。しかし、今度は日露の権益対立が戦争に発展し、戦後は日本が独占的に韓国を抱え込んでついに合邦にいたる。

光復後の韓国と北朝鮮

日本の統治時代、学校教育を通じて内地と同じ国民道徳が日本語を通じて刷り込まれ、大日本帝国の臣民が育成された。統治対象地域の住民への法制上・社会上の差別はあるものの、同じ臣民として扱い、西洋諸国がアジア・アフリカで展開したいわゆる植民地統治の方法とは異質である。ただ、二千年来、文化的な優越意識をいだいていた日本に政治的に従属することは、とくに儒教的知識をもつ士人層の多くにとって屈辱的だった。公教育の充実で庶民にも知識が広まり、そのなかから身分出自を問わずに人材が登用されることで、階層的な危機意識を士人層がもつようになったことも、その反感を日本に向ける原因となった。彼らは伝統文化である儒教に固執し、それを正統性根拠として韓国民族の誇りを維持しようとした。

一九四五年、日本の降伏で韓国は独立を回復した(光復《こうふく》)。一九四八年に制定された憲法の前文は、一九一九年三月一日に起こった反日運動の声明を臨時政府樹立の独立宣言と捉え、大韓民国がその時点で成立したという歴史認識を示した。しかも、制定年次を韓国独自の「檀紀《たんき》四二八一年」と記している。檀紀とは建国伝説の主役檀君《たんくん》が王になった年を元年とするもので、清末革命派の黄帝紀元、日本の神武《じんむ》紀元(皇紀)に相当する。その後、一九六二年の改憲で檀紀から西暦への変更がなされた。

現行憲法では第三六条に婚姻に関する規定があり、「婚姻と家族生活は個人の尊厳と両性の平等を基礎として成立し維持されなければならず、国家はこれを保障する」といわれているが、社会慣行としては同姓不婚が長らく続いていた。

同姓不婚は、異姓養子禁止とともに、宗族制度の基礎として儒教礼制の重要な要素であった。韓国でも高麗《こうらい》時代には受容され、朝鮮時代にも踏襲された。ただし、韓国では姓の数が少なく、かつ五つの姓に集中していたことから、先祖の出身地が異なれば同族とはみなさない「同姓同本不婚《どうせいどうほんふこん》」がおこなわれた。光復後の民法第八〇九条一項に「同姓同本者である血族の間においては婚姻ができない」と定められ、婚姻後に事実が発覚した場合には生物学的には遠い関係であっても婚姻を取り消すことになっている(第八一六条)。第八〇九条一項は一九九九年に効力を停止する措置が採《と》られた。

他方、三八度線以北にはソ連の支援を受けて一九四八年に朝鮮民主主義人民共和国がつくられた。建国以来七〇年間、父子相伝の世襲支配が続いている。二代目の金正日《キムジョンイル》が実際にどこで誕生したかは別として、公式には父の金日成《キムイルソン》が抗日ゲリラ戦の拠点として籠《こも》っていた白頭山《ペクトゥサン》でということになっている。そのおりに天空には虹が二重にかかり新星があらわれて光り輝き彼の生誕を寿《ことほ》いだという、緯書《いしょ》さながらの瑞祥譚《ずいしょうたん》が喧伝《けんでん》されている。世襲を、人徳による人民からの推戴《すいたい》として糊塗《こと》する点など、北の「王権」には儒教の理論が活用されているといえよう。

ベトナム

現在のベトナム社会主義共和国の領域は、古くは北部が中国周辺部、南部が南シナ海域文化圏の圏域にあってそれぞれに国家組織を形成していた。北部では李朝《りちょう》が昇龍《しょうりゅう》(のちの河内《ハノイ》)に都をおいて宋から安《あん》南《なん》国王に冊封《さくほう》され、科挙《かきょ》制を導入して儒教・仏教(北伝の漢訳大乗仏教)を振興し、中国風の国家体制を固めた。つづく陳朝《ちんちょう》では国号を大越《だいえつ》と称して皇帝位に即き、モンゴルと何度か戦ったのちに「王」としてこれに朝貢した。その後、明に占領された時期を経て後黎朝《ごれいちょう》が再び独立を回復、国内では皇帝を名乗って独自年号を建てながら、明・清に対しては朝貢国として振る舞いつづけ、朱子学を導入して社会秩序の規範とした。西山《タイソン》朝を経て一八〇二年に阮朝《げんちょう》が成立、順化《トゥアンホア》(フエ)に都をおき、南部も統合して現在の境域を統治、清の仁宗から越南《えつなん》国王に封ぜられた。ただし、国内および周辺諸国には「大南国大皇帝《だいなんこくだいこうてい》」として君臨する二重体制であった。ベトナムを中心にするもう一つの華夷《かい》秩序をつくりあげたわけである。

阮朝は建国の際にフランス人宣教師に協力をあおいでいたし、イギリスや米国から通商を求める使節がきたが、聖祖《せいそ》(一世一元による俗称は明命帝《めいめい》)は清に倣って律例を発布して儒教秩序を浸透させようとし、一八二〇年にはキリスト教を禁止して対仏関係はしだいに険悪となる。一八五八年、ついにフランス・

スペイン連合軍がベトナムに侵攻し、西貢《サイゴン》で二度にわたり敗戦条約を結んで南部地域を割譲させられた。その後も陰に陽にフランスと対立を続けたが、宗主国清が清仏戦争で一八八五年に敗れるとフランスの保護国とされ、カンボジア・ラオスと合わせたフランス領インドシナ連邦が成立した。

ベトナムでは陳朝のときに発明された字喃《チュノム》を用いて漢文典籍を自国語に翻訳してきた。阮朝でもこれを用いて儒教思想受容を進め、郷村の私塾でも識字教育がおこなわれた。また、史書として、後黎朝のときの『大越史記全書《だいえつしきぜんしょ》』（一四七九年）に続き、阮朝一代の紀伝体の史書として『大南寔録《だいなんしょくろく》』が欽修《きんしゅう》（皇帝自身が筆削する形式）で書き継がれ、朱子学の規範によって人物・事件の是非を価値判断する春秋学的な筆法が採用された。なお、「寔」は「實（実）」の避諱字（君主の諱《いみな》を避けて別の字を用いること）として使われているので、この場合は「じつ」と読むことが多い。潘輝注《ファンホイチュ》の『歴朝憲章類志《れきちょうけんしょうるいし》』（一八二一年）は官職・礼儀・兵制などの志を列《つら》ねた形式で、中国の杜佑《とゆう》『通典《つてん》』などを範とし、後黎朝時代の諸制度を記録している。

儒教王権としての阮朝は名目上、一九四五年まで存続した。その最後の五年間は、フランス本国がナチスドイツに降伏したため、これに乗じて日本軍が進駐して間接統治を進めていた。フランス本国が解放されると日本の差し金で皇帝（保大帝《ほだいてい》）が越南帝国の成立を宣言したが、日本の敗戦により共和国が成立、阮朝は滅んだ。

反仏独立運動は二十世紀初頭に始まり、中国や日本の同志たちと連携してフランスからの解放をはかっていた。その中心人物潘佩珠《ファンボイチャウ》や胡志明《ホーチミン》は幼少時から漢文の読み書きを修得しており、潘佩珠『越南亡《えつなんぼう》国史《こくし》』や胡志明『獄中日記《ごくちゅうにっき》』は漢文で綴られている。胡志明をはじめとするベトナム共産党の初期幹部たちには、朱子学が理想とする修己治人の理念が刷り込まれていた。

台湾

台湾への漢族移住が本格化するのは十七世紀以降である。鄭成功《ていせいこう》が抗清の根拠地に選んでから二〇年間は大陸と対峙する政治勢力がここを統治していた。清が接収して福建省に編入し、多くの移住者が海を渡った。清仏戦争後、フランスの勢力が伸びてくることを清朝政府は懼《おそ》れ、防備を強化するため台湾省を設けた。初代巡撫《じゅんぶ》の劉銘伝《りゅうめいでん》は洋務派として社会基盤を強化する諸施策を進めていたが、日清戦争の敗戦で日本に割譲されて台湾総督府による統治が始まった。日本は引きつづき台湾の産業開発を進め、学校では教育勅語を奉じて儒教道徳を基礎にすえた「帝国臣民」としての意識浸透をはかっていた。

一九四五年に中国領に戻るが、国共内戦に敗れた中華民国（蔣介石政権《しょうかいせき》）が本拠を遷《うつ》して統治するにいたった。蔣介石は陽明学を尊崇していたため、儒教道徳の政策的鼓吹がよりさかんになり、大陸で伝統文化批判が進行するにつれてそれに対抗して中国伝統文化の保持が積極的に重視された。孔子の正嫡《せいちゃく》の子孫は代々曲阜《きょくふ》の孔廟で祭祀を執行していたが、七十七代孫の孔徳成《こうとくせい》は国民党に呼ばれて台湾に移住し、国家祭祀として台北孔廟《タイペイこうびょう》の祭祀を掌《つかさど》ったほか、一九八四年から九年間は考試院《こうしいん》（日本の人事院にあたる政府機関）の院長を務めた。

李登輝《りとうき》総統時代および民進党政権期には台湾文化や台湾人意識が強調され、道教・仏教と親和的な民間信仰が注目されるようになって、中華文明を象徴する儒教思想が国民統合のための手段として利用される色合いは薄まった。また、社会の現代化・国際化の進展でかつての共同体意識は都市部では消失したかにみえる。しかし、大陸と違って宗族や地域を場とする喪祭儀礼が弾圧された歴史をもたないために、現在も台湾の人々の日常倫理規範としては儒教が強く作用している。

4 儒教の現在

中国共産党政権による儒教再評価

二十一世紀になってから顕著な現象として、中国大陸における儒教再評価がある。

中国共産党はその設立以来、儒教的な社会秩序を覆すことを目標としてきた。新儒家の多くが大陸をでたのもそのためだし、大陸に残った新儒家たちはそれぞれに工夫・苦労しながら自説を固守したり、自説を豹変《ひょうへん》させたりしていた。とりわけ一九六六年に発動された文化大革命では儒教関連の多くの文化遺産が破壊された。もっとも、これは儒教に限らず、道教・仏教や民間習俗も敵視された。文化大革命末期には政治権力闘争の先鋭化《せんえいか》による批林批孔《ひりんひこう》運動(毛沢東《もうたくとう》暗殺を企てたとされる林彪《りんぴょう》と、封建思想の巨魁《きょかい》孔子とを同列に並べて批判する政治運動)が展開し、儒教を否定的に扱う研究以外は公表できない事態となった。

改革開放政策のなかでこうした過激な政治的弾圧は影を潜め、一九八〇年代以降は学術的に冷静な儒

文化大革命時，周公廟での周公像破壊

教評価も許容されるようになった。その頃一世を風靡《ふうび》した「儒教資本主義」論にあやかって改革開放政策の正当化を試みる政治的動きもあり、杜維明《といめい》のような儒教伝道者が大歓迎を受けたわけである。

「儒教資本主義」論とは、当時経済成長著しかった韓国・台湾・香港・シンガポールのいわゆるアジア NIES（New Industrial Economies のことで、最初は NICS と称していたが、C すなわち Countries は台湾・香港には不適切だという理由で改称された）がいずれも儒教を伝統文化としてもち、また先行して先進国と認定されていた日本もそうであるところから、儒教は近代資本主義の阻害要因どころか、むしろその定着を促す文化環境だとする説のことである。もともと、マックス・ヴェーバーの『プロテスタンティズムの倫理と資本主義の精神』や『儒教と道教』によると、キリスト教のプロテスタンティズムだけが近代資本主義を育む心性を用意し、儒教はその官僚制的本質がこれを阻害するということになっていた。余英時《よえいじ》（二四九頁参照）はおりから『中国近世の宗教倫理と商人精神』（邦訳は一九九一年刊）の中国語版を一九八七年に上梓《じょうし》し、ヴェーバーの論法を使ってヴェーバーの所説を実証的に批判してみせた。すなわち、ヴェーバーの見た資料は（そもそも、彼は中国語を解さないので）西洋人記述者たちの偏見を含んでおり、中国近世における史料はむしろ彼がプロテスタンティズムに見出したのと

コラム　儒教の女性観

儒教は男尊女卑を説く。『易』繋辞伝では陰陽《いんよう》思想を男性原理と女性原理との対立・調和で捉えるなかで、天を男、地を女とみなし、天地の位置を両性の地位の上下関係として理論化した。『詩』冒頭の関雎《かんしょ》篇は経《けい》学《がく》上は周《しゅう》の文王《ぶんのう》・太姒《たいじ》夫妻の様子を称えたものと解され、夫唱婦随を推奨する。孟子《もうし》が説く五常の一つは「夫婦別あり」だった。『論語《ろんご》』には（孔子の発言の真意は不明ながら）「ただ女子と小人とを養い難《がた》しと為《な》す」という諦念の表明も見える。男女平等・共同参画を説く現代社会の理念は、儒教の教義とは鋭く対立する。

女性側にも儒教の教説を受容し、男尊女卑を前提とした婦女道徳を説く者が古くからいた。班固《はんこ》の妹の班《はん》昭《しょう》（曹大家《そうたいか》とも呼ばれる、四五～一一七）はその典型で、『女誡《じょかい》』を著し、長く尊重された。『後漢書《ごかんじょ》』以降の歴代正史《せいし》には「列女伝《れつじょでん》」という部が設けられ、儒教倫理上好ましい行為をした女性を顕彰した。劉向《りゅうきょう》（六七頁参照）の編著とされる『古列女伝』は、いったん散佚《さんいつ》していたのを北宋の蘇頌《そしょう》（一〇二〇～一一〇一）が再編集して出版したもので、太姒が武王や周公を生み育てたことや孟母三遷《もうぼさんせん》（孟子の母がよりよい教育環境を求めて三度転居した話）などを紹介している。良妻賢母《りょうさいけんぼ》という語は近代日本でつくられたのだが、その原型は儒教が称えてきたこれらの女性たちだった。また、このことは近代日本が儒教の理念を用いた国民教育を推進したことも示していよう。

もともと、経学上、男性は再婚可能であるのに対して、女性は改嫁《かいか》してはならないとされていた。ただ、実際には女性の再婚も頻繁に行われ、かの范仲淹《はんちゅうえん》（一〇七頁参照）の場合も継父に育てられ、若い頃は継父の姓を名乗っていた。朱子学ではこうした状況を憂慮して改嫁禁止を力説し、これが社会全体に広まっていく。

国家も再婚しない女性を節婦《せっぷ》として顕彰した。極端な事例として、実家の経済的事情で親に改嫁を迫られた女性が親への孝と前夫への貞節との板挟みになって自殺すると、その行為を絶賛するようになる。戦乱などの非常事態に貞節を守るために自殺した場合も烈婦《れっぷ》として称えた。日本でも、寡婦《かふ》のことを「未亡人（まだ死んでいない人）」と無神経に呼ぶ心性、男性に対しては決してこの表現を用いない男女の扱いの差別と非対称性に、今なお社会に残存する儒教的価値観がうかがえる。儒教倫理を現代社会に活かすべきだと主張する論者たちが、こうした点に目をつむって意図的にふれないのは公正ではなかろう。

武則天《ぶそくてん》への批判（一一二頁参照）に見られるように、宋代以降の儒教は女帝を認めない。男尊女卑であるからには、女性君主に男性士大夫《したいふ》が仕える状態は礼に反するからだ。欧陽脩《おうようしゅう》は『新唐書』で前例に倣って則天を本紀《ほんぎ》に立伝したものの、彼女が寿命を全うして誅戮《ちゅうりく》を免れたのは幸運にすぎないと酷評している。清末の西太后《せいたいこう》のように政治を壟断《ろうだん》する女性はその後も登場するが、形式上はあくまで男性皇帝の摂政としてであった。日本でも八世紀に儒教的な律令体制が整うとともに女帝は姿を消す（江戸時代に例外的に二人だけ女性天皇がいる）。女性天皇に批判的な論者たちの意見は、決して日本古来の伝統ではなく、中国起源の儒教的な思惟に基づいているのである。

なお、儒教では孝の思想も関わって女性も終生実家の氏を名乗った。中国や韓国は今も夫婦別姓である。日本でも一八九八年に民法で夫婦が同じ氏を称するよう規定されるまで、伝統としては夫婦別姓であった。夫婦が同姓であることに固執する意見も、じつは日本の伝統に反するのである。

類似する傾向をもっている。よって、儒教は近代的な「商人精神」に適合可能であるし、歴史的にそうであったという論旨であった。一九八〇年代における現実（NIESの経済成長）が学術研究によって裏付けられたのである。

ただ、二十世紀の末までは、中国共産党は手放しで儒教を礼賛することは控えていた。転機は胡錦濤《こきんとう》が二〇〇六年に公布した「社会主義栄辱観《しゃかいしゅぎえいじょくかん》」（俗称「八栄八恥《はちえいはっち》」）に象徴される、道徳による教化という路線選択あたりであろう。二〇〇八年の北京オリンピック開会式の寸劇には孔子とその弟子たちが登場した。二〇〇四年のアテネオリンピック開会式が西洋文明の歴史を人類普遍の文化遺産として高らかに歌い上げる趣旨だったことへの対抗意識がなせるわざだったと想像される。これを境に、孔子の教説すなわち儒家思想が、中国が世界に誇る人類にとって普遍的な価値をもつ遺産として大々的に喧伝《けんでん》されるようになった。

二〇〇四年、韓国のソウルに「孔子学院」が設けられた。翌年にはスウェーデンのストックホルム大学に西洋初の孔子学院が設置され、以後、日本を含む世界中の大学におかれるにいたっている。孔子学院の章程《しょうてい》（規則）によれば、この学院は教師を派遣することなどによって世界中の人々に中国語学習の便宜を与え、中国語と中国文化への理解を深めて国際親善と多元文化の発展に寄与し、「和諧社会《わかいしゃかい》」を構築するための施設である。

「和諧社会」は胡錦濤政権のスローガンで、御用学者の献策によるかと思われるが、経済成長で生じた格差社会の問題を倫理面から沈静化させようという意図で発動されたものだった。その象徴として国際的にも利用されたのが孔子の教説だったということになる。中国史上数多い偉人のなかから孔子をわざわざ選んだのは、その知名度もさることながら、多元文化の一つとしての中国文化を代表するとともに、人類全体にとって普遍的な価値を孔子が説いていたとする解釈・認識によるわけだ。かくして、儒教は今再び中国の国教として復活しつつある。

二〇一四年九月二十五日、孔子の誕生日を祝う国際学会では国家主席習近平《しゅうきんぺい》が来賓として登壇し、「孔子の創った儒家学説およびそれを基に発展した儒家思想は、中華文明に深い影響を与えた、中国伝統文化の重要な構成要素だ」と演説して、その価値を公認・顕彰した。

小学校でも『論語』の暗誦を課す授業が取り入れられるようになり、その内容を拳々服膺《けんけんふくよう》するように刷り込む一種の宗教教育が実践されている。もちろん、そこで与えられる教材は現代社会でも通用するものに限定され、具体的な礼制《れいせい》の記述（身分秩序や三年喪《さんねんそう》など）が再評価されているわけではない。しかし、儒教による国民道徳涵養《かんよう》と国家統合保持という政策は、民間の儒教愛好とあいまって、中華文明の枠というナショナリズム言説のなかで確固たる地位を得てきているように見受けられる。

日本での現状と私たちの道

日本が中国や韓国と異なるのは、儒教思想が伝統社会を支える理念として日常生活に浸透した経験をもたなかったことである。日本には三年喪も異姓養子禁止も同姓不婚も、社会慣行としては存在しなかった。明治政府の国民道徳政策も心情倫理の次元にとどまり、習俗を儒教化したわけではなかった。死生観を含めて日本の伝統文化はおおむね仏教によって規定されており、儒教はうわべだけのものにとどまった。

ただ、それゆえに儒教思想は日本で広く安易に参照利用される融通性を具えることになった。江戸時代においてもっとも広く読まれた経書は『論語』で、好学者でもせいぜい四書《ししょ》どまりだった。もちろん儒学者たちは五経も読み、注解をつくってはいるけれども、中国・韓国に比べて社会的需要は小さかった。逆にいえば日本では科挙がなかったために五経の綿密な学習は不要で、個別具体的な礼制を実践倫理として修得する機会も関心も必要もなかった。それゆえ、『論語』の文言のなかでも礼の個別規定にかかわる章段は軽視して一般的人生訓に使えるもののみが人口《じんこう》に膾炙《かいしゃ》し、今日にいたっている。和辻的な孔子像が倫理や漢文といった学校教育を通じて現在も刷り込まれ続けている。

ただ、これを一概に「誤った儒教理解」と斥けることはできないだろう。本書で縷々述べてきたように、孔子の教説は時代に応じて読み替えられて活用されてきたからだ。一般的に先哲や古典とはそのように扱われるものである。私たちが孔子の教えや、彼に始まる儒教思想から何を汲み取るべきか、それは私たち自身の問題意識に即して私たちが決めていくべきことであろう。

しかし、それが歴史的にどのような経緯をたどった結果であるのかも、また、知っておくべきではなかろうか。過去二千年の東アジアの先人たちが儒教をどのように展開させてきたかというそれらの事績自体が、私たちにとっては貴重な文化遺産なのである。

「子曰わく、人能《よ》く道を弘《ひろ》む、道人を弘むるにあらず、と」(『論語』衛霊公篇《えいれいこうへん》)

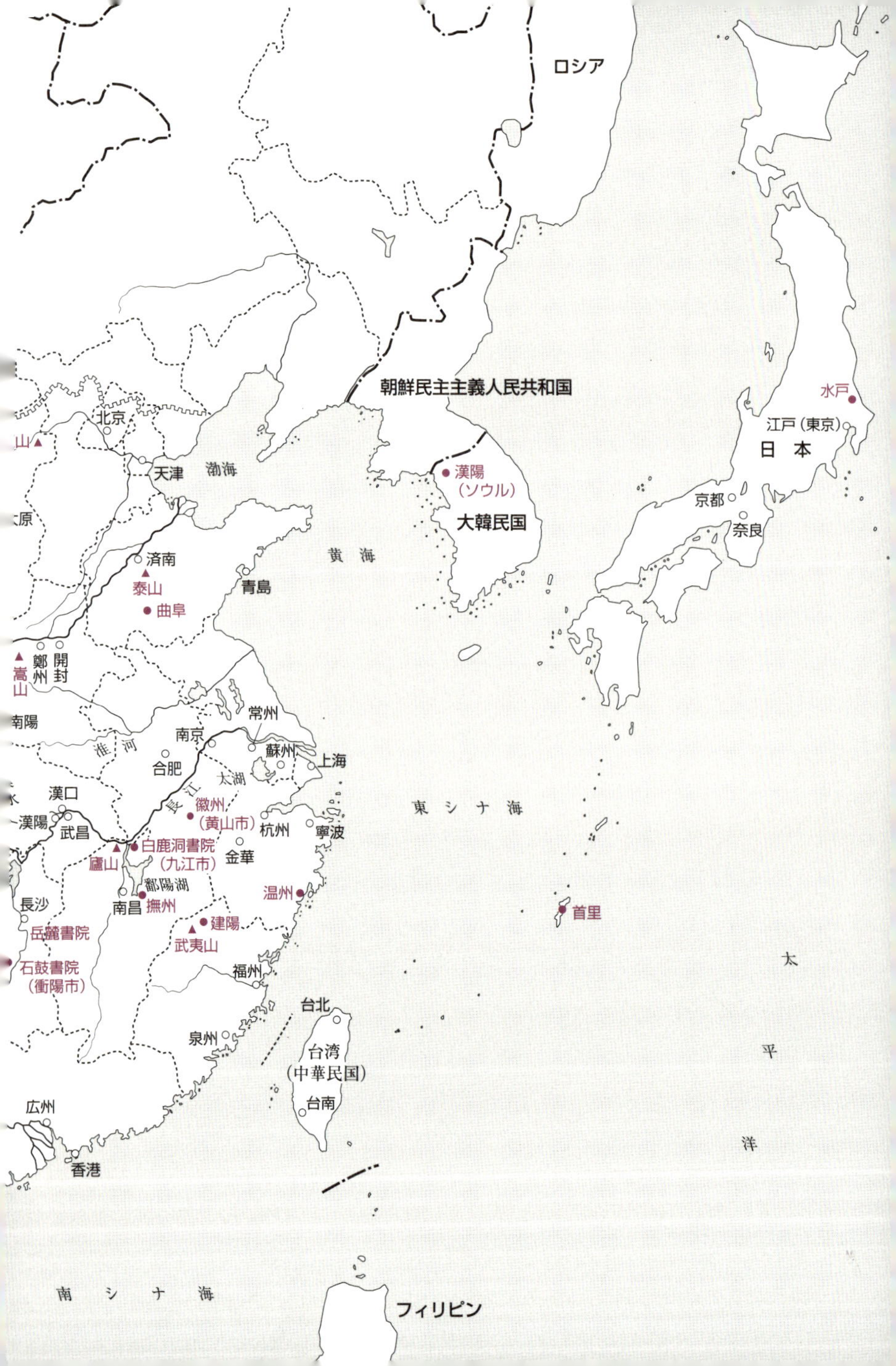

ロシア
朝鮮民主主義人民共和国
北京
天津
渤海
太原
済南
泰山
曲阜
青島
黄海
漢陽
（ソウル）
大韓民国
日本
水戸
江戸（東京）
京都
奈良
鄭州
開封
嵩山
南陽
常州
南京
淮河
合肥
蘇州
上海
太湖
長江
漢口
漢陽
武昌
徽州
（黄山市）
杭州
寧波
白鹿洞書院
（九江市）
廬山
金華
鄱陽湖
南昌
撫州
温州
長沙
岳麓書院
建陽
武夷山
石鼓書院
（衡陽市）
福州
東シナ海
首里
台北
泉州
台湾
（中華民国）
台南
広州
香港
太平洋
南シナ海
フィリピン

儒教の歴史

宗教《しゅうきょう》の世界史《せかいし》 5　儒教《じゅきょう》の歴史《れきし》
2017年5月15日　1版1刷 印刷　　2017年5月25日　1版1刷 発行
著者　小島毅《こじまつよし》　　発行者　野澤伸平
発行所　株式会社 山川出版社　〒101–0047 東京都千代田区内神田 1–13–13
電話 03–3293–8131（営業） 8134（編集）　振替 00120–9–43993　https://www.yamakawa.co.jp/
印刷所　明和印刷株式会社　　製本所　株式会社 ブロケード　　装幀　菊地信義
　ISBN 978–4–634–43135–5

執筆者紹介

小島 毅　こじま つよし
1962年生まれ。東京大学文学部卒業。東京大学大学院人文科学研究科修士課程修了
東京大学大学院人文社会系研究科教授
主要著書：『中国近世における礼の言説』（東京大学出版会 1996），『宋学の形成と展開』（創文社 1999），『東アジアの儒教と礼』（世界史リブレット68 山川出版社 2004），『中国思想と宗教の奔流　宋朝』（中国の歴史7　講談社 2005），『朱子学と陽明学』（ちくま学芸文庫 2013）

付録作成協力

陳 健成　チン ケンセイ　東京大学大学院人文社会系研究科博士課程
亀津 鴻　かめつ ひろき　東京大学大学院人文社会系研究科修士課程
汪 瀟晨　オウ ショウシン　浙江大学古籍研究所博士過程

付録

用語解説…2
名言解説…12
経書主要注解一覧表…14
年表…18
『政和五礼新儀』の吉礼歳時表…24
易図…26
五行対応一覧表…28
喪礼図…30
参考文献…32
索引…36
図版出典一覧…57

用語解説

ア

緯書（いしょ）

孔子の作とされるが，前漢末から後漢にかけて当時の人によってつくられたもの。経（たていと）書を解釈しようとするために緯（よこいと）と呼ばれる。陰陽五行・吉凶禍福・災異瑞祥《ずいしょう》・天人相関などを説く先秦以来流行していた未来を予言する讖《しん》と結合し，図讖《としん》，図《と》緯《い》，緯候《いこう》などと称され，後漢では五経を外学，讖緯を内学として隆盛していた。篇名は「乾《けん》鑿度《さくど》」「考霊曜《こうれいよう》」のような三字のかたちが多い。『易』『書』『詩』『礼』『楽』『春秋』『孝経』にそれぞれに緯書があって合せて七緯のほか，「尚《しょう》書中候《しょちゅうこう》」「河図」「洛書」「論語讖」も含む。革命説など社会を混乱させる要素も含まれていたため，隋の煬《よう》帝により禁書処分とされて散佚し，北宋以降はそのほとんどが亡佚した。元の陶宗儀《とうそうぎ》の『説郛《せっぷ》』，明の孫穀《そんこく》の『古微書《こびしょ》』，清の馬国翰《ばこくかん》の『玉函山房輯佚書《ぎょくかんさんぼうしゅういっしょ》』などは，古今の文献から緯書の逸文を編集した。日本にも，甲子革「令」，辛酉革「命」などの拠り所となり，陰陽道にも影響した。三善清行による「革命勘文」（『群書類従』）に『易緯』などが逸文として断片的に残る。また，神話や伝説，迷信などを含む一方，天文や暦法，地理などの史料を豊富に含んでいる。現代では，安居香山・中村璋八所輯の『緯書集成』に集大成されている。

王道（おうどう）

出典は『尚書』洪範「無偏無党，王道蕩蕩。無党無偏，王道平平」。尭・舜といった先王がおこなった仁徳に基づく政治を模範とし，力によらず，道徳によって国を治める公明正大な仕方のこと。儒家の理想とする政道。戦国時代の諸侯は武力で他国を圧倒する覇者になることを求めていた。しかし，孟子はそれよりむしろ仁愛によって民心を帰服させる王道こそが天下統治への道であるとして，領土や軍隊の大小よりも，この民心の向背こそが統治の要諦とした。また，この王道を支えるのは功利の念ではなく仁義の心であり，堯，舜，禹，湯，文王，武王などの聖王は皆この王道に遵《したが》っていたと考えた。そのため，力による覇道《はどう》に対し，王道と覇道を峻別せねばならないとする「王覇の弁」は，長く儒教の重要な命題の一つとなった。

カ

華夷（かい）

「華」は中国，「夷」はえびす。つまり，中国の立場からみていう中国と，その外の未開の人たち（方角によって東夷・南蛮・西戎《じゅう》・北狄《てき》と分ける）のこと。したがって，開けた国と後れた国，文明国と野蛮国の関係を指す。華と夷を分かつ基準は，民族の違いより道徳性の有無，習俗や制度の相違，いわば文化的な優劣であった。朝鮮は中国化（明）の程度の高さから，「小中華」と自称した。ちなみに，アヘン戦争の敗戦までの中華王朝は，アジア諸国に留まらず，欧米諸国も夷とみなし，華夷秩序に基づいて外交をおこなった。

『華夷変態（かいへんたい）**』**

林春勝（鵞峰），信篤（鳳岡）編。延宝 2（1674）年，前年の中国における三藩の乱勃発をうけて，明清交代の正保元（1644）年以降の中国における見聞を日本人が書き留めた記述である『唐船風説書』2300通を中心とする中国事情レポートを，鵞峰が年代順に編んだ書物。内閣文庫本35冊，その他諸本がある。明・清交代期の中国，鄭成功の事情がよくわかる。中華としての明は夷狄の清に圧倒され，中華は夷狄が主となっていて上下秩序が崩れた経緯を述べることが命名の由来。

河図洛書(かとらくしょ)

出典は『易』繫辞伝「河，図を出し，洛，書を出し，聖人之に則《のっと》る」。また，『論語』子罕篇の「河，図を出さず」の文言も有名。古代中国の伝説にある，黄河と洛水の中から出現したといわれる神秘的な図で，天地の理法を象徴しているともいわれる。河図は初め玉璧の類であり，『尚書』顧命篇には，太玉など玉器と並んで「河図」があるが，『漢書』五行志には劉歆《りゅうきん》の説として，河図を『易』の八卦，洛書を『尚書』の洪範と結びつけている。ここから『河図洛書』は経典視され，「河図稽命徴《けいめいちょう》」「洛書霊準聴《れいじゅんちょう》」などと，緯書と同じように三字の篇名をもつようになった。河図は龍馬の背に，洛書は神亀の背に描いてあったという伝承などもあるが，現在よくみられる河図洛書の図は，陽を示す白点と陰を示す黒点による数の組合せで，魔方陣のようなものは，北宋以来のものである。朱熹『周易本義』の巻首に掲載され，朱子学が官学となるとともに，長く信じられたが，清代になると黄宗羲・胡渭らによって根拠のない捏造であると証明された。

紀伝体(きでんたい)

中国の正史などにみられる歴史叙述の形式の一つであり，紀事本末体《きじほんまつたい》・編年体《へんねんたい》とともに三体といわれる。本紀(帝王またはそれに準じる者の事跡を年代順で記す)・表(年表，世系表，人名表など制度の一覧)・志(社会の重要分野の変遷，礼・楽・暦・天文・五行・食貨・刑法・地理・職官など)・世家《せいか》(諸侯，また時代を越えて祭祀を受けている人物に関する記述)・列伝(個人の伝記および諸民族・外国の歴史を含む。日本に関する記載はここに分類される)に分類して記述する。表・志・世家を欠く場合もある。『春秋』は編年体であるが，『史記』はこのかたちを試み，『漢書』で確立され，以後中国の正史はこの体裁をとる。長所としては人物像を深く知ることができるが，逆に歴史事件の流れがつかみにくい。編年体はその逆である。日本では『大鏡』がこれによるが，「六国史」以来編年体が主流であり，『大日本史』までは本格的な紀伝体の史書はあらわれなかった。

郷約(きょうやく)

中国の郷村で，秩序維持を目的として教化と相互扶助のためにつくられた規約およびその組織のこと。北宋藍田《らんでん》の呂大鈞《りょたいきん》が郷里で実践したが，南宋の朱熹が補訂したとされる『朱子増損呂氏郷約』があらわれ，朱子学に権威づけられて普及した。郷約は「徳業相い勧む。過失相い規《ただ》す。礼俗相い交《まじわ》る。患難《かんなん》相い恤《めぐ》む」を綱領とし，加盟者を同約，約中などと呼び，約正，約副を置く。同約は毎月１日に会合し，まず郷約を読唱し，説明討論をおこない，一ヵ月間の同約の行動を批判し，不幸の者を救助する。明代では太祖の『六諭』を講読し，保甲組織とともに地方官の重要施策とされた。王守仁の『南贛郷約』も有名。清代には康熙帝の『聖諭』十六条の解説が中心になった。朝鮮王朝にも導入された。

敬(けい：うやまう，つつしむ)

程頤は『論語』憲問篇の「己を修むるに敬を以てす」や『周易』坤卦の文言伝の「君子は敬もって内を直し，義もって外を方す」の「敬」を「主一無適」(意識を一つに集中させて分散させない)と定義し，「持敬」という修養法を唱えた。朱熹はこれを継承して，「静坐」を具体的な修養法とし，「居敬窮理」を唱え，「聖学の始めを成し，終わりを成す所以のもの」とまで重視していた。日本では，林羅山はその著『春鑑抄』において，国を治めるためには「序」(秩序・序列)を保つため，「うやまう」というよりも「つつしむ」という意味の「敬」が大切だとした。その「つつしみ」によって，心の中の欲心を抑え，日常の言行を慎むと唱えた修養論は，存心持敬といった。

経学（けいがく）

儒教経書には古代聖人の心が込められているということを前提として，それを読解しようとする経典解釈学のこと。戦国末期から経書がしだいに成立し，儒教が国教とされるなかで，ことに経書の教養を官吏登用の資格としたので，経学は中国の歴代の正統的学問となった。その方法ないし態度には歴代変遷の跡がみられ，前漢には今文学，後漢には経書の訓詁を明らかにする古文学が，六朝から唐にかけては漢，魏の注を敷衍する義疏学が盛んとなった。宋代には朱子学，明代には陽明学が起り，経書そのものの真偽を疑う思弁的な宋明の学があらわれたが，清代には経書のテキストに回帰し，訓詁，考証を精密にする考証学となった。

敬天愛人（けいてんあいじん）

天を敬《うやま》い，人を愛しむ。西郷隆盛が好んだことば。『南洲翁遺訓』「道は天地自然の物にして，人はこれを行うものなれば，天を敬するを目的とす。天は我も同一に愛し給ふゆえ，我を愛する心を以て人を愛する也」。西郷の揮毫による「敬天愛人」は明治８年以降のものであり，儒学に深い中村正直が明治元年に書いた『敬天愛人説』を読んで借用した蓋然性が高い。

孔教（こうきょう）

「孔子教」とも。清末から民国初の孔子尊崇の国教化を図ろうとする運動に用いられた語。康有為，陳煥章らといった推進派と陳独秀らの革新派知識人との間に論戦が交わされた。孔教会の設立と戊戌新政の推進との関係を重視し，地方の教団建設で清の徳宗の新政を補うのが康有為の構想。また，孔子祭祀で海外華僑の中華意識を強める意図もあった。孔教会の展開した尊孔読経および祭祀実践などは，民国初期の社会の再編の推進のなかで機能した側面もある。

郊祀（こうし）

古代中国で，帝王が国都の郊外に壇《だん》を築き天地を祀る儀式。漢代以降は帝王の特権となり，その威厳を誇示，清末まで行われた。冬至には都の南郊の円丘《えんきゅう》の壇で天（昊天上帝）を，夏至には北郊の方形の壇で地を祀《まつ》った。祀る対象は昊天上帝以外に，五方帝と配侑《はいゆう》者（添えて祀る者），また天地を合祭するか分祭するかも経学上の解釈や王朝によって変わった。日本では，それをおこなう天皇はいたものの定着しなかった。

洪範九疇（こうはんきゅうちゅう）

『尚書』の洪範に記されている禹の定めた政治道徳に関する九原則。五行（木・火・土・金・水）・五事（貌・言・視・聴・思）・八政（食・貨・祀・司空・司徒・司寇・賓・師）・五紀（歳・月・日・星辰・暦数）・皇極《こうきょく》・三徳（正直・剛克・柔克）・稽疑《けいぎ》・庶徴《しょちょう》（休徴・咎徴）・五福（寿・富・康寧・攸好徳・考終命）・六極（凶短折・疾・憂・貧・悪・弱）の九つの範疇《はんちゅう》。特に五行は，水・火・木・金・土の順序に配列してその特質を述べて，天人の関係を説いている。

五行（ごぎょう）

天地の間に循環流行するとされる木・火・土・金・水の五つの気のことで，万物組成の元素とされる。転じて，これらの物質によって象徴されるはたらきの意となる。木から火を，火から土を，土から金を，金から水を，水から木を生ずることを相生《そうせい》という。また，木は土に，土は水に，水は火に，火は金に，金は木に剋《か》つことを相剋《そうこく》（あるいは相勝《そうしょう》）という。戦国末期の鄒衍《すうえん》が始めて王朝の変遷を五行にあてて説いた。漢代になって陰陽説と合し，『易』の天人合一説を形成し，その影響を後世に及ぼした（五行対応一覧表を参照）。

国民道徳（こくみんどうとく）

明治中期以降，「知育を教育の中心とする日

本が危ない」と考えられ，国家主義的家父長制倫理思想に基づく道徳体系をつくりあげた。井上円了の『日本倫理学案』(1893) が原型。井上哲次郎「国民道徳概論」(1907) は，国家とは天皇を家長とする一大家族であるという「総合家族制度」国家論に基づいて，個々の家の長に対する孝は臣民の天皇に対する忠に通じるという「忠孝一本」の道徳をもって，日本固有の道徳であると説いた。それを国定修身教科書の中に書き入れ，文部省主催の講演会で各級学校の教員に修身教育の要旨を示すなどの方法を通じて，国民道徳の全国的な普及がはかられた。

五山（ござん）

中国・日本における寺院管理制度。南宋の嘉定年間（1208〜1224）に，史弥遠の「禅院五山《ござん》十刹《じっさつ》」を定める奏上によって，インドの天竺五精舎に倣って，杭州・明州にあった径山興《きんざんこう》聖《しょう》万寿寺・北山景徳霊隠《けいとくりょういん》寺・太白山天童景徳寺・南山浄慈《じんず》報恩光孝寺・阿育王《あいくおう》山広利《こうり》寺を「五山」として保護を与えたのが由来。鎌倉時代後期には日本にも禅宗の普及に伴って広まるようになる。

	京都	鎌倉
五山之上	南禅寺	
第１位	天龍寺	建長寺
第２位	相国寺	円覚寺
第３位	建仁寺	寿福寺
第４位	東福寺	浄智寺
第５位	万寿寺	浄妙寺

（時代によって変更あり）

古注（こちゅう）

形而上的な思弁性を重視する宋学の解釈（新注）に対し，漢・唐時代の訓詁学（語義の解釈を中心とする学問態度）による注釈のこと。漢代の注釈は年代を経て散佚したものが多く，清代に輯佚《しゅういつ》（復元）された。とくに何晏の『論語集解』が朱熹の『論語集注』に対してこう呼ばれる。

サ

三科九旨（さんかきゅうし）

『春秋公羊伝』の政治哲学主張のこと。後漢末にあらわれて漢代公羊学を集大成した何休は，董仲舒とその後学の所説に緯書の精神を取り込み，『公羊伝』の三つの分野（三科）について三つずつ，計九つの主旨（九旨）を述べ，それを孔子の微言大義だったと解釈した。何休によれば，孔子は『春秋』で将来の王朝のために過去の事件記述を借りて歴史の展開を予言したとされる。すなわち，ア「三統を存す」①新周，②古宋（殷のこと。宋は殷の後代），③『春秋』が述べる魯は王を象徴する。イ「三世を張る」春秋242年の④所見，⑤所聞，⑥所伝聞の時期ごとに記述方法を使い分ける。ウ「内外を異にす」⑦魯国から⑧中国へ，そして⑨夷狄を含む全世界へという場の拡大がなされている。これによって，春秋の三時代を「衰乱世」「升平《しょうへい》世」「太平世」に書き分けたとされる。

三綱五常（さんこうごじょう）

三綱は，君臣・父子・夫婦の間で，君・父・夫が臣・子・婦の主導者となるべきだという主張のこと。董仲舒『春秋繁露』陽尊陰卑篇「君臣，父子，夫婦之義，皆取諸陰陽之道，君為陽，臣為陰；父為陽，子為陰；夫為陽，婦為陰」。『白虎通義』三綱六紀「三綱者何。……君為臣綱、夫為妻綱、父為子綱」。五常は，人間としておこなうべき仁・義・礼・智・信の五つの徳目による，父子，君臣，夫婦，長幼，朋友の五倫の道のこと。孟子の四端説における「仁義礼智」の四徳に対し，前漢の董仲舒は五行説に基づいて「信」を加えた。三綱とあわせ，「三綱五常」で表現することは『文中子《ぶんちゅうし》』天地篇に初見。

三綱領八条目（さんこうりょうはちじょうもく）

宋の朱熹が『大学』の内容を綱領化した，修《しゅう》

己治人《こちじん》の根本原理としての三綱領と八条目をいう。三綱領は，明明徳（明徳を明らかにする），親民，止於至善（至善に止まる）。八条目は，格物，致知，誠意，正《せい》心，修身，斉家，治国，平天下，というように自身と社会の成立過程を述べている。もっとも解釈が分れたのは，八項目のうちの「格物」「致知」の二項。北宋の程頤は格物を『易』に説かれている窮理と結びつけて解釈し，朱熹はその解釈を継承し，『大学』には格物致知を解説する部分があったとして『格物補伝』をつくって，格は「至《いた》る」，物は「事」とされ，事物に触れ理を窮めていくことであるとした。一方，明の王守仁は，「格物」は外在的な物に至るというものではなく，格を「正《ただす》」として，自己の心を修正していくこととし，「致知」とは先天的な道徳知である良知を遮られることなく発揮する「致良知」だとした。ここで格物致知は自己の心への内省的なものとされた。また，朱熹の「親民」を「新民」と読み替えた解釈が広く普及したが，王守仁のように異説もある。

三統（さんとう）

天統は夏，地統は殷，人統は周，この三つを周期に王朝が循環するという三統説に由来する。三つの王朝はそれぞれ正朔（正は年の始め，朔は月の始め）・服色《ふくしょく》がある。

	統	正	朔	服色
夏	天統	建寅之月（陰暦１月）	平旦	黒
殷	地統	建丑之月（陰暦12月）	鶏鳴	白
周	人統	建子之月（陰暦11月）	夜半	赤

前漢末の劉歆はこの三統説に形而上学的な意味を付与し，五行説と組み合わせてさまざまな現象を解釈した。これによって三統暦では，暦と五声十二律や度量衡が連動して扱われている。

三礼（さんらい）

『儀礼《ぎらい》』『礼記《らいき》』『周礼《しゅうらい》』の三書のこと。

礼儀作法そしてその理論に関する三種類の経書『儀礼』『礼記』『周礼』の総称。後漢の鄭玄が『周礼』『儀礼』『礼記』の三書を総合的に解釈する三礼の学をつくりあげて以来，この名がある。『儀礼』は前漢では『礼』あるいは『士礼』と呼ばれていた。現在通行している『儀礼』は後漢の鄭玄注・唐の賈公彦疏が付けられている。『周礼』は『漢書』藝文志に「周官」とあり，周の官制について書かれている。前漢武帝時代に，民間から発見されたといわれる古文経である。天官・地官・春官・夏官・秋官・冬官に分けられるが，冬官部分は発見当初からなく，「考工記」という別の文献が当てられている。現在通行している『周礼』は後漢の鄭玄注，唐の賈公彦疏が付けられている。『礼記』は戦国・秦・漢の礼家の諸説が集められている。前漢の戴徳が伝えた「大戴記」，その甥戴聖が伝えた「小戴記」があり，現在の『礼記』49篇は「小戴記」である。唐代，『五経正義』に取り上げられ，鄭玄注に孔穎達が疏をつけた『礼記正義』がつくられた。三礼ともに『十三経注疏』に収められている。

四端（したん）

出典は『孟子』公孫丑上。仁・義・礼・智の徳に達する四つの糸口，惻隠《そくいん》（哀れみ）・羞悪《しゅうお》（廉恥《れんち》）・辞譲《じじょう》・是非の四つの心の総称。孟子の性善説の根底を成す。端は兆し，四端を拡大していけば，人間の善性は完全に発揮できる。この四徳を身につけるなかで養われる強い精神力が「浩然《こうぜん》の気」であり，これを備え，徳を実践しようとする理想的な人を「大丈夫」と呼んだ。なお朱熹は「端は緒《しょ》」と解釈し，四徳は本来心に備わっているもので，それの心の表面にあらわれる端緒を四端とした。朱子学の一般化とともに，これは長く四端説の正統的理解とみなされた。

七情（しちじょう）

七種の感情。漢方で『素問』霊枢篇によって，喜・怒・憂・思・悲・恐・驚とするが，儒教

では『礼記』礼運篇に拠り，喜・怒・哀・懼・愛・悪・欲とする。朝鮮では，李滉とその弟子奇大升が四端と七情の間にある理気の関係を往復書簡によって論じあい，さらに李珥が議論を展開したが，のちに学術論争から政治の党争に変じた。

十二律(じゅうにりつ)
中国の音楽で，一律ずつ隔てる12音を以てオクターブの音列を形成する音律。黄鐘《こうしょう》を基音として大呂《たいりょ》，太簇《たいそう》，夾鐘《きょうしょう》，姑洗《こせん》，仲呂《ちゅうりょ》，蕤賓《ずいひん》，林鐘《りんしょう》，夷則《いそく》，南呂《なんりょ》，無射《ぶえき》，応鐘《おうしょう》からなる。

象数(しょうすう)
『易』の各卦が象徴する形と，その卦を形づくる六爻《こう》のもつ数。このような卦自体の図形的な特徴に注目する占法を「象数易」といい，とくに漢代に発達した。これに対して，各卦の意味するところを重視して形にはこだわらない立場を「義理易」という。宋代に入り程頤の『伊川易伝』が義理易としてとくにあげられたが，朱熹は象数易と義理易の両者の立場の統合を試みた。

上帝(じょうてい)
殷代には，天空に宇宙を統括する神格があると考え，それを帝と呼んだが，帝は上方に存在するので，しだいに上帝と呼ぶようになった。儒教の古典にしばしばあらわれ，昊天上帝などともいわれる。経学上その正体について諸説あった。朱子学では天理の神格表現とされた。そのため19世紀のプロテスタント系漢訳聖書は唯一神エホバの訳語に「上帝」をあて，現在の中国人にはキリスト教の神の漢訳語としてなじんでいる。

新注(しんちゅう)
漢・唐時代の訓詁学(語義の解釈を中心とする学問態度)による注釈に対して，形而上的な思弁性を重視する宋学の解釈を指してこう呼ぶ。とくに朱子学の注釈に使われる。

新文化運動(しんぶんかうんどう)
1919年の五・四運動前後をきっかけに起こった思想・文化の革新運動。「賽先生」(サイエンス：科学)と「徳先生」(デモクラシー：民主主義)を標榜して，儒教・礼教・伝統・封建思想を批判し，反帝国主義の性格をもった。その過程で五・四運動を導き出し，中国共産党を生み出す思想的基盤も築いた。中心人物は，陳独秀であり，彼の創刊した啓蒙雑誌『新青年』に寄稿した魯迅・銭玄同・胡適らの人々が，運動の中心となった。とくにそのなかで，文学における新しい表現追求として白話(口語)文学を掲げた一方，古来の儒教道徳への批判が文学革命の中心となった。

聖人(せいじん)
『五経』に多くみられる最高の人徳を身につけ，知恵のすぐれた人。儒教ではとくに堯・舜・禹・湯・文王・武王・周公・孔子らを指す。のちに天子を尊んでいうことばにもなり，天下を治める政治原理も聖学と呼ばれる。

聖人可学(せいじんまなぶべし)
北宋まで聖人は礼楽制度を築く者と考えられ，一般人はそれに従うことしかできなかったが，程頤ははっきり「聖人学んで至る可し」と唱え(「顔子所好何学論」)，士大夫は聖人となることをめざし，道徳的な自己修養を重ねれば聖人にいたるとした。明代の陽明学では「満街聖人」といって，街中の人が本来的に聖人であると主張し，朱子学とは違って，士大夫のみならず，庶民を含めすべての人が聖人となる可能性があることを主張した。

井田(せいでん)
孟子が語った夏・殷・周三代に施行されたと伝えられる田制。一里平方の田を井字状に区切って百畝《ほ》ずつに九等分し，中央の一田を公田とし，周囲の八田を八家に分け，八家共同して公田を耕し，その収穫を租として納めさせた。ただほとんど伝説上の制度といってよ

く，その実態はよくわからない。日本では江戸時代に岡山藩にごく短い期間実践された。

聖諭（せいゆ）

天子の勅諭，またそれから敷衍されたその教え（諭はさとすの意味）。清の康熙帝が民衆教化の目的で，明の洪武帝の『六諭《りくゆ》』にならって，十六条の『聖諭』をつくり，日本でも和訓を付けて江戸時代に読まれた。さらに雍正帝は『聖諭』を逐条的に解釈し，1万字ほどの『聖諭広訓』を書いた。

釈奠（せきてん）

『礼記』文王世子篇に記載される孔子を祀るための典礼。犠牲・蔬菜を供え，爵を薦めて祭る意（「釈」も「奠」も置く意で，供物を神前に捧げて祀ること）。2月・8月の上の丁《ひのと》の日におこなう。より軽い祭りとしての釈菜《せきさい》（主として野菜の類を供える），釈幣《せきへい》（幣帛《へいはく》〈絹類〉を供える）を含んで古代中国では先聖先師の祭礼の総称。明の洪武14（1381）年に釈奠の場において孔子像を祀ることを廃し，嘉靖9（1530）年に孔子を「至聖先師」に改めるなどの変革が何度かおこなわれた。清は孔子像を一部復活させるとともに，唐以来の釈奠の形式を再興した。清末から中華民国前期にかけての政治的混乱期にも釈奠が継続されたが，軍閥混戦，日中戦争そして国共内戦，中華人民共和国の成立などの動乱にともなって，中国大陸では一時絶たれた。近年の儒教復興で再興している。台湾では日本統治時代を経てとくに1970年代から台北の孔廟などで復興されている。

　日本では，大宝元（701）年2月丁巳に行われたのが最初。平安時代の中央（大学寮）における釈奠は，中国のそれと同様に斎戒・陳設・饋享《ききょう》・講読・饗宴の5つによって構成されていた。室町時代に中絶，後に江戸幕府・諸藩が再興した。現在東京湯島聖堂などで挙行されているが，供物には魚を用いたり（中国古代では本来は動物を犠牲とする），茶道による献茶式が伴ったりしていて，かなり日本的に変化している。また，栃木県足利学校，佐賀県多久市の孔子廟，沖縄県那覇の孔子廟でもおこなわれていて，講経を伴うのは平安時代の遺風。韓国では，5月と9月の2回，成均館大学校内の大成殿と各地にある234の郷校で「釈奠大祭《ソッチョンテジェ》」が行われ，大韓民国指定重要無形文化財第85号に指定された。

宗廟（そうびょう）

天子の祖先を祭るみたまや。後漢末劉熙の『釈名』は「宗，尊なり。廟，貌《かたち》なり。先祖形貌の所在なり」と解釈している。天子・諸侯が宮殿を建てるときには，まず宗廟を建て，それをすべてに優先させて重んじていた。したがって，宗廟を破壊しようとするのは，「謀大逆」の赦せない罪になり，宗廟が破壊されたときは国家が滅んだと考えていた。日本の律令では，伊勢神宮がそれにあたるとした。

タ

大一統（だいいっとう）

『公羊伝』隠公元年に初めてみられる。「なぜ『王正月』といったか。『大一統』のためだ」。統については，何休は「始也，総系之辞」，「政莫大於正始」で説明していた。つまり，本朝の政治正統を立てること。なお，公羊学にも「通三統」（前二代の統と本朝の統を通じる）を強調する。ここは「一統」を大きくする・とうとぶのような意味で，今一般に理解されている「大なる一統」（偉大な統一，greatunification）とは異なる。

中体西用（ちゅうたいせいよう）

19世紀後半中国に展開された洋務運動のスローガン。儒教を中心とする伝統的な学問や制度を主体として守りつつも，富国強兵の手段として西洋の技術文明を利用すべきだと主張した。1840年に発生したアヘン戦争以来，清

が西欧諸国に連続して敗北したのを機に，漢人官僚を中心に西洋の科学技術を輸入し，国内の技術革新を進めることに拍車をかけた。結果としては多く軍事・経済的な施設が建造されたが，日清戦争の大敗で，中体西用論に基づく洋務運動の限界が露呈した。以後は変法自強運動（後の戊戌維新）や清朝の打倒をめざす孫文らの革命運動を刺激した。よく明治時代の「和魂洋才」と比べられる。

天地公共之理（てんちこうきょうのり）
出典は明代薛瑄の『読書録』「天地公共之理，人得之為性。人能尽其性，是亦公共之理耳」。とくに幕末熊本藩士の横井小楠は，世界を支配する普遍的な法則として「天地公共の理」を提唱し，富国強兵のための開国から一歩進んで，平和主義や民主主義的な考え方を受け入れようとし，戦争の根絶を目的とする開国論を主張した。「天地公共の理」という語からみると朱子学の理念が強く流れていたといえる。小楠のこの発想は西洋近代の政治理念を受容する効果をもち，坂本龍馬も彼の影響を受けた一人といわれている。

天理人欲（てんりじんよく）
出典は『礼記』楽記。天賦の本性と人の私的欲望のこと。宋学の修養論では，性即理説の上に立って，天理を存《たも》って，人欲を滅ぼす・去ることを強調する。明の中葉におこって清の戴震に至って大成された気の哲学では，天理と人欲とは峻別されず，人欲の中に天理があるとされた。人欲の語が欲望一般を指すようになると，天理にそった欲望ならば肯定されるようになった。

図讖（としん）
図は模様，讖は未来の吉凶を予言した書。緯書は経書の解釈上の補佐とされるが，図讖はより単純に陰陽五行・符命・瑞祥・災異・讖言・星占・歴数・歴運を語った。例えば，後漢光武帝を即位に導いた図讖は「卯金が徳を修めて，天子と為る」（『後漢書』光武帝紀）であり，「劉」の字のことを語って，劉氏の復興を予言した。

八

万物一体之仁（ばんぶついったいのじん）
程顥は仁は「万物一体」と主張し，王守仁は「天地万物一体之仁」（『伝習録』）ともいった。自他一体とみなす思想。程頤が事物を分析して論理化するのに対し，彼らは融合的，直覚的に天地万物を一体とみなし，すべての存在をわが身の一部と考えた。ちなみに，手足の痺《しび》れを「不仁」という医学用語によって他人の心を感じられないことを語る恰好の表現がなされた。王守仁は「仁」を良知と結びつけた。良知があればこそ，他者の苦しみ・悩みは自らの苦しみ・悩みとして感じられる。やむを得ず他人をその苦しみから助けようとする感情が湧き出すことに，陽明学は社会救済の根拠を見出したのである。

封禅（ほうぜん）
中国古代に天子がおこなった最大級の祭祀。封は泰山の山頂に壇をつくって天を祭り，禅は泰山の麓の小丘（梁父山）で地を祓って山川を祀ることで，天下太平を天に報告する儀式。前219年の始皇帝，前110年の前漢の武帝の行事が著名。のちに後漢の光武帝，唐の玄宗，宋の真宗らも営んだ。初めは不老長寿や国運の長久を祈願する目的だったが，しだいに帝王の威権を誇示する政治的な祭儀へとかたちを変えていった。なお，則天武后は嵩山でこれをおこなった。

濮議（ぼくぎ）
北宋皇室の傍流出身である英宗の実父濮安懿《い》王の処遇をめぐる論議。第四代皇帝仁宗が嘉祐８（1063）年に崩御し，継いで即位した英宗は仁宗の実子ではないので，すでに薨去した実父濮王をどのように処遇すべきか（父か伯

父と呼ぶか，また祭祀の具体的なやり方について）の典礼問題が生じた。実父なのだから父として扱ってよいとする説と，仁宗の嗣子としての立場で伯とみなすべきだとする説が対立，政府中枢の韓琦・欧陽脩・曾公亮と言職系の司馬光・范純仁・呂大防らが互いに争った。
後に明の嘉靖帝が前代の弘治帝の甥として即位し，同じく実父の興献《こうけん》王の処遇をめぐって，大臣と激しい論争（「大礼議」）がおこなわれ，嘉靖帝はそれをきっかけに大幅に礼制改革をおこなった。

保甲（ほこう）
民間の自衛・相互監視の組織。北宋王安石の新法に始まり，近代まで存続した自治制度（法家の根源も考えれば，戦国時代の商鞅に由来するとみることも可能）。10家を保とし，50家を大保とし，それぞれ長をおき，10大保を１都保とした。一家に壮丁が二人以上あれば，その一人を保丁とした。清代では10戸を１牌とし，10牌を１甲とし，10甲を１保とし，それぞれの長として牌甲保をおいた。各戸に印牌を配って，姓名丁口を書き，出た者はその行先を記入し，入った者はその来たところを調べた。不正を見逃した時は，連帯責任を負わされた。1930年代の農村では，国民党も共産党の浸透に対抗するために保甲を用いた。

マ ラ

名教（めいきょう）
人倫の名分を明らかにする教え。儒教では，君臣・父子など三綱五常の名目を立てて，それぞれの本分を守らせようとするため，儒教全体のことを指す。道家の無名（名を無くす）の教えに対抗している。また，名分と教化。

明堂（めいどう）
古代中国で，天子が神や祖先を祀ったり，諸侯を召したり，その他の政教を行ったりした施設。『周礼』によると夏では「世室」といい，殷では「重屋」といい，周では「明堂」といった。太廟（宗廟），辟雍《へきよう》との関係をめぐって学者の間に議論が多い。また魯国の先祖周公は，周王室に大きな功績があったので，とくに明堂の建築が許されたという。

理一分殊（りいちぶんしゅ）
程頤が首唱し，朱熹が継承した道学の命題。事（ことがら）・物（もの）には必ず理があり，理はその存在を律し，本質的根拠を与える（理一）一方，事物の格差（人の場合は親疎の差）も峻別することで，秩序が成り立つ。ただ，全体としての万物の秩序は，この「一理」によって貫かれているので，「格物窮理」の可能性が保証される。

理先気後（りせんきご）
朱熹は二程の理と張載の気を融合して理気二元論を唱えたが，理と気の間には，「理が先で，気は後だ」という先後関係があり，理は原因・体・主・本，気は結果・用・従・末だとする説。明代中期になると羅欽順《らきんじゅん》らは，理先気後に対して理気相即を唱え，理は気の条理とされるようになった。このように理気論は気一元論へと収束されていった。さらに清の戴震は理が気によって生じると説いた。

律令（りつりょう）
律は刑法，令は行政法などに相当する中央集権国家統治のための基本法典。律も令も古代中国で発達，隋・唐時代に相並んで完成し，高句麗・新羅・日本・渤海・高麗・安南など東アジア諸国に広まったが，唐と同様の体系的な法典を編纂・施行したのは日本だけだといわれる。のち清末までの刑罰を定めた律が制定法の中核をなした。その体系は四部構成になる。
律　刑法にあたる
令　行政法にあたる
格　臨時法にあたる

式　　施行細則にあたり，格と合わせて「格式」という

良知（りょうち）
出典は『孟子』尽心上「所不慮而知者，其良知也」。人の生れながらにしてそなえる知能，よく是非（道徳上に正しいかどうか）を判断できるはたらきのこと。王陽明はこれに基づいて，『大学』の「格物致知」について，自己の心を格《ただ》して，良知を充分に発揮することと解釈した。ちなみに，良知は心の本体としての理の発出であるので，良知を物事の上に正しく発揮することが，理の実践・顕彰である。なお，陽明学では，経書の研究よりも，理を得るのは自分の良知に頼るほかないので，経学を朱子学ほどには重視していないともいわれる。

（陳健成作成）

名言解説

厩《うまや》 火事《かじ》の段《だん》(1章p.22)
『論語』郷党《きょうとう》。「厩《うまや》焚《や》けたり。子，朝より退く。曰く，人を傷《そこ》なえるかと。馬を問わず」のこと。孔子は厩が火事になったときに，馬を気づかうのではなく，けが人がいないかどうかを心配した。

三《さん》嗅《きゅう》 而《じ》作《さく》(1章p.22)
『論語』郷党。古注《こちゅう》では，山中で出会った雌の雉に弟子の子路が餌を与えたものの三度嗅いだだけで飛び去ってしまったとされる。ただし，朱熹の新注《しんちゅう》では文意不明としているなど，経学上さまざまな意見が出された。

克己復礼《こっきふくれい》(1章p.22)
『論語』顔淵《がんえん》。弟子の顔淵が仁を問うたときの孔子の答え。古注では，自分の身を統制し礼に戻ることとされ，新注では，自己の私欲に勝って礼を実践することとされた。

川上《せんじょう》の嘆《たん》(1章p.23)
『論語』子罕《しかん》。「子 川の上《ほとり》に在りて曰く，逝く者は斯の如きか。昼夜を舎《お》かず」のこと。古注では，止まない川の流れのように時が過ぎるのを詠嘆するものと解し，新注では，天地の生成が川の流れのごとく止まらないことに驚嘆するものとされた。

太廟《たいびょう》に入りて事ごとに問う(1章p.23)
『論語』八佾《はちいつ》。孔子が若いころ祖廟《そびょう》に入ったとき，儀礼について逐一質問したこと。「子之を聞きて曰く，是れ礼なりと」と続くが，孔子がいったい何を礼とし，どうして質問をしたのかが，経学上多くの議論を生んだ。

巧言令色《こうげんれいしょく》，鮮《すくな》し，仁(1章p.24)
『論語』学而《がくじ》。口のうまさや愛想のよい顔つきには仁が少ないの意。

人にして仁ならざれば礼を如何《いかん》，人にして仁ならざれば楽を如何(1章p.25)
『論語』八佾。儀礼も音楽も，それをおこなう者が内面に仁の徳をそなえていてこそはじめて意味をもつという意味。

春秋を成して乱臣賊子《らんしんぞくし》懼《おそ》る(1章p.31)
『孟子』滕文公《とうぶんこう》下。禹《う》が大洪水を収めて天下が平らぎ，周公が夷狄《いてき》や獣を追い払って民が平安になったように，孔子が『春秋』をつくったことで秩序を乱す家臣や子弟が恐懼《きょうく》し慎むようになったこと。直後に『詩経』より「戎狄是膺，荊舒是懲」が引かれる。

唐虞《とうぐ》の禅譲《ぜんじょう》も夏殷周の世襲も，その義は一つ(1章p.32)
『孟子』万章《ばんしょう》上。尭《ぎょう》・舜《しゅん》は賢者に位を禅譲し，夏・殷《いん》・周では子孫に位が継がれたが，いずれも同一の道理によって支持され，天に随うものであったということ。

春秋に義戦なし(1章p.33)
『孟子』尽心《じんしん》下。『春秋』には義を伴った戦は一つも記載されていないということ。

必ずや名を正さんか(1章p.39)
『論語』子路《しろ》。弟子の子路から，もし衛《えい》国の君主に招かれ国政を任されたら何を手始めにおこなうかと問われたときの孔子の答え。ものごとの定義をはっきりとさせ，名実を一致させること。『荀子《じゅんし》』に正名篇があり，その思想が展開されている。

博文約礼《はくぶんやくれい》(1章p.39)
『論語』雍也《ようや》。幅広く文化を学んだうえで，礼によってそれをまとめ，実践していくべきであるという意味。

文質彬彬《ぶんしつひんぴん》(1章p.39)
『論語』雍也。「然る後，君子なり」と続き，文＝文化的素養と，質＝生来の資質とのバラ

ンスがとれているのが君子であるとされた。

郁郁乎《いくいくこ》として文なるかな(1章p.39)
『論語』八佾。「子曰く，周は二代に監《かんが》みて，郁郁乎として文なるかな。吾は周に従わん」(先生が言われるには，周は夏・殷を鑑みたことで，その秩序は豊かなものであった。私はこの周の文化に従おう)より。

河は図を出だし，洛《らく》は書を出だし，神龍至り，鳳鳥翔《と》び，徳沢は天下に満ち，霊光は四海に施した(2章p.62)
『漢書《かんじょ》』爰盎《えんおう》 鼂《ちょう》 錯《そ》伝に載る鼂錯が天子《てんし》の問いに応えたことば。国の大いなる体を治める功業とは，五帝《ごてい》の親政のように神聖であるべきで，それは宮殿の中にいてもその政事が天地に匹敵し人心を得られ，その徳がすべてにおよんで陰陽が調うためにこのような瑞祥があらわれるものだという意味。

天変《てんぺん》 畏《おそ》るるに足らず，祖宗《そそう》 法《のっと》るに足らず，人言《じんげん》 恤《あわれ》むに足らず(3章p.119)
『宋史《そうし》』王安石伝(もとは劉安世《りゅうあんせい》の『元 城《げんじょう》 語録』)。天災は畏れるまでもなく，祖先は規範とするに足りず，世評は鑑みる必要がないということ。当時広くみられた天譴論《てんけんろん》に抗して天災は人為とは関係ないと断じて，当時の神《しん》宗《そう》を励ましたことば。王安石が新法《しんぽう》を推進したために後に付会《ふかい》された語と考えられる。

王何《なん》ぞ必ずしも利をいわん(3章p.125)
『孟子』梁恵王《りょうけいおう》上。自国に利益をもたらしてくれるのかと梁の恵王に問われた孟子が返したことばで，利などではなく，統治には仁義があるだけなのだと孟子は答えた。

性即是理也(性とは理のことに他ならない，3章p.128)
『程氏遺書《ていしいしょ》』ほか。情に左右されない人間の生来の本性とは，完全に善なる理を稟受《ひんじゅ》したものであるということ。

聖人学んで至るべし(3章p.128)
『程氏遺書』ほか。居敬《きょけい》および格物《かくぶつ》といった修養を経ることで人はみな聖人に至ることができる意で，道学全体のスローガン。それまでの隔絶された理念型としての聖人像を転換して士大夫《したいふ》たちに解放し，内面を重視する自己修養の学へと朱子学を展開させた。

聖人学ぶべし(3章p.130)
『通書《つうしょ》』聖学。『通書』に「聖は学ぶことができるか」との発問があり，その要諦として，一であること，無欲であること，静において虚であり動において直であることが答えられるが，朱熹はその箇所に注をつけて，「無極の真」を知るためにこの句を深く理解し実践すること以外に日常の生活では「力を用いる処」がないとしている。

天地のために心を立て，生民のために命《めい》を立て，往聖のために絶学を継ぎ，万世のために太平を開かん(3章p.134)
張 載《ちょうさい》の語録にあり，朱熹と呂祖謙《りょそけん》の手になる『近思録《きんしろく》』論学に収録された。孟子以後途絶えた儒家の道統《どうとう》を復興し，学問をする気概を説くために援用された。現代新儒家の馮友《ふうゆう》蘭《らん》により横渠《おうきょ》四句と称されたほか，末句は昭和の敗戦に際して玉音放送にも引かれた。

戎狄是膺，荊舒是懲(戎狄《じゅうてき》をここに膺《こら》し，荊《けい》舒《じょ》をここに懲《こら》す，6章p.270)
『詩』魯 頌《ろしょう》 閟宮《ひきゅう》。西戎《せいじゅう》と北狄《ほくてき》を撃ち，楚とその同盟国を根絶やしにするという意味。

子曰わく，人 能《よ》く道を弘《ひろ》む，道 人を弘むるにあらず，と(6章p.284)
『論語』衛霊公《えいれいこう》。道を広げることができるのは人であって，道が人を広げるのではないということ。

(亀津鴻作成)

経書主要注解一覧表

本文が現存するもの(一部輯佚書を含む)から思想史的に重要と判断したものを列記した。なお,日本の学者名については慣用的な号により表記した。

1 易

漢	焦延寿『易林』16巻,前87-33年頃
漢	京房『易伝』3巻,前77-37年頃
漢	鄭玄『周易鄭氏注箋釈』(曹元弼箋釈)16巻,200年頃
魏	王弼・(晋)韓康伯注,(唐)孔穎達等疏『周易注疏』13巻,653年
唐	李鼎祚『易伝集解』(『周易集解』とも)10巻,762年頃
宋	胡瑗『洪範口義』3巻,1042-51年頃
宋	蘇軾『東坡易伝』9巻,1101年以前
宋	程頤『伊川易伝』4巻,1100-07年
宋	朱震『漢上易伝』11巻,1134年
宋	朱熹『周易本義』12巻,1177年
宋	朱熹・蔡元定『易学啓蒙』4巻,1186年
宋	丁易東『易象義』4巻,1286年
明	蔡清『易経蒙引』12巻,1529年
明	来知徳『周易集注』16巻,1598年
明	黄道周『易象正』16巻,1640年
清	王夫之『周易内伝』6巻,1685年
清	胡渭『易図明辨』10巻,1706年
清	李光地『周易折中』22巻,1715年
清	恵棟『易漢学』8巻,1744年
朝鮮	張顕光『易学図説』9巻,1645年
日本	伊藤東涯『周易経翼通解』18巻,1732年
日本	新井白蛾『古周易経断』5巻,1775年

2 尚 書

漢	伏勝『尚書大伝』(皮錫瑞疏証),前2世紀
漢	孔安国伝・(唐)孔穎達等疏『尚書注疏』20巻,653年
宋	蘇軾『東坡書伝』13巻,1100年
宋	呉棫『書稗伝』13巻,1130-54年頃
宋	薛季宣『書古文訓』16巻,1173年頃
宋	林之奇『尚書全解』40巻,1176-80年頃
宋	呂祖謙(時瀾増修)『増修東萊書説』35巻,1192年
宋	蔡沈『書集伝』6巻,1210年
宋	金履祥『尚書表注』2巻,1303年頃
元	董鼎『書伝輯録纂注』6巻,1319年
元	陳師凱『書伝旁通』6巻,1321年

元	鄒季友『書集伝音釈』6巻，1351年
明	劉三吾等『書伝会選』6巻，1394年
明	王樵『尚書日記』16巻，1595年
明	梅鷟『尚書考異』5巻，1553年頃
明	黄道周『洪範明義』4巻，1637年
清	閻若璩『尚書古文疏証』8巻，1704年
清	孫星衍『尚書今古文注疏』30巻，1815年
清	陳喬樅『今文尚書経説考』32巻，1862年
朝鮮	丁若鏞『梅氏書平』10巻，1792年頃

3　詩

漢	毛公伝・鄭玄箋，(唐)孔穎達等疏『毛詩注疏』70巻，653年
呉	陸璣『詩鳥獣草木虫魚疏』2巻，229-280年頃
宋	欧陽脩『詩本義』16巻，1072年以前
宋	呂祖謙『呂氏家塾読詩記』32巻，1181年
宋	朱熹『詩集伝』20巻，1186年
宋	輔広『詩童子問』10巻，1200年頃
宋	厳粲『詩輯』36巻，1248年頃
元	劉瑾『詩伝通釈』20巻，1360年以前
明	陳第『毛詩古音攷』4巻，1606年
明	馮復京『六家詩名物疏』55巻，1605年頃
明	徐光啓『毛詩六帖講義』4巻，1617年
明	何楷『詩経世本古義』28巻，1633年
清	陳啓源『毛詩稽古編』30巻，1687年
清	胡承珙『毛詩後箋』30巻，1831年頃
清	馬瑞辰『毛詩伝箋通釈』32巻，1835年
清	王先謙『詩三家義集疏』28巻，1853年
朝鮮	丁若鏞『詩経講義』12巻・補遺3巻，1791年

4　礼

〈周礼〉

漢	鄭玄注・(唐)賈公彦疏『周礼注疏』42巻，650-655年頃
宋	王安石『周礼義』(程元敏輯佚)原22巻，1075年
清	孫詒讓『周礼正義』86巻，1899年

〈儀礼〉

漢	鄭玄注・(唐)賈公彦疏『儀礼注疏』17巻，650-655年頃
宋	朱熹・黄幹・楊復『儀礼経伝通解』37巻，1217年
清	胡培翬『儀礼正義』40巻，1849年

〈礼記〉

漢	鄭玄注・(唐)孔穎達疏『礼記注疏』63巻，653年
元	陳澔『礼記集説』10巻，1322年

清	王夫之『礼記章句』49巻，1677年
清	孫希旦『礼記集解』61巻，1868年
清	王聘珍『大戴礼記解詁』13巻，1807年頃

5 春 秋

〈左伝〉

晋	杜預注・(唐)孔穎達等疏『春秋左伝注疏』60巻，653年
宋	呂祖謙『東萊博議』 4 巻，1168年
元	趙汸『春秋集伝』15巻，1357年
清	洪亮吉『春秋左伝詁』20巻，1807年
清	劉文淇・劉毓崧・劉寿曾『春秋左氏伝旧注疏証』不分巻，1882年
日本	竹添井々『左氏会箋』15冊，1903年

〈公羊伝・穀梁伝〉

漢	何休注・(唐)徐彦疏『春秋公羊伝注疏』28巻，820–875年頃
晋	范寧注・(唐)楊士勛疏『春秋穀梁伝注疏』20巻，650年頃

〈三伝以外〉

唐	陸淳『春秋集伝辨疑』10巻， 8 世紀後半
宋	孫復『春秋尊王發微』12巻，1040–50年頃
宋	胡安国『春秋胡氏伝』30巻，1137年
清	毛奇齢『春秋毛氏伝』36巻，17世紀後半

6 諸経総類

漢	許慎『五経異義』 3 巻， 2 世紀前半
唐	陸徳明『経典釈文』30巻，583年頃
唐	唐元度『九経字様』 1 巻，833年
宋	劉敞『七経小伝』 3 巻，1050–60年頃
明	胡広『五経大全』154巻，1415年
清	王引之『経義述聞』32巻，1827年
朝鮮	朴世堂『思辨録』 5 巻，1688年
日本	山井崑崙(荻生北渓補遺)『七経孟子考文補遺』200巻，1731年

7 孝 経

漢	孔安国『古文孝経孔氏伝』，伝前 2 世紀
漢	鄭玄『孝経鄭氏解』， 2 世紀後半
唐	玄宗皇帝注・(宋)邢昺疏『孝経注疏』 3 巻，1001年
宋	司馬光・范祖禹『古文孝経指解』 1 巻，11世紀末
明	黄道周『孝経集伝』 4 巻，1630–44年頃
日本	中江藤樹『孝経啓蒙』，1642年

8 爾 雅

晋	郭璞注・(宋)邢昺等疏『爾雅注疏』11巻，1001年

宋	陸佃『埤雅』20巻，1070-1102年頃
清	郝懿行『爾雅義疏』20巻，1856年

9 四 書

魏	何晏注・(梁)皇侃疏『論語義疏』10巻，502-545年
魏	何晏注・(宋)邢昺等疏『論語注疏』20巻，999年
漢	趙岐注・(宋)孫奭疏『孟子注疏』14巻，伝1014年
宋	陳祥道『論語全解』10巻，1080-90年頃
宋	朱熹『四書集注』26巻，1182年
明	蔡清『四書蒙引』15巻，1529年
明	陳琛『四書浅説』 6 巻，1522-45年
明	林希元『四書存疑』14巻，1540-65年
清	王夫之『四書訓義』36巻，1680-90年頃
清	戴震『孟子字義疏証』 3 巻，1776年
清	焦循『孟子正義』30巻，1825年
清	劉宝楠『論語正義』24巻，1866年
日本	伊藤仁斎『論語古義』10巻，1712年
日本	荻生徂徠『論語徴』10巻，1719年
日本	安井息軒『論語集説』 2 巻，1872年

（陳健成作成）

年　表

王朝	君主	中国紀年・年号	西暦	事項
東周	平王	49	前722	『春秋』の記事がこの年から始まる
	敬王	23	前497	孔子の列国流浪開始
		39	前481	『春秋』の記事はこの年に終わる（『左氏伝』では経を哀公16年の孔子の死まで補い，伝を哀公27年まで記している）
戦国	威烈王	23	前403	趙・魏・韓が諸侯として公認され，戦国時代の始まりとされる
	秦王政	6	前241	『呂氏春秋』完成。時令思想は『礼記』月令に継承された
秦	始皇帝	28	前219	はじめて泰山で封禅をおこなう
		34	前213	いわゆる焚書坑儒があったとされる
前漢	高祖	7	前200	叔孫通がもと魯国の儒生たちの助力で漢の朝廷の礼儀を定める
	文帝	3	前177	賈誼が長沙王の太傅に就任。すでに『過秦論』を執筆していた
		15	前165	諸侯・郡守に賢良文学の士をあげるように命ずる
	武帝	建元元	前140	この年以降，元号による記年がなされる（のちに遡って建元と名付けたという説あり）
		建元 2	前139	張騫を西域に派遣する
		建元 5	前136	五経博士を置くと『漢書』に記載（史実かは疑問）
		太初元	前104	太初暦を導入
		征和 2	前91	司馬遷『史記』がこの頃に成る。その「孔子世家」は現存するもっとも早い孔子の伝記
	宣帝	甘露 3	前51	石渠閣で五経の異同を論じる会議が開かれ，宣帝により裁決される
	哀帝	建平元	前6	劉歆が古文系の『左伝』『毛詩』『逸礼』『尚書』を学官に立てることを提案
	哀帝	建平 2	前5	劉向・劉歆によって『七略』成る。記録上最古の宮廷図書目録
	成帝	綏和 2	前2	三統暦を導入
新	王莽	始建国元	9	王莽が帝位に即き新と名乗る。『周礼』に基づく復古主義的な政策を実施するも実情に合わず
後漢	章帝	建初 4	79	白虎観で五経の異同を論じる会議が開かれ，章帝により裁決される。班固が詔により『白虎通義』を著す
	安帝	建光元	121	許慎が『説文解字』を献上
	霊帝	熹平 4	175	『易』『論語』『尚書』『春秋』『公羊』『魯詩』『儀礼』の七経のテキストを刻石し，太学門外に立てる。後世，熹平石経と呼ばれる

三国	魏明帝	景初 3	239	倭の卑弥呼が魏に使者を遣わし，親魏倭王に封ぜられる
		正始 2	241	古文・篆書・隷書の3つの書体により共通の経書テキストが書かれている三体石経を立てる。後世，正始石経と呼ばれる
晋				
西晋	武帝	咸寧 5	279	『竹書紀年』を含む汲冢書が，この頃に汲郡の戦国魏墓から出土
	懐帝	永嘉 5	311	永嘉の乱で洛陽が陥落し，今文系諸経のテキストが焼失する
東晋	元帝	大興元	318	この年以降5年以内に梅賾が古文の『尚書』を再発見する
南朝・宋	文帝	元嘉15	438	儒学と並んで玄学・史学・文学の諸学が並び立つこととなる
唐	太宗	貞観11	637	『貞観礼』完成
	高宗	永徽 4	653	『五経正義』発布
		顕慶 3	658	『顕慶礼』完成
			720	日本（養老4年）：中国の史書を模した『日本書紀』が完成
	玄宗	開元10	722	『唐六典』編纂開始（739年完成）
		開元20	731	『開元礼』完成
	徳宗	貞元17	801	『通典』完成
	憲宗	元和14	819	仏舎利を長安宮中で供養することに対して，韓愈が『論仏骨表』で憲宗を極諫
	文宗	開成 2	837	長安の国子監に立てる開成石経が完成（835年開始）。『易』『書』『詩』『周礼』『儀礼』『礼記』『左氏伝』『公羊伝』『穀梁伝』の9経に『孝経』『論語』『爾雅』を加えた12経
五代				
後唐	明宗	長興 3	932	宰相馮道が9経の刊行・発売を奏請
宋				
北宋	太祖	建隆 3	962	聶崇義が『三礼図集注』を完成して献上
	仁宗	皇祐 5	1053	欧陽脩が春秋学の観点から『新五代史』を編纂
		至和 2	1055	欧陽脩が「論刪去九経正義中讖緯札子」を上奏し，経学解釈から讖緯を斥けることを提案。また，初めて孔子の子孫を衍聖公とし，世襲させる
		嘉祐元	1056	張載が都の開封で程氏兄弟と出会い，儒者としての自信を確立したとされる
		嘉祐 2	1057	欧陽脩が知貢挙として科挙を担当し，程顥・蘇軾・蘇轍・曾鞏らが進士に成る
	英宗	治平 2	1065	濮議興る
	神宗	煕寧 8	1075	王安石が経義局提挙として，『三経新義』編集完了
		元豊 7	1084	司馬光『資治通鑑』成る
	哲宗	紹聖元	1094	元祐党禁。司馬光の爵位は奪われ，蘇軾は追放
	徽宗	政和 2	1112	羅従彦が程頤門人の楊時に学ぶ

		政和 3	1113	『五礼新義』を頒つ
		政和 6	1116	李侗が羅従彦に学ぶ
南宋	高宗	紹興28	1158	朱熹が李侗に学ぶ
	孝宗	淳熙 2	1175	朱熹が呂祖謙の仲介で陸九淵兄弟と江西の鵝湖で会い，理気・無極太極等を議論する(鵝湖之会)。朱熹と呂祖謙が『近思録』の編纂を始める
		淳熙 8	1181	陸九淵が朱熹の招聘により白鹿洞書院で『論語』を題材に義と利について講義
		淳熙 9	1182	朱熹の『四書章句集注』がはじめて婺州で出版される
			1183	金(大定23年)：金の世宗が『論語』『孟子』・五経・諸子を女真文に翻訳させる
		淳熙12	1185	陳亮がはじめて朱熹を訪ね，これから 3 年間書信を往復して王覇義利の問題を議論する
	寧宗	慶元 3	1197	趙鼎・朱熹ら59人が偽学の籍に入れられる(慶元偽学之禁)
	理宗	端平元	1234	真徳秀が『大学衍義』を理宗に献上する
		端平 2	1235	趙復がモンゴルに拉致されたことで華北にはじめて朱子学が広まる
		淳祐元	1241	周惇頤・張載・二程・朱熹を孔子に従祀し，王安石を退ける
元	成宗	大徳11	1307	孔子の称号を大成至聖文宣王にあらためる
	仁宗	延祐元	1314	宋の滅亡以来中断していた科挙試験を復興し，程朱の学を基準とする
明	太祖	洪武 3	1370	『大明集礼』完成
		洪武27	1394	洪武帝が儒臣に『孟子』のなかの君臣関係で好ましくない章句を削らせ，『孟子節文』を編纂させる
		洪武30	1398	「聖諭六言」(略して六諭)を発布
	成祖	永楽13	1415	『四書大全』『五経大全』『性理大全』が完成し，以後科挙試験の基準となる
	憲宗	成化23	1487	丘濬が『大学衍義補』を献上する
	武宗	正徳 2	1507	王守仁が貴州省の龍場駅で大悟する
		正徳 4	1509	王守仁が貴陽の龍岡書院で知行合一説を唱える
		正徳13	1518	王守仁が『古本大学』と『朱子晩年定論』を刊行
	世宗	嘉靖元	1521	3 年にわたる大礼議が興る
		嘉靖 6	1527	王守仁が紹興の天泉橋で王畿・銭徳洪と四句教を論じ，以後陽明の弟子たちが分派するもととなる
		嘉靖 7	1528	王艮が陽明書院で講学し，百姓日用即道(庶民の日常生活こそ道)の旨を唱える
		嘉靖27	1548	陳建『学蔀通辨』成る
	神宗	万暦18	1590	李贄『焚書』刊行
			1597	日本(慶長 3 年)：慶長の役(壬辰倭乱)。朝鮮儒者の姜沆が捕虜となり日本で1600年まで抑留される。藤原惺窩は彼と出会って，朱子学を本格的に学んだともいわれる
			1600	日本(慶長 5 年)：藤原惺窩が儒服で徳川家康に謁する

	神宗	万暦32	1604	顧憲成・高攀龍がはじめて江蘇省無錫の東林書院で講学する 日本（慶長９年）：林羅山が初めて藤原惺窩に師事する
			1606	日本（慶長11年）：秀頼版『帝鑑図説』刊行
			1609	日本（慶長14年）：薩摩の琉球侵攻
	神宗	万暦46	1617	李贄『続焚書』刊行
			1631	日本（寛永８年）：林羅山が僧形で幕府に出仕。中江藤樹は「林氏剃髪受位弁」をつくってそれをそしる
			1632	日本（寛永９年）：林羅山が上野忍岡に私塾・文庫と孔子廟を建て，後の昌平坂学問所の基礎を築く
清	世祖	順治 2	1645	清が漢民族に辮髪を強制し，『孝経』の文言を重視する蓄髪の風俗が滅びる
			1657	日本（明暦３年）：徳川光圀が史局（彰考館）を開設して『大日本史』編纂を開始（1906年に完成）
			1659	朝鮮（孝宗15年）：己亥礼訟
			1660	日本（万治３年）：朱舜水が日本に定住。はじめ長崎に住み，のちに江戸に居を移す
			1662	日本（寛文２年）：伊藤仁斎が京都の堀川に古義堂を開く。山崎闇斎の闇斎塾はその対岸にあった
			1663	日本（寛文３年）：林鵞峰が門人に五経を講じた功績で幕府から弘文院学士の号をもらう
	聖祖	康熙 4	1665	南明（永暦19年）：台湾鄭氏が台南に孔子廟を設立（のちの「全台首学」）
		康熙 9	1670	顧炎武が『日知録』をはじめて淮上で刊行する
			1674	朝鮮（顕宗15年）：甲寅礼訟
			1675	朝鮮（粛宗元年）：乙卯礼訟
			1686	日本（貞享３年）：新井白石が木下順庵に入門
			1708	日本（宝永５年）：琉球の程順則が福州から『六諭衍義』を持ち帰る。のちに薩摩を経て日本に伝来する
			1711	日本（正徳元年）：新井白石の提案で朝鮮通信使に対して将軍徳川家宣が日本国王を自称する
			1724	日本（享保９年）：大阪で懐徳堂が開校
	世宗	雍正 7	1729	雍正帝が『大義覚迷録』を頒布，伝統な華夷観に挑戦する
	高宗	乾隆10	1745	閻若璩『尚書古文疏証』全書刊行
		乾隆19	1754	朱彝尊『経義考』全書刊行
		乾隆20	1755	四書五経を満州語に翻訳する 日本（宝暦５年）：日本で肥後熊本に藩校時習館開設
			1764	日本（宝暦14年）：杭州商人汪鵬この頃に長崎で根本遜志本『論語義疏集解』を購入して清に持ち帰る
		乾隆38	1773	10年にわたる四庫全書の編集が開始される 日本（安永２年）：薩摩鹿児島に藩校造士館開設
		乾隆47	1776	戴震『孟子字義疏証』成る
		乾隆48	1783	この頃より科挙では胡安国伝を『春秋』の出題対象

				から排除する
			1790	日本(寛政2年):「寛政異学の禁」を通達する
			1791	日本(寛政3年):藤田幽谷が一世一元制の採用を主張する「建元論」を執筆
	仁宗	嘉慶 2	1797	山井鼎撰・荻生観補遺『七経孟子考文補遺』200巻が阮元によって杭州でも刊行
			1799	日本(寛政11年):陸奥会津に藩校日新館開設
			1805	日本(文化2年):広瀬淡窓が咸宜園を開設
		嘉慶13	1808	段玉裁『説文解字注』成る
			1810	日本(文化7年):林述斎が日本に残る中国で失われた漢籍16種を『佚存叢書』で刊行。その3分の1は儒教関連でのちに中国でも出版される
		嘉慶21	1816	阮元が『十三経注疏』を出版
			1816	日本(文化13年):原念斎が江戸初期から中期までの儒学者を対象とした漢学者伝記集『先哲叢談』を出版。のちに東条琴台により『後編』『続編』がつくられる
	宣宗	道光 2	1822	江藩『宋学淵源記』成る
		道光 3	1823	江藩『国朝漢学師承記』刊行
			1825	日本(文政8年):会沢正志斎が『新論』を水戸藩に呈上して国防論を説く。また,泊園書院が開校,荻生徂徠の古文辞学を教える
			1827	日本(文政10年):頼山陽『日本外史』成る
		道光 9	1829	阮元『皇清経解』出版。顧炎武以来の清代の経学研究書を集積。(のちに王先謙が『続皇清経解』を編纂)
		道光12	1832	章学誠『文史通義』出版,「六経皆史」説を唱える
			1837	日本(天保8年):大塩平八郎の乱
			1841	日本(天保12年):常陸水戸に藩校弘道館開設
	文宗	咸豊元	1851	太平天国の乱興る。乱を平定した曽国藩・李鴻章ら漢人士大夫の勢力が台頭
	穆宗	同治 5	1866	曽国藩によって,王夫之『船山遺書』が刊行される
			1870	日本(明治3年):大学本校が閉鎖され,林家の私塾に始まった昌平坂学問所の伝統が途絶える
			1877	日本(明治10年):三島中洲が二松学舎を開設
			1880	日本(明治13年):斯文学会成立する(1918年に財団法人斯文会に改称する)
			1890	日本(明治23年):『教育勅語』が発布される。執筆にかかわった井上毅・元田永孚はともに横井小楠の門下
	徳宗	光緒17	1891	康有為が広州長興里万木草堂で講学し,『新学偽経考』を刊行
		光緒26	1900	甘粛省敦煌市の莫高窟から『論語』の注解写本等の儒教典籍を含む文書が発見される
		光緒31	1905	隋以来1300年間の歴史がある科挙試験が廃止される

中華民国	民国元	1912	孔教会が上海で成立し，辛亥革命を攻撃，孔教を国教としようと主張（1937年に孔学総会と改称）
	民国 4	1915	袁世凱が皇帝の位に即いて祭天儀礼をおこなう
	民国 8	1919	ベトナム（啓定 4 年）：北京で始まった五・四運動をきっかけとして，中国全土で古来の儒教道徳への批判が盛りあがる。 ベトナムではこの年に科挙試験が中止される（東アジア諸国でもっとも遅かった）
	民国24	1935	孔子を祀る世襲官職名が，衍聖公から大成至聖先師奉祀官にかわる（末代の衍聖公は孔徳成）
中華人民共和国		1950	錢穆・唐君毅らが香港に新亜書院を設立する
		1958	唐君毅・張君勱・徐復観・牟宗三が香港で「為中国文化敬告世界人士宣言」を発表する
		1966	文化大革命始まる（1976年まで）
		1967	台湾で，大陸側の文革に対抗して伝統文化を守ろうとする中華文化復興運動が始まる
		1971	湖南省長沙市の馬王堆漢墓から儒家を含む思想文献が発見される
		1974	批林批孔運動
		1993	湖北省荊門市の郭店楚墓から「緇衣」「魯穆公問子思」「窮達以時」「五行」など儒家思想の文献が発見される
		1994	北京に国際儒学聯合会が設立される
		2002	北京大学で儒蔵の編纂が始まる
		2006	胡錦濤政権が八栄八恥（社会主義栄辱観）を公布
		2008	北京五輪の開会式で孔子の弟子たちが『論語』の一節を唱える演出が披露される

（陳健成作成）

『政和五礼新儀』の吉礼歳時表

・毎年，正月元日・冬至・寒食と，上元の前後の日，中元の前日，立春の日，２月２日，春秋二社の日，上巳，重午，初伏，七夕，８月望日，重陽，下元，臘月の朔望には，すべて皇帝の先祖諸陵に供物を捧げる。
・本表は『政和五禮新儀』巻一序例・時日に拠る。＊を付したのは「無常日」(日付は不特定で年によって異なる)とあるもの。

〈春〉

時　日	祭祀名称
立春	青帝
	東太一宮
	東方の岳・鎮・海・瀆
	牡鼎
	司命・戸
立春後の丑日	風師
正月上辛	祈穀
	感生帝
正月９～10日	朝献景霊宮(皇帝の祖先)
正月吉亥	先農
正月	享太廟・別廟*
元日	釈菜文宣王(孔子)
２月上丁	釈奠文宣王
２月上戊	太社・太稷
	釈奠武成王(太公望)
２月	九宮貴神*
	薦献諸陵*
	会應廟*
	坊州朝献聖祖*
	慶成軍祭后土*
	諸州享歴代帝王*
	馬祖*
春分	朝日
	高禖
	蒼鼎
	開氷享司寒
３月吉巳	先蚕
３月	応天府祀大火*

〈夏〉

時　日	祭祀名称
立夏	赤帝
	熒惑
	中太一宮
	陽徳観
	南方の岳・鎮・海・瀆
	罡鼎
	竈
立夏後の申日	雨師・雷神
夏至	皇地祇
	彤鼎
４月	雩*
	朝献景霊宮*
	享太廟・別廟*
５月	先牧
６月の土王日	黄帝
	中太一宮
	帝鼒
	中岳・中鎮
	中霤

〈秋〉

時　日	祭祀名称
立秋	白帝
	西太一宮
	西方の岳・鎮・海・瀆
	皇鼎
	門・厲
立秋後の辰日	霊星
7月15～17日	朝献景霊宮
7月	享太廟・別廟*
8月上丁	釈奠文宣王
8月上戊	太社・太稷
	釈奠武成王
8月	九宮貴神*
	馬社*
秋分	夕月
	寿星
	皛鼎
9月	明堂*
	応天府祀大火*

〈冬〉

時　日	祭祀名称
立冬	黒帝
	中太一宮
	北方の岳・鎮・海・瀆
	魁鼎
	行
立冬後の亥日	司中・司命・司民・司禄
立冬の後	神州地祇*
10月15～17日	朝献景霊宮
10月	享太廟・別廟*
	祫享太廟*（3年に一度）
11月	馬歩*
	藏氷享司寒*
冬至	昊天上帝
	宝鼎
臘の前日	太社・太稷
	蜡
臘日	享太廟・別廟
毎月朔日	祭太廟・別廟
不定時	太廟・別廟薦新

（汪瀟晨作成）

易　図

太極図は朱熹の『太極図説解』，他の図は朱熹の『易学啓蒙』による。

太極図

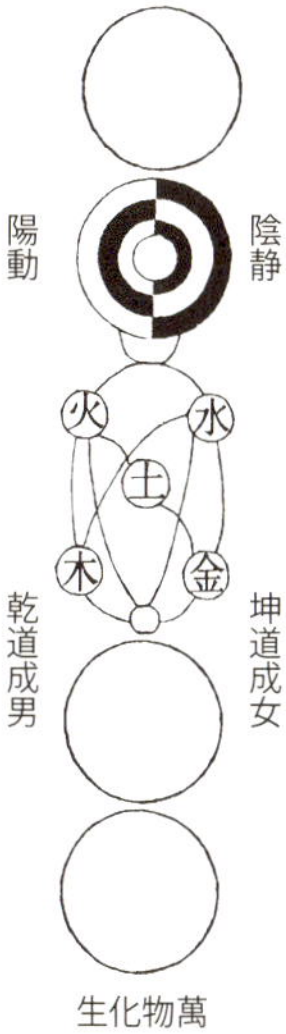

河図洛書

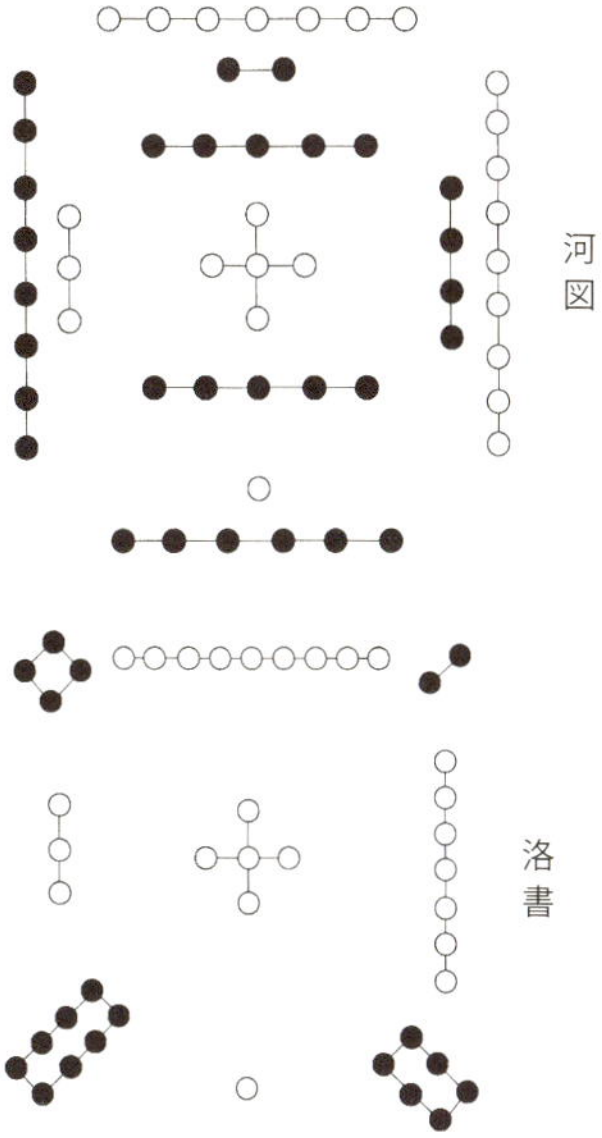

伏羲八卦図

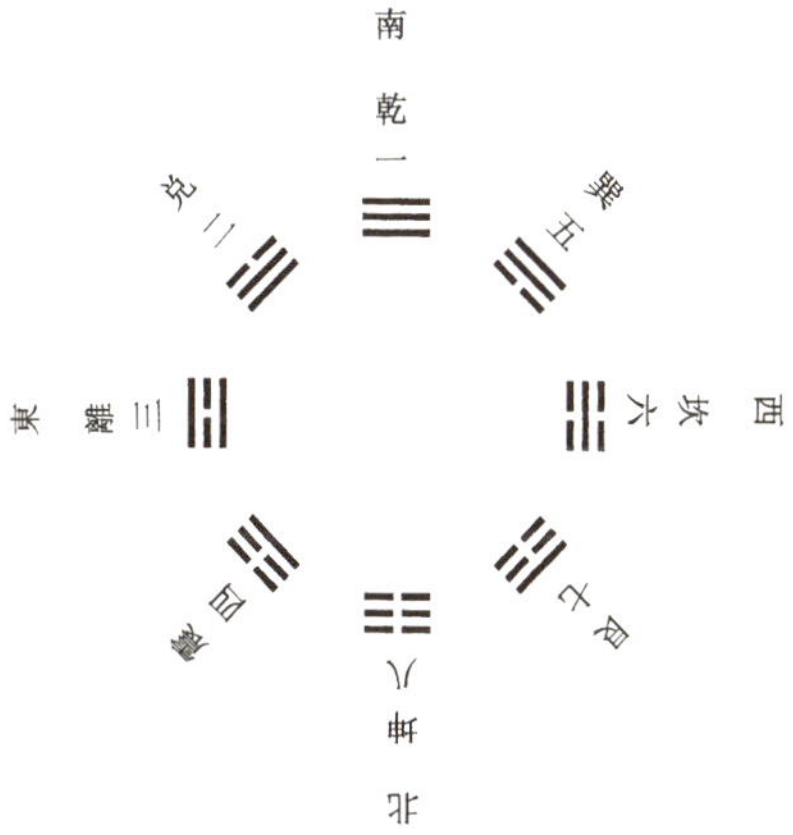

文王八卦図

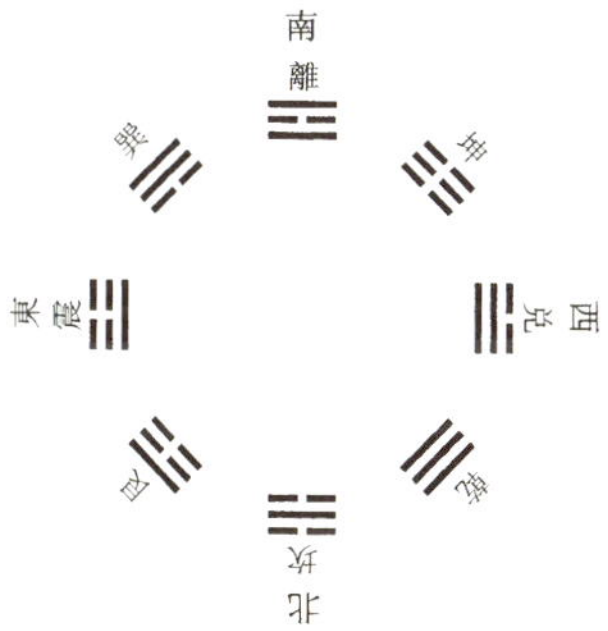

伏羲六十四卦方位

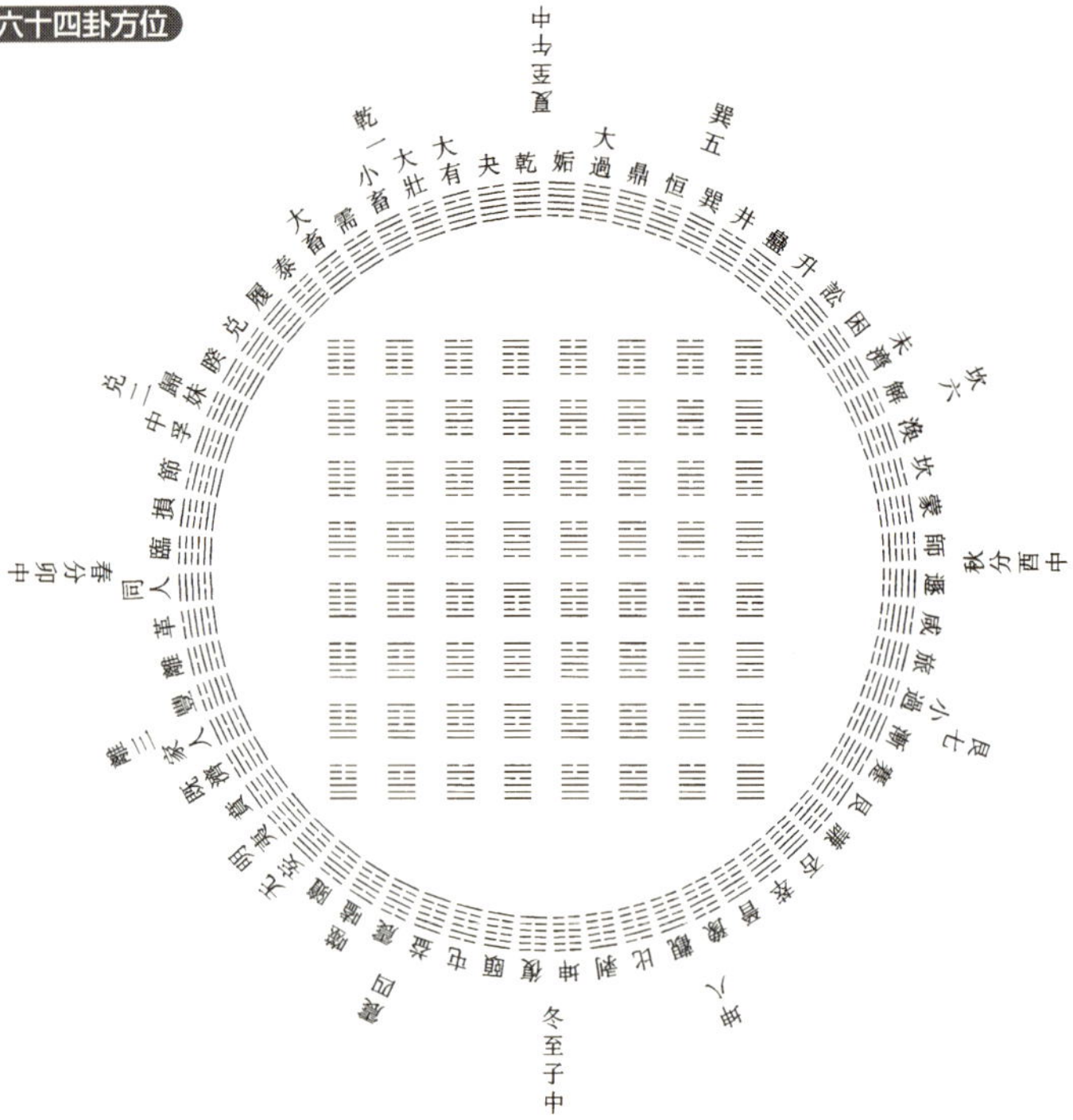

太極図(たいきょくず)
周《しゅうとん》惇頤《い》の作とされ，万物の生成過程についての伝統的な易学理論を図像化したもの。太極から陰陽，五行，男女，万物へと世界が展開するさまを示す。朱熹《しゅき》が『太極図説解《たいきょくずせつかい》』を記したことで道学の世界観に大きな影響を与えたが，それに留まらず後代の仏教，道教の世界観の形成にも大きな影響を与えた。

河図洛書(かとらくしょ)
伏羲《ふっき》が卦を画する以前の陰陽の象と数とをあらわした図として，主に宋代に具体的な図として示され，河図は黄河にあらわれた竜馬の背に，洛書は洛水にあらわれた神亀《じんき》の背に描かれていたと繫辞伝《けいじでん》には記される。

伏羲八卦図(ふっきはっかず)・**文王八卦図**(ぶんのうはっかず)
先天易《せんてんえき》は宋代にあらわれて伏羲に仮託された易学説で，繫辞伝の太極，両儀《りょうぎ》，四象《ししょう》，八卦《はっか》という生成過程から八卦を方位にあてるもの。後天易《こうてんえき》は宋代以前の易学説で，周の文王《ぶんおう》に仮託し八卦の成立を乾《けん》と坤《こん》を父母とした家族関係によって理解するため，先天方位とは方位の定め方が異なる。陰陽の交感による万物の生成についてはよく示すが，後天易は二進法ではないから，六十四卦の生成についての説明は欠く。

伏羲六十四卦方位(ふっきろくじゅうしかほうい)
伏羲八卦次序図《ふっきはっかじじょず》をさらに展開したもので，１年のめぐりに六十四卦をあてたもの。

五行対応一覧表

木・火・土・金・水の五行は，この順に移りゆくことで時間の推移を象徴するとともに，空間的な配置も示すことで，この世界のありとあらゆる物事を，それぞれの性格に応じて分類する説明原理とされた。ここに挙げてあるのはその一部にすぎない。

五行・五徳	木	火	土	金	水
五色	青	赤	黄	白	黒
四季	春	夏	長夏	秋	冬
五時	立春	立夏	大暑	立秋	立冬
十干	甲・乙	丙・丁	戊・己	庚・辛	壬・癸
十二支	寅・卯	巳・午	辰・未・戌・丑	申・酉	亥・子
五方帝	蒼帝霊威仰	赤帝赤熛怒	黄帝含枢紐	白帝白招拒	玄帝汁光紀
五帝	嚳	堯	舜	少昊	顓頊
五星	歳星	熒惑	鎮星	太白星	辰星
四獣・四象・四神	青龍	朱雀	（麒麟・黄龍）	白虎	玄武
五候・五気・五悪	風	暑	湿	燥	寒
五時	朝	昼	午後	夜	夜中
五方	東	南	中央	西	北
五臓	肝	心	脾	肺	腎
六腑	胆	小腸	胃	大腸	膀胱
五体	筋	脈	肌	皮	骨
五官	目	舌	唇	鼻	耳
五味	酸	苦	甘	辛	鹹
五神	魂	神	意	魄	志
五志	怒	喜	思	憂	恐
五声	呼	笑	歌	哭	呻
五栄	爪	面	肉	毛	髪
五部	左頬	額	鼻	右頬	下頬
五液	涙	汗	涎	涕	唾
五臭	羶	焦	香	腥	朽
五蔵	血	脈	営・智	気	精
五宣	苦	甘	辛	鹹	酸
五禁	辛	鹹	酸	苦	甘
五労	久行傷筋労肝	久視傷血労心	久坐傷肉労脾	久臥傷気労肺	久立傷骨労腎
五化	生	長	化	収	蔵
五変	握	憂	噦	咳	慄
五神	魂	神	意	魄	志
五穀	麦	黍	稷	稲	菽

注　釈

三原色と白黒を五行それぞれの象徴する色とした

季節の配当。長夏は陰暦6月。土は土用とすることもある

季節の五つの変り目

訓よみで順に，きのえ（木兄）・きのと（木弟）等となる

十二支本来の順序（子・丑・寅……）を12カ月の配当として割りあてた

五方を主宰する五柱の天帝

太古の聖人である五帝のこと。黄帝のあと少昊が即位し，五行順に継承して舜に至った

木星・火星・土星・金星・水星の五惑星

四方を司る霊獣であり，四象ともいう。風水用語として使われる場合に四神という
五行説に照らし合わせて中央に黄龍（文献によっては麒麟を据える場合もある）を加え数を合わせたうえで取り入れられることもある

季節の外気，病気の外因，また五臓に害のある環境

時刻の配当

方位の配当

臓の配当。なお，中医学では「臓」は具体的な器官というより，むしろ体の各種の機能を指す

三焦を加えて六腑に成る

五臓の支配するところ。日本漢方では「五主」と呼ばれることが多い

五臓の主る竅

五臓の要求する味・養う味

五臓がそれぞれ司る精神的な部分

五臓の機能を反映し，五臓に影響を与える五種の精神情緒

刺激を受けた臓器により特徴的な発声をする

五臓の状態があらわれるところ

人相の用語

体液の所属

『礼記』月令篇に拠る。『荘子』天地篇には別説がある

五臓の収蔵するもの

五臓が弱っているときによい味

五臓の病には食べてはいけない五味

その行為を過度におこなうといためる内蔵

万物は季節によって変化すること。日本では「五能」と呼ばれる

五臓の病変の発現・性状

精神の所属。日本では「五精」と呼ばれるのが多い

五臓の食用・薬用となる穀物。『素問』に拠る。『大戴礼記』では稲の代わりに，麻が入る

五菜	韮	薤	葵	葱	藿
五牲・五畜	鶏	羊	牛	犬	猪
五果	李	杏	棗	桃	栗
五音	角	徴	宮	商	羽
五楽	琴瑟	笙竽	鼓	鐘	磬
五倫	父子	兄弟	朋友	君臣	夫婦
五常	仁	礼	信	義	知
五事	貌	視	思	言	聴

喪礼図

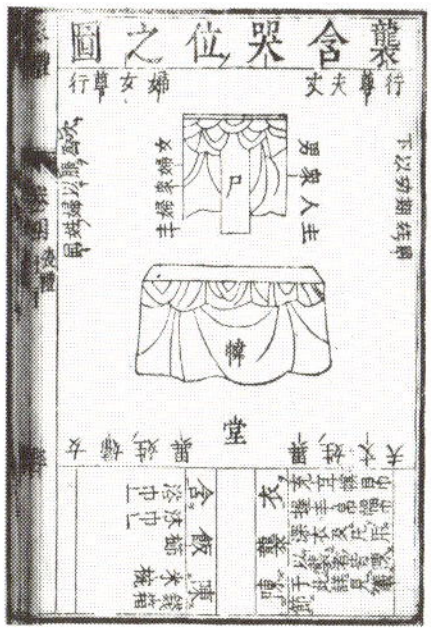

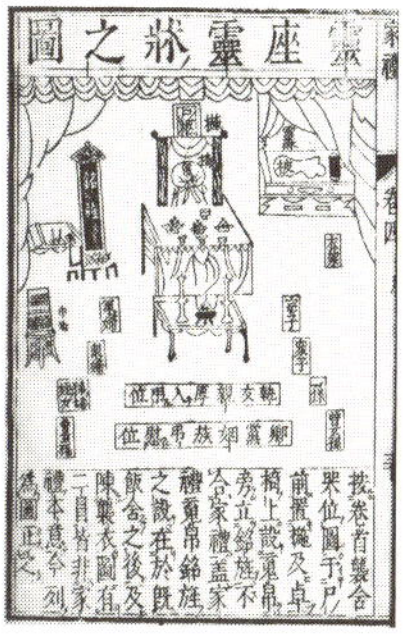

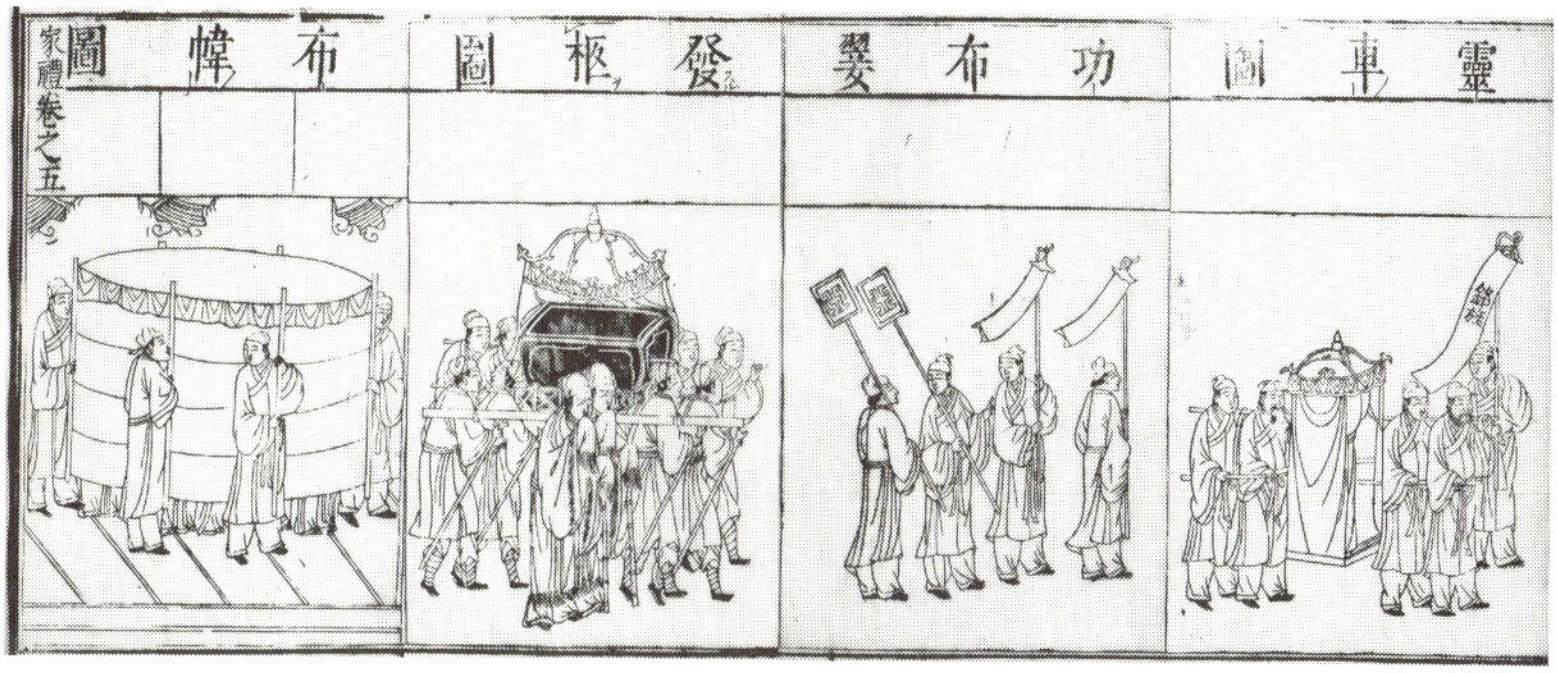

『家礼儀節《かれいぎせつ》』は，朱熹《しゅき》の『家礼』に明初の丘濬《きゅうしゅん》がその実践のために解説を付したもので，冠婚《かんこん》喪祭《そうさい》の儀式書。これにより，16世紀以降東アジアでは儀礼実践のマニュアル化がなされた。丘濬は，宗法《そうほう》の復活という原理主義的なきらいをもつ朱熹の『家礼』を修正し，より宗族《そうぞく》の結合にとって実践しやすいものとしている。図は喪礼《そうれい》の部に載る遺体を安置した部屋の飾り付け（左頁上段）と近親者が服喪中身につける冠と帯（右頁上段）および葬列（下段）。葬列を先導する人物が恐ろしげな仮面（方相《ほうそう》）を付けているのは，悪霊を追い払う古代の風習のなごりである。

五臓の食用・薬用となる野菜
五臓の食用・薬用となる家畜
五臓の食用・薬用となる果実
中国・日本の音階で、宮・商・角・徴(ち)・羽の五つの音
春・夏・長夏・秋・冬によって使う
五種類の基本的な人間関係
『中庸』「天命之謂性」。鄭注「天命，謂天所命生人者也，是謂性命。木神則仁，金神則義，火神則禮，水神則信，土神則知」
礼節上の五つの大切な事

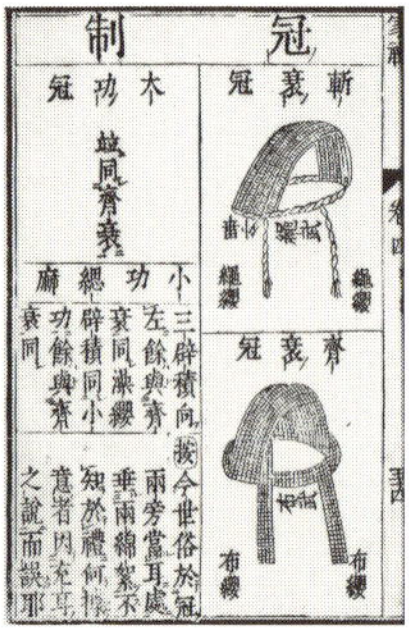

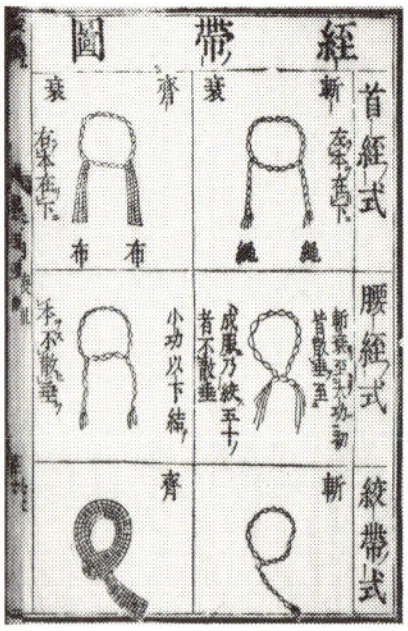

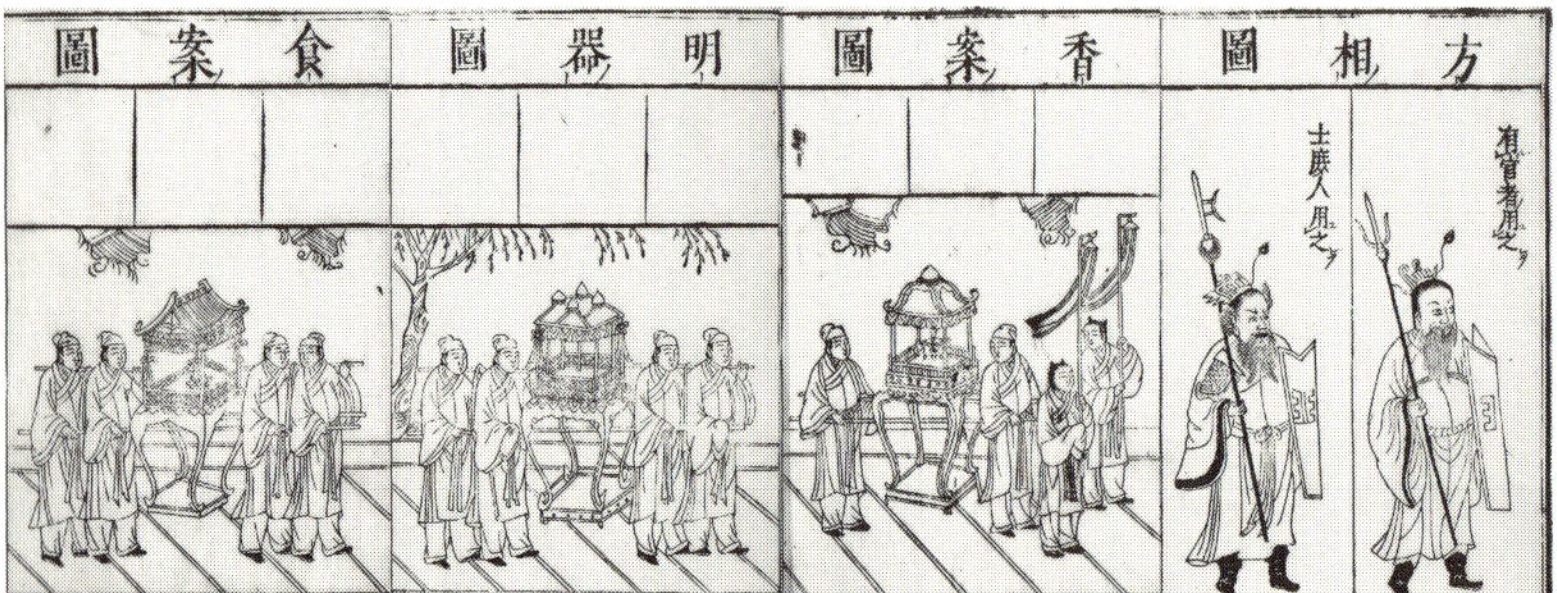

参考文献

◆全般

戸川芳郎・蜂屋邦夫・溝口雄三『儒教史』山川出版社，1987
溝口雄三・丸山松幸・池田知久編『中国思想文化事典』東京大学出版会，2001
溝口雄三・池田知久・小島毅『中国思想史』東京大学出版会，2008
溝口雄三『中国の思想』放送大学教育振興会，1991
土田健次郎『儒教入門』東京大学出版会，2011
小島康敬編『「礼楽」文化――東アジアの教養』ぺりかん社，2013
小島毅編『東アジアの王権と宗教』勉誠出版，2012
小島毅『朱子学と陽明学』筑摩書房，2013
李申『中国儒教史』全２冊，上海人民出版社，2000
朱維錚編『周予同経学史論著選集』（増訂版）上海人民出版社，1996
蔡尚思『中国礼教思想史』香港中華書局，1991
許道勛・徐洪興『中国経学史』上海人民出版社，2006
李弘祺『学以為己――伝統中国的教育』香港中文大学出版社，2012

◆序章　儒教をどう描くか

加地伸行『儒教とは何か』中央公論社，1990
石漢椿・奥崎裕司『宗教としての儒教』汲古書院，2011
横手裕『道教の歴史』山川出版社，2015
黄進興『聖賢與聖徒――〈歴史与宗教論文集〉』允晨文化，2001

◆第１章　儒家の巨匠たち

白川静『孔子伝』中央公論社，1972
加地伸行『孔子』角川書店，2016
加地伸行『孔子画伝』集英社，1991
影山輝國『『論語』と孔子の生涯』中央公論新社，2016
内山俊彦『中国古代思想史における自然認識』創文社，1987
湯浅邦弘『諸子百家――儒家・墨家・道家・法家・兵家』中央公論新社，2008
瀧熊之助『支那経学史概説』大明堂書店，1934
野間文史『五経入門――中国古典の世界』研文出版，2014
平岡武夫『経書の成立――天下的世界観』創文社，1983
浅野裕一・小沢賢二『出土文献から見た古史と儒家経典』汲古書院，2012
中国出土資料学会編『地下からの贈り物――新出土資料が語るいにしえの中国』東方書店，2014
李承律『郭店楚簡儒教の研究――儒系三篇を中心にして』汲古書院，2007
陳其泰・郭偉川・周少川編『二十世紀中国礼学研究論集』学苑出版社，1998
趙伯雄『春秋学史』山東教育出版社，2004
王保玹『今古文経学新論』中国社会科学出版社，1997

◆第2章　儒教国家の成立

日原利国『春秋公羊伝の研究』創文社，1976
戸川芳郎『漢代の学術と文化』研文出版，2002
安居香山『緯書と中国の神秘思想』平河出版社，1988
斎木哲郎『秦漢儒教の研究』汲古書院，2004
芳賀良信『礼と法の間隙』汲古書院，2000
福井重雅『漢代儒教の史的研究——儒教の官学化をめぐる定説の再検討』汲古書院，2006
渡邉義浩『儒教と中国——「二千年の正統思想」の起源』講談社，2010
渡邉義浩編『両漢の儒教と政治権力』汲古書院，2005
渡辺信一郎『天空の玉座——中国古代帝国の朝政と儀礼』柏書房，1996
金子修一『古代中国と皇帝祭祀』汲古書院，2001
佐川英治『中国古代都城の設計と思想——円丘祭祀の歴史的展開』勉誠出版，2016
古勝隆一『中国中古の学術』研文出版，2006
野間文史『五経正義の研究——その成立と展開』研文出版，1998
華友根『西漢礼学新論』上海社会科学院出版社，1998
陳蘇鎮『《春秋》與「漢道」——両漢政治與政治文化研究』中華書局，2011
田漢雲『六朝経学与玄学』南京出版社，2003
王仲犖『北周六典』中華書局，1979
張文昌『制礼以教天下——唐宋礼書與国家社会』台大出版中心，2012
Wechsler, Howard J., *Offerings of Jade and Silk. Ritual and Symbol in the Legitimation of the T'ang Dynasty*, Yale University Press, 1985.

◆第3章　宋学の諸相

諸橋轍次『儒学の目的と宋儒の活動——慶暦至慶元百六十年間』大修館書店，1929
市来津由彦『朱熹門人集団形成の研究』創文社，2002
土田健次郎『道学の形成』創文社，2002
吾妻重二『宋代思想の研究——儒教・道教・仏教をめぐる考察』関西大学出版部，2009
川原秀城編『中国の音楽文化』勉誠出版，2016
田中有紀『中国の音楽論と平均律——儒教における楽の思想』風響社，2014
漆俠『宋学的発展和演変』人民出版社，2011
余英時『朱熹的歴史世界——宋代士大夫政治文化的世界』全2冊，允晨文化，2003
蔡方鹿『朱熹経学與中国経学』人民出版社，2004
葉純芳・喬秀岩(橋本秀美)編『朱熹礼学基本問題研究』中華書局，2015
何俊『南宋儒学建構』上海人民出版社，2004
章權才『宋明経学史』広東人民出版社，1999
汪恵敏『宋代経学之研究』師大書苑，1989
Liu, James T.C., *China Turning Inward: Intellectual-Political Changes in the Early Twelfth Century*, Harvard University Press, 1989.
Bol, Peter K., *'This Culture of Ours': Intellectual Transitions in T'ang and Sung China*, Stanford University Press, 1992.
Bol, Peter K., *Neo Confucianism in History*, Harvard University Asia Center, 2008.

◆第 4 章　朱子学と陽明学の拮抗
佐野公治『四書学史の研究』創文社，1988
三浦秀一『科挙と性理学――明代思想史新探』研文出版，2016
島田虔次『中国における近代思惟の挫折』筑摩書房，1949
山下龍二『陽明学の研究』全 2 冊，現代情報社，1971
溝口雄三『中国前近代思想の屈折と展開』東京大学出版会，1980
永冨青地『王守仁儒学の文献学的研究』汲古書院，2007
水口拓寿『儒学から見た風水――宋から清に至る言説史』風響社，2016
朱鴻林『中国近世儒学実質的思弁與習学』北京大学出版社，2005
嵇文甫『左派王学』開明書店，1934（のち『左派王学』国文天地雑誌社，1990）
黄文樹『張居正的教学思想與教育改革』秀威資訊科技，2002
Chow, Kai-wing, *The Rise of Confucian Ritualism in Late Imperial China: Ethics, Classics, and Lineage Discourse*, Stanford University Press, 1994.
De Weerdt, Hilde, *Competition over Content: Negotiating Standards for the Civil Service Examinations in Imperial China (1127-1279)*, Harvard University Asia Center, 2007.

◆第 5 章　清・朝鮮後期・徳川日本
溝口雄三・村田雄二郎・伊東貴之『中国という視座』平凡社，1995
山井湧『明清思想史の研究』東京大学出版会，1980
滝野邦雄『李光地と徐乾学――康熙朝前期における党争』白桃書房，2004
伊東貴之『思想としての中国近世』東京大学出版会，2005
濱口富士雄『清代考拠学の思想史的研究』国書刊行会，1994
木下鉄矢『清代学術と言語学――古音学の思想と系譜』勉誠出版，2016
山口久和『章学誠の知識論』創文社，1998
吉田純『清朝考証学の群像』創文社，2007
B.A. エルマン（馬渕昌也・本間次彦・吉田純・林文孝訳）『哲学から文献学へ――後期帝政中国における社会と知の変動』知泉書館，2015
石井剛『戴震と中国近代哲学――漢学から哲学へ』知泉書館，2014
李泰鎮（六反田豊訳）『朝鮮王朝社会と儒教』法政大学出版局，2000
裵宗鎬（川原秀城監訳）『朝鮮儒学史』知泉書館，2007
川原秀城編『朝鮮朝後期の社会と思想』勉誠出版，2015
黄俊傑（藤井倫明訳）『東アジアの儒学――経典とその解釈』ぺりかん社，2010
土田健次郎編『近世儒学研究の方法と課題』汲古書院，2006
子安宣邦『江戸思想史講義』岩波書店，2010
田尻祐一郎『江戸の思想史――人物・方法・連環』中央公論新社，2011
清水正之『日本思想全史』筑摩書房，2014
市来津由彦・田尻祐一郎・前田勉・中村春作編『江戸儒学の中庸注釈』汲古書院，2014
張寿安『十八世紀礼学考証的思想活力――礼教論争与礼秩重省』中央研究院近代史研究所，2001
王汎森『権力的毛細血管作用――清代的思想，学術與心態』聯経出版，2013

◆第６章　近代社会と儒教

蕭橘『清朝末期の孔教運動』中国書店，2004
坂元ひろ子『連鎖する中国近代の“知”』研文出版，2009
渡辺浩『増補　東アジアの王権と思想』東京大学出版会，2016
中村春作『江戸儒教と近代の「知」』ぺりかん社，2002
前田勉『江戸後期の思想空間』ぺりかん社，2009
溝口雄三・中嶋峯雄編『儒教ルネッサンスを考える』大修館，1991
金日坤『東アジアの経済発展と儒教文化』大修館書店，1992
余英時（森紀子訳）『中国近世の宗教倫理と商人精神』平凡社，1991
小島毅『増補　靖国史観』筑摩書房，2014
汪暉（村田雄二郎・小野寺史郎・砂山幸雄訳）『思想空間としての現代中国』岩波書店，2006
小島朋之『和諧をめざす中国』芦書房，2008
方克立・鄭家棟編『現代新儒家人物與著作』南開大学出版社，1995
Elman, Benjamin A., *Classicism, Politics, and Kinship: The Ch'ang-chou School of New Text Confucianism in Late Imperial China*, University of California Press, 1990.

索引

人名索引

ア

会沢正志斎 1782-1863 259, 267
足利義満 在職1368-94 189
アマースト, ウィリアム 1773-1857 234, 238
新井白石 1657-1725 228
安東省菴 1622-1701 206
安禄山 703-757 100
井伊直弼 1815-60 263
イエス 16
池田光政 1609-82 228
韋賢 前148-前60 66
韋玄成 ?-前36 66, 73
伊藤仁斎 1627-1705 229, 269
井上哲次郎 1856-1944 269, 271
尹鑴 1617-80 221, 222
尹善道 1587-1671 222
禹 8, 31, 196
ヴァリニャーノ, アレッサンドロ 1539-1606 184, 185
ヴェーバー, マックス 1864-1920 279
吁子 36
内村鑑三 1861-1930 265, 269
衛湜 167
衛青 ?-前106 62
英宗(正統帝・天順帝) 在位1435-49, 1457-64 150
閻若璩 1636-1704 200, 202, 203, 214
袁世凱 1859-1916 244
王安石 1021-86 36, 105, 107, 109-111, 113, 115-120, 122-125, 127, 129, 143, 172-174
王引之 1766-1834 216, 218
皇侃 488-545 88, 192, 212
王畿 1498-1583 179, 180
王艮 1483-1540 180
王充 27-100? 77, 78
王粛 195-256 82-84, 93, 97, 117, 120
王守仁 1472-1528 170, 176-180, 271
王岱輿 1580?-1658? 217
王念孫 1744-1832 216, 218
王弼 226-249 85, 86, 97, 114, 130
王夫之 1619-92 194, 204, 205, 207, 208
王謨 215
王鳴盛 1720-97 214
王莽 在位8-23 53, 56, 59, 72-75, 120
欧陽脩 1007-72 102, 103, 107, 108, 110, 112-115, 121, 130, 171, 175, 281
大川周明 1886-1957 269
大塩中斎 1793-1837 251, 255
大槻玄沢 1757-1827 253
岡倉天心 1863-1913 269
岡田寒泉 1740-1816 250
緒方洪庵 1810-63 251
荻生徂徠 1666-1728 230

カ

何晏 190-249 56, 84, 85, 88, 89, 106, 212
賈逵 30-101 77
何基 1188-1268 158, 162
賈誼 前200-186 61
何休 129-182 64, 78-81, 88, 98
霍去病 前140-前117 62
霍光 ?-前68 65, 66
郭象 252-312 86
岳鍾琪 1686-1754 210
郭璞 276-324 106
賈公彦 98, 106, 223
亀井南溟 1743-1814 252
亀山法皇 1249-1305 189
蒲生君平 1768-1813 252, 253
賀麟 1902-92 247
顔淵 前521-前481 19
桓寛 65
桓公 在位前685-前643 28
韓康伯 86, 97, 114, 130

顔師古 581-645 51
桓譚 20
カント, イマニュエル 1724-1804 248
韓非 前280?-前233 16, 36
韓愈 786-824 102
魏源 1794-1857 241
魏収 506-572 90
徽宗 在位1101-25 124
奇大升 1527-72 188
北畠親房 1293-1354 190
魏忠賢 1568-1627 183, 184
魏徴 580-643 94
木下順庵 1621-99 228, 250
吉備真備 695-775 100
金日成 1912-94 274
堯 8, 22, 31, 46, 47, 55, 196
龔原 1043-1110 123
姜沆 1567-1618 227
龔自珍 1792-1841 241
丘濬 1421-95 170-173, 198
許敬宗 592-672 94, 95
許謙 1269-1337 158, 162
許慎 30-124 77, 78, 80, 216
許善心 558-618 93, 94
清原宣賢 1475-1550 191
許穆 1595-1682 222
金玉均 1851-94 272
金正日 1941-2011 274
金履祥 1232-1303 158, 162
九条道家 1193-1252 189
楠木正成 1294?-1336 260
クビライ(忽必烈, 世祖) 在位1260-94 149, 157
孔穎達 574-648 97, 98
嵇康 224-263 86
恵士奇 1671-1741 210, 213
倪士毅 167
恵周惕 210, 213
恵棟 1697-1758 210, 213, 218
邢昺 932-1010 106, 110
京房 前77-前37 68
桀 8
玄恵 ?-1350 190
阮元 1764-1849 237
阮籍 210-263 86
玄宗 在位712-756 94-98, 103, 106
元帝 在位前48-前33 56
胡安国 134, 141, 166
胡渭 1633-1714 200-203
孔安国 前156-前74? 19, 46, 97
江永 1681-1762 209, 215
光格天皇 在位1779-1817 258
黄榦 1152-1221 142, 153, 154, 158
匡衡 73
洪景来 1780?-1812 271
寇謙之 365?-448 90
黄佐 1490-1566 173, 198
孔子 前552, 551-前479 14-29, 32, 40, 42, 45, 47, 48, 125, 140, 175, 242, 243, 268, 282-284
洪秀全 在位1851-64 238
黄潤玉 1391-1479 169, 219
江声 1721-1799 214
黄奭 1809-53 215
高祖〔漢〕 在位前202-前195 58
高祖〔唐〕 在位618-626 94, 95
高宗〔唐〕 在位649-683 94, 97
高宗〔清〕(乾隆帝) 在位1735-95 212, 234
黄宗炎 1616-86 199
黄宗羲 1610-95 184, 194-202, 204, 205, 207, 208, 218
黄尊素 1584-1626 194
公孫龍 前3c初頭 36
黄帝 8, 71, 111, 244
高堂生 51, 52
高堂隆 ?-237 83, 84
孔徳成 1920-2008 277
耿南仲 ?-1129 123
光武帝 在位25-57 59, 72, 74, 75
孝文帝 在位471-499 92
孝明天皇 在位1846-66 258
康有為 1858-1927 15, 64, 79,

241, 242, 244, 267
胡瑗 993-1059 109, 128
顧炎武 1613-82 167, 184, 194, 199, 200, 202-205, 207, 216, 240
古賀精里 1750-1817 250
胡居仁 1434-84 169, 170
胡錦濤 1942- 282
呉虞 1871-1949 245
告子 30
顧憲成 1550-1612 183
胡宏 1105-61 134, 135, 146, 147, 161
胡広 167
呉三桂 1612-78 193
顧祖禹 1631-92 200
呉太伯 191, 228
呉澄 1249-1333 159-161, 178
胡適 1891-1962 12, 245, 246
コペルニクス, ニコラウス 1473-1543 237
呉與弼 1391-1469 169, 172, 198

サ

蔡温 1682-1762 231
蔡京 1047-1126 106, 114, 124
蔡元定 1135-98 111, 154
崔浩 ?-450 90
西郷隆盛 1828-77 264, 265, 271
蔡清 1453-1508 168, 170
蔡沈 1167-1230 141, 153, 154
蔡卞 1058-1117 123
佐久間象山 1811-64 261
慈懿大妃 1624-88 221, 222
子貢 19
始皇帝(政) 在位前221-前210 15, 34, 40, 58
子思 前483?-前402 26
尸子 36
史思明 703-761 100
シドッチ, ジョヴァンニ・バティスタ 1668-1714 228
司馬光 1019-86 109-111, 114, 115, 127, 129
司馬遷 前145, 前135-前87, 86 7, 16-19, 32, 36, 37, 42, 55, 64, 65
司馬談 ?-前110 65
柴野栗山 1736-1807 250
史弥遠 1164-1233 154, 156, 157, 189
釈迦 16
謝无量 1884-1964 246
シャール, ヨハン・アダム・フォン・ベル(湯若望) 1592-1666 185
習近平 1953- 283
周公 25, 32, 40, 55, 75, 116, 119
周公旦 9
周惇頤 1017-73 102, 129-131, 135, 138, 161
朱熹 1130-1200 26, 106, 126, 130-132, 135-148, 152-161
朱元璋〔明〕(太祖, 洪武帝) 在位1368-98 150, 162-165, 176, 198
朱載堉 1536-1610 111
朱之瑜 1600-82 205, 206
朱震亨 1281-1358 158
舜 8, 22, 31, 46, 47, 55, 196, 211
淳于髠 34
荀子 前313?-前238以降 16, 34, 36-40, 161
焦延寿 68
商鞅 ?-前338 15, 16
蔣介石 1887-1975 236, 277
章学誠 1738-1801 218-220
鄭玄 127-200 51-53, 72, 77, 79-84, 92, 97, 120
章帝 在位75-88 76
聖徳太子 100
章炳麟 1869-1936 243, 244
蕭望之 ?-前46 67
邵雍 1010-77 127, 131, 132, 138, 201, 202
徐彦 98, 106
徐乾学 1632-94 200, 203, 209, 240
徐復観 1904-82 248
子路 19
秦檜 1090-1155 134
任継愈 1916-2009 4
神宗〔宋〕 在位1067-85 114
神宗〔明〕(万暦帝) 在位1572-1620 183
仁宗 在位1022-63 105

慎到 前4c-前3c 34
真徳秀 1178-1235 154, 155, 157
推古天皇 在位592?-628? 99
鄒衍 前3c前半 34
騶奭 生没年不詳 34
政 →始皇帝
成王 9
成祖〔明〕(永楽帝) 在位1402-24 166
西太后 1835-1908 281
石介 1005-45 109
世宗〔明〕(嘉靖帝) 在位1521-67 175, 176
世宗〔朝鮮〕 在位1418-50 186, 187
世宗〔清〕(雍正帝) 在位1722-35 210-212
絶海中津 1334-1405 191
薛瑄 1389-1464 168-170, 198
宣王 28
全祖望 1705-55 217-220
銭大昕 1728-1804 214
宣帝 在位前74-前48 56, 66, 67
銭徳洪 1496-1574 179, 180
銭穆 246, 248
桑弘羊 前152-前80 65, 66
曾国藩 1811-72 204, 238
荘子 前370?-前287? 16, 43
宋時烈 1607-89 221-224
曾静 1679-1735 210, 211
荘存与 1719-88 241
宋濂 1310-81 162, 163
蘇綽 498-546 92
蘇洵 1009-66 108, 112, 113
蘇頌 1020-1101 280
蘇軾 1036-1101 109, 113-115, 117, 127, 129
蘇轍 1039-1112 113-115
孫奭 962-1033 106, 126
孫復 992-1057 103, 109
孫文 1866-1925 244

タ

大院君 1820-98 235, 272
戴震 1723-77 209, 210, 215, 216, 225
戴聖 52
太祖 →朱元璋
太宗〔唐〕 在位626-649 94, 97
太宗〔朝鮮〕 在位1400-18 186
高杉晋作 1839-67 264
高瀬武次郎 1869-1950 246
高山彦九郎 1747-93 252, 253
武内義雄 1886-1966 268
立原翠軒 1744-1823 256
棚橋一郎 1863-1942 266
谷時中 1598-1650 228
段玉裁 1735-1815 216
啖助 723?-770? 102
紂王 8, 195
中巌円月 1300-75 191
趙岐 ?-201 26, 27, 106
張九成 1092-1159 134, 135, 138, 161
趙匡 102
趙匡胤 60
張居正 1525-82 182-184
張君勱 1887-1969 248
張騫 ?-前114 62
張載 1020-77 132-135, 138, 139, 141, 204
張之洞 1837-1909 240
趙順孫 1215-77 155
張栻 1133-80 136, 138, 146
鼂錯 ?-前154 61
張璁 1475-1539 175
趙復 157
長盧 36
褚亮 560-647 93, 94
陳気夷 872-989 202
チンギス＝カン(テムジン，成吉思汗，太祖) 在位1206-27 149
陳献章 1428-1500 169, 170, 172, 178
陳澔 1260-1341 166, 167
陳厚耀 209
陳淳 1159-1223 153, 154, 168
陳祥道 123
陳琛 1477-1545 168
陳独秀 1879-1942 245, 246
陳傅良 1137-1203 146

陳暘 1064-1128 111, 123
陳亮 1143-94 147, 219
津田左右吉 1873-1961 25, 268
程頤 1033-1107 109, 113-115, 117, 124, 127-130, 132, 135, 138
程栄 215
程顥 1032-85 127, 128, 135, 138, 161
丁若鏞 1762-1836 225
鄭衆 ?-83 77
程順則 1663-1735 231
鄭成功 1624-62 206, 277
鄭伯謙 146, 147
程敏政 1445-99 223
鄭麟趾 1396-1478 186
杜維明 1940- 249, 279
湯王 8, 31
唐君毅 1909-78 248
董仲舒 前179-前104 32, 56, 62-65, 77, 78, 119, 215
徳川家康 在職1603-05 227
徳川斉昭 1800-60 259, 263
徳川光圀 1628-1701 206, 228, 256
都慎徴 222
杜佑 735-812 101, 276
杜預 222-284 86-88, 97

ナ

中井竹山 1730-1804 251
中江藤樹 1608-48 229
中村正直 1832-91 264, 265
西村茂樹 1828-1902 266
新渡戸稲造 1862-1933 267, 269
ヌルハチ(弩努爾哈赤, 太祖) 在位1616-26 150
納蘭性徳 1655-85 200
野中兼山 1615-64 228

ハ

梅賾 46, 48
梅文鼎 1633-1721 209
馬希孟 167
白居易 772-846 188
馬国翰 1794-1857 215
花園上皇 在位1308-18 190
林子平 1738-93 252, 253
林羅山 1583-1657 191, 227, 233
馬融 99-166 77, 82
班固 32-92 6, 52, 68, 76, 102, 215, 280
范鋐 231
万斯同 1638-1702 194, 195, 201
班昭 45-117 280
范祖禹 1041-98 110, 112, 113, 129
范仲淹 102, 107, 109, 112, 132, 280
范鎮 1007-88 109, 111, 112, 123
范寧 339-401 87, 88, 98
班彪 3-54 77
尾藤二洲 1745-1814 250
卑弥呼 99
広瀬淡窓 1782-1856 251
潘佩珠 1867-1940 276
潘輝注 1782-1840 276
馮友蘭 1895-1990 247
武王 8, 31, 195, 280
服虔 77, 80
福沢諭吉 1835-1901 266
伏生 46-48, 61
藤田東湖 1806-55 259, 260
藤田幽谷 1774-1826 254, 256
藤原惺窩 1561-1619 191, 227
武則天 在位690-705 112, 281
伏羲 44, 45, 55, 131, 201
武帝 在位前141-前87 19, 46, 58, 62
ブラーエ, チコ 1546-1601 237
文公〔晋〕 在位前636-前628 28
文公〔滕〕 在位326-? 29
文帝〔漢〕 在位前180-前157 41, 60
文帝〔隋〕 在位581-604 93, 95
文帝〔魏〕 120
文天祥 1236-83 260
文王 8, 31, 44, 45, 50, 55, 71, 131, 201, 211, 280
平王 14

丙吉 ?-前55 66
ヘーゲル, フリードリヒ 1770-1831 247
ペリー, マシュー 1794-1858 262
ベルクソン, アンリ 1859-1941 246
方以智 1611-71 205
房玄齢 579-648 94
方孝孺 1357-1402 163, 164, 198
房庶 112
牟宗三 1909-95 247, 248
胡志明 1890-1969 276
朴世堂 1629-1703 222, 225
墨翟(墨子) 前450頃?-前390頃? 36
保科正之 1611-73 228
ホッブス, トマス 1588-1679 196

マ

前田綱紀 1643-1724 228
マカートニー, ジョージ 1737-1806 234
松平定信 1759-1829 250
三島中洲 1831-1919 266, 269
三島由紀夫 1925-1970 270, 271
三宅雪嶺 1860-1945 269
夢窓疎石 1275-1351 189, 191
ムハンマド 16
室鳩巣 1658-1734 231, 250
明帝 74, 76
毛奇齢 1623-1716 206
毛亨 97
孟子 前372?-前289? 16, 26-33, 37, 38-40, 120, 125, 138, 161, 197, 203, 215, 280
毛沢東 1893-1976 37, 236

ヤ

安岡正篤 1898-1983 269, 271
山鹿素行 1622-85 229
山崎闇斎 1619-82 228, 233
幽王 14
有子 23, 24
熊十力 1885-1968 247
熊賜履 1635-1709 207, 208
兪庭椿 158
楊時 1053-1159 134, 138, 161, 184
楊士勛 98, 106
姚枢 1201-78 157
煬帝 在位604-618 93-95, 100
葉適 1150-1223 146, 219
楊復 142
揚雄 前53-後18 71, 110
余英時 1930- 249, 279
横井小楠 1809-69 261
吉田松陰 1830-59 263, 271
吉田東洋 1816-62 261

ラ

頼山陽 1780-1832 254
頼春水 1746-1816 250
ラクスマン, アダム 1706-1806 235
羅従彦 1072-1135 161
李悝 36
陸九淵 1139-93 147, 148, 160, 178
陸淳 ?-805 102
陸佃 1042-1102 123, 167
李覯 1009-59 107, 109
李滉 1500-69 187, 188, 221, 223, 224
李鴻章 1823-1901 238, 239
李光地 1642-1718 208-210, 232, 240
李光坡 1651-1723 209
李広利 ?-前88 62
李斯 ?-前208 34, 36, 58
李贄(李卓吾) 1527-1602 180-182, 208, 217, 264
李珥 1536-84 188, 221, 224
李之才 980-1045 131, 132
李自成 在位1644-45 150, 193
李申 1496- 4
李成桂 在位1392-98 152
リッチ, マテオ(利瑪竇) 1552-1610 181, 184, 185
李侗 1093-1163 161
李登輝 1923- 277
劉向 前77-前6 27, 56, 63, 67, 280

劉歆 ?-後23 53, 56, 63, 67-71, 93, 112, 120, 242
柳宗元 773-819 102
劉宗周 1578-1645 194
劉智 1660?-1730? 217
劉知幾 661-721 220
劉徳 前171-前130 53
劉邦 →高祖[漢]
劉逢禄 1776-1829 241
劉牧 1011-64 132
劉銘伝 1836-96 277
梁啓超 1873-1929 12, 205, 206
梁漱溟 1893-1988 246
呂恵卿 1032-1111 123
呂祖謙 1137-81 135, 138, 146
呂大鈞 1029-80 144
呂太后 前241-前180 60
呂大臨 1040-92 144
呂不韋 前290?-前235 41
呂留良 1629-83 210, 211
李林甫 ?-753 96
林希元 1481-1565 168
林之奇 1112-76 146
ルソー, ジャン・ジャック 1712-78 196
黎靖徳 156
レザノフ, ニコライ 1764-1807 235
老子 16
魯迅 1881-1936 245

ワ

和辻哲郎 1889-1960 268, 269

作品名索引

ア

『永楽大典』 166
『易』 44, 45, 85
『易学象数論』 199, 202
『易漢学』 214
『易説』 133, 213
『易伝』(蘇軾) 114
『易伝』(程頤) 127, 166
『易伝』(恵周惕) 213
『易童子問』 107, 114
『易図明辨』 201
『易論』 109
『越南亡国史』 276
『宛委別蔵』 237
『塩鉄論』 65
『音学五書』 216

カ

「海涵万象録」 169
『開元礼』 94
『開皇律令』 95
『海国図志』 241
『海国兵談』 252
『開宝通礼』 95, 120
『楽書』 123
『格致餘論』 158
『楽典』 173
『学統』 208
「革命哲学としての陽明学」 271
「過秦論」 61
「月令」 41
『家礼』 163, 167
『家礼儀節』 171
『漢学堂叢書』 215
『漢魏遺書鈔』 215
『漢魏叢書』 215
『韓詩外伝』 50
「顔子所好何学論」 130
『漢書』 61, 77
『漢書』爰盎晁錯伝 62
『漢書』藝文志 6, 7, 35, 41, 43, 50–52, 54, 55, 57, 68
『漢書』五行志 63
『漢書』儒林伝 51, 52
『漢書』董仲舒伝 62
『漢書注』 51
『韓非子』 36
『幾何原本』 185
『魏書』 90
『魏志』倭人伝 191
「喫人與礼教」 245
『旧五代史』 107
「狂人日記」 245
『郷礼』 173, 174
『居業録』 170
『御纂周易折中』 209
『御注孝経』 98, 103
『玉函山房輯佚書』 215
『儀礼』 51, 54, 79, 108
『儀礼逸経伝』 160
『儀礼義疏』 98, 106
『儀礼経伝通解』 142, 153, 164
『近思録』 135, 136
『近思録集解』 215
『旧唐書』 107
『公羊春秋何氏釈例』 241
『訓民正音』 186, 187
『経義述聞』 218
『経国大典』 187, 221
『経籍籑詁』 237
「敬天愛人」 264
『経伝釈詞』 218
「劇秦美新論」 71
『顕慶礼』 94
『元元集』 190
「建元論」 256
『元史』 162, 260
『原善』 215, 225
『皇王大紀』 134
『広雅』 218

『広雅疏証』 218
『孝経』 43, 57, 73, 106, 109, 125
『孝経鉤命決』 19
『皇極経世書』 131, 167
『考工記図注』 215
『勾股割圜記』 215
『孔子』 268
『孔子改制考』 15, 242
『孔子家語』 84
『皇清経解』 237
『江都集礼』 93
『洪武正韻』 166
『五経異義』 78, 80
『五経正義』 97
『国記』 90
『獄中日記』 277
『国朝五礼儀』 187, 221
『五代史記』 107
『古文孝経指解』 110
『古文孝経説』 110
『古文尚書考』 214
『五礼』 93
『五礼通考』 272
『古列女伝』 280
『金剛経』 98
『坤輿万国全図』 185

サ

『祭儀』 110
『左氏博議』 146
『三綱行実図』 187
『三国通覧図説』 252
『山陵志』 253, 254
『詩』 42, 49, 50
『爾雅』 57, 106
『史記』 7, 16, 18, 21, 32, 34, 48, 55, 58, 64, 75
『史記』孔子世家 16, 19–21, 42
『史記』呉太伯世家 191
『史記』孟子荀卿列伝 26
『史記』李斯列伝 36
『史記』老子韓非列伝 36
『詩経直解』 183
『詩経通解』 173
『子羔』 80
「時事五箇条」 261
『資治通鑑』 109, 110, 112
『資治通鑑直解』 183
『詩集伝』 141, 166
『四書改錯』 206
『四書纂疏』 155
『四書輯釈』 167
『四書集編』 155
『四書章句集注』 136, 140, 166
『四書大全』 167
『四書大全説』 204
『四書直解』 183
『四書蒙引』 170
『四書或問』 155, 166
『詩説』 213
『史通』 220
『支那哲学史』 246
『司馬氏書儀』 109, 110
『詩辨疑』 134
『思弁録』 225
『詩本義』 107
『周易』 45
『周易義疏』 88
『周易講疏』 88
『周易述』 214
『周易新講義』(龔原) 123
『周易新講義』(耿南仲) 123
『周易尋問餘論』 199
『周易正義』 97
『周易本義』 141, 166
『周官新義』 →『周礼新義』
『修史始末』 256
『儒教と道教』 279
『朱子家礼』 141
『朱子語類』 155
『朱子語類大全』 156
『朱子書節要』 223
『朱子書節要記疑』 223

『朱子大全箚疑』 223
『周礼』 53, 54, 56, 73, 75, 79, 81, 92, 108
『周礼義疏』 98, 106
『周礼考次』 164
『周礼新義』 115
『周礼致太平論』 109
『周礼復古編』 158
『周礼辨疑』 134
『荀子』 35-37, 43, 119, 197
『春秋』 14, 17, 19, 20, 29, 32, 33, 42, 55, 63, 66, 67, 87
『春秋演孔図』 20
『春秋公羊伝解詁』 78
『春秋経伝解詁』 106
『春秋穀梁伝集解』 87, 106
『春秋左氏伝』 56, 112
『春秋左氏伝集解』 86
『春秋集伝集注』 102
『春秋正義』 97
『春秋説』 213
『春秋尊王発微』 109
『春秋長暦』 209
『春秋伝』 134, 141, 166
『春秋統辞』 102
『春秋繁露』 63
『書』 42, 46
『貞観礼』 94
『正教真詮』 217
『尚書』 42, 46, 48-51
『尚書講義』 157
『尚書古文疏証』 202
『尚書正義』 97
『尚書全解』 146
『小戴礼記』 52
『女誡』 280
『書集伝』 141, 166
『書伝』(蘇軾) 114
『書伝』(蔡沈) 154
『書辨疑』 134
『士礼』 51, 52
『新学偽経考』 242
『心経』 154
『心経附注』 223
『心経附注釈疑』 223
『新五代史』 107
「"新思潮"的意義」 245
『新書』 61
『清初五大師学術梗概』 205
『新青年』 245
『清代学術概論』 13
『新唐書』 107, 281
『神皇正統記』 190
『新論』(桓譚) 20
『新論』(会沢正志斎) 259
『水滸伝』 124
『隋書』 100
『隋書』経籍志 57, 71
『隋書』礼志 93
「正気歌」 260
『正蒙』 133, 167
『西洋紀聞』 228
『性理字義』 154
『性理大全』 167
『政和五礼新儀』 124
『浙江潮』 243
『説儒』 12
『説文解字』 78
『説文解字注』 216
『潜虚』 109, 110
『宋元学案』 219
『宋史』 119
『荘子』 16, 42, 43, 86
『荘子注』 86
『蔵書』 181
『喪服経伝』 82
『宋論』 204
『続資治通鑑』 219
『続春秋明経』 173
『続読書録』 168

タ

『大越史記全書』 276

『大学』 23, 128, 143
『大学衍義』 154
『大学衍義補』 171
『大義覚迷録』 211, 212
『大業律令』 95
『太極図説』 130, 131, 138, 148, 167
『太玄経』 71, 110
『太玄経注』 110
『大事記』 146
『太史公』 55
『大清一統志』 200
『泰泉郷礼』 173
『大南寔録』 276
『大日本史』 206, 228
『代表的日本人』 265, 269
『太平記』 190
『太平御覧』 19
『太平経国書』 146
『大明集礼』 163
『大戴礼記』 52
『知言』 134
『茶の本』 269
『中国近三百年学術史』 13
『中国近世の宗教倫理と商人精神』 279
『中国哲学史』 246
『中国哲学史大綱』 245
『仲氏易』 206
『疇人伝』 237
『中正子』 191
『中庸』 49, 136, 140
『中庸解』 134
『中庸章句』 136, 225
『中庸或問』 224
『張子正蒙注』 204
『通志堂経解』 200
『通書』 130, 167
『通鑑前編』 158
『通典』 101, 276
『帝学』 113
『天下郡国利病書』 200
『天主実義』 185
『伝道図』 158
『天方性理』 217
『唐鑑』 112
『唐虞之道』 31
『東湖随筆』 260
『道徳経』 98
『図学辯惑』 199
『読史方輿紀要』 200
『読書雑志』 218
『読書録』 168
『読礼通考』 200

ナ

『日知録』 199, 202
『日本外史』 255
『日本書紀』 100
『日本精神研究』 269
『日本精神史研究』 268
『日本精神の研究』 269
『日本道徳論』 266
『日本陽明学派之哲学』 269

ハ

『埤雅』 123
『駮五経異義』 80
『花園天皇宸記』 190
『白虎通』 77
『閩中理学淵源考』 209
『武士道』 267, 269
『不恤緯』 254
『武徳律令』 95
『プロテスタンティズムの倫理と資本主義の精神』 279
『文史通義』 220
『焚書』 181
『法言』 71

マ

『明史』 195
『明儒学案』 195, 197
『夢中問答集』 191

「夢奠記」 154
『明夷待訪録』 195
『孟子』 26, 28, 30, 32, 42, 49, 77, 106, 125
『孟子字義疏証』 215
『孟子集注』 26, 126
『孟子説』 146
『孟子疏』 126
『孟子伝』 134
『毛詩』 50
『毛詩正義』 97
『毛詩名物解』 123
『文選』 102, 188

ラ

『礼記』 41, 51, 52, 54, 57, 75, 79, 96
『礼記義疏』 88
『礼記纂言』 160
『礼記集説』 166
『礼記正義』 97
『六書音均表』 216
『六典』 96
『六典条例』 272
『六諭衍義』 231
『六諭衍義大意』 231
『律呂精義』 111
『律呂闡微』 215
「両都賦」 102
『呂氏郷約』 144
『呂氏春秋』 40, 41, 96, 111
『礼経』 52
『礼書』 123
『礼書綱目』 215
『礼説』 213
『礼典』 173
『礼論』 109
『歴代帝鑑図説』 183
『歴朝憲章類志』 276
『老子』 35, 36, 85, 86
『論語』 21-25, 27, 29, 33, 39, 43, 49, 56, 85, 99, 125, 268, 284
『論語解』 134, 146
『論語義疏』 88, 106, 192
『論語集解』 56, 85
『論語抄』 191
『論語詳説』 123
『論語と孔子の思想』 25
『論衡』 78

ア

赤穂浪士 260
足利学校 192
アヘン戦争 235
アロー戦争 235
闇斎学 230
安史の乱 60, 100-102
安政の大獄 263
イエ 232
イエズス会 184
郁文館 266
緯書 19, 71, 72, 74-76, 77-80, 105, 107, 120, 132
伊勢神道 227
一条鞭法 182
乙巳の変 100
一世一元制 162, 256
乙卯礼訟 222
夷狄 14, 56, 78
已発 140
殷(商) 8, 14, 20, 25, 39, 47
殷周革命 14
陰陽 43
陰陽五行思想 132
陰陽思想 44, 280
厩火事の段 22
衛 19
永嘉学派 146, 147
衛氏朝鮮 62
英霊 260
易 19, 42-45, 55
易学 44, 45, 68, 69, 202, 206
易姓革命 31, 120-122
越 14
塩鉄会議 66
王道 28-30, 42, 65, 67, 125, 190
音律 68, 69

カ

夏 8, 47
卦 44
華夷 210
怪異 63
改革開放政策 249, 278
回儒 217
会昌の廃仏 91
改制 63, 83
開成所 265
開成石経 104
華夷秩序 275
懐徳堂 251
華夷変態 193
科挙 95, 97, 116, 124, 156, 166-169, 186, 190, 226, 275
楽 25, 42-44, 53-55
学三変 177
郭店楚簡 31, 34
革命 120
獲麟 19, 20
岳麓書院 145
嘉靖大礼の議 163, 175
学校 40
学校制 29
合従 15
河図 71
河図洛書 131, 132, 201
韓 15
感化 30
関学 133
漢学塾 266
宦官 59
咸宜園 251
官制 117
寛政異学の禁 226, 230, 250
感生帝 80, 83, 84, 120, 121
寛政の改革 250
甘棠館 252
漢唐訓詁学 240

感応 129
漢の祖法 61
漢委奴国王 252
皖派 215, 218
漢文訓読 190
翰林学士 159, 163
記 52
気 117, 131, 133, 139, 169
魏〔戦国〕 15
義 27, 30, 33
魏〔三国〕 59
己亥礼訟 221
畿湖学派 188
気質之性 224
気質変化 133, 139
義戦 33
義疏 88, 114, 155
亀甲墓 231
紀伝体 65
九品官人法 82
旧法党 114, 117
九流十家 35
教育勅語 266
郷飲酒礼 164, 174
教化 63
京学 227, 230
郷挙里選 82
恐懼修省 122
恭敬 30
共産党 236
郷紳 174
匈奴 61
郷約 144, 145, 157, 173, 174, 239
郷勇 238
郷里空間 174, 184, 239
郷礼 164
義理易 86, 114, 127, 130, 132
儀礼 118
金 149, 157
銀 150, 152
金華学派 154
禁書 212
均田制 92, 101
今文 46, 50–53, 56
今文経学 52, 71, 73, 75, 78, 240
今文尚書 46–48
均輸法 62
百済 99
公羊学 33, 56, 63–66, 87
公羊伝 55
黒船来航 235
郡県制 15
経 26, 42, 43, 52–54
敬 129
経学 47, 50, 54, 76, 98, 105–108, 118, 124
形而下 131
形而上 130
繫辞伝 45
経書 43, 44, 49, 52, 53
経世致用 109, 218
卿大夫 51, 52
乾 44
玄学 84–87, 114, 130
乾嘉の学 203, 210, 238, 240, 241
元号 58, 64
元亨利貞 161
犬戎 14
遣隋使 99, 100
玄談 86
遣唐使 100
顕密仏教 189
賢良文学 65, 81
呉〔戦国〕 14
呉〔三国〕 59
爻 44
孝 57, 117, 125, 129, 229
元寇 270
甲寅礼訟 222
後王 39
後王思想 53
後王論 39
孔教運動 243

黄巾の乱 59, 79
高句麗 99
鎬京 14
公卿 14
郊祀 73, 83, 94, 117, 163, 175
孔子学院 282
皇室典範 258
行状 153
考証学 186, 213, 217
光緒新政 236
黄巣の乱 101
郷村自治運動 247
皇地祇 117
皇帝 15
孝弟 23, 24, 33
後天易 131
皇天上帝 117
弘道館 252
抗日運動 244
洪範九疇 132
光復 273
光復会 244
皇民化教育 271
高麗 150, 186
功利 146
功利学派 219
黄老思想 58, 62
古学 229, 230
古義学 230
五経 43
五行 20
五経正義 46, 106
五行相生説 20
五経大全 154
五経博士 62
黒帝感生説 20
国民党 236
穀梁学 56, 66, 67, 77, 87
穀梁伝 55
五山 189
五山制度 157, 163
五山文化 189
五四運動 245
五銖銭 62
五常 77
呉楚七国の乱 61, 62
五代十国 60
古注 23, 24
国家祭祀 52, 59, 83, 94, 105, 120, 277
国家神道 268
克己復礼 22
国教 19, 24, 60, 226
五徳終始説 71
呉派 214, 215, 218
古文 46, 50-53, 56
古文運動 102, 106, 130
古文経学 51, 52, 75-78, 81, 84
古文辞学 230
古文尚書 46-49
五方(上)帝 20, 79, 120
御用学問 229
五倫 77
語類 156
古論 56
坤 45

サ

災異説 67
災異天譴論 63
祭祀 10
在地士人 144, 145, 156, 157, 167
差役法 114
冊封 99, 221, 275
左氏伝 55
雑家 41
雑卦伝 45
左伝学 56, 87
三科九旨説 78
三桓 26
三経新義 116, 134
三皇 45
三綱 77

三皇五帝 8
三綱領 143
斬衰 222
三世説 63, 64, 79
三代 9
三統説 82
三統暦 69
三年喪 29, 40, 126
三藩の乱 209
三武一宗の法難 90
三分損益 68
三分損益法 111
士 14
詩 33, 42–44, 55
市易法 116
事応説 119
司寇 18
四庫全書 212, 215
斉衰 222
時習館 251, 261
辞譲 30, 38
詩書礼楽 19, 42
士人 174
自然 86, 115
士大夫 81, 82, 108, 128, 134, 136, 144, 174
四端七情論争 226
四端説 30
七情 187
七略 68
実学 225, 226
支那哲学 12
史評 112
耳目の欲 38
社会主義栄辱観 282
社倉 144, 145, 157, 272
周 8, 14, 25, 26, 39, 40, 45, 47, 53, 59
羞悪 30
修己治人 136, 143, 277
十三経注疏 106
修猷館 252
十翼 45
十六字心法 47, 137, 202
儒教資本主義 279
朱子学 22–24, 36, 91, 106, 115, 131, 152
述作 42
出土文献 31, 34, 35, 43, 48
種痘所 265, 266
儒法闘争史観 37
周礼藉口論 118
朱陸論争 160
順 193
春秋 42–44
春秋学 73, 102, 106, 262
春秋公羊学 240
春秋五覇 28, 33
春秋時代 14
書 42–44, 55
書院 144, 145, 157, 186
商 →殷
象 44
攘夷 210, 244
攘夷思想 56
小学 43, 56, 57, 218
松下村塾 263
湘軍 238
尚書学 62
象数易 201
象数易学 132
情性 38
上奏文 200
小中華主義 193
象伝 45
昌平坂学問所 250
抄物 191
少林塾 262
序卦伝 45
書儀 110
蜀学 113
蜀漢 59
蜀党 113
諸侯 14, 15, 28, 29, 31, 51, 52
諸子百家 5, 6, 35, 37, 41

女真 193
女真族 150
稷下の学 34
庶民 14
新羅 99, 186
時令思想 40, 73, 83
四六駢儷体 102
秦 14, 15, 34, 36, 43, 58, 61
晋 15, 28
信 24
新 72
仁 22-25, 27, 30, 33, 38
讖緯 71
新学 123, 124, 129
心学 148, 170
辰韓 99
仁義 27-31, 36, 38, 63
新疆 193
仁義礼智 30
神国思想 152, 193, 268
仁斎学(古義学) 230
人士 25, 144
新儒家 246, 268
新心学 247, 249
親親主義 223
人心道心説 216
人心道心論 203
壬申の乱 100
人性物性同異論争 226
神仙説 58
心即理 148, 177, 178
辛未洋擾 272
新文化運動 244-246
新法 114, 115, 143
人欲 127, 128, 137
新理学 247, 249
隋 60
垂加神道 228
瑞獣 20, 62
鄒 17, 26, 66
崇禎暦 185
天皇 100
斉 18, 28
性 38, 128, 129, 140
征 270
性悪説 36, 37
西域 62
聖王 32
西学 185, 186, 206, 209, 216, 225
正学派 250
清議派 183
成均館 186
靖康の変 134, 157
静坐 91
性三品説 64, 128
西周 14
西戎 9
西晋 59
聖人 16, 19, 26, 38, 39, 42, 44-46, 111, 119, 122, 128, 134, 137, 140
西人 188, 221, 223
聖人可学説 130
聖人学んで至るべし 128
性善 29
性善説 30, 38, 102, 128, 133, 179
性即理 139, 148, 178
井田 40
井田制 92, 126
井田法 29
靖難の役 163
青苗法 116, 144
性無善無不善説 30
正名 118
制礼 40
制礼作楽 26, 73, 129
斉論 56
石鼓書院 145
赤眉の乱 71
説卦伝 45
石渠閣会議 67, 72
浙東史学 195, 218
節婦 281

是非 30
先王 39
禅譲 8, 31, 32, 59, 74, 94, 105, 120, 261
川上の嘆 23
全真教 157
洗心堂 251
先天易 131, 201
先天図 131
専売 62, 65, 101, 147
禅仏教 189
禅林 189
楚 14, 29, 34
宋 60
宗 108
宋学 40, 47, 109, 114
相克説 70
喪死 28
造士館 251
曾静事件 210, 212
相生説 70, 80
宗族 108, 112, 142, 174
宗廟 163
宗廟祭祀 73
喪礼 82
素王 16
惻隠 30
族譜 108, 112
素読吟味 250, 252
徂徠学 23, 230
尊尊主義 223
尊王思想 228, 253
尊王攘夷 108, 109, 206, 235, 254, 255, 262, 270

タ

大越 275
大義名分 108
大義名分論 228
太虚 133
太極 130, 139
太虚論 204
大元 149
対策 62, 63
泰山 58
大司寇 18
泰州学派 180, 182, 184
大順国 150
大政委任論 259
体制教学 145, 162, 166, 201, 205, 207, 210, 230, 232
大夫 14
太平天国 238
体用論 247
打孔家店 246
託古改制 242
彖伝 45
団練 238
智 30
竹林の七賢 86
知行合一 177, 271
致知 128, 169, 177
チベット仏教 193, 217
地方志 200, 219
忠 24
中 140
中華 56
中華民国 277
中国同盟会 244
中体西用 240
中体西用論 261
中庸 26
字喃 276
趙 15
朝鮮 152
朝鮮出兵 150
致良知 177, 178
陳 59
適塾 251
寺請制度 226
天下太平 134
天下統一 43
天観の転換 129

天譴説 158
天子 25, 51, 52, 117
天正遣欧使節 184
天書降臨 105
天人相関説 40, 63, 67, 75, 119
伝世文献 35, 42, 47, 48, 50
天台僧 189
天皇 258
天命 20, 120
天文方 265
天理 127, 128, 137, 139, 140, 148, 179
滕 29
唐 60
東夷 9
道家 42
道学 106, 124, 127, 129, 131, 134, 142, 146
冬官未亡説 159
道教 60, 90
道教教団 59
党錮の獄 79, 81
陶山書院 187
東周 14
藤樹学 230
桐城派 239
道心人心論 136
童心説 181
東遷 75
道統 137, 138, 142, 161
道統説 136
東洋道徳、西洋藝術 261
東林書院 184
東林党 184
徳 32
徳教 7
徳先生與賽先生 246
土佐南学 228
図讖 71, 72, 120
土木の変 150
渡来人 99
度量衡 15
敦煌文書 56

ナ

内丹 91
南越国 62
南人 188, 221, 223
南蛮 9
日新館 252
日宋貿易 189
日本 99
述べて作らず 65

ハ

伯(覇) 14
博士 19, 41, 58, 61
博士家 188, 191
馬韓 99
白村江の戦い 100
白鹿堂書院 145
覇者 28, 29
八佾 24, 25
八条目 155
八卦 44
覇道 28, 29, 33, 66
ハングル 186
藩校 251
蕃書調所 265
藩鎮 60, 100, 101
微言大義 33, 55
筆削 19, 20, 33, 42, 55, 56, 65, 86
百家争鳴 28
白虎観会議 76
批林批孔運動 278
富国強兵 15
武士道 229
仏教 60, 90
伏羲六十四卦図 131
文 39-41
文化大革命 247, 278
文化熱 249
文言伝 45
焚書 46-48, 54, 158

焚書坑儒 58
文宣王廟 152
文廟 170
丙寅洋擾 272
平準法 62
辟雍 75
弁韓 99
法 61
法家 36-38, 58, 59, 62
封建 15
封建制 14, 58
封禅 58, 75, 105
封土 14
法難 91
放伐 8, 120
封邑 14
募役法 114, 116
濮議 110, 175
北狄 9
北虜南倭 176
保甲法 116, 143, 173
戊戌変法 236, 241
渤海 99
ポツダム宣言 270
本 143
本然之性 224

マ

馬王堆 35
誠 229
麻沙 156
末 143
満州事変 244
満洲族 193
道 115, 230
水戸学 228, 230, 258
未発 140
民主主義 246
無 130
無極 130
ムスリム 217
無善無悪説 179
室町幕府 152
名家 39
明治維新 235, 264
明堂 75
明倫堂 231
明六社 266
滅満興漢 244
毛伝 50
孟母三遷 280
モンゴル 149
モンゴルの平和 150
門中 232

ヤ

養生 28
洋務運動 239
洋務派 238
陽明学 23, 131, 148, 176
吉川神道 228

ラ

洛学 127
洛書 71
洛党 127
洛邑 14, 75
洛陽 61, 74
蘭学 252
蘭陵 34, 36
利 27, 38
理 115, 117, 128, 129, 131, 139, 178
理一分殊 128
理気兼発論 188
理気互発論 187
理気論 139
六義 49
六経 42, 43, 55, 56
六藝略 43, 51, 56, 77
六天説 80, 120
六諭 164, 165, 266
里甲制 173

理先気後説 168
力行 169, 177
律令 95, 100
理当心地神道 227
琉球 153, 189
龍場大悟 177
遼 150
両税法 101
林家 228
林家学 230
礼 23, 25, 29, 30, 33, 38, 39, 42-44, 50-55, 61, 82, 108, 141
礼楽 20, 25, 26, 63
礼学 124
礼楽刑政 230
礼儀 38, 39
礼教 157, 160, 170, 173, 181
礼教秩序 165, 208
礼経 51
礼訟 163, 221, 223, 226
礼制 29, 116, 126, 283
霊台 75
礼治システム 145, 217
嶺南学派 187
列女伝 280
烈婦 281
連衡 15
魯 17, 18, 20, 26, 29, 66
老荘思想 84, 130
魯論 56

ワ

和 43, 140
倭 76
淮軍 238
和諧社会 282
倭寇 150, 176
（亀津鴻作成）

図版出典一覧

口絵

P. 1	ユニフォトプレス
P. 2〜3	趙永磊提供
P. 4〜5	文王・周公：東京国立博物館所蔵，Image: TNMImageArchives 舜：ユニフォトプレス提供 上記以外は国立故宮博物院『故宮図像選萃』台北，1973年
P. 6〜7	公益財団法人東洋文庫所蔵
P. 8	韓国経学資料集成『1 大学』『9 中庸』成均館大学校出版部，ソウル，1975年

P. 12上	『上海図書館蔵歴史原照』上巻，上海古籍出版社，2007年
P. 12下	『上海図書館蔵歴史原照』上巻，上海古籍出版社，2007年
P. 17	ユニフォトプレス提供
P. 27	東京国立博物館所蔵，Image: TNMImageArchives
P. 39	CPCフォトサービス提供
P. 43	劉志遠編『四川省文物博物館研究図録』新華書店，1958年
P. 59左	王圻『三才図会』より，上海古籍出版社影印本，1988年
P. 59右	陳健成提供
P. 60	任繼愈編『中国国家図書館古籍珍品図録』北京図書館出版社，1999年
P. 63	王圻『三才図会』より，上海古籍出版社影印本，1988年影印本
P. 76	福岡市博物館所蔵，提供
P. 89	史跡足利学校事務所提供
P. 103	CPCフォトサービス提供
P. 109	国立故宮博物院『故宮図像選萃』台北，1973年
P. 113	国立故宮博物院『故宮図像選萃』台北，1973年
P. 117	CPCフォトサービス提供
P. 135	国立故宮博物院『故宮図像選萃』台北，1973年
P. 141	『朱子家礼』より，早稲田大学図書館蔵和刻本，1697年
P. 144	鄧国亮提供
P. 153	陳健成提供
P. 165	東京大学総合図書館南葵文庫和刻本(紀州徳川家旧蔵)，1721年
P. 171	『丘海二公文集合編』四庫全書存目叢書影印本，1997年
P. 177	CPCフォトサービス提供
P. 181	CPCフォトサービス提供
P. 187	ユニフォトプレス提供
P. 188	編集部提供
P. 195	『清代学者象伝合集』上海古籍出版社，1989年
P. 199	『清代学者象伝合集』上海古籍出版社，1989年
P. 204	CPCフォトサービス提供

P. 206　陳健成提供
P. 215　『清代学者象伝合集』上海古籍出版社，1989年
P. 227　陳健成提供
P. 231　フォトライブラリー提供
P. 231　ユニフォトプレス提供
P. 241　『康有為全集』中国人民大学出版社，2007年
P. 243　『章太炎全集』上海人民出版社，1982年
P. 247　銭穆故居ホームページ：http://web. utaipei. edu. tw/˜chienmu/clone. html（2017アクセス）
P. 248　『唐君毅全集』台湾学生書局，1990年
P. 251上　弘道館提供
P. 251下　陳健成提供
P. 263　茨城県立図書館所蔵，提供
P. 267　*Bushido: the soul of Japan: an exposition of Japanese thought*, Shōkwabō, 1901
P. 279　CPCフォトサービス提供

付録
易図：『朱子全書』上海古籍出版社・安徽教育出版社，2002年

カバー表
王莽嘉量　新《しん》の皇帝に即位した王莽《おうもう》が西暦9年に制定した度量衡の原器となる液体用測定器。容量の5つの単位（斛《こく》・斗《と》・升《しょう》・合《ごう》・龠《やく》）がすべて量れるように工夫した構造になっている。CPCフォトサービス提供

カバー裏
足利学校釈奠　釈奠《せきてん》は孔子を祭神とする祭祀のことで，伝統中国では全国の文廟《ぶんびょう》（孔子廟）で毎年春秋2回挙行されたが，現在は孔子の誕生日とされる日付でおこなわれることが多い。日本でも各地の学校に附設された孔子廟でおこなわれた。写真は栃木県の足利学校で毎年11月23日（勤労感謝の日）におこなわれている釈奠の様子。足利学校提供